이기동 교수의

유학
오천 년

이기동 교수의

유학
오천 년

제5권

일본과 베트남의 유학

이기동 지음

성균관대학교
출 판 부

유학 오천 년

나는 『유학 오천 년』(전5권)을 집필하면서 유학의 거대한 사상체계를 포괄적으로 이해함이 얼마나 중요한지 더욱 절감하게 되었다.

『유학 오천 년』 집필을 통해 많은 것을 알게 되었다. 높은 산에서 출발하여 여러 갈래로 뻗어 있는 길고 긴 산맥에는 수많은 산이 있고, 그 산들에는 온갖 종류의 나무들이 있다. 각각의 산에 있는 나무들을 단편적으로 조사하기만 하면, 무한히 복잡하여 가닥을 잡을 수 없다. 같은 나무라 하더라도 산맥에 따라 다르고 산에 따라 다르므로, 산맥 전체에 흐르는 산의 윤곽을 모르면 각각의 산에 있는 나무들을 체계적으로 이해한다는 것은 불가능하다.

동아시아 대륙에서 출발한 유학은 중국·한국·일본·베트남이라는 산맥으로 뻗으면서 오천 년을 이어왔다. 유학자의 유학사상은 수많은 산에 서식하고 있는 나무들과 같아서, 단편적인 연구를 통해서는 제 모습을 알기 어렵다. 먼저 각각의 유학사상이 소속되어 있는 유학의 산맥을 조망한 뒤에라야 유학의 산이 보이고, 그 산에 들어 있는 유학의 나무들이 제대로 보인다.

『유학 오천 년』이란 제목에서 알 수 있듯이, 유학은 공자에서 비롯된 것이 아니다. 먼 옛날 오천 년 전, 동아시아 대륙에서 시작된 사상이 이천오백 년 후 공자에게서 정리된 뒤에 중국·한국·일본·베트남으로 퍼져나갔다. 그러니 유학의 거대한 사상체계를 이해하기 위해서는 발원했을 당시의 원형을 이해하는 것이 중요하다. 놀랍게도 유학의 발원지는 중국이 아니라 고대 동이족이 살던 지역이었다. 따라서 발원지의 사상적 특징을 이해하고, 공자에 의해 정리된 유학의 체계를 이해하면, 그 뒤에 여러 갈래로 뻗어나간 유학의 흐름을 일목요연하게 간파할 수 있다.

그러나 지금까지의 유학 연구에서는 유학의 발원지를 찾아내지 못했고, 발원지에서부터 이어지는 흐름을 제대로 정리하지 못했다. 그러다 보니 후대로 이어지는 유학사상들이 뒤엉켜 난해하게 되었다. 유학사상의 원형에서 강조하는 것은 하나인 본질과 그 본질이 내포하고 있는 세 요소인, 마음과 기운과 몸이다. 유학사상의 원형은 공자와 맹자에게는 이어졌지만, 후대의 중국에서는 세 요소가 리(理)와 기(氣)의 두 요소로 정리됨으로써 많은 혼선이 생겼고, 태극(太極)과 음양(陰陽)을 둘러싼 이기논쟁은 아직도 논란거리가 되고 있다.

한국의 유학은 한국 고유의 사상과 중국에서 수입된 유학이

절묘하게 융합하여 하나의 체계로 흐름을 형성하여 흘러왔는데
도, 후대의 학자들이 중국 유학을 기준으로 하여 무리하게 정리
함으로써 많은 혼란이 일어났다. 화담 서경덕의 철학이 기(氣) 철
학으로 호도되었고, 퇴계와 율곡의 이기설이 평면적인 분석을 통
해 곡해되었다. 뿐만 아니라 오늘날의 학자들 다수가 조선 후기의
성리학을 주리(主理)·주기(主氣)로 나누어 정리함으로써 한국 유학
을 난해하게 만들어버렸다. 일본 유학의 연구도 많이 왜곡되었다.
일본 유학의 흐름이 주자학, 양명학, 고학으로 이어지는 것은 요
지부동의 정설이 되어 있지만, 이 또한 잘못된 학설이다. 베트남
의 유학 역시 베트남에 흐르는 유학의 산맥을 바탕으로 살펴보지
않으면 제대로 이해할 수 없다. 오직 '유학 오천 년'의 흐름 속에서
유학의 산맥과 산을 통해 조망해야 비로소 이러한 난관을 해소할
수 있다.

　'유학 오천 년'은 한 편의 거대한 대하드라마라고 생각한다. 그
것은 사상가들이 뿜어내는 개개의 사상들을 소재로 엮어낸 하나
의 길고 긴 이야기로 구성되어 있다. 사상가들의 사상 하나하나
는 결코 개별적으로 존재하지 않는다. 사상가들의 사상 하나하나

는 유학이라는 산맥과 산을 이어가는 요소들이므로, 유학의 흐름 속에서 바라볼 때 드디어 그 역동적인 모습을 드러낸다.

이 드라마는 오늘에 이르러 끝나는 것이 아니다. 미래의 역사는 과거의 역사를 이어 흐른다. 역사라는 드라마는 그 역사 속에 살아가는 사람들이 엮어낸다. 미래의 역사 흐름은 과거의 흐름을 이어서 흐르는 것이지만, 흐름의 방향이 결정되어 있지는 않다. 미래의 역사 흐름은 오늘날을 사는 사람들의 노력에 따라 결정된다. 역사의 흐름을 제대로 이해하기 위해서는 역사 흐름의 밑바닥에 흐르는 철학사를 이해해야 한다. 철학의 흐름이 역사의 흐름을 견인하기 때문이다. 이것이 『유학 오천 년』이 철학의 흐름을 이해하는 데 주력한 이유다.

지금의 역사 흐름은 서구 중심으로 바뀌었다. 작은 시냇물의 흐름이 합류를 거듭하면서 거대한 강물의 흐름을 이루듯이, 과거 지구상의 작은 지역들에 흐르던 흐름이 합류를 거듭하다가 서구의 흐름에 합류하여 하나의 거대한 흐름이 되었다.

철학의 흐름에 문제가 생기면 역사의 흐름이 정체되고, 역사의 흐름이 징체되면, 사람들의 마음이 피폐해지고 세상은 혼란해진다. 세상의 혼란함은 새로운 철학이 합류하여 정체된 역사에 새로운 길을 열 때 해결된다. 로마 초기의 혼란이 기독교의 유입으로 해결되었고, 중국 위진남북조의 혼란이 불교의 유입으로 해결된 것이 그 예이다. 지금 한 줄기가 되어 흐르는 세계의 역사는 침체하기 시작했고, 사람들은 방향을 잃고 우왕좌왕하고 있다. 사람들의 마음이 계속 피폐해지고, 지구가 몸살을 앓고 있다. 이제 새로운 철학이 합류하지 않으면 정체된 세계의 역사가 돌파구를 찾을 수 없을 것이다. 이제 오천 년 전에 발원했던 유학이 원형을 회복하여 서구문화에 유입된다면, 지금 침체의 늪에 빠져들고 있는 서구 중심의 역사에 새로운 전기가 마련될 수 있을 것이다. 이를 위해서는 유학이 원형을 회복하여 오늘날의 실정에 맞는 새로운 철학으로 거듭나야 할 것이다. 이것이 유학이 짊어진 선결과제이다. 유학이 맞이한 선결과제를 해결하기 위해서 이 책이 조그만 역할이라도 할 수 있기를 기대한다.

　『유학 오천 년』 집필에 도움을 주신 분들이 많다. 학생 시절부터 많이 이끌어주신 은사 성락훈 선생님, 류승국 선생님과 안병주 선생님, 일본의 타카하시 스스무 선생님께 감사드리고, 오랜 기간 아낌없이 뒷바라지해주신 재일교포 형님, 이완기·모문자 내외분께도 고마움을 표한다. 자료를 보내주신 조남욱 선배님, 친구 천인석 님, 허광호 님, 후배 최영성 님, 이상익 님, 정혜선 님, 호밀밭출판과 류영진 님, 소명출판과 김성범 님, 제자 엄석인 박사, 이은영 박사, 유현주 박사, 심순옥 박사, 이공찬 박사에게도 고마움을 표한다. 결혼한 뒤 대학의 교수직을 그만두고 오직 남편 뒷바라지에만 전념해온 아내 이정숙 님에게는 늘 미안한 마음이 앞선다. 이 지면을 통해 다시 한 번 감사드린다.

이 저술은 하서학술재단과 동아꿈나무재단의 지원으로 이뤄졌으며, 특히 하서학술재단의 김재억 감사님은 기획 단계부터 탈고에 이르기까지 세심하게 협의해주셨다. 재단의 여러분과 김 감사님께 감사드린다.

2022년 여름, 오륜동 우거에서
이기동 씀

목차

1. 이 책은 다섯 권으로 구성된 『유학 오천 년』 가운데 제5권으로, '일본과 베트남의 유학'을 다룬다. '유학의 발원과 완성'은 제1권에서, '중국 유학의 전개'는 제2권에서, '한국 유학의 형성과 전개'는 제3 · 4권에서 각각 다룬다.
2. 인용문 가운데 중략한 사항은 (…)로 표기했다.

제 1 편

일본의 유학사상

제1부

■

일본의 여명과 조몬시대

제1장
일본사의 여명

구석기시대의 일본은 대륙과 연결되어 있었다. 많은 고고학자가 구석기시대 일본 지역에 사람이 살지 않았을 것으로 생각했었지만, 1949년 이와쥬쿠(岩宿)에서 구석기 유적이 발견되면서 일본에도 12만 년 전의 구석기시대에 사람이 살았음을 확인했다. 그러나 구석기시대에 살았던 사람이 일본의 조상인지는 확실하지 않다.

제2장
조몬시대의 역사와 문화

기원전 1만 년 경, 인류는 새로운 환경을 맞이했다. 구석기시대를 뒤덮었던 빙하기가 끝나고 기후가 온난해진 것이다. 기후가 따뜻해지면서 빙하가 녹아 도처에서 홍수가 범람하고 삼림이 우거지기 시작했다. 이 시기에 대량의 빙하가 녹으면서 바닷물이 차올라 일본은 사방이 바다로 둘러싸인 섬나라가 되었다.

　일본이 섬나라가 되면서 비로소 현대 일본인의 직접적인 조상이라 할 수 있는 사람들이 살기 시작했다. 이들은 토기를 만들어 사용하던 신석기인으로 기원전 3세기까지 무려 1만 년 가까이 활동했다. 이들이 사용한 토기에는 표면에 새끼줄[繩] 같은 무늬가 있어 조몬(繩文)토기라 부르며, 그 시대를 토기 이름을 따서 조몬시대라 부른다.

　열도에 고립된 조몬시대 일본인은 자신들의 힘으로 석기 문화를 조금씩 발전시켜 나갔다. 이 시기 사람들은 타제 석기를 개량한 마제석기를 연장으로 사용했고, 점토를 구워 토기도 만들기 시작했다.

　조몬시대의 문화는 토기와 마제석기를 지닌 신석기 문화임에는 틀림이 없다. 그러나 신석기시대에 일반적으로 나타나는 농경과 목축이 일본에는 등장하지 않고, 수렵, 어로, 채집에 의존하던 구석기시대의 생활이 그대로 이어졌다. 일본 열도 사람들은 연안에서 바다의 물고기와 조개를 잡아먹고, 육지의 도토리나 밤 등을 주워 먹으면서 살았다. 때때로 사슴이나 돼지 등의 짐승으로 단백질을 보충하곤 했다.

제2부

■

한반도 문명의 도래와 야요이시대

제1장
한반도 문명의 도래

기원전 3세기경에 벼농사를 짓고 금속제 도구를 사용하는 무리가 갑자기 규슈 북부 지역에 나타나 일본 전역으로 퍼져나갔다. 전파 속도는 무척 빨라서 기원후 1세기경에 이미 도호쿠(東北) 지방 남부까지 도달했다. 이 문화를 이들이 만든 토기가 최초로 발견된 장소의 이름을 따서 야요이(彌生) 문화라 부르고, 이 시대를 야요이시대라 한다. 야요이시대는 기원전 3세기에서 기원후 3세기까지 약 600년간 지속되었다. 일본은 야요이시대에 이르러 식량을 채취하는 단계에서 식량을 생산하는 농경사회로 발전했다.

야요이시대 일본에 농경을 도입한 사람들은 한반도 남부에서 집단으로 이주해온 사람들이었음이 확실시된다. 한반도의 대표적 매장 풍습과 같은 방식의 지석묘가 규슈 북부에 집중적으로 분포되어 있으며, 그 지석묘에서 발견되는 인골의 평균 신장이 조몬시대 일본인보다 5센티미터 정도 크고, 얼굴도 평면적이어서 한반도 남부 사람에 가깝다는 점이 이를 뒷받침한다.

제2장
야요이 문화의 전파

벼농사와 금속기 문화는 기원전 3세기에 규슈에서 시작하여 기원전 2세기경에는 긴키(近畿) 지방으로 전파되었다. 기원 원년 즈음에는 간토(關東) 지방에서 도호쿠(東北) 지방 남부로, 2~3세기에는 도호쿠 지방 북부까지 확산되었다.

규슈 북부에서 세토 내해를 건너 비교적 쉽게 도착할 수 있는 곳이 지금의 긴키 지방이다. 긴키 지방은 현재 오사카, 교토, 고베 등의 도시가 있는 지역으로 햇빛이 잘 들고 기후도 온화한데다가 넓은 평야가 있다. 벼 이모작을 하기에 아주 좋은 조건이다. 규슈 북부에서 시작한 벼농사는 긴키 지방에서 꽃을 피웠다. 야요이 시대에 긴키 지방은 규슈 북부와 더불어 일본의 양대 중심지가 되었다. 그 뒤 긴키 지방은 고대의 수도가 전부 자리 잡을 정도로 일본 역사의 중심 지역으로 성장했다.

제3장
소국의 성립

야요이시대 중기에는 오늘날의 군 정도 크기의 영역을 다스리는 수많은 소국이 출현했다. 일본의 소국은 중국 문헌에도 등장한다. 중국의 문헌에는 이 시대의 일본이 '왜'라는 이름으로 등장한다. 기원전 1세기에는 100여 개국이 있었으며 기원후 57년에는 왜의 노국왕이란 자가 중국(후한)에 사신을 파견하고 중국 황제에게서 인수와 문물을 하사받았다는 기록이 있다.

제4장
히미코 여왕의 야마타이국

『삼국지』「위지 왜인전」에 2세기 말, 야마타이(邪馬臺)국의 히미코(卑彌呼) 여왕에 관한 기록이 있다. 일본 열도 소국들 사이에 격렬한 항쟁이 벌어졌는데, 30여 개국에서 야마타이국 여왕 히미코를 옹립하자 겨우 난이 수습되었다는 내용이다.

야마타이국은 2세기 말 일본 열도에 통일된 연맹이 있었음을 확인시켜주며, 일본사에 등장하는 최초의 국가일 가능성을 보여준다. 그것은 어디까지나 가능성일 뿐, 야마타이국이 일본사에 등장하는 최초의 국가라고 단정하지는 않는다. 『삼국지』「위지 왜인전」에 등장하는 히미코 여왕 기록 이후 약 150년간 중국 역사서에서 왜의 기록이 자취를 완전히 감추어, 야마타이국의 위치조차 확실치 않기 때문이다. 일본사에 등장하는 최초의 국가는 야요이시대 다음의 고분시대에서 나타난다.

제3부

■

고분시대와 야마토 정권

제1장
고분시대

고분시대라는 명칭은 이 시기에 거대한 고분이 많이 만들어졌기 때문에 붙은 이름이다. 일본이 언제 어떤 과정을 거쳐 통일국가가 되었는지는 확실하지 않다. 왜냐하면 통일국가가 형성되었을 것으로 추정되는 4, 5세기에 관한 문헌 자료가 부족해 수수께끼로 덮여 있기 때문이다.

일본이 고대국가를 형성한 4, 5세기는 안개에 가려 있지만, 고분의 매장 방식과 부장품의 성격에 의해 어느 정도 수수께끼를 풀 수 있다. 일본의 고분시대는 3세기 말에서 4세기 초에 시작되어 7세기까지 약 400년간이다. 이 시기를 전기(4세기~4세기 말), 중기(4세기 말~5세기 말), 후기(5세기 말~7세기)의 세 시기로 나눈다.

야요이시대에 시작한 한반도로부터의 이주는 고분시대에 이르러 절정에 달한다. 긴키 지방 등 서부 일본의 주요 평야 지대에는 이주민 비율이 80~90퍼센트에 달할 정도였다. 이주민 집단 간의 경쟁도 치열했을 것이다. 부족 간 통합 과정을 거치면서 정치지도

자들은 거대한 고분을 축조할 정도의 큰 수장으로 성장했다. 큰 수장들은 대왕을 중심으로 연합 세력, 즉 야마토 정권을 형성했고, 대왕은 후일 명칭이 천황으로 바뀌게 된다.

제2장
야마토 정권의 탄생

고분시대는 일본의 통일 권력이 형성되고 발전한 시대다. 4세기 중엽 고분은 규슈 북부에서 중부 지방까지 확대되었는데, 특히 야마토를 중심으로 한 긴키 지방에 거대한 고분이 집중적으로 만들어졌다. 이로 미루어 4세기 전반에 야마토와 그 주변 호족이 연합하여 정권을 만들고, 점차 규슈 북부에서 혼슈 중부에 이르는 지역의 수장과도 정치적 연합을 했는데, 이를 야마토 정권이라 일컫는다. 야마토는 지금의 나라 현이다. 통일 정권이 성립된 뒤 대왕이 본거지를 야마토로 옮겼기 때문에 야마토 정권 또는 야마토 조정이라 부른다. 야마토 정권의 대왕 후손이 오늘날의 일본 천황이다.

야마토 정권은 소가(蘇我) 씨, 모노노베(物部) 씨, 나카토미(中臣) 씨 등 유력한 호족이 막대한 사유지와 사유민을 소유하고 조정에서 직무를 분담하는 연합 정권의 형태였다. 이 호족들은 세습적으로 조정의 직무를 분담했다. 일본에서는 씨(氏)를 '우지'라 부르는데, 우지는 야마토 정권 중심부 유력 호족의 혈연집단을 말한다.

야마토 정권은 크고 작은 우지가 모여 형성되었다. 대왕은 그

가운데 가장 대표적인 우지로, 아마테라수 오오미카미(天照大神)를 씨신으로 모셨다. 우지가미가 가부장과 제사장의 역할을 겸한 것처럼 대왕도 여러 우지의 제사장이자 수장이었다.

제3장
아스카시대

일본이 대륙처럼 선진 체제로 도약하기 위해서는 왕권을 강화하고, 중앙집권적 국가를 만드는 것이 필요했다. 이러한 최초의 노력이 쇼토쿠(聖德) 태자에 의해 추진되었다.

552년 백제로부터 불교가 전해지자, 불교를 수용하려는 소가 씨와 불교 수용을 반대하는 모노베 씨가 대립했다. 불교 수용으로 인한 대립이 30여 년간의 권력투쟁으로 이어진 끝에 소가 씨가 승리를 거두었다. 소가 씨는 자기 집안의 왕녀를 스이코 대왕으로 추대하고, 사위인 쇼토쿠 태자에게 섭정을 맡겼다. 쇼토쿠 태자가 섭정을 담당한 스이코 대왕 시대 이래 100여 년간을 아스카(飛鳥)시대라 한다. 당시의 수도가 야마토 아스카 지방에 있었기 때문에 이러한 명칭이 붙었다. 쇼토쿠 태자는 593년에 섭정을 시작하여 622년 사망할 때까지 약 30년간 일본 고대국가의 기틀을 확립했다. 쇼토쿠 태자는 불교를 장려하고 '17조 헌법'을 만든 것으로 전해진다. 아스카시대 때 꽃피운 찬란한 불교문화를 특히 아스카 문화라 한다.

제4부

■

천황제 고대국가의 성립과 와해

제1장
천황제 고대국가의 성립

제1절 다이카 개신

쇼토쿠 태자의 정치는 문화적인 면에서 찬란하게 꽃을 피웠지만 정치적인 면에서는 왕권 강화를 위한 첫걸음에 불과했다. 그마저도 쇼토쿠 태자가 죽은 뒤 소가 씨와 태자 일족 사이의 불화로 정국은 혼란에 빠졌다. 결국 소가 씨는 태자의 일족을 죽이고 권력을 독점했다. 소가 씨의 마지막 집권자인 이루카(入鹿)는 경박한 성품으로 도리에 벗어난 짓을 저지르면서까지 전횡을 일삼아 다른 호족의 반감을 샀다.

이에 나카노오에(中大兄) 왕자와 나카토미노 가마타리(中臣鎌足)가 주도하여 소가 씨의 세력을 제거하고 새로운 정부를 세우게 되었다. 소가 씨의 세력을 몰아낸 이들은 대왕을 중심으로 한 강력한 중앙집권 국가를 건설하기 위해 645년 고토쿠(孝德)를 대왕으로 옹립하고, 나카노오에가 왕자의 자리에 올라 국정 개혁을 추진했다. 이를 다이카 개신(大化改新)이라 한다.

제2절 백제의 멸망

660년 백제가 신라와 당나라의 연합군에게 갑자기 멸망했다. 일본의 사이메이(齊明) 대왕은 환갑이 지난 나이를 무릅쓰고 12월 하순 엄동설한에 길을 떠났다. 대왕은 다이카 개신의 주역인 나카노오에 왕자와 나카토미노 가마타리 등을 데리고 세토 내해를 건너 규슈에 도착했다. 규슈에 임시 정청을 설치하고 각종 대책을 논의했다. 다음 해인 661년 7월 백제 구원의 꿈을 이루지 못한 채 사이메이 대왕은 갑자기 세상을 떠났다. 나카노오에 왕자는 즉위를 미루고 상복을 입은 채 백제 지원군 편성을 지휘하여, 661년 9월에 5000여 명의 1차 백제 구원군이 출발하고, 다음 해인 662년에는 2만 7000여 명에 이르는 2차 구원군이 백제를 향해 출발했다. 그러나 이들은 663년 8월 백촌강 하구에서 당의 수군과 대결하여 참패했다. 중국 역사서 『자치통감』에 이때의 상황을 묘사한 "연기와 불꽃이 가득했고, 강물이 새빨갛게 물들었다"는 기록이 있다. 그러나 이후 구원군의 향방이 어떠했는지에 관한 기록은 찾기 어렵다.

제3절 천황제 고대국가의 성립

백촌강 전투에서 크게 패배하고 백제의 부흥운동이 실패로 돌아가자 일본 조정에는 큰 파문이 일었다. 신라와 당나라가 쳐들어오지 않을까 하는 두려움이 엄습했기 때문이다. 패배 후 3, 4년 동안 일본은 침공에 대한 대비로 분주했다. 쓰시마 섬, 이키 섬, 쓰쿠시 등 한반도와 가까운 곳에 봉화대를 세우고 성벽을 쌓았으며 야마토에도 새로운 성을 구축했다.

667년 긴장이 고조된 사이에 나카노오에 왕자는 아스카에서 오미(近江)로 왕도를 옮기고 즉위하여 텐지(天智) 천황이 되었다. 새 천황은 당과 신라에 사신을 파견하는 등 불안한 국제 관계를 개선하는 데에 힘을 기울이는 한편, 그동안 중단되었던 국내 체제 정비에 주력했다. 667년에는 최초의 율령인 오미령을 제정하고, 670년에는 최초의 호적인 경오년적(庚吾年籍)을 작성했다.

텐지 천황이 죽은 뒤 왕위를 둘러싼 싸움이 벌어진 끝에 그의 동생인 오아마 왕자가 텐무(天武) 천황으로 즉위했다. 이 권력다툼으로 다이카 개신 이래 고관의 대부분이 몰락했기 때문에 천황의 권력과 권위는 크게 강화되었다. 텐무 천황은 각 부분의 개혁을 진행했으며, 지토(持統)·몬무(文武) 천황이 뒤를 이어 중앙집권적인 국가체제를 공고히 정비했다. 이 시기에 들어 비로소 '왜'라는 이름 대신 '일본'이라는 말이 사용되고, 대왕을 대신하여 '천황'이라는 칭호가 쓰이기 시작했다.

텐무, 지토, 몬무 천황이 재위하던 672년부터 707년까지는 천황 중심의 국가체제가 완성된 시기였다.

제2장
나라시대

율령제가 시작되면서 수도가 천황의 절대적 권위의 상징이며 정치·문화의 중심지여야 했기 때문에, 710년 나라에 헤이죠쿄(平城京)를 조성하여 도읍을 옮겼는데, 그로부터 794년까지를 나라시대라 일컫는다. 나라시대 이전까지는 아스카시대에 포함된다.

이전의 일본 수도는 유력 호족 중의 제1인자인 천황의 거주지 정도였으나, 헤이죠쿄는 중국 당나라의 장안성을 모방하여 장안성의 4분의 1 크기로 구획한 거대한 도시였다. 북쪽 중앙에는 천황의 주거와 조정의 건물이 제위지고, 중심 지역에는 기와를 덮은 귀족의 저택이나 대사원이 늘어서 있어 비로소 중앙집권 국가의 도읍다운 위용을 자랑하게 되었다.

도읍을 옮긴 일본은 천황의 권위를 높이고 국가의 정통성을 대내외에 과시하기 위해 비로소 천황 호칭을 공식화하고 국호를 일본으로 바꿨다.

국가체제의 정비에 따라서 국사 편찬에도 착수했다. 712년에 『고사기(古事記)』와 『일본서기(日本書紀)』를 편찬했다. 일본은 새로운 국가였으므로 통일신라와 당 등 주변 나라와 대등함을 내세우기 위해서 체계와 위신을 갖춘 역사책이 필요했다.

이 두 책은 천황의 선조에 관한 이야기를 주된 내용으로 한다. 천황은 일본 국토를 만든 아마테라스오오미카미의 후손이며, 초대 천황인 진부전황이 기원전 660년에 즉위한 이후 천황은 한 번도 단절됨이 없이 '만세일계(萬世一系)의 황통'임을 서술한다. 그리고 수많은 신을 천황의 신 아래로 서열화했다. 이렇게 함으로써 천황의 권위와 지배는 신들의 시대부터 약속된 것이며 천황은 하늘의 자손이라는 신화를 강조했다.

천황의 권력을 강화하기 위해서는 귀족의 세력을 약화시켜야 했지만, 그러기에는 시간이 너무 짧았다. 피비린내 나는 정쟁의 와중에서 후지와라 씨는 다른 귀족을 압도하고 강력한 귀족으로 성장해 나갔다. 정국이 불안정하고 질병, 기근, 전란이 겹치면서 민생이 파산하고 귀족의 정쟁이 가열되면서 왕권이 흔들렸다. 나라시대에 왕권 국가를 위한 최초이자 최후의 시도가 무너지자, 간무(桓武) 천황은 명문 귀족이나 사원의 세력을 약화시키고, 흔들리는 정치체제를 쇄신하기 위해 794년 수도를 나라에서 헤이안(平安: 지금의 교토)으로 옮겼다. 이로써 나라시대는 마감하고 헤이안시대가 시작되었다.

제3장
헤이안시대

헤이안은 나라의 헤이죠쿄와 마찬가지로 당나라 장안을 모방하여 만들어진 계획도시이다. 수도를 헤이안으로 옮기고부터 12세기 말 가마쿠라(鎌倉) 막부가 설치되기 전까지 400년 동안을 헤이안시대라 일컫는다.

헤이안으로 수도를 옮긴 간무 천황은 여러 개혁조치를 취했지만, 율령제가 해체되는 것을 막을 수가 없었다. 국가가 토지를 나누어 준 기록이 902년을 끝으로 더는 볼 수 없게 되어 공지공민제는 역사 속으로 사라졌다. 반면에 장원, 즉 귀족과 사찰과 유력 농민들의 사유지가 늘어났다.

이러한 상황에서 황족도 귀족도 사찰도 장원 확대에 나서게 되었다. 면세 특권을 누리면서 공권력의 개입도 거부할 수 있는 장원의 확대는 국가 기강을 무너뜨렸다. 왕권에 의한 중앙집권제의 기본이 무너진 것이다.

나라시대에 이미 강력한 귀족으로 성장했던 후지와라 씨는 천황의 외척으로서 천황가에 버금가는 강대한 귀족의 지위를 차지했다. 858년 후지와라 씨는 자신의 외손자를 천황으로 즉위시키고 섭정이 되었다. 황족이 아닌 신분으로는 최초의 섭정이었다. 후지와라 씨는 884년에 관백이 되어 다시 권력을 잡았다. 특히 969년 이후 천황은 모두 후지와라 씨 딸이 낳은 황자가 즉위했고, 외조부인 후지와라 씨는 거듭하여 섭정과 관백이 되었다. 969년 이후 천황은 이름뿐이었으며 모든 정치는 섭정과 관백에 의해 이루어졌다. 이처럼 외척인 후지와라 씨는 천황이 어리면 섭정, 천황이 장성하면 관백이 되어 11세기 말까지 권력을 독점했다. 이러한 150년에 가까운 시기의 정치를 섭정과 관백의 첫 글자를 따서 섭관 정치라 한다.

후지와라 씨는 150년간 권세를 누렸지만, 자신의 딸을 후비로 만들어도 황태자가 태어나지 않는 일이 계속되었다. 그 때문에 1068년 후지와라 씨와 외척 관계가 전혀 없는 고산죠(後三條) 천황이 즉위하면서 후지와라 씨의 권세에 제동이 걸렸다. 천황은 섭관 정치의 그늘에서 벗어나 천황가의 권위를 회복하기 위해 정치 쇄

신을 꽤했다.

고산죠 천황의 뒤를 이은 시라카와(白河) 천황도 부왕의 유지를 계승하여 친정을 실시해 천황권 강화에 노력했다. 그러나 차기 천황이 혹시라도 후지와라 씨와 관계를 맺게 되면 이러한 노력도 수포로 돌아갈 것이므로 황위를 재빨리 아들에게 양위하고 자신은 상황이 되었다. 상황의 궁전에 원청을 설치하여 정치를 실시하니 이것을 원정이라 한다. 원정은 이후 100년간 계속되었다. 상황도 천황의 후견인으로서 후지와라 씨처럼 정치적 실권을 행사했고, 상황이 여럿일 때도 있었으므로, 상황과 천황 간의 권력 분쟁이 자주 일어났고, 내란으로 이어지기까지 했다.

헤이안시대 이후 중앙집권체제가 붕괴되면서 중앙 정부는 지방과 농촌 지역에서 법과 질서를 유지할 능력을 상실했으므로, 지방의 유력자들은 자신의 생명과 토지를 지키기 위해 스스로 무장할 수밖에 없었다. 이런 과정에서 무사 계급이 출현했다.

제5부

■

무인시대의 성립

헤이안시대 말기에 중앙집권체제가 붕괴하면서 지방의 유력자들에 의해 사무라이라고 하는 무사 계층이 등장했다. 사무라이들은 점차 무사 집단으로 성장해갔으며, 그 가운데 다이라 가문의 간무 헤이시(桓武平氏)와 미나모토 가문의 세이와 겐지(淸和源氏)는 몇 개의 무사단을 거느리는 우두머리가 되었다. 다이라(平) 씨와 미나모토(源) 씨는 천황의 후손이었으므로, 사무라이들에게 더욱 신망을 얻을 수 있었다.

12세기 중엽, 교토에서 천황권 계승을 둘러싸고 상황과 천황이 대립하자, 귀족도 두 패로 갈라져 내란으로 발전했다. 양쪽에서 다이라 가문과 미나모토 가문에게 지원을 요청했고, 이 과정에서 사무라이의 우두머리에게 귀족을 제치고 권력을 차지하는 기회를 주었다.

두 가문의 권력 투쟁에서 다이라 가문이 미나모토 가문을 제압하고 다이라 가문의 다이라 기요모리(平淸盛)가 권력을 독점하게 되었다. 다이라 가문은 후지와라 가문처럼 천황의 외조부가 되어 전제 정치를 하는 등 귀족 파벌의 지도자처럼 행동했다. 이에 사무라이의 불만이 고조되고, 귀족과 상황, 사원 세력이 반발했다. 이런 분위기를 틈타 미나모토 가문이 중앙과 지방의 사무라이를 규합해 총궐기했다. 5년 동안의 전쟁 끝에 미나모토 군이 다이라 군을 물리치고, 가마쿠라에 막부를 세우면서 가마쿠라시대를 열었다.

제1장
가마쿠라시대

다이라 군을 물리친 미나모토 요리토모(源賴朝)는 섣불리 귀족 흉내를 내다가 사무라이의 지지를 상실한 다이라 가문의 전철을 밟지 않고, 독특한 사무라이 조직을 통해 전국을 다스릴 장치를 마련했는데, 그것이 가마쿠라에 막부(鎌倉幕府)를 세우는 것이었다. 가마쿠라(鎌倉)는 도쿄의 남쪽에 있는 자동차로 한 시간 거리에 있다.

요리토모는 거병 이후 자신의 휘하에 모인 사무라이와 주종 관계를 맺어 그들을 고케닌(御家人)으로 삼았다. 주군인 요리토모는 사무라이가 가진 영지의 소유를 승인하고, 종자인 사무라이는 평시에는 교토나 가마쿠라의 경비를 담당하고 전시에는 전투에 참여했다. 그렇지만 가마쿠라 막부가 국가 전체를 통치하는 기구로는 발전하지 못했다. 여전히 교토에는 천황 조정이 건재하여, 전국은 조정과 막부의 지배를 동시에 받아야 했다.

요리토모가 사망하면서 미나모토 가문의 혈통이 끊기고 권력은 요리토모의 처가인 호죠(北條) 가문에게 돌아갔다. 그러자 교토 조정은 기회를 놓치지 않고 호죠 가문을 치기 위해 군사를 일으켰는데, 이것이 1221년에 일어난 죠큐(承久)의 난이다. 그러나 이 전쟁은 호죠 가문의 승리로 끝나고 상황 편에 섰던 귀족이나 사무라이의 장원은 몰수되어 막부 편에 섰던 사무라이에게 분배되었다.

이때부터 호죠 가문의 권력은 교토 조정보다 압도적인 우위를 차지하게 되었다. 이때부터 천황 정부에 대한 감시가 본격적으로 시작되어 황위 계승자 결정권마저 막부가 장악하게 되었다. 가마쿠라 막부는 몽골의 침입으로 멸망했다. 가마쿠라 막부는 사무라이를 동원하여 몽골군의 침입을 막기는 했으나, 사무라이가 입은 경제적 타격을 해결하지 못했으므로, 사무라이들의 생계가 막막해졌다. 이를 틈 타 고다이고(後醍醐) 천황은 막부 타도 계획을 세웠고, 막부는 이를 막기 위해 아시카가 다카우지(足利高氏)를 교토에 보냈으나, 1333년 아시카가 다카우지는 정세가 불리하다고 판단하여 도리어 가마쿠라 막부를 멸망시켰다.

제2장
무로마치 막부와 남북조시대

가마쿠라가 멸망하자 고다이고 천황은 정권을 장악하고 천황 친정 체제를 펼쳤으나, 아시카가 다카우지는 불만을 품은 사무라이를 모아 교토로 진격하여 천황측 군대를 격파하고 교토를 완전히 제압했다. 이에 고다이고 천황은 요시노로 도망하여 황위의 정통성을 주장했고, 교토에서는 아시카가가 새로 천황을 추대했으므로, 교토의 조정을 북조, 요시노의 조정을 남조라 하여, 이 시대를 남북조시대라고도 한다. 아시카가는 천황으로부터 쇼군(征夷大將軍)으로 임명되고 나서 무로마치 막부를 열었다.

아시카가가 세운 교토의 북조와 고다이고 천황의 남조가 대립, 병존하는 남북조시대는 1336년부터 1392년까지 근 60여 년간 지속되었다. 무로마치 시대는 1336년부터 16세기 후반까지 계속되었는데, 초기 60여 년간의 남북조시대와 후기 전란으로 얼룩진 100여 년의 전국시대가 포함되어 있다. 아시카가 쇼군의 저택이 교토의 무로마치에 있었으므로, 무로마치 시대라는 이름이 붙었다.

제3장
전국시대

무로마치 시대 3대 쇼군 아시카가 요시미쓰(足利義滿)는 남조를 제압하고 조정이 보유한 교토의 행정권, 각 지방의 징세권을 빼앗아 무로마치 막부의 통치체제를 확립했다. 이로써 천황의 교토 조정은 막부에게 거의 모든 권한을 빼앗기고 약간의 장원만 소유하게 되었다. 연합 정권으로서 취약했던 무로마치 막부에서 요시미쓰 쇼군이 통치하는 동안 그나마 안정을 유지했지만, 요시미쓰가 죽자 얼마 안 되어 다이묘들이 쇼군의 힘을 능가해 막부의 권력을 좌우했다. 1467년 쇼군의 후계자를 둘러싸고 여러 다이묘들의 대립이 얽히면서 내란이 발생한 이래, 막부가 실권을 상실하고, 100여 년간 하극상의 풍조가 극에 달하는 쟁란의 시대를 맞이했다. 무로마치 막부 후기에 일어난 이 쟁란의 시대를 별도로 전국시대(戰國時代)라 부르기도 한다.

제4장
에도시대의 개막

100여 년간 지속되던 전국시대를 종식한 인물은 오다 노부나가(織田信長), 도요토미 히데요시(豊臣秀吉), 도쿠가와 이에야스(德川家康)의 세 사람이었다. 세 사람의 성격을 상징하는 일화가 전한다. 두견새가 울지 않으면 오다 노부나가는 칼로 목을 베어버린다고 하고, 도요토미 히데요시는 온갖 방법을 써서 울도록 한다고 하고, 도쿠가와 이에야스는 울 때까지 기다린다고 한다.

세 인물의 패권 다툼에서 결국 도쿠가와 이에야스가 승리하여 평화의 시대를 열었다. 1603년 도쿠가와 이에야스가 천황으로부터 쇼군에 임명되어 에도에 막부를 설치함으로써 비로소 265년간의 도쿠가와 막부가 출범했다.

에도시대의 정치체제를 막번체제라 부른다. 막번이란 쇼군의 통치기구인 막부와 다이묘(大名)의 영지인 번을 합쳐 부르는 말이다. 에도시대의 정치제도는 정치의 정점에 천황이 있지만, 정치 권력은 에도막부의 쇼군이 전국의 정치를 총괄하고, 지방에 번(藩)이라는 영지를 두어 제후인 다이묘(大名)로 하여금 각각의 번을 자치적으로 다스리게 하는 형태였다.

도쿠가와 막부는 역대 사무라이 정권 가운데서 군사력과 경제력이 가장 강력했으며 물샐틈없이 다이묘를 통제했다. 전국 쌀 생산량의 4분의 1을 생산할 수 있는 토지를 소유하고, 오사카·교토·나가사키 등 주요 상공업 도시와 광산을 직할했으며, 군사력이 막강하여 30가(家) 정도의 다이묘 연합군도 쉽게 제압할 수 있을 정도였다. 게다가 막부는 다이묘의 처자를 에도에 살게 하면서, 다이묘에게 1년마다 에도와 영지를 오가며 생활하게 하는 참근교대(參勤交代) 제도를 비롯하여 다이묘를 통제하는 법령을 완전히 정비했다. 막부는 천황에게 토지를 배정하고 다른 한편으로는 천황과 궁정 귀족의 행동을 세세한 규정으로 통제했다.

이러한 가공할 만한 경제력과 군사력, 그리고 완벽한 제도의 정비로 인하여 막부에 도전할 수 있는 세력은 당시 어디에도 없었다. 따라서 걸핏하면 다이묘들끼리 군사를 이끌고 싸우던 일도 없어졌다. 500년 만에 일본 열도에 평화가 찾아온 것이다.[1]

이 평화의 시기에 유학이 수입되었다. 유학은 임진왜란 때 조선에서 포로로 잡혀온 학자 강항(姜沆)에게 배우기 시작하면서 본격적으로 전파되었다.

---

1. 일본사의 시작에서 에도시대까지의 서술은, 정혜선, 『한국인의 일본사』(현암사, 2008)에서 발췌 인용한 것임을 밝힌다.

제6부

■

유학의 수입과 전개

제1장
일본의 정서와 주자학 수입의 바탕

일본인들의 삶의 바탕에는 줄곧 형하판의 철학이 깔려 있다. 이는 일본 철학의 흐름을 처음부터 끝까지 정리한 뒤에 내린 결론이지만, 이러한 일본적 특징은 동아시아에서 매우 독특하다. 중국에서는 형상판과 형하판이 판 갈이를 통해 순환하지만, 한국에서는 줄곧 형상판이 깔려 있고, 일본에서는 형하판이 깔려 있다는 것이 동아시아 삼국의 가장 큰 특징이다.

일본에서 형하판이 줄곧 깔리게 된 이유는 무엇일까? 여러 가지 이유가 있겠지만, 가장 큰 이유는 풍토와 기후환경에 기인하는 것으로 봐야 할 것이다. 일본의 저명한 윤리학자 와쓰지테쓰로(和辻哲郎: 1889~1960)는 그의 저서 『풍토』에서 사람의 삶에 지대한 영향을 끼치는 것이 풍토와 기후환경임을 밝히고 있다. 그중에서도 그는 습기의 영향이 매우 크다고 주장했는데, 설득력이 있다.

어떤 나무에 벌레가 수시로 다가와 잎을 갉아 먹고, 태풍이 불어 가지를 찢으며, 가끔 지진이 와서 나무의 밑둥치를 부러뜨린다면, 나무는 벌레를 퇴치해야 하고, 바람에 가지가 찢기지 않도록 대비해야 하며, 지진에 대비해서 밑둥치를 묶어야 한다. 그러느라 나무는 뿌리를 생각할 겨를이 없다. 사람의 삶도 이와 같다. 일본의 풍토와 기후환경은 독특하다. 지진이 수시로 오고, 태풍이 매년 수십 개씩 불어온다. 높은 습도로 인해 불쾌지수가 높다. 약간이라도 땀이 나면 바로 목욕해야 한다. 그렇지 않으면 감기에 걸리고 만다. 햇볕에 이불을 말리지 않으면 이불이 축축해서 잠을 잘 수 없다. 계속 올라오는 태풍에 대비해야 하고, 지진에 살아남기 위해 안간힘을 써야 한다. 몸 하나를 건사하느라 마음속 깊은 곳에 있는 본래마음이 무엇인지 살펴볼 여유가 없다. 이러한 이유로 인해 몸을 중시하고 물질을 중시하는 형하판에서의 삶이 정착된 것으로 보인다.

형하판에서의 삶의 철학은 일본의 모든 철학사상에 공통으로 나타나는 특징이므로 일본의 유학에서도 예외가 아니다.

일본의 유학은 서력 284년 백제의 아직기(阿直岐)가 건너가고 이듬해 285년 왕인(王仁) 박사가 『논어』 10권과 『천자문』을 전래함으로써 시작하지만 제대로 정착하지 못했다. 그 뒤 513년 백제의 오경박사 단양이(段揚爾)가 건너갔지만, 크게 전파되지는 않았다. 일본 유학의 실질적인 시작은 주자학이 수입되고 정착된 에도(江戶)시대부터이다. 학자로는 유학으로 문호를 연 후지와라 세이카(藤原惺窩)가 그 창시자이다.

일본에 주자학의 저술이 처음 전해진 것은 가마쿠라(鎌倉)시대이다. 1200년 오오에 무네미쓰(大江宗光)의 기록이 있는 『중용장구(中庸章句)』가 그대로 믿을 만한 것이라면, 주자의 생존 시에 이미 주자의 저술이 일본에 전해진 것이 된다. 그 뒤 주자학의 서적은 순죠(俊芿: 1199년 입송~1211 귀국), 엔니(丹爾: 1235 입송~1241 귀국)등에 의해 점차 수입되었고, 주자의 학문 사상도 교칸(虛關: 1347 입적) 츄간(中岩: 1375 입적) 기도오(義堂: 1388 입적) 등에 의해 연구되게 되었다. 한편 조정에서도 연구되었는데, 특히 하나조노 조오코(花園上皇: 1297~1348)의 유불이교(儒佛二敎)의 연구, 고다이고(後醍醐) 천황의 궁중에서 히노 스케토모(日野資朝: 1290~1332), 히노 도시모토(日野俊基: 1332 입적) 등과의 신유학 논의가 있었던 것은 유명하다. 1400년대에 이르러 기요(岐陽: 1424 입적), 잇케이(一慶: 1463 입적), 케이안(桂庵: 1508 입적) 등에 의해 유교와 불교의 일치가 주장되다가, 1481년에 주자의 『대학장구』를 간행하기에 이르렀다. 이와 거의 동시에 교토(京都)에서는 기요하라 나리타다(淸原業忠: 1467 몰)가 전래해오던 가학에 주자학을 더하여 신고이주(新古二注)의 절충학을 제창했고, 이치죠 가네요시(一條兼良: 1402~1481)는 『대학동자훈(大學童子訓)』을 저술하여 송학에 대한 깊은 이해를 보이고 있다. 요시다 가네토모(吉田兼俱: 1435~1511)는 유일신도(唯一神道)를 수립하면서 송학의 철학사상을 상당히 응용했으며, 그의 아들 기요하라 노부카타(淸原宣賢: 1475~1550)는 기요하라 가문의 신고이주의 절충학에 이찌죠 가문과 요시다 가문의 신·유·불 융합의 학문과 모로이즈미 즈이센(桃源瑞仙) 등의 역사학을 종합하여 집대성했다.

이러한 사실은 후지와라 세이카가 등장하기 전에 주자학이 어느 정도 연구되어 있었다는 것을 보여주지만, 그러나 당시의 주자학은 선학·신도 등을 보완하는 의미에서 유용하다고 인식됨으로써, 부수적으로 연구되었고, 독립적인 연구는 되지 못했다.[2]

제2장
주자학의 수입과 정착

주자학의 독립은 후지와라 세이카에 의해 시작되었다. 아베 요시오(阿部吉雄)씨는 후지와라 세이카에 의한 주자학 독립의 과정에 대해서 자신의 견해를 다음과 같이 피력하고 있다.

세이카는 죠오콕쿠지(相國寺)의 선승으로 선학을 배우고 노장사상에 마음을 두었지만, 조선국 사신인 허산전(許山前)과의 만남으로 신유학에 대한 마음의 눈을 뜨게 되었다. 도쿠가와 이에야스(德川家康)의 부름에 응하여 『정관정요(貞觀政要)』를 강의하면서 그는 더는 불교를 좋아하지 않게 되었고, 죠오코쿠지(相國寺)와의 인연을 끊게 되었다. 그리하여 특히 우끼다 히데이에(宇喜多秀家)의 인척인 아카마쓰 히로미치(赤松廣通)의 옹호 하에 송학의 서적을 독파할 수 있었으며, 임진왜란 때 포로로 온 강항(姜沆)과의 만남으로 송학에 대해 한층 자신감을 얻어, 기요하라 가문의 고주학(古注學) 내지는 신고주절충학(新古注折衷學)에 대결하려는 결의를 표명했다. 케이쵸(慶長) 5년에는 승복을 벗고 유복을 입은 채, 도쿠가와 앞에 나타나 오산의 학승과 유불논쟁을 하는데 이르렀다. 이때가 송학이 독립하고 유학자가 출현하기 시작한 출발점이었다. 세이카는 오산에 전해진 송학 연

---

1. 이상 일본 유학의 수입 과정에 관한 기술은 졸저 『동양삼국의 주자학』(성균관대학교출판부, 2010)을 참조했음을 밝힌다.

구의 성과를 전해 받았을 것이고, 「허산전의 인도와 강항의 격려를 받은 것도 사실이지만, 그러나 그의 직접적인 스승이 된 것은 여러 서적이었다. 그리고 이러한 서적들의 많은 부분은 임진왜란 당시 배로 싣고 들어온 것이다.[3]

제1절 후지와라 세이카의 주자학 수용

제1항 후지와라 세이카의 천인무간설

후지와라 세이카(藤原惺窩: 1561~1619)의 이름은 슈꾸(肅) 자는 렌부(歛夫), 세이카는 호이다.

이미 서술한 바처럼 세이카에게 가장 많은 영향을 끼친 허산전은 아베 요시오(阿部吉雄)에 따르면, 퇴계 문하의 삼걸 중의 한 사람이며 유희춘의 고제자이었다는 것이 밝혀졌다. 이러한 점에서 보면 세이카에게 영향을 준 허산전의 주자학은 아마도 퇴계학인 것으로 보인다. 아베 요시오는 세이카에게 미친 조선 유학의 영향을 다음과 같이 서술하고 있다.

후지와라 세이카는 상술한 것처럼 유교 독립의 봉화를 들 즈음에 강항으로부터 학문적 격려를 받았는데, 더욱이 주목할 것은 세이카가 그 뒤 주자의 저술인 『연평답문(延平答問)』을 오로

---

2. 아베 요시오(阿部吉雄), 『日本朱子學と朝鮮』(도쿄대학출판회, 1965), 1~3쪽 참조.

誰得真上于武
程數誰得真趙迥于武
而流遠伊人趙迥而上下
歴年而遂化於獻源源
學雲世其新貽後垂典型
決洞洛之亜別于開先千性
身錄微碑彭澤之備門亡後
讖爲貴而遐雖望白中亦獨卦

後學藤原惺拝賛

后지와라 세이카

지 존숭했다는 점이다. 『연평답문』은 세이카 철학의 최후의 보루가 된 서적으로, 그가 이일분수설을 설파한 것도 쇄락의 경지를 자득해야 한다고 역설한 것도 이 책에 기반한 것이라 생각된다. 더욱이 수제자인 하야시 라잔에게 라잔(羅山)이라는 호를 붙여준 것도 아마 이 책에 바탕한 것으로 보인다. 라잔에게 자기의 학문적 비전을 전수한다는 의미로 건네준 것도 이 『연평답문』이다. 그러나 『연평답문』은 조선의 퇴계가 심혈을 기울여 교열하고 출판한 부발본(附跋本)인 것으로 밝혀졌다. 세이카가 라잔에게 주었을 당시의 책으로 보이는 것이 내각문고(內閣文庫)에 현존해 있다. 또한 세이카는 그의 철학에서도 퇴계의 「천명도설」에 찬성하여 적절한 평가를 하고 있다. 이렇게 보면 세이카는 그가 유학자로서 독립할 때뿐만 아니라, 그의 철학의 근저에서 깊이 조선의 유학으로부터 직간접으로 영향을 받고 있다는 것을 알 수가 있다.[4]

여기서 보면 후지와라 세이카에게 수용된 주자학은 주자학 그 자체라기보다는 오히려 조선의 유학, 특히 퇴계학에 가까운 것이라고 할 수 있다.

이상과 같은 사상적 배경을 염두에 두고 세이카의 천명관념에 관해 살펴보면 세이카의 사상을 제대로 이해할 수 있다. 세이카는 「천인여일(天人如一)」의 사상을 제시한다.

---

4. 위의 책, 『日本朱子學と朝鮮』, 50쪽.

대저 천도(天道)란 리이다. 리는 하늘에 있는 것으로, 아직 만물에 부여되지 않은 것을 천도라 한다. 이 리가 사람의 마음에 갖추어져 있으나, 아직 일에 응하지 않은 것을 성(性)이라고 한다. 성 또한 리이다. 대개 인의예지의 성은 원형리정의 천도와 이름은 다르지만 실은 하나이다. 무릇 인간이 이 리를 따르면 천도가 그 안에 있게 되니 천인여일(天人如一)한 것이다. 욕심을 따르게 되면 인욕이 덕보다 승하게 되어 하늘은 하늘, 사람은 사람으로 별개가 된다. 이 때문에 군자는 힘을 기울여 천명의 실리를 회복할 줄 알지만, 소인은 욕심대로 방자하게 되어 모르는 사이에 금수와 가까워진다. 『중용』에 이르기를, "중화를 이루면 하늘과 땅이 제자리에 위치하고 만물이 제대로 길러진다"라고 하니, 실로 내 마음이 천지의 마음에 통하면, 천지를 제대로 알게 되어, 천지가 나로 말미암아 제자리에 위치하게 된다. 내 마음이 만물의 마음에 통하면, 만물이 제 모습을 드러내므로, 만물이 나로 말미암아 길러지게 된다.[5]

하늘과 사람이 어떤 매개체를 통하지 않고, 직접 하나로 연결되어 있다고 하는 것은 한국 주자학에서 나온 설명이다. 특히 하늘의 원형리정과 사람의 인의예지가 하나이므로 하늘과 사람이

---

5. 夫天道者理也 此理在天 未賦於物曰天道 此理具於人心 未應於事曰性 性亦理也 蓋仁義禮智之性 與夫元亨利貞之天道 異名而其實一也 凡人順理 則天道在其中 而天人如一者也 徇欲則人欲勝其德 而天是天 人是人也 是故君子用力以知復乎天命之實理 小人肆欲而不知近乎禽獸 中庸曰 致中和 天地位焉 萬物育焉 實以我之心而通天地之心 則範圍有道 而天地自我位焉 以我之心而通萬物之心 則曲成有道 而萬物自我育焉(『惺窩先生文集』 권9, 〈講筵矜式〉).

사이가 없이 하나로 연결되어 있다는 것은 한국 주자학에서 주로 하는 설명이다.

중국의 주자학에서는 천인이 합일해야 한다는 과제를 설정한다. 천인합일이라는 말에는 하늘과 사람이 다르다는 것이 전제되어 있다. 하늘과 사람이 다르므로 합해서 하나가 되어야 한다는 사상이 천인합일 사상이다. 하늘과 사람이 다르므로 합일한다는 것은 쉽지 않다. 중국의 주자학에서 설명하는 천인합일의 방법은 두 가지로 나누어서 설명한다. 먼저 사람의 요소 안에 하늘의 요소가 있다는 것을 알기 위해 만물에 나아가 만물 하나하나에 하늘의 요소가 있다는 것을 깨닫고 그것을 미루어 나에게도 하늘의 요소가 있다는 것을 알 수 있다고 설명한다. 말하자면, 나에게 있는 하늘의 요소를 알기 위해 만물로 나가 만물에 들어 있는 하늘의 요소를 알고 다시 나에게로 돌아오는 우회적인 방법을 설정하는데, 이 우회적인 공부 방법이 격물치지이다. 다음으로 나에게 들어 있는 하늘의 요소가 제대로 드러날 수 있도록 마음을 가다듬는 공부 방법이 거경이다. 격물치지의 공부 방법이 궁리이므로, 중국 주자학에서의 공부 방법은 궁리와 거경의 두 방법으로 정리되었다. 하지만, 한국의 주자학에서는 하늘과 사람이 애초에 떨어져 있지 않다고 하는 천인무간을 전제함으로써, 사람 안에 있는 하늘의 요소를 알기 위한 우회적 방법이 필요하지 않으므로, 격물치지 공부 방법을 생략하고 오직 거경공부 하나로 압축한다.

세이카는 하늘과 사람의 관계를 천인여일로 전제하는데, 이는 중국 주자학에서 말하는 천인합일이 아니라, 한국 주자학에서 말하는 천인무간에 해당한다. 그러므로 세이카도 격물치지 공부를 생략하고, 리를 따르기만 하면 된다고 설명한다. 리를 따르기만 하는 공부는 한국 주자학의 거경공부에 해당한다. 거경공부를 통해 리를 따르기만 하면 천인여일의 본래 모습이 바로 회복된다.

다만 세이카가 "군자가 힘을 기울여 천명의 실리를 회복할 줄 안다"라고 한 설명에서 보면, 다음과 같은 차이점을 알 수 있다. 군자가 힘을 기울여 천명의 실리를 회복하는 실천적 득도의 과정을, 세이카는 "실리를 회복할 줄 안다"라고 함으로써, 인식의 영역으로 전환한 것이다. 천인무간의 전제가 몸에 체화되어 있지 않으면, 하늘과 하나 되기 위해서 먼저 하늘을 알아야 하므로, 아무래도 인식의 영역을 설정할 수밖에 없다. 이점을 보면 세이카가 주자학의 내용을 심도 있게 이해하고 있으면서도, 천인무간의 전제가 체화되어 있지 않은 한계를 알 수 있다.

세이카의 『중용』 해석은 심오하고 탁월하다. 『중용』에서 말한 '치중화(致中和)'는 '속마음을 회복하고 속마음을 발휘하여 조화되는 삶을 산다'라는 뜻이므로, '내 마음이 천지의 마음과 하나로 통하는 것'으로 설명한 것은 매우 탁월하다. 내 마음이 천지의 마음과 하나로 통하면 내 마음이 바르게 된다. 내가 바르면 천지가 바르고, 내가 비뚤어지면 천지가 비뚤어진다. 천지는 나와 상관없이 존재하는 것이 아니다. 내가 있으므로 천지가 있다. 내가 없으면 천지가 없다. 내가 있으므로 부모가 있다. 내가 없으면 부모가 없다. 내가 태어나기 전에도 부모는 있었다고 생각하기 쉽지만, 내가 태어나기 전에는 나의 부모가 아니었다. 나의 부모가 부모로서 존재하게 된 것은 내가 생기면서 비롯된다. 이 세상 모든 것은 나의 의식이 만들어낸 것이다. 나의 의식이 작동하기 전에는 하늘이 하늘이 아니고, 땅이 땅이 아니다. 숙면하고 있을 때는 나의 의식이 작동하지 않을 때다. 그때는 모든 것이 존재하지 않는다. 모든 것이 구별되어 각각의 모습을 드러내는 것은 나의 의식이 작동하여 그려낸 그림과 같다. 범위(範圍)란 나의 의식이 구별해낸 칸막이를 말한다. 나의 의식이 범위를 정할 때 비로소 모든 것을 구별할 수 있다. 그런데 사실은 나의 의식이 원래 있었던 것이 아니다. 원래 있지 않았던 것을 내가 만들어낸 허상이다. 따라서 나의 의식이 범위를 정한 것은 모두 허상이다. 나의 의식이 작동하여 산을 그려내고 물을 그려낸 것이므로, 산은 내 의식이 그려낸 그림일 뿐, 본래 모습은 산이 아니고, 물 또한 물이 아니다. 그런데도 산이라 하고, 물이라 하는 것은 범위를 잘못 정한 것이다. 범위를 제대로 정하면 산을 보고 산이라 의식하지 않아야 하고, 물을 보고 물이라 의식하지 않아야 한다. 산을 산이라고 범위를 정하면 산과 나는 별개가 되고, 물을 물이라 범위를 정하면 물과 나는 별개가 된다. 범위를 제대로 정하면 산을 보면서도 산과 내가 하나이고, 물을 보면서도 물과 내가 하나이다. 하나가 될 때 비로소 범위를 정하는 데 도리가 있다고 할 수 있다.

의식이라는 가짜에 휘둘리지 않을 때의 나의 마음이 참된 나의 마음이다. 그럴 때의 마음이 하늘의 마음이고, 본래의 마음이다. 내가 하늘의 마음으로 있어야 내가 바로 되는 것이다. 내가 바로 되면 비로소 산이 진짜 산이 되고 물이 진짜 물이 된다. 하늘과 땅이 나로 말미암아 하늘과 땅이 제 자리를 찾게 되고, 만물이 나로 말미암아 만물의 본모습을 회복한다. 곡성만물(曲成萬物)이란 만물 하나하나를 모두 제 모습으로 돌려놓는다는 뜻이다.

나의 의식으로 아버지를 보면 아버지는 문제가 많은 사람이었다. 자기 몸도 제대로 추스르지 못하는 아버지이고, 아들에게 스트레스도 주는 아버지이다. 그러나 아버지 마음이 되어 아버지와 하나가 되고 보면 아버지는 거룩한 아버지이다. 내가 아버지의 마음이 되는 순간, 문제 많은 아버지는 거룩한 아버지로 거듭난다.

세이카는 『중용』에서 천지만물에 대해 심오한 설명을 했지만, 하늘의 일에 대해 다소 모호하게 설명하기도 한다.

재난이란 상서로운 일의 반대이다. 시비·선악·소대·득실 모두 이와 같다. 여기 한 사람이 있는데, 방에서 나와 마루로 가다가 벽에 걸려있던 부채가 우연히 떨어져 사람의 머리에 맞았다고 한다면, 이는 조그만 재앙이다. 조그만 재앙은 조그만 변고이다. 마루에서 내려와 문을 나서려 하는데 문 위에 걸려있던 기왓장이 갑자기 굴러 떨어져 사람의 머리 정수리를 다치게 했다면, 이는 큰 재앙이다. 큰 재앙은 큰 변고이다. 이는 하늘이 하는 것이겠는가. 사람이 하는 것이겠는가. 대개 하늘이 하는 것은 내가 하는 것이요. 내가 하는 것은 하늘이 하는 것이다. 그러나 이 변고는 어디에서 연유하는 것인지 알 수가 없다. 『서경』에서 말하기를, "하늘이 하는 일은 착한 자에게 복을 주고, 지나친 자에게 재앙을 주는 것이다. 임금에게 재앙을 내려 그 죄를 드러낸다"라고 했다. 그렇다면 크고 작은 재앙이나 상서로움은 모두 자기에게 있는 것이어서 자기 몸을 떠난 적이 없다. 하늘에서 일어나는 변고는 재앙이다. 일식이나 월식, 지진, 태풍 등이 그러하다. 하늘에서 이러한 일이 일어나는 것은 작은 변고이지만, 결코 제 자리를 잃지 않는다. 공자가 진나라 채나라 사이에서 고난을 겪은 것 역시 작은 변고이지만, 결국 하늘의 바른 명을 따른다. 천지 사이에 있는 사람과 만물에는 변고도 있고 재앙도 있다. 변고란 변화가 일어났으나 아직 재앙으로 끝난 것이 아니고, 재앙이란 이미 끝이 나서 흔적이 생긴 것이다. 그러므로 군자가 미세한 조짐이 있을 때 막지 못하여 변고가 생겼을 때는 말을 낮추어 사죄한다. 군자는 잘못하면 고칠 줄 아니, 어찌 재앙으로 끝나겠는가! 역사적으로 생각해보면, 요·순·우·탕·문·무·주공으로부터 공자·안자·자사·맹자 등에 이르기까지 작은 변고는 있었지만, 큰 변고는 없었다. 그 나머지 인의의 탈을 쓰고 패업을 좋아했던 자들이나 권모술수로 사람들을 설득한 자들은 모두 큰 변고를 당해서, 어떤 이는 벌을 받았고, 어떤 이는 떠들썩하게 죽임을 당했다. 이는 자기가 화를 부른 결과이다. 이러한 내용을 먹으로 써서 게시한다.[6]

---

6. 災難者 吉祥之對也 此其是非善惡小大得失 亦皆如此也 有人于此 將自室到堂 掛于屋牆之団扇 偶然下而中人之頭上 是小災也 小災也者 小變也 將下堂出門 措于門上之瓦石 遽然轉來而傷人之顚頂 是大災也 大災也者 大變也 此天之所爲歟 人之所爲歟 蓋天之所爲者 我之所爲 我之所爲者 天之所爲也 然此變未知自何處來者也 書曰 天道福善禍淫 降災於君而彰厥罪 然則大小之災祥 皆在乎己 而依然不離其身者也 如夫天變者亦以也 日月之食 地震疾風等是也 蓋上天當於此小變 而遂不失其所 孔子阨於陳蔡之間 而是亦小變 而遂盡其正命也 夫天地之間 人物共有變有災 但變者將變而未終禍者也 災者旣成而有迹者也 故君子不防微而召變 而巽辭而謝 君子過而知改 豈終于禍 歷代思堯舜禹湯文武周公 至孔顔子思孟子等 有小變而無大變矣 其餘假仁義而好霸業者 與用夫權謀術數而說人者 皆遭大變 或被罪 或爲天下之大戮矣 此所謂自所召之效也 此以書墨揭之(『惺窩先生文集』 권9, 〈講筵矜式〉).

일본인들의 마음 깊은 곳에 있는 정서 중의 으뜸으로 불안감을 들 수 있다. 아마도 일본의 풍토와 기후환경이 그렇게 만들었을 것이다. 감기 걸리지 않으려나 불안하고, 태풍이 상륙하지 않으려나 불안하며, 지진이 오지 않으려나 불안하다. 불안에 시달리다 보면 마음속 깊은 곳에 있는 하늘마음에 관심을 가지기 어렵고, 알기도 어려우며, 회복하기도 어렵다. 아마도 세이카가 하늘과 사람이 하나라는 말을 들었을 때, 제일 먼저 떠오르는 것은 '재앙이 어디서 오는가'라는 의문이었을 것이다.

재난이 어디에서 오는 것일까? 하늘과 사람이 하나라는 진리에서 보면 재앙이 하늘에서 오는 것 같기도 하고, 사람에게서 오는 것 같기도 하다. 살다 보면 갖가지 재앙을 당한다. 『서경』에는, '하늘은 착한 자에게 복을 주고, 지나친 자에게는 재앙을 준다'고 했다. 일본에 살면서 재앙을 많이 받는 것은 무엇 때문인가? 세이카는 하늘과 사람이 하나라는 가르침을 접했을 때 재앙이 어디서 오는지 궁금할 수밖에 없었을 것이다. 지진이 오고 태풍이 불어서 사람이 많이 다치지만, 하늘은 작은 변고일 뿐 그것으로 인해 다치지는 않는다. 하늘과 사람이 하나라면 사람도 다치지 않아야 한다. 세이카가 생각해보니, 옛 성인들에게는 작은 변고는 있었지만, 재앙은 없었다. 재앙은 패권을 차지한 자들과 권모술수를 쓰는 자들이 당하는 것임을 알았다.

옛 성인들은 모두 군자이고, 패권을 차지한 사람과 권모술수를 쓰는 사람은 소인이다. 사람이 하늘과 하나가 되는 것은 군자에게만 해당한다. 군자에게는 작은 변고만 있을 뿐, 재앙은 없다.

군자는 어떻게 재앙에서 벗어나는가? 재앙은 일어나기 전에 미세한 조짐이 나타나고, 조짐이 변고로 확대되었다가, 재앙으로 끝이 난다. 군자는 미세한 조짐이 나타날 때 막지 못했다면, 변고가 나타났을 때 변고가 재앙으로 커지기 전에 바로 몸을 굽히고, 말을 겸손하게 하여 수습한다.

하늘과 하나가 되면 두려움이 없어진다. 하늘은 무한한 능력을 가진다. 하늘은 생명력으로 가득하므로, 하늘과 하나 되면 생명력이 왕성해진다. 송나라 사마 환퇴가 공자를 죽이려고, 공자가 지나는 길에 나무를 쓰러뜨렸으나, 나무가 공자를 피해갔다. 제자들이 혼비백산이 되었으나, 공자는 태연하게, "하늘이 나에게 덕을 주었는데, 환퇴가 나를 어떻게 할 수 있겠는가"라고 말했다. 하늘의 마음으로 사는 사람은 생명력이 왕성하므로, 두려움이 없다. 하늘의 마음으로 사는 사람은 저절로 위험에서 벗어난다. 맹자는 "하늘의 명을 아는 자는 허술한 돌담 밑에 서지 않는다"라고 말했다. 공자는 70세가 되었을 때, "마음이 내키는 대로 해도 잘못될 일이 없다"라고 했다. 하늘마음으로 사는 사람은 성실하다. "성실하게 사는 사람은 힘써 노력하지 않아도 저절로 되고, 생각해서 행동하지 않아도 모든 것이 맞아 떨어진다"라고도 했다. 욕심을 제거하고 하늘마음을 회복하면, 걱정 없이 산다. 기왓장이 떨어져 머리를 다칠까 걱정하는 것은 기우(杞憂)이다.

재해가 많은 일본에 살면서 재앙을 받지 않을 수 있는 방법은 군자가 되는 것이다. 군자가 되면 변고가 일어났을 때 재앙으로 가지 않도록 미연에 방지할 수 있다. 세이카는 이 점을 일본인이 유학을 공부해야 하는 이유로 삼았을 것이다. 실지로 일본인들에게는 잘못했을 때, 무릎을 꿇고 진지하게 사죄하는 습관이 있고, 각종 자연재해가 도달하기 전에 미리 훈련하고, 미리 대비하는 습관이 있다. 일본인들의 이러한 습관은 세이카의 가르침과 무관하지 않을 것이다.

> 아! 요순은 성(性)에 따라 사는 자이다. 사람은 모두 요순이 될 수 있다. 자네는 어진 기풍을 받들고 선양하여 배움으로써 이에 이르러야 하니 자포자기하지 말라. '어진 바람[仁風], 어진 바람'이라 하는 것은 부채를 가지고 하는 말이겠는가. 경(敬)을 말하는 것이다.[7]

세이카의 논리는 이러하다. 하늘과 요순은 하나이다. 사람은 누구나 하늘과 하나이었다. 따라서 열심히 노력하면 요순처럼 될 수 있다. 요순처럼 되는 방법은 경(敬)을 지키는 것이다. 세이카의 설명은 한국 주자학과 완전히 일치한다.

그러나 한편으로 세이카는 그의 인간관에서 한국 주자학과 달리 자신의 독특한 이론은 전개한다.

> 인품에는 혼잡한 것이 많다. 비록 세 등급으로 나누더라도 그 가운데에는 신구·귀천·재주와 그릇의 우열이 있으니, 이 등급을 넘어서면 질서를 잃게 된다.[8]

---

7. 吁 堯舜性之也 人皆可爲堯舜 子其奉揚仁風 而學以至此 莫自暴自棄焉 仁風云仁風云 貼扇云乎哉 夫是敬哉(『惺窩先生文集』 권8, 〈書無畵白貼扇〉).

8. 人品多混雜 凡雖分三科 間或新舊 或貴賤 或材器之優劣 蹴等失倫(上揭書, 권7, 〈君臣小傳跋〉).

세이카가 말한 대로 하늘과 사람이 하나라면, 모든 사람이 다 하나로 이어져야 한다. 사람이 제각각 생각이 다르고, 감정이 다르지만, 근본 마음은 하늘의 마음과 하나이어야 한다. 그러나 세이카는 사람이 각각 다르므로, 다름의 차이에 따라 등급을 정하고, 등급에 맞는 분수를 지켜야 한다는 이론을 펴고 있다. 이는 앞의 말과 모순된다. 세이카에게서 나타나는 이러한 모순은 어떻게 이해해야 할 것인가?

세이카는 한국 주자학을 수용했지만, 형상판의 철학을 완전히 소화하지는 못한 것으로 볼 수 있다. 말하자면, 세이카에게는 하늘과 사람이 하나라는 것은 수용되었지만, 하늘이 모든 존재에 공통으로 존재하는 하나의 뿌리라는 것은 수용되지 않았다. 대나무의 지상에 있는 부분인 줄기와 지하에 있는 뿌리가 하나라는 것은 이해할 수 있다. 지하의 뿌리를 하늘에 비유하고, 지상의 줄기를 사람에 비유한다면, 하늘과 사람이 하나라는 것을 쉽게 이해할 수 있다. 그리고 지하에 있는 뿌리가 모든 대나무와 하나로 연결되어 있다는 것을 이해한다면, 지상의 줄기도 모두 하나로 연결되어 있다는 것을 알 수 있지만, 지하의 뿌리가 모두 하나로 연결되어 있다는 것을 이해하지 못한다면, 지상의 줄기 부분이 모두 하나로 이어져 있다는 것을 이해할 수 없다.

형하판에서 사는 사람들의 특징은 지하의 뿌리가 모두 하나로 연결되어 있다는 것을 인정하지 않는 데 있다. 사람에게 마음과 몸의 두 요소가 있다는 것은 이해하기 쉽다. 마음과 몸은 분리되지 않고 언제나 하나로 이어져 있다. 마음속 깊은 곳에 있는 것이 하늘이기 때문에, 하늘과 사람이 하나로 이어져 있다는 것은 쉽게 이해할 수 있다. 그러나 마음속 깊은 곳에 있는 하늘이 모든 사람의 마음속에 공통으로 들어 있는 하나의 마음이라는 것을 이해하지 못하면, 모든 사람이 하나로 이어져 있는 존재라는 것을 이해할 수 없다. 세이카는 사람의 마음속에 하늘이 있다는 것은 이해했지만, 그 하늘이 모든 사람의 마음속에 공통으로 들어 있는 하나의 마음이라는 것을 이해한 것은 아니었다. 만약 그렇다면 세이카는 하늘 그 자체를 제대로 이해한 것이 아니다. 이에서 보면, 형하판의 철학으로 사는 사람들의 가장 큰 특징은 하늘을 제대로 이해하지 못한다는 것이다.

하늘을 제대로 이해한 상태에서 내린 판단과 이해하지 못하고 내린 판단은 반대이다. 하늘을 이해하면 사람이 모두 하나이지만, 하늘을 이해하지 못하면 사람이 모두 다르다. 사람이 모두 하나라고 판단하면 사람에 대한 두려움이 없지만, 모두 다르다고 판단하면 사람에 대한 두려움이 생긴다.

사람이 모두 하나라고 생각하면, 남과 나는 하나다. 내가 남을 죽일 생각이 없으므로, 남도 나를 죽일 생각을 하지 않을 것이다. 따라서 하늘을 이해하는 사람들은 사람에 대한 두려움이 없다.

사람이 모두 다르다고 생각하면, 남과 나는 다르다. 내가 남을 죽일 생각이 없어도 남은 나를 어떻게 할지 예측할 수 없다. 남이 나를 죽이려 할지 모른다고 생각할 수도 있을 것이다. 그러므로 하늘을 이해하지 못하는 사람들은 사람에 대한 두려움이 있다. 수천 년 수만 년을 사람이 모두 다르다고 판단하고, 사람에 대해 두려움을 가지고 살아온 사람들은 사람이 모두 같다는 사상을 가슴으로 받아들이기는 어려울 것이다.

세이카도 이런 한계를 극복하지 못했던 것으로 보인다. 세이카는 사람의 종류를 세 그룹으로 나누었다. 세 그룹으로 나눈 것은 비슷한 종류끼리 대충 분류한 것이다. 세밀하게 분류하면 모든 사람이 다 다르다고 전제해야 한다. 나와 다른 사람은 불안하다. 이 세상은 불안한 사람끼리 모여서 사는 세상이므로, 이 세상은 매우 혼란한 세상이다. 혼란한 세상에서는 살 수 없다. 형하판에서 사는 사람들의 공통적인 과제는 한 곳으로 모아진다. 그것은 이 세상을 사람이 살 수 있는 안정된 사회로 만드는 것이다. 세이카의 고민도 여기에 집중된다. 세상을 안정시키기 위한 세이카의 판단은 이러하다. 사람이 모두 다르므로, 어린 사람도 있고, 늙은 사람도 있다. 귀한 사람도 있고, 천한 사람도 있다. 재주가 뛰어난 사람도 있고, 재주가 열등한 사람도 있다. 그릇이 큰 사람도 있고 작은 사람도 있다. 사람이 다 다르므로 사람들이 각각 자기의 분수에 맞게 살도록 길들지 않으면 사회의 혼란을 극복하지 못한다. 천한 자가 귀한 자가 되려고 하고, 재주 없는 자가 재주 있는 자처럼 되려고 하며, 그릇이 작은 자가 그릇이 큰 자처럼 되려고 하면, 사회는 혼란해진다. 늙은 자는 늙은이로 살고, 젊은이는 젊은이로 살며, 귀한 자는 귀한 자로 살고, 천한 자는 천한 자로 살며, 재주 있는 자는 재주 있는 자로 살고, 재주 없는 자는 재주 없는 자로 살며, 그릇이 큰 자는 큰 대로 살고, 그릇이 작은 자는 작은 대로 살아야, 사회 전체의 질서가 잡혀 안정된다. 형하판에서 사는 사람이 추구하는 사회의 질서유지 방법이 바로 이러하다.

제2항 후지와라 세이카의 이기설 불수용

후지와라 세이카는 이기설을 그다지 수용하지 않았다. 이기설에 관한 언급도 많지 않다. 세이카의 수제자인 하야시라잔(林羅山)은 다음과 같이 설명한다.

> 세이사이(惺齋)가 말하기를 "사단은 리에서 나오고, 칠정은 기에서 나온다"라고 했는데 이 말은 옳다. 『곤지기(困知記)』에서 말한 것에 비하면 이것이 그것보다 낫다.[9]

세이사이(惺齋)는 세이카의 다른 호이다. '사단은 리에서 나오고 칠정은 기에서 나온다'라는 말은 주자가 한 말이고, 퇴계가 인용한 말이기도 하다. 세이카는 퇴계의 이기설을 수용한 것처럼 보이지만, 사실은 이기설에 그다지 흥미를 느끼지 않은 것 같다. 그 이유 중의 하나는 이기설이 한국의 주자학에서도 중심 과제가 아니었기 때문이다. 이기설은 원래 주자가 사람의 본성을 알기 위한 수단으로 전개한 것이었다. 한국의 주자학에서는 사람의 본성을 알기 위해 사물을 연구해야 할 필요성을 느끼지 못했기 때문에, 적극적으로 수용하지 않았다. 다만 퇴계가 자신의 수양 방법을 설명하는 과정에서 리와 기의 개념을 빌려온 것뿐이었으므로, 세이카가 퇴계학을 수용하는 과정에서 굳이 이기설을 수용할 필요가 없었기 때문이다.

---

9. 惺齋曰 四端出於理 七情出於氣 此說是也 比諸困知記所云 則爲此善於彼 (『羅山文集』 권53).

다만 세이카의 관심은 세상을 사람이 살 수 있도록 안정시키는데 있었다. 세상을 안정시키기 위해서는 이론을 정리하는 것만으로는 의미가 없다. 세상을 안정시키는 노력이 효과를 거두기만 하면, 어떤 이론으로 어떻게 추진했는지는 따질 필요가 없다. 그만큼 세이카의 관심은 사회를 안정시키는 것에 집중된다. 세이카가한국의 주자학을 받아들인 이유 또한 주자학이 세상을 안정시키는 데 효과가 있다고 판단했기 때문이다.

> 학자가 이론을 찾고 옛것을 참고하는 까닭은 아름다운 말을 찾아 원리를 궁구하는 법을 배우기 위한 것이고, 좋은 행실을 찾아 일을 실행하는 법을 배우기 위한 것이다. 이것이 옛것을 참고하는 까닭이다. 말과 실행은 둘이 아니다. 비록 빈말을 배우더라도 자기를 다스리고 남을 다스려 사물을 다스리는 데까지 이른다면, 그것은 참된 말이지 빈말이 아니다. 비록 실행을 배우더라도 입으로만 말하고 마음으로 알지 못하거나, 마음으로만 알고 몸으로 실천하지 못하면, 이 또한 빈말이지 실행이 아니다. 말과 실행은 하나라고 할 수 있다. 말과 실행을 다른 것으로 생각한다면 옛것을 참고하는 것이 아니고, 또 배우는 것이 아니다. 비록 그러나 초학자가 단지 빈말만을 고수하고 있으면, 변하는 일을 보고도 멍해져 대처할 바를 모르게 된다. 그것은 일을 실행하여 실질적인 효과를 보는 것만 못하다.[10]

한국 주자학의 목적은 학자 자신의 참된 자아를 회복하여 참된 삶을 사는 데 있다. 자기가 참된 삶을 살면 저절로 남도 참된 삶을 살게 되고, 그로 인해 세상이 지상낙원으로 바뀐다고 설명한다. 이러한 판단은 사람이 모두 하나로 이어져 있다고 전제하기 때문에 가능한 것이다. 그러나 일본에서는 사람이 모두 하나로 이어져 있다는 것이 전제되어 있지 않기 때문에, 자기 개인의 삶을 완전하게 하는 것이 사회를 안정시키게 된다고 볼 수 없으므로, 관심의 초점은 혼란한 사회를 안정시키는 데 집중된다. 실지로 일본은 세이카의 시대에 이르기까지 혼란의 연속이었다. 세이카가 한국의 주자학을 수용한 것은 주자학으로 사회를 안정시킬 수 있다고 보았기 때문이다.

학문이란 옛사람의 말과 행동을 공부하는 것이지만, 그것이 사회를 안정시키는 효과가 있을 때 의미가 있다고 세이카는 판단한다. 세이카에 따르면, 빈말을 공부하더라도 실지로 효과가 있으면 빈말이 아니고, 참된 말을 공부하더라도 실지로 효과를 내지 못하면 참된 말이 아니다. 모든 것의 가치는 실지로 사회를 안정시키는 효과가 있는지 어떤지에 달려 있다.

세이카의 주자학은 그의 수제자인 하야시 라잔에게 이어진다.

---

10. 學者之訪論稽古也 以嘉言學窮其理 以善行學實其事 是爲稽古 蓋言行不二 雖學空言 治己治人施及物 則實行也 非空言矣 雖學實行 口言之 心不知之 心知之 身不踐之 則又空言也 非實行矣 可謂言行一也 二之則非稽古 非學者矣 雖然初學者徒然守空言 則臨事變藐然不知所以處之 故不如見行事之實驗矣 (『惺窩先生文集』 권7, 〈古今醫案序〉).

제2절 하야시 라잔의 주자학 수용

제1항 하야시 라잔의 생애

하야시 라잔(林羅山: 1583~1657)은 하야시 가문의 시조이다. 이름은 츄(忠), 또는 노부카쓰(信勝)이고, 자는 시신(子信)이며, 통칭은 마타 사부로(又三郞), 도순(道春)이고, 호는 라잔(羅山), 라후(羅浮)를 비롯 하여 여러 호가 있다. 라잔은 처음 겐닌지(建仁寺)에서 불교와 유교 를 공부했는데, 주자의 『사서집주』를 접하고 나서 절을 나와 교토 에서 주자학을 강의했다. 후지와라 세이카를 사사했다. 라잔은 후 지와라(藤原)라는 성에서 하야시(林)로 성을 바꾸었다. 라잔은 유 학이 선불교로부터 자립하는 데 큰 역할을 했다. 그 뒤 스승인 후 지와라 세이카를 통해서 도쿠가와 이에야스(德川家康)를 섬겨, 막 부를 창업할 때 늘 논의에 참여했고, 조정의 의절(儀節)과 율령을 정했다. 막부의 법도와 외교문서를 비롯한 문안을 거의 하야시가 담당했다. 이에야스가 사망한 뒤, 히데타다(秀忠) 이에미쓰(家光) 이 에쓰나(家綱) 등, 3대에 걸쳐 쇼군(將軍)을 섬겼다. 1630년에 이이미 쓰로부터 우에노(上野)의 시노부가오카(忍岡)에 토지를 받아 별장 으로 쓰면서 가숙을 열었는데, 이 가숙이 뒷날 막부의 공식 학교 로 발전하는 쇼헤이자카(昌平坂) 학문소(學問所)의 전신에 해당한 다. 라잔은 막부에서 지위를 확보하기 위해 승려의 모습을 취하지 않으면 안 되었다. 라잔은 시노부가오카의 토지를 받기 1년 전인 1629년에 민부경(民部卿) 법인(法印)이라는 승위(僧位)를 받고 머리 를 깎았다. 승려가 무가 정권의 두뇌집단으로 활약하는 것은 가 마쿠라 막부와 무로마치 막부 때부터의 전통적인 정치형태였으

하야시 라잔

므로, 이를 흉내 낸 것이었다. 그 이유는 그때까지 유학을 익힌 지식인이 정계에서 활약할 수 있는 제도가 없었기 때문이었다. 라잔이 승려의 모습을 한 것으로 인해 훗날 야마자키 안사이에게 혹독한 비판을 받았다. 라잔과 그의 아들 가호(鵞峰)는 막부의 시독으로 있으면서 유학의 전파에 노력하여 많은 효과를 거두었다. 라잔은 공자의 사당을 지어 유시마세이도(湯島聖堂)의 기원을 만들었다. 그의 학문은 정주의 주자학을 기본으로 하되 두루 익히지 않은 분야가 없었다. 저술로 『동감강요(東鑑綱要)』, 『요경점(孝經點)』, 『격언수필格言隨筆)』, 『가마쿠라쇼군가보(鎌倉將軍家譜)』, 『군서제설(軍書諸說)』, 『군진항렬(君陳行列)』, 『경적화자고(經籍和字考)』, 『경전제설(經典諸說)』, 『경전문답(經典問答)』, 『세이카문답(惺窩問答)』, 『중용해(中庸解)』, 『정관정요초(貞觀政要抄)』, 『통감강목수권수초(通鑑綱目首卷手抄)』, 『조선고(朝鮮考)』, 『일본고(日本考)』, 『포정서(庖丁書)』, 『백전기법초(百戰奇法抄)』, 『무가십구조법도주(武家十九條法度注)』, 『본초강목서주(本草綱目序注)』, 『맹자양기지언해(孟子養氣知言解)』, 『무극태극설(無極太極說)』, 『양명찬미(陽明攢眉)』, 『괴담전서(怪談全書)』, 『노자초(老子抄)』, 『라잔문집(羅山文集)』, 『이기변(理氣辨)』, 『춘추벽두론(春秋劈頭論)』, 『성리자의언해(性理字義諺解)』, 『대학해(大學解)』, 『손자언해(孫子諺解)』, 『오자초(吳子抄)』, 『대학초(大學抄)』, 『진법초(陣法抄)』 등 다수가 있다.

제2항 하야시 라잔의 주자학 수용

세이카에 의해 시작된 일본의 주자학은 하야시 라잔에 이르러 더욱 본격화된다.

옛날 맹자가 죽은 뒤 도통이 이어지지 않았기 때문에, 한당(漢唐)의 유학자들이 오직 훈고로써 해설하기만 했다. 천년이 흐른 뒤 만일 정자와 주자가 아니었더라면, 천하는 띠 풀로 꽉 차 막혔을 것이다. 주자는 여러 유학자의 사상을 집대성하고, 전해지지 않던 실마리를 정리하여, 이렇게 집주를 내어놓았다. 『논어』를 읽는 자가 집주를 버린다면 무엇으로 공부하겠는가. 대명 영락 연간에 여러 박사에게 명하여 『사서오경대전』과 『성리대전』을 편찬했으니 바야흐로 지금 도를 배우고자 하는 학자가 이것을 좇아 배운다면 문 열고 나가는 것처럼 순조로울 것이다.[11]

세이카가 한국의 주자학을 주로 수용했으나, 세이카의 주자학을 이어받은 라잔은 퇴계학으로부터 거슬러 올라가 정자와 주자의 학문에 집중했다. 라잔이 주력했던 교재는 주로 명나라 영락 연간에 간행된 『사서오경대전』과 『성리대전』이었다. 정자와 주자의 학문에 집중한 라잔은 정자와 주자의 학문에서 벗어나는 것은 다 이단으로 규정한다.

지금 정자와 주자를 숭상하여 격물을 궁리로 여긴다고 말함에 이르면, 이는 거의 어긋남이 없는 것이다. 고인이 이르기를, 다

---

11. 昔孟子沒而道統不傳 故漢唐群儒 唯以訓詁而解說耳 千載之後 微程朱 天下茅塞矣 朱子集諸儒之大成 接不傳之遺緖 於是乎集註出焉 讀論語者 舍集註其何以哉 大明永樂年中 詔諸博士 撰四書五經大全及性理大全書 方今欲學道者 入由此 則猶出由門戶也(『林羅山文集』 권53, 〈四書跋〉).

른 도에 가는 것을 일러 이단이라고 하니, 이로써 말한다면 정
주의 문으로 가지 않는 것은 모두 이단의 격물이다.[12]

라잔은 주자학 이외의 학문을 이단으로 규정하고, 오직 주자학
만을 바른 학문으로 삼았다. 라잔은 『대학』과 『중용』을 통해서
세상을 평화롭게 하는 근본 방법인 수신을 강조하고, 수신의 방
법으로 경(敬) 공부를 중시했다.

사람들이 늘 말한다. "모두 천하·국가를 말하지만, 천하의 근
본은 국가에 있고, 국가의 근본은 집에 있으며, 집의 근본은 자
신의 몸에 있다." 그러므로 『대학』에서 "천자에서 서인에 이르
기까지 모두 수신을 근본으로 삼아야 한다. 몸이 닦이면 집이
안정되고, 집이 안정되면 나라가 다스려지며, 나라가 다스려지
면 천하가 평안해진다"라고 했다. 『중용』에서 이른바 "독실하
고 공경하는 마음을 가지면 천하가 평안해진다"라고 한 것도
역시 이것을 말한 것이다.[13]

라잔은 세이카가 미처 설명하지 못한 부분을 보완하여 주자
학 원래의 모습에 접근했다. 세이카는 개인의 수양보다 사회의 안

---

12. 今崇信程朱 及以格物爲窮理之謂也 庶乎其不差焉 古人云之他道者 謂之異端
由是言之 不之程朱之門者 異端之格物也(『林羅山文集』 권53, 〈四書跋〉).
13. 人有恒言 僉曰大下國家 天下之本在國 國之本在家 家之本在身 故大學云
自天子至庶人 皆以修身爲本 身修則家齊 家齊則國治 國治則天下平 中庸所
謂篤恭而天下平 亦謂此也(『林羅山文集』 권68, 〈隨筆四〉).

정을 우선했으므로, 『대학』에서 말하는 수신을 강조하지 않았으나, 라잔은 사회를 안정시키는 출발점을 수신으로 설명함으로써, 주자학 본래의 내용으로 회귀했다. 한 개인의 수신으로 인해 사회가 안정된다는 이론은 모든 사람이 하나로 이어져 있다는 만물일체사상을 전제로 한다. 주자학에서는 수신을 말할 때, 제일 먼저 자기 자신의 수신을 강조한다. 자기 자신의 수신이 완성되면, 가정이 안정되고, 나라가 다스려지며, 천하가 평화로워진다. 만물일체사상이 희박한 일본에서는 한 개인의 수신으로 세상이 평화로워진다는 이론은 통용되기 어렵다. 따라서 라잔은 개개인 모두가 수신하면 세상이 평화로워지는 것으로 이해하여, 교육에 심혈을 기울인다. 라잔은 도쿠가와 이에야스를 도와 정치에 깊이 관여했다. 정치기구를 정비하고, 법령을 제정하여, 교육을 전담했다. 라잔의 영향으로 수신하는 풍조가 널리 퍼졌고, 그로 인해 전쟁으로 이어져 오던 일본이 평화를 맞이하게 되었다. 에도시대의 평화는 라잔에게 힘입은 바가 크다고 할 수 있다.

주자학의 목적은 수신을 하여 성인이 되는 것에 있다. 라잔의 목표도 당연히 성인이 되는 것에 두었다.

나는 삼사(三士)의 만분의 일도 바랄 수 없지만, 그러나 원하는 바는 성현을 배우는 것이다.[14]

라잔은 성인의 모습을 다음과 같이 설명한다. 성인은 하늘처럼

---

14. 僕不足望三士之萬一 然所願學聖賢也(『林羅山文集』 권2, 〈呈惺窩先生〉).

성실하다. 성인의 역할 중에 가장 큰 것은 교육이다.

하늘의 운행은 굳세어서 쉼이 없으니, 이른바 건건(乾乾)이라는 것은 쉼이 없는 것이다. 성인이 이를 체득하여 하늘과 마음 씀씀이가 같으므로, 자사는 지극히 정성스럽게 움직이는 것은 지극한 성인의 모습으로 여겼다. 진실하고 망령되지 않은, 혼연한 일리(一理)가 곧 성인의 마음이다. 낳고 낳아 그침이 없는 것에서 천지의 마음을 보고, 본마음으로 조화를 이루는 것에서 성인의 마음을 본다. 이것이 지극한 정성에서 나오는 묘한 작용인데, 움직이는 곳에서 나타나는 것이다. 정성스럽게 되려는 것은 사람의 도리이다. 정성스럽게 되는 것은 경(敬)보다 나은 것이 없다. 성실해지면 경건함이 있게 된다. 독실하고 경건함은 성실해지는 수단이 된다. 성인이 사람을 가르치는 것은 게으르지 않으면서 각각의 가르침에 순서가 있다. 그러므로 안연에게 사욕을 극복하여 본원적인 질서로 돌아가는 것으로 가르친 까닭은 성실함과 인(仁)의 마음이 별개가 아니기 때문이다. 중궁에게 경(敬) 공부를 하도록 가르친 까닭은 경 공부를 오랫동안 지속하면 정성스러워지기 때문이다. 공자가 말한 하나로 관통하는 것은 혼연한 일리(一理)에서 나타나는 정성으로 가능한 것이다. 증자의 충서(忠恕)는 자기 몸을 경건하게 간직하는 것이다. 그러므로 천도가 있고, 지도가 있고, 인도가 있다. 건괘에서 말한 성(誠)은 하늘의 도이면서 성인의 마음 씀씀이이다. 곤괘에서 말한 경(敬)은 땅의 도이면서 성인의 의리이다. 그러므로 경(敬)과 의(義)가 확립되어서 덕 있는 사람이 외롭지 않다고 말했다. 삼재(三才)의 리(理)는 본래 하나이다. 그러므로 성인을 배우는 자는 성(誠)과 경(敬)에서 어찌 생각을 집중하지 않겠는가. 성(誠)과 경(敬)이 나에게 있으므로, 만물이 모두 나에게 갖추어져 있다. 어떤 즐거움이 이보다 더하겠는가.[15]

성인이 되는 수단은 성(誠)과 경(敬)에 집중된다. 성인의 마음은 천지의 마음이고, 천지의 마음은 쉼 없이 낳고 낳는 마음이기 때문에, 성인의 마음은 지극히 정성스러운 것이다. 따라서 사람의 삶이 정성스럽게 이어진다면, 성인처럼 되는 것이다. 삶이 정성스럽게 되도록 하기 위해서 경건한 마음을 유지하는 것이 성인 되는 출발점이다. 말하자면, 경건한 마음을 유지하면 성실해지고, 성실해지면 성인처럼 된다. 이것으로 보면 라잔에게 수용된 주자학은 일단 경(敬) 중심의 수양철학으로 볼 수 있다. 그런데 성(誠)의 실천방법으로 경(敬)을 도출한 것은 『입학도설』에 있는 양촌 권근의 「천인심성합일지도(天人心性合一之圖)」에 있고, 경(敬)중심의 수양철학은 퇴계학의 특징이다. 그렇다면 라잔에게 수용된 주자학은 권양촌과 이퇴계의 주자학에서 많은 영향을 받았다고 생각

---

15. 天地運行 健而不息 所謂乾乾者 所以不息也 聖人體之 與天同德 故孜孜以至誠爲至聖 眞實無妄渾然一理 是聖人之心也 以生生不息 見天地之心 以中和見聖人之心 是至誠之妙 而於動處而顯者也 誠之者 人之道也 誠之者莫如敬 有誠則有敬 篤敬者所以存其誠也 聖人之敎人 雖不倦而各有其序 故告顏淵以克己復禮者 所以誠仁不二也 故仲弓以敬者 所以久而誠矣也 孔子之一貫者 渾然一理之誠也 曾子之忠恕者 是敬其身也 故有天道 有地道 有人道 其於乾言誠者 天之道而聖人之心也 於坤言敬者 地之道而聖人之義也 故曰敬義立而德不孤 三才之理本一 則學聖人者 於誠敬何不致思乎 誠敬在己則萬物皆備於我 何樂加焉(『林羅山文集』 권8, 〈示井上筑後守重三篇〉).

할 수 있다. 라잔이 권양촌의 『입학도설』과 이퇴계의 『천명도설』 등을 깊이 연구했다는 것은 이미 아베 요시오(阿部吉雄)에 의해 논증된 바 있다.[16]

중국 주자학에서의 공부 방법은 거경(居敬)과 궁리(窮理)로 나누어지고, 궁리는 또한 격물치지로 나누어져 복잡하게 설명되므로, 일본에서 중국의 주자학을 받아들기보다는 거경으로 압축된 한국의 주자학을 받아들이는 것이 훨씬 용이할 수 있었다고 생각된다.

제3항 하야시 라잔의 이기설

라잔은 세이카로부터 한국의 주자학을 수용했으면서도 거기에 머물지 않고 중국의 주자학에 주력했으므로, 일단 이기설에 대해 언급하지 않을 수 없었다. 라잔은 이기설에 관해 다음과 같이 언급한다.

『주역』에서 형이상의 존재를 도(道)라 하고, 형이하의 존재를 기(器)라 했으며, 또 한번은 음이 되고, 한번은 양이 되는 것을 도(道)라 했다. 정명도는 "음양 또한 형이하의 존재인데, 그것을 도(道)라고 말한 것은 원래 단지 도(道)일 뿐이기 때문이라"라고 했다. 주자는 "천지의 조화는 가는 것은 지나가고 오는 것은 계속 이어져서 한순간도 머무름이 없으니 이것이 도(道)의 본래 모습이다"라고 했다. 또 가국재(柯國材)에게 답하는 글에서 "한번은 음이 되고, 한번은 양이 되면서 가고 오고 하여 그침이 없

---

16. 阿部吉雄, 『日本朱子學 朝鮮』, 東京大學出版會, 1965, 162~166쪽 참조.

는 것이 도(道)의 전체이다"라고 했다. 정명도와 주자는 그 말
이 다르지 않다. 이천은 "음이 되게 하고, 양이 되게 하는 근원
이 도(道)이고, 또 열리게 하고 닫히게 하는 근원이 도(道)이다"
라고 했고, 주자는 또 "리와 기는 결단코 둘이다", "리는 약하고
기는 강하다", "만약 기가 없으면 리가 어디에 안주하겠는가?"
라고 했다. 이천은 주자와 그 말이 같고, 명도와 이천은 차이가
있다. 주자도 또한 그 말이 앞뒤로 차이가 있다. 어느 것을 정론
으로 하여 하나로 귀결시켜야 할지 알 수 없다[17]

라잔은 리와 기에 관해 언급은 했지만, 석연하게 이해하지는 못
했다. 정명도, 정이천, 주자의 설을 종합해보면 서로 어긋나는 말
들이 많다. 라잔은 이를 이해할 수 없어 곤혹스러웠다. 우선 서로
모순되는 말들을 정리하면 다음과 같다.

① 정명도의 설: 음양은 형이하의 존재이며 동시에 도(道)이다.
② 주자의 설: Ⓐ 왕래하여 그치지 않는 천지의 변화는 도의 본
질이다. 한번은 음이 되고 한번은 양이 되면서 왕래하여 그
치지 않는 것이 도의 전체이다. Ⓑ 리와 기는 분명히 다른 것

---

17. 易稱形而上者謂之道 形而下者謂之器 又曰一陰一陽之謂道 程伯子曰陰陽亦
形而下者也 而曰道者 元來只此是道 朱子曰天地之化 往者過 來者屬 無一
息之停 乃道體之本然也 又答柯國材書曰 一陰一陽往來不息 卽是道之全體
伯子與朱子 其言不二 程叔子曰所以陰陽者道 又云所以闔闢者道 朱子又曰
理與氣決是二物 又曰理弱氣强 又曰若無此氣 則此理如何頓放 叔子與朱子
其言相同而伯叔有異 朱子亦其言前後有異 未知 以何者爲定論 而歸其一也
(『林羅山文集』 권31, 〈擬問〉).

이다. ⓒ 기가 없으면 리가 안주할 곳이 없다.

③ 정이천의 설: 음이 되게 하고 양이 되게 하는 근원이 도이고, 열리게 하고 닫히게 하는 근원이 도이다.

세 사람의 설명에서 보면, 정명도의 설명은 음양이 곧 도이므로, 주자의 설 중 Ⓐ와 일치한다. 그런데 이천의 설명은 음양과 도가 다르다는 것이므로, 주자의 설 중 Ⓑ와 일치하고, 정명도의 설과는 다르다. 주자의 논의에서도 Ⓐ와 ⓒ에서는 리와 기가 일체이지만 Ⓑ에서는 리와 기가 다른 것이므로 모순이다.

라잔은 중국 주자학에서 말하는 이기설이 앞뒤가 맞지 않은 점을 이해하기 어려웠다. 다음의 문장 역시 리와 기의 난해한 부분을 지적한 것이다.

주자는 지각운동은 기이고 인의예지는 리이며, 기는 사람과 사물이 서로 같지만, 리는 사물이 온전히 갖출 수 있는 것이 아니라고 여겼다. 그렇다면 밝고 통하는 것과 어둡고 막히는 것을 배격하여 말한 것인가. 그렇지 않다면 천지인물의 리에 어찌 두 가지가 있겠는가. 성이 어찌 다름이 있겠는가.[18]

사람들이 일반적으로 이해하는 것은 리는 하나로 통해 있고 기는 각각 분리되어 있다는 것이지만, 위의 인용문에서 주자는 반대

---

18. 朱子以爲知覺運動氣也 仁義禮智理也 氣者 人與物相同 而理者 物不得而全也 然則斥其明通與昏塞而言乎 不然則天地人物 理豈有二乎 性豈有異乎 (『林羅山文集』 권31, 〈擬問〉).

로 설명한다. 인의예지는 리인데 사람과 사물에 공통으로 존재하는 것이 아니라, 사람에게만 있고 다른 사물에는 없다. 오직 기로 말하면 모두 공통이라는 것이다. 주자는 "리가 같고 기가 다르다"라고 설명하기도 하고, "기는 같지만, 리가 다르다"라고 설명하기도 한다. 이런 차이점을 라잔은 이해하기 어려웠다.

리에도 본질적인 측면이 있고 현상적인 측면이 있으며, 기에도 본질적인 측면이 있고 현상적인 측면이 있다. 리의 본질적인 측면에서 보면, 리는 모든 존재가 함께 가지고 있는 하나의 본질이지만, 리의 현상적인 측면에서 보면, 리는 기에 가려져서 드러나는 것이 각각 다르다. 기의 본질적인 측면에서 보면, 모든 물체의 기는 다 같은 음양오행이므로 모두 같지만, 기의 현상적인 측면에서 보면, 기가 구체적으로 나타나는 모든 물체는 모양과 성분이 각각 다르다. 리가 다 같고 기가 다 다르다는 말은, 리를 본질에서 보고, 기를 현상에서 본 것이고, 기가 다 같고 리가 다 다르다고 한 것은 기를 본질에서 보고, 리를 현상에서 본 것이다.

리와 기에 관한 라잔의 의문은 계속된다.

송나라의 유학자들이 설명하기를 '성즉리(性卽理)'라 했다. 요컨대 선(善)의 지극한 것이 리이고, 리의 지극한 것이 선이라는 것이다. 확대해서 말하면 천하에는 리 외의 사물이 없다는 것이니, 이것으로 말하면 선일 뿐이다. 어찌 악이 있겠는가. 길함이 있을 뿐이다. 어찌 흉함이 있겠는가. 만약 본래 악이 있었다면 성선이라고 말할 수 없다. 성이 본래 선하고 리 외의 사물이 없다면, 이른바 악이 어디에서 나온 것이겠는가. 과연 리는 안에

있는 것인가. 밖에 있는 것인가.[19]

성즉리라고 한 것에서 보면 성이 리이다. 리가 선하므로, 성도 선하다. 사람이 본성적으로 선하다면 현상적으로 존재하는 악을 설명할 방법이 없다. 본래 악이 있다면 성을 선하다고 할 수 없다. 이러한 모순을 라잔은 이해할 길이 없었다. 이러한 의문점들을 해소하지 못한 라잔은 스승 세이카에게 질문했다.

> 리과 기의 분별을 선생님께 묻자, 선생님께서 말씀하셨다. "설사 송·원의 이름난 유학자를 지금 이 자리에 데려다놓아도 책에 기록한 바의 정밀함과 상세함만 못할 것이다. 내가 말하는 바의 것은 네가 본 것과 같다." "『성리대전』 등의 책을 말씀하시는 것입니까?"하고 다시 묻자, 선생님께서는 "그렇다"라고 하셨다.[20]

리와 기의 분별에 대한 의문을 세이카에게 물었지만, 세이카 역시 라잔의 생각과 다를 것이 없었다. 그래서 세이카는 대답을 하지 못하고, '서적을 읽어 보는 것이 낫다'라고 대답했다.

---

19. 宋儒解之云 性卽理也 要之善之至卽理也 理之極則善也 推廣而說之 謂天下無理外之物 由是言之 則善而已矣 何有惡乎 吉而已矣 何有凶乎 若本有惡則不可謂性善也 性本善而不有理外之物 則所謂惡出自何處哉 果理內歟 理外歟(『林羅山文集』권34,〈示恕靖百問上, 性〉).
20. 問理氣之辨 先生曰 設使宋元之名儒 在於今日之座 不若書之所記精而詳也 我之所言者 如汝之所見 余曰性理大全書等是也 先生曰然(『林羅山文集』권32,〈惺窩答問〉).

위의 인용문을 보면 세이카와 라잔은 이기설을 온전하게 이해하지 못했음을 알 수 있다. 주자학에서 이기설을 전개한 원래의 목적은 죽음의 문제를 해결하기 위함이었다. 죽음의 문제는 자기의 본성을 회복하면 된다. 그런데 자기의 본성을 알기 어려우므로, 외부의 사물에 나아가 외부 사물의 리를 이해한 뒤에 그것으로 말미암아 자기의 본성을 알기 위해 전개한 것이 이기설이었다. 그렇지만 한국인들은 마음을 들여다보면 자기의 본성을 바로 알 수 있다고 생각했으므로 이기설을 수용하지 않았다. 이에 비해 형하판에서의 삶을 사는 일본인들은 죽음을 극복할 수 없는 것으로 생각하기 때문에, 죽음의 문제를 해결할 수 있다는 발상을 하지 못한다. 죽음의 문제를 해결할 필요가 없다면 이기설을 전개할 필요가 없다. 라잔이 주자학을 받아들였어도 이기설은 절실하지 않았다. 그것은 목마르지 않은 사람에게 물이 필요 없는 것과도 같다. 목마르지 않은 사람이 대하는 물은 목마른 사람이 대하는 물과 다르다. 절실하지 않은 물은 이해할 필요가 없다. 이해할 필요가 없는 리와 기를 건성으로 이해하려고 하면 어려울 수밖에 없다. 라잔에게 이기설이 잘 이해되지 않은 근본적인 이유가 바로 여기에 있다. 이기설을 제대로 수용하지 않는다는 것은 죽음의 문제에 대한 해결방식이 다르다는 것을 의미한다. 그렇다면 라잔에게 죽음의 문제는 어떻게 설명되는 것일까?

천지는 나그네의 숙소와 같은 것인데, 하물며 집이나 가옥에 있어서랴. 인생은 다만 잠시 기거(寄居)하는 것일 따름인데, 하물며 다른 일에 있어서랴. 후인 중에 이에 거처하는 것을 일삼는

자가 계속 이것을 수리하고 지붕을 잇는다면 영원히 썩지 않을 것이다.[21]

라잔은 천지를 사람들이 잠시 거처하는 숙소와 같은 것으로 이해하고 있다. 잠시 기거하는 사람은 숙소를 계속 수리하고 닦아야 한다. 그렇게 하면 숙소가 계속 안전하게 유지될 것이다. 라잔이 말하는 숙소는 사람들이 잠시 머물고 가는 세상이다. 라잔은 개인의 죽음보다 세상의 안정에 더 많은 관심을 보인다. 그렇다면 라잔에게는 죽음의 문제가 아예 관심의 대상이 되지 않는 것일까?

아! 생사의 문제는 큰 문제이다. 비록 그러나 임금은 사직을 위해서 죽어야 한다. 어찌 구차히 면하여 삶을 훔치겠는가! 이 마음을 온전하게 할 바이다. 부모로 하여금 오직 자식이 병드는 것만 걱정하도록 하는 것이 효도이다. 몸은 부모가 남긴 부모의 몸이다. 그리고 몸은 또 도(道)를 싣고 있다. 효도 역시 도이고, 충(忠) 또한 도이다. 다름이 아니라 다만 일심(一心)일 뿐이다. 만약 전장에서 용기가 없다면 비록 구차히 면하여 삶을 훔치려고 한다 해도 이 마음의 의로움이 이미 없어서 걸어 다니는 시체와 같고, 볼 수 있는 고깃덩어리와 같아진다. 어찌 부끄러워하고 미워함이 없겠는가. 만약에 부끄러워함과 미워함이 없다면 의롭지 않고, 효성스럽지 않으며, 충성스럽지 않게 된다. '힘을

---

21. 夫天地逆旅也 況屋舍乎 人生如寄耳 況他事乎 後人之事居此者 相繼修葺之 則永不朽也(『林羅山文集』 권28, 〈寄亭說〉).

다한다'라고 하고, '몸을 바친다'라고 하며, '신하가 되어 충을 다해 죽고', '아들이 되어 효를 다해 죽는다'라고 한다. 그러나 이 두 가지를 겸할 수 없다면 가벼운 것을 버리고 중한 것을 취하여야 한다. 작은 것을 배우고 큰 것을 빠뜨려서는 안 된다[22]

생사의 문제가 크기는 하지만, 임금은 사직을 위해 목숨을 바쳐야 하고, 신하는 충성을 다 해 목숨을 바쳐야 한다. 자녀는 효도를 다 해 목숨을 바쳐야 하고, 이랬다저랬다 하지 말고 오직 하나의 마음만 가지고 충성과 효도를 위해 목숨을 바쳐야 한다. 라잔의 논리는 다음과 같다. 몸이 중요하고 몸의 생사의 문제도 중요하지만. 몸보다 마음이 더 중요하다. 마음이 중요한 이유는 거기에 도가 들어 있기 때문이다. 도의 내용은 나라에 충성하고 부모에게 효도하는 것이다. 그러므로 사람은 마땅히 효도와 충성을 다 하기 위해 목숨을 바쳐야 한다. 효도와 충성이 충돌할 때는 작은 것인 효도를 버리고, 큰 것인 충성을 택해야 한다.

라잔의 삶의 철학에서 보면 개인의 몸이 중요하기는 하지만, 가정과 국가를 위해서는 기꺼이 목숨을 바쳐야 한다고 결론지음으로써, 라잔에게는 개인의 죽음의 문제가 국가와 가정의 문제에 매몰되고 만다.

22. 嗚呼 死生亦大矣 雖然君死社稷 何苟免而偸生歟 所以全此心也 父母唯其疾之憂 是爲孝也 夫身者父母之遺體也 而所以載道也 孝亦道也 忠亦道也 非他 只一心而已 若夫戰陣無勇 則雖苟免而偸生 然此心之義旣亡 與行屍視肉 無以異之 奈何無羞惡哉 若無羞惡 則不義也 不孝也 不忠也 曰竭其力 曰致其身 曰爲臣死忠 爲子死孝 然二者不可得而兼 捨輕而取重也 不可必小學而大遺者乎(『林羅山文集』 권32, 〈答叔勝問〉).

형하판에서의 삶에서는 죽음의 문제 자체를 해결하는 방법은 없다. 사람이 태어나서 죽는 것을 너무도 당연한 과정으로 판단함으로써 의심 없이 받아들이기 때문이다. 라잔에게도 이 점은 예외가 아니다. 라잔은 죽음의 문제를 직접 해결하는 대신, '어떻게 죽을 것인가'라는 문제에 집중한다. 라잔은 국가와 가정을 위해 마땅히 죽어야 하는 것으로 죽음의 문제를 해결한다. 사람들이 라잔의 사상에 의한 교육을 받아 라잔의 사상에 공감하면, 사람들은 죽음 앞에서 과감해질 수 있다. 사람들이 라잔의 사상을 받아들이면, 마치 맹자가 말한 북궁유와 맹시사처럼 과감한 죽음을 맞이하는 풍조가 생길 수 있다. 북궁유(北宮黝)와 맹시사(孟施舍)는 적의 칼이 피부에 닿아도 몸을 피하지 않고, 눈에 닿아도 눈을 피하지 않으며, 이길 수 없는 상대를 만나도 질 수도 있다고 생각하지 않고 무조건 돌격하는 사람들이다. 일본에는 무사나 군인들에게 북궁유와 맹시사 같은 풍조가 있다. 이는 라잔의 죽음관과도 일맥상통한다고 할 수 있겠다.

라잔은 이기설을 잘 이해하지 못했더라도, 그의 사회적 지위와 학문적 입장 때문에 어떤 형태로든 이기설을 정리하지 않을 수 없었다.

리와 기는 하나이면서 둘이고 둘이면서 하나라는 것은 송유(宋儒)들의 견해이다. 그러나 왕양명이 이르기를, "리는 기의 조리요 기는 리의 운용이다"라고 했으니, 이것으로 생각해보건대, 주자에게는 지리멸렬한 폐단이 있으니, 후학들이 나온다면 위의 두 가지 말 중에서 이것을 버리고 저것을 취할 수 없을 것이다. 요컨대 하나로 귀결될 뿐이다. 오직 마음을 일컫는 것이다.[23]

라잔은 이해하기 어려운 주자학의 이기설을 수용하기보다는 이해하기 쉬운 양명의 이기설을 수용한다. 라잔은 양명의 설을 참고하여, 리는 기의 조리일 뿐 따로 존재하는 것이 아니므로, 리와 기는 둘이 아니라, 원래 기 하나만 있을 뿐이라고 정리한다.

형이상적인 본질을 거부하는 형하판에서의 판단에서 보면 지극히 당연한 귀결이다. 라잔은 이기설을 정리하는 과정에서 이단으로 배척했던 양명학을 끌어들여 자기의 기론을 확립하는 증거로 삼았다.

그리하여 라잔은 주자의 뜻과 어긋날 줄 알면서도 과감히 기일원론을 확립했다.

> 태극은 리이고 음양은 기이다. 태극 가운데에는 본래 음양이 있고, 음양 안에는 또한 일찍이 태극이 있지 않을 때가 없었다. 오상은 리이고 오행은 기인 것도 또한 그렇다. 이 때문에 혹 리기를 나눌 수 없다는 논의가 있었다. 내가 비록 그것이 주자의 뜻과 어긋난다는 것을 알면서도 억지로 말을 했으니 그대가 어떻게 생각할지 모르겠다.[24]

리를 중시하는 주자학이 일본에 수입되어 라잔에 의해 기일원

---

23. 理氣一而二 二而一 是宋儒之意也 然陽明子曰 理者氣之條理 氣者理之運用 由之思焉 彼有支離之弊 由後學起 則右之二語 不可捨此而取彼也 要之歸乎 一而已矣 惟心之謂乎(『林羅山文集』권68, 〈隨筆四〉).
24. 太極理也 陰陽氣也 太極之中 本有陰陽 陰陽之中 亦未嘗不有太極 五常理 也 五行氣也 亦然 是以或有理氣不可分之論 勝雖知其戾朱子之意而或强言 之 不知足下以爲如何(『林羅山文集』권2, 〈寄田玄之〉).

론으로 정착했다. 이는 주자학이 형하판의 일본에서 맞이할 수밖에 없는 한계로 이해할 수도 있다.

제4항 하야시 라잔의 사회윤리 확립

라잔의 관심은 사회윤리를 확립하는 데로 집중된다. 라잔이 불교에서 유학으로 회귀한 까닭도 유학에 있는 사회윤리의 우수성 때문이었다.

> 대저 인의예지는 나에게 있는 것이다. 하늘이 나에게 준 것이지 바깥에서부터 나에게 들어온 것이 아니다. 그러므로 "인을 이루는 것은 나로 말미암는 것이지, 다른 사람으로 말미암겠는가!"라고 했다. 보존하지 않아도 스스로 없어지지 않고, 다스리지 않아도 스스로 어지러워지지 않는다. 눈이 볼 수 있고, 귀가 들을 수 있고, 손이 잡을 수 있고, 발이 걸을 수 있는 것과 같다. 그러므로 귀는 스스로 밝고, 눈이 스스로 밝으며, 아버지를 섬기면 저절로 효도하고 형을 섬기면 저절로 공경하게 된다고 했다.[25]

라잔은 인의예지를 중시하는 주자학의 형이상학적 체계를 사회윤리를 확립하는 형이하학적 체계로 전환한다. 사람은 누구나 자기의 목적을 달성하기 위해 주위에서 얻은 자료를 목적에 맞게 수용한다. 라잔도 예외가 아니다. 라잔이 수용한 주자학은 주자학

---

25. 夫仁義禮智 在我者也 天之俾我 非由外鑠我也 故曰爲仁由己而由人乎哉 非有所存而自不亡 非有所治而自不亂 如目能視焉 耳能聽焉 手能持焉 足能行焉 故曰 耳自聰 目自明 事父自孝 事兄自弟(『林羅山文集』 권17, 〈自得軒記〉).

그 자체가 아니라, 라잔의 목표인 사회윤리의 확립에 도움이 되는 방향으로 변질시킨 주자학이었다.

　라잔은 인간사회의 윤리를 확립하는 출발점을 사람에게 갖추어져 있는 인의예지에서 찾았다. 사람에게 갖추어져 있는 인의예지는 사람의 몸에 있는 눈, 귀, 손, 발처럼 고유한 것이어서, 눈이 볼 수 있고 귀가 들을 수 있는 것처럼, 누구나 실현할 수 있는 것으로 간파했다. 인의예지를 아버지에게 발휘하면 효도가 되고, 형에게 발휘하면 공경심이 된다고 라잔은 설명한다. 다음의 인용문에서 보면 이러한 점은 더욱 분명하다.

> 도(道)란 그윽하고 아득할 정도로 심오한 것이 아니라, 군신·부자·남녀·장유·교우 사이에 있는 것이다.[26]

> 도(道)란 인륜을 가르치는 것일 따름이다. 인륜 밖에 어찌 따로 도가 있겠는가. 저들이 '출세간' '유방외(遊方外)' 운운하는 것은 인륜을 버리고 허무·적멸을 구하는 것이니, 실로 그런 이치는 없다. 그러므로 요순이 사도의 관직을 설치하여 이르기를, "인륜의 가르침은 부자유친·군신유의·부부유별·형제유서·붕우유신"이라 했으니, 이를 일러 오전이라 하고 또 오달도라 하는 것으로, 고금에 변하지 않는 도이다. 그러므로 "성인은 다름 아니라, 다만 사람 중의 최고이다"라고 했으니, 가히 생각하지 않

---

26. 夫道者 非窈窈冥冥而在君臣父子男女長幼交友之間(『林羅山文集』 권31, 〈對幕府問〉).

을 수 없다.[27]

여기에서 보면, 라잔에게 형이상학적 본질인 도가 이미 인간사
회의 윤리로 정착되었음을 알 수 있다.

제5항 하야시 라잔의 왕도정치와 명분론

라잔(羅山)의 정치사상으로는 왕도정치사상과 혁명사상이 수용되
어 있으면서, 동시에 명분론도 함께 수용되어 있다. 라잔의 왕도
정치사상은 다음과 같이 설명된다.

> 인군의 마음이 선하면 정령이 바르게 되고, 정령이 바르면 조정
> 이 맑아지며, 조정이 맑아지면 백관이 선해지고, 백관이 선해
> 지면, 상하가 분명해지며, 상하가 분명해지면 국가가 선해지고,
> 국가가 선해지면 천하가 한결같이 착해진다.[28]

라잔의 왕도정치사상에서 정치의 중심은 역시 도쿠카와 이에
야스 쇼군으로 봐야 할 것이다. 천황은 천상에서 신의 역할을 하
기 때문에 세상에서 정치를 담당하는 핵심은 역시 쇼군으로 보는
것이 타당할 것이다. 다음의 인용문을 보면 쇼군이 정치의 중심

---

27. 夫道者教人倫而已 倫理之外 何別有道 彼云出世間 云遊方外 然則捨人倫而
求虛無寂滅 實是無此理 故堯舜設司徒之官 曰人倫之教者 父子有親 君臣有
義 夫婦有別 兄弟有序 朋友有信 謂之五典 又謂之五達道 古今不易之道也
故曰聖人無他 只人倫之至也 不可不思焉(『林羅山文集』 권56, 〈釋老〉).
28. 人君之心善 則政令正 政令正則朝廷清 朝廷清則百官善 百官善則上下明 上
下明則國家善 國家善則天下莫不一於善(『林羅山文集』 권27, 〈元年說〉).

에 있음은 더욱 확실하다.

막부가 또 말하기를, "탕·무가 정벌한 것은 권도인가?"라고 묻자, 하야시 라잔이 대답하기를, "임금께서 약을 좋아하시니 약에 비유하겠습니다. 따뜻함을 가지고 차가움을 다스리고, 차가움으로 뜨거움을 다스리는 것은 병을 그치게 하는 일반적인 방법입니다. 뜨거움을 가지고 뜨거움을 다스리고, 차가움을 가지고 차가움을 다스리는 것은 반대의 방법이라고 말합니다만 그 요체는 사람을 살리는 것일 뿐입니다. 이것은 일반적인 방법이 아닙니다. 선유(先儒)는 이를 권도에 비유하셨습니다. 탕무의 거사는 천하를 사사로이 소유하고자 한 것이 아니라, 오직 백성을 구제하는 데 목적이 있었을 뿐입니다"라고 했다.[29]

위의 인용문을 보면 에도시대의 정치적 중심에 있는 사람은 역시 쇼군이었음을 알 수 있다. 라잔은 혁명을 권도로 설명함으로써 혁명의 정당성을 부여했다. 라잔은 이처럼 왕도정치사상과 혁명사상을 수용하면서 다른 한편으로는 명분론을 동시에 수용한다.

솔개가 날고 물고기가 뛰는 것, 그 가운데에 도가 있으니, 상하에는 정해진 분수가 있다. 군주에게는 군주의 도가 있고, 아비

---

29. 幕府又曰 湯武征我權乎 春對曰 君好藥 請以藥喩 以溫治寒 以寒治熱 而其疾已 是常也 以熱治熱 以寒治寒 謂之反治 要之活人而已矣 是非常也 先儒權譬也 湯武之擧 不私天下 唯在救民耳(上揭書 권31, 〈問對一, 對幕府問〉).

에게는 아비의 도가 있다. 신하가 되어선 충성을 하고, 아들이 되어선 효도해야 하니, 그 존비귀천의 지위는 고금에 어지럽혀질 수 있는 것이 아니다. 그것을 일러 상하에 나타난다고 한다. 새나 물고기의 미소한 것을 들었으나, 천지만물의 이치가 여기에 갖추어져 있는 것이다. (…) 천지 사이에 도리가 밝게 빛나고 있으므로, 하늘은 높고 땅은 낮은 것이니, 상하존비의 지위, 군군·신신·부부·자자, 그리고 그 나머지 역시 그러하다.[30]

솔개가 하늘을 날고 물고기가 못에는 뛰는 것은 위아래로 상반된다. 솔개는 위에서 날고, 물고기는 아래에서 헤엄친다. 이처럼 모든 것은 상반된다. 그 가운데서 삶과 죽음은 상반되는 것 중의 으뜸이다. 그러나 솔개가 나는 것도 자연이고 물고기가 헤엄치는 것도 자연이다. 자연이라는 점에서 보면 위아래가 하나다. 이를 알면 삶과 죽음도 하나라는 것을 알 수 있다. 솔개가 날고 물고기 뛴다는 연어시(鳶魚詩)는 이를 깨우치기 위해 읊은 것이지만, 라잔은 이 시를 상하·귀천의 명분을 강화하기 위한 시로 인용한다.

질서를 확립하는 가장 확실하고 빠른 것은 상하·귀천의 질서를 확고하게 하는 것이다. 라잔은 이를 위해서 연어시를 인용했다. 왕도정치사상과 혁명사상은 맹자가 강조한 사상으로, 만민평등사상을 바탕으로 하지만, 상하·귀천을 확고하게 하는 명분론 사

30. 鳶飛魚躍 道在其中 蓋上下定分 而君有君道 父有父道 爲臣而忠 爲子而孝 其尊卑貴賤之位 古今不可亂 謂之上下察也 擧鳥魚之微小 而天地萬物之理 具於此矣(…)天地之間 道理炳然 故天尊地卑 上下尊卑之位 君君臣臣父父子子 其余亦然(上揭書 권68, 〈隨筆四〉).

회의 안정을 위해 강조한 순자의 사상이다. 라잔은 왕도정치사상과 혁명사상은 중국으로부터 수입한 것이지만, 연어시를 인용해서 강조한 명분론은 순자의 사상을 인용했다기보다는 스스로 창안한 것으로 보아야 한다. 군군·신신·부부·자자, 즉 임금은 임금답고, 신하는 신하다우며, 아버지는 아버지답고, 아들은 아들다워야 한다는 말은 공자의 말인데, 이를 연어시와 연결하여 명분론을 확립한 것은 라잔 스스로의 논리에 의한 것이기 때문이다. 이를 보면 라잔의 왕도정치사상과 혁명사상보다 명분론이 더 중시됨을 알 수 있다.

제6항 라잔의 영향과 한계

라잔의 수양 중심의 교육과 상하·귀천을 바탕으로 하는 윤리 사상은 사회를 안정시키는 데 상당한 효과가 있었을 것으로 보인다. 특히 라잔의 사생관은 훗날 일본인의 사생관에 상당한 영향을 주었을 것이다. 일본인들이 국가와 회사에 충성하기 위해 목숨을 바치는 일이 종종 있었던 것이 그 예라고 할 수 있다.

그러나 상하·귀천을 바탕으로 하는 윤리는 사람이 살 수 없을 정도로 나라가 혼란할 때는 설득력이 있지만, 나라가 안정되고 살기가 풍족해진 뒤에는 설득력을 상실한다. 사람에게 원래부터 존비의 차이가 있는 것은 아니다. 자연 상태에서는 일체의 차이가 없다. 상하의 계급은 사람이 만들어낸 것이므로, 자연의 질서에 위배된다. 자연의 질서에서 벗어난 것은 오랫동안 지속하지는 않는다. 새로운 시대에는 새로운 윤리가 필요하다.

제3절 야마자키 안사이의 주자학

제1항 야마자키 안사이의 어린 시절

야마자키 안사이(山崎闇齋: 1618~1682)의 이름은 가(嘉)이고, 자는 케이기(敬義)이며. 호는 안사이(闇齋) 또는 스이카(垂加)이다. 1618년 교토에서 태어났다. 타니 지츄(谷時中)·요시카와 코레타리(吉川惟足)에게서 배웠다.

안사이는 8세 때 『대학』, 『논어』, 『맹자』, 『중용』과 『법화경』을 암송하여 사람들을 놀라게 했다고 전해지고 있다. 아마 전체를 다 암송했다기보다는 부분적으로 암송한 것으로 봐야 할 것이다. 연보에 따르면, 어릴 때 안사이는 거만하고 사나웠으며, 두려움이 없었다. 남을 배려하지 않았고, 행동이 난폭했던 것 같기도 하다. 한번은 호리카와의 다리에서 행인을 장대로 밀어서 떨어뜨리면서 놀았다고도 한다. 마을의 어른들이 도저히 어떻게 할 도리가 없는 아이로 지목하자, 부친이 고심 끝에 히에이잔의 절에 맡겼다. 히에이잔에 있으면서 뛰어난 기억력으로 많은 독서를 하면서도 행동은 여전히 오만방자했다고 한다. 이런 점들은 뛰어난 재주와 체력이 있어서 남에게 져본 경험이 없는 아이들에게서 간혹 나타나는 특징이기도 하다. 안사이는 유독 지기 싫어해서 동료들과의 논변에서 말이 막혔던 어느 날 화를 참지 못하고 밤에 동료의 침실로 들어가 종이로 만든 모기장을 태워버렸다고도 한다. 안사이는 불경을 열심히 읽었다고 전해지는데, 그 이유는 불경의 심오한 뜻에 몰입해서가 아니라, 다른 사람에게 지기 싫어서였을 것으로 생각된다. 어느 날 밤에 안사이는 불당에서 불경을 읽고 있

야마자키 안사이

다가 갑자기 웃음을 터뜨린 일이 있었다. 사승이 놀라서 이유를 물으니, 안사이는 "석가모니는 무슨 이런 잠꼬대 같은 말을 하고 있는가!"라고 대답했다고 한다. 불경에서 황당무계하다고 생각되는 대목을 발견하고 웃음을 터뜨린 것이었다.

15세 때 묘진지(妙心寺)에서 삭발하고 정식으로 승려가 되어 제조슈(絶藏主)라 칭했다. 당시의 분위기로 보면, 삭발하여 승려가 되는 목적은 심오한 진리를 깨쳐 성불하기 위한 것이라기보다는 일종의 직업으로 볼 수 있다. 승려가 된 이상 불경을 읽지 않을 수 없다. 지기 싫어하는 안사이의 성격은 불경을 독파하는 데도 남다른 능력을 보였다. 주지승에게 빌린 『중봉광록(中峰廣錄)』을 한 달에 독파하고, 『오등회원(五燈會元)』을 3일 만에 독파했다고 한다. 주지승이 어느 날 안사이를 추방하려 했는데, 안사이는 자신을 쫓아낸다면 절에 불을 지를 것이라고 반항했다고도 한다.

안사이는 누구에게 배우거나 지시를 받는 것을 몹시 싫어했다고 한다. 어느 날, "좋은 선생 밑에서 공부하지 않으면 훌륭한 시를 지을 수 없다"라는 충고를 들은 안사이는 "이·두·소·황을 스승으로 하여 그들의 음운을 배우면 된다"라고 대답했다고 한다. 무엇이든지 닥치는 대로 해낼 수 있는 사람은 남에게 배우거나 지시받는 것을 싫어하는 경향이 있다. 이·두·소·황은 이백·두보·소식·황정견을 말한다.

안사이도 역시 형하판에서의 삶의 유형에서 벗어나지 않은 듯하다. 형하판에서의 삶에서 보면 불교의 심오한 진리는 황당무계하게 받아들여질 수 있다. 안사이가 "석가모니는 무슨 이런 잠꼬대 같은 말을 하고 있는가!"라고 말했을 때 읽던 불경의 종류와 내용이 무엇이었는지는 전해지지 않지만, 아마도 그 내용이 어떠한 것이었는지 추측하기는 어렵지 않다. 참된 마음은 마음속에 '나'라는 의식이 완전히 사라진 곳에 있는 마음이다. 그 마음은 본래의 마음이고 '내 마음', '네 마음'으로 구별할 수 없는 마음이다. 그 마음은 생겨나는 것도 없고 사라지는 것도 없으므로, 그 마음을 회복하면 태어나는 것도 없고, 사멸하는 것도 없다. 불교에서 말하는 불생불멸의 진리란 그 마음을 회복하는 것이고, 기독교에서 말하는 영생을 얻는 것도 그 마음을 회복하는 것이다. 형하판에서 사는 사람은 그 하나의 마음을 인정하지 않으므로, 불생불멸의 진리를 얻으라는 말을 듣거나, 영생을 얻으라는 말을 들으면 잠꼬대 같은 말로 들릴 수 있다. 형하판에서 사는 사람의 고민은 자기 한 몸의 생존과 사람이 살 수 있는 안전한 세상을 만드는 것으로 압축된다. 당시의 불교에 입문한 승려의 목적도 불생불멸의 진리를 얻는 것이라기보다는, 한 몸의 생존과 안전한 세상을 만드는 것으로 압축되었던 것으로 이해할 수 있다.

승려로 있으면서도 불교의 심오한 진리에 관심을 집중할 수 없었던 안사이에게 특별한 계기가 찾아 왔다. 그것은 주자학과의 만남이었다. 안사이는 노나카 겐잔(野中兼山: 1615~1664)과 오구라 산세이(小倉三省: 1275~1351)와의 만남을 통해 난가쿠(南學)로 알려져 있는, 도사(土佐) 번에 뿌리내리고 있던 주자학을 접하게 되었다.

난가쿠란 도사 출신의 주자학자 오다카사카 시잔(大高坂芝山: 1647~1713)의 저작인 『남학전(南學傳)』에서 유래한다. 도사 난가쿠를 도사에 전한 미나미무라 바이켄(南村梅軒: 생몰연대 미상)은 다음과 같은 말을 남겼다.

삼강오상의 도는 참으로 고금천지와 인간 세상을 유지하게 하
는 것이다.[31]

불교의 단점은 인간 세상을 안정시키는 이론이 부족하다는 것
이다. 선(禪)에 끌렸던 겐잔에게 산세이는 경세제민의 학, 인륜의
학으로서의 유학이 아니면 국가를 다스릴 수 없다고 충고했고, 그
것을 계기로 겐잔은 선학에서 주자학으로 돌아왔다. 안사이에게
주자학을 적극적으로 권유한 사람도 산세이였다고 한다. 안사이
가 난가쿠를 접했을 때 듣게 된 것이 바로 세상을 유지하는 기본
인 삼강오상에 관한 것이었다. 삼강오상은 삼강오륜이다. 불교에는
삼강오륜이 없다. 세상을 유지하는 핵심이 삼강오륜인데, 불교의
가르침에 삼강오륜이 없으므로, 세상을 유지하는 것에 관심을 집
중한 안사이에게는 불교에 대해 불만이 많을 수밖에 없다. 안사이
가 접한 주자학에는 세상을 안정시키기 위한 삼강오상이 강조되
어 있다. 주자학을 접한 안사이는 주자학에 빠져들 수밖에 없었을
것이다.

노나카 겐잔에 대하여 『안사이선생연보(闇齋先生年譜)』에는 다
음과 같은 기록이 있다.

당시의 시골에서는 서적이 귀했는데, 어떤 사람이 어느 날 『대
학혹문』을 얻어 읽고는 『소학』이라는 책이 있음을 알고, 삼도
(京都·江戶·大阪)와 나가사키에 나아가 구하고자 했으나 얻지 못

30. 糸賀國次郎, 『海南朱子學發達の 硏究』, 13쪽.

했다. 후일 오쓰(大津)에서 이를 얻으니 노나카 겐잔 등이 참으로 기뻐하여 선생에게 주해서를 짓게 했다.

안사이는 노나카 겐잔을 비롯하여 다니 지츄(谷時中)와 오구라 산세이 등과의 교류를 통해 점차로 선불교의 입장을 벗어나, 주자학에서 주장하는 성현의 도가 바른 것이라는 생각을 굳혀갔다. 1642년 안사이는 분연히 불교를 버리고 주자학으로의 귀의를 결의했다. 안사이 25세 때의 일이었다.[32]

불교에 세상을 안정시키는 이론이 없다는 것이 안사이가 주자학으로 돌아온 결정적인 이유였다. 안사이는 30세 때에 『벽이(闢異)』라는 책을 저술하여 맹렬하게 불교를 비난한다. 벽이란 이단을 물리친다는 뜻이다. 안사이는 상대와 장소를 불문하고 불교를 비판하는 말들을 거침없이 내뱉었다. 아마도 이런 태도가 영향을 끼쳤을 것으로 여겨지는데, 안사이는 도사 번주의 노여움을 사서 머물고 있던 규코지(吸江寺)에서 추방되고 말았다. 할 수 없이 교토로 돌아와 학당을 열고자 한 안사이를 재정적으로 원조한 사람은 노나카 겐잔이었다. 뿐만 아니라, 겐잔은 구로이와 지안(黑岩慈庵: 1627~1705)을 비롯하여 몇몇 청년을 제자로 들여보내 안사이의 학당이 궤도에 오를 수 있도록 지원했다.[33] 『벽이』는 먼저 주자의 말을 인용하는 것으로 시작한다.

---

32. 다지리 유이치로, 엄석인 옮김, 『야마자키 안사이』(성균관대학교출판부, 2006), 35쪽.
33. 위의 책, 44쪽.

주자가 말하길, "정도와 이단은 물과 불이 서로 이기는 것과 같아서 어느 한쪽이 성하면 한쪽은 쇠해지고, 어느 한쪽이 강해지면 다른 쪽은 약해진다. 이단의 폐해를 잘 알면서도 한마디 말로써 이를 바로잡지 않는다면 어찌 나쁜 습속의 폐해를 없앨 수 있겠는가. 공도자가 묻는 '변론을 좋아한다'라는 것에 대한 맹자의 응답을 본다면, 내가 말하는 이단 배척의 취지를 알 수 있을 것이다.[34]

안사이에 따르면, 맹자는 "양주와 묵적을 막을 것을 말할 수 있는 자가 성인의 문도이다"라고 결말짓는다. 요컨대 이단사설과의 사상 투쟁에 최우선적으로 뛰어들 것인가, 아닌가가 '성인의 문도'임을 판별하는 기준이라는 것이다. 그런 맹자로부터 1500년 정도 지나 양주나 묵적보다도 상대하기 훨씬 더 어려운 이단인 불교와 대결한 이가 주자이므로, 안사이는 이 투쟁을 계승하여 자기 생애의 과제로 삼겠다는 것을 『벽이』에서 표명한다. 자기 자신에게 부과한 이런 열렬한 사명감은 안사이의 생애를 일관하여 이어진다. 안사이가 지적한 이단은 양·묵·노장·불교뿐만 아니라, 순자·양자·한유 등이 모두 포함된다. 안사이는 정자나 주자도 노자와 불교를 배워, 속으로는 노자와 불교에 사로잡혀 있으면서 겉으로 그것을 감추기 위해 노자와 불교를 강하게 배척하는 자세를 취하는 것이라는 이론을 강하게 비판한다.

---

34. 위의 책, 45쪽.

정·주의 학문은 처음에 그 요체를 얻지 못했던 까닭에 불교와 노자의 가르침에도 접촉했었다. 하지만 돌이켜 구하여 유교의 육경에서 진리를 얻게 되었으니, 어찌 불·노를 채용하겠는가? 정·주가 이것들을 물리친 것은 강상을 없애는 죄가 있기 때문이었다. 혹 채용할 만한 내용이 있고 물리칠 만한 죄가 없는데도, 뒤에서 사용하고 밖에서 물리친다면 무엇으로 정주라 하겠는가?

안사이는 『벽이』의 발문에서 자신이 불교에서 주자학으로 돌아오게 된 이유를 다음과 같이 토로한다.

나는 어려서는 사서를 읽었는데, 소년 때에는 승려가 되었다. 22, 23세 때에는 공속(空俗)의 책에 기초하여 『삼교일치론』이라는 엉터리 책도 만들었다. 25세에 주자의 책을 읽고는 불교가 바른 도가 아니라는 것을 깨닫고 유교로 귀의했다. 이제 내 나이 30인데 아직 확실한 신념 위에 서지는 못했다. 하지만 내가 빨리 깨닫지 못했던 것을 깊이 후회하고, 또 사람들이 끝까지 혼동된 채로 있을 것을 두려워하여, 이에 이편을 지었으니 부득이한 일이다.

안사이는 세상을 안정시키는 확실한 이론을 갖고 있지 않은 학문이나 사상을 모두 이단으로 정의한다. 안사이는 이단을 배워보지 않으면 이단인 줄 모르기 때문에 일단 배워봐야 한다는 사람들의 주장에 대해 다음과 같이 반박한다.

어떤 이가 말하길, "이단의 학문도 이를 배워보지 않으면 어찌 그것이 바른 도가 아니라는 것을 알리요?" (…) 내가 말하길, "대개 도라는 것은 강상(綱常)일 뿐이다. 그들이 이미 그것을 없앴다고 하면 그 학문이 바르지 않다는 것은 배우지 않아도 알 수 있을 것이다. 다만 강상은 도가 명백하지 않아서 사람들은 이를 없애서는 안 된다는 이유를 달지 못한다. 세상에서 일컫는 유자(儒者)라는 자들은 태도나 마음가짐이 신란(親鸞)의 무리와 다름이 없고, 독서에 임해서는 성현의 박식한 말에나 마음을 기울이고, 시문을 지을 때는 『시경』, 『서경』의 도를 기재한 글에 의탁하고 있다. 때문에 강상의 도가 결국 밝아지지 못하고 불교의 가르침에 동화되어버리고 만다.

강상(綱常)이란 세상을 안정시키는 기본 윤리이다. 안사이는 강상을 확립하지 않은 학문이나 사상을 다 이단으로 규정하고 배척했다. 안사이의 지기 싫어하는 과감한 기질은 이단을 배척하는 데도 그대로 드러난다. 안사이는 하야시 라잔과 그의 아들 하야시 가호(鵞峰)에 대해서도 혹독하게 비난했다. 하야시 라잔과 그의 아들 가호는 막부에서의 지위를 확보하기 위해 삭발하여 승려의 모습을 취하지 않으면 안 되었으므로, 안사이는 그 점을 용납할 수 없었다. 안사이는 천주학에 대해서도 이단으로 지적하여 신랄하게 비판한다.[35]

---

35. 위의 책, 46~52쪽에서 부분적으로 인용함.

제2항 안사이의 주자학과 경 사상

안사이가 주자학으로 돌아오게 된 가장 큰 계기는 삼강오륜에서 시작하는 주자학의 출발점 때문이었다. 주자학에서 말하는 삼강오륜이야말로 안사이가 세상을 안정시키는 중요한 이론이었기 때문이다. 삼강오륜 중에 오륜의 내용을 집중적으로 설명해놓은 것이 주자의 『백록동규(白鹿洞規)』이었는데, 안사이는 백록동규를 읽고 매우 감동했다. 특히 백록동규에 대한 퇴계의 설명을 접한 뒤에는 퇴계를 존경하게 되었다. 안사이는 자신이 집필한 『백록동학규집주』의 서문에서 다음과 같이 말하고 있다.

> 회암 주부자는 뛰어난 재주로 나타나 이락[二程子]의 계통을 받들어 옛 성인이 전한 소학의 가르침을 계승하고 대학의 도를 밝혔으며, 또한 이 학규를 만드셨다. 그러나 간사한 자의 참언을 입어 그의 학문은 당시에는 크게 펼쳐지지 않았다. 당시는 육씨[陸九淵]의 돈오의 학문과 진씨[陳亮]의 사공(事功)의 설이 다투어 일어나 유교와 불교, 왕도와 패도가 서로 섞여서 하나가 되었다. 이에 주부자가 힘써 이를 물리쳐 천하 후세를 어지럽히는 것을 막으셨다. 주부자의 덕의 성대함과 공적의 위대함은 후세의 사람이 함부로 말할 바가 못 된다. 가만히 『소학』, 『대학』의 가르침을 생각해보면, 모두 인륜을 밝힌 것이니, 소학의 입교는 인륜을 밝히는 첫걸음을 가르친 것으로, 경(敬)이 그 근본을 이룬다. 대학의 격물치지는 소학에서 배워 얻은 것을 한층 더 넓혀 극치에까지 이르게 하는 것이다. 성의·정심·수신은 이미 행하여 얻은 것을 한층 더 돈독히 행하는 것이고, 제가

·치국·평천하는 이것을 추진하여 다 이루는 것이다. 이 학교는 오륜을 가르침의 내용으로 하고, 학문의 차례는 대학의 그것과 서로 통한다. 학규에서 말하는 학문사변(學問思辨)이란 격물치지를 가리키는 것이며, 독행을 수신에서 시작하고 있는 것은 대학에서 말하는 천자에서부터 서인에 이르기까지 수신을 기본으로 한다고 하는 것으로, 성의·정심은 그 속에 포함되어 있다. 학규에서 말하는 처사·접물은 제가·치국·평천하를 가리킨다. 이 학규가 밝게 갖춘 것이 이와 같음이니, 마땅히 『소학』, 『대학』의 책과 더불어 공부해야 한다. 하지만, 주부자의 문집 중에 파묻혀 있어 아는 자가 드물었는데, 내가 일찍이 끄집어내어 서재에 걸어두고 마음을 가라앉히고 사색했다. 근래에 이퇴계의 『자성록』을 보았는데, 논한 것이 상세했다. 그 논한 것을 얻어 반복해보니, 이 학규의 학규가 되는 의의를 알 수 있었다. 그 뒤에 선학들의 학설을 수집하여 각 항목별로 주해를 달고 동학들과 강습에 힘썼다. 그런데 한탄스러운 것은 일본에서는 『대학』, 『소학』의 책을 집에서 전하여 배우고 있지만, 그 의미를 밝힌 자가 있다는 말을 아직 듣지 못했다. 그것은 세월의 간격이 멀고 지리적으로 떨어져 있기 때문인가? 그렇다고 하더라도 이퇴계와 같은 이는 조선에서 (주자보다) 수백 년 뒤에 태어났음에도 백록동서원에서 배워 직접 주자의 가르침을 받는 것과 다름이 없으니, 나도 또한 마땅히 감발하여 흥기하고자 한다.[36]

36. 위의 책, 337~338쪽.

이에서 보면 안사이 학문의 핵심은 『소학』이다. 『소학』은 어린이들에게 가르치던 교과서인데, 그 내용의 핵심은 쇄소응대(灑掃應對)로부터 시작하여 오륜에 이르기까지의 실천윤리이다. 『대학』의 내용은 삼강령과 팔조목인데, 삼강령을 세분화한 것이 팔조목이다. 안사이는 팔조목 중의 격물치지는 『소학』에서 배운 내용을 완벽하게 아는 것이고, 성의·정심·수신은 이미 행하고 있던 『소학』의 내용을 확실하게 실천하도록 하는 것이고, 제가·치국·평천하는 확실하게 실천하던 『소학』의 내용을 완전하게 이루는 것으로 설명한다. 안사이에 따르면, 『대학』의 내용은 『소학』의 내용을 완성하는 것이다. 또한 안사이에 따르면, 『중용』에서 말하는 학문의 전체 내용인 학문사변행(學問思辨行), 즉 널리 배우고[博學], 자세하게 묻고[審問], 신중하게 생각하고[愼思], 분명하게 분별하고[明辨], 독실하게 행하는 것[篤行]은 『대학』의 팔조목을 설명하는 것이다. 그리고 안사이는 『소학』과 『대학』을 공부할 때 일관되게 간직해야 할 마음가짐을 경(敬)으로 표현했다.

안사이는 천인관계에 관해서도 다음과 같이 말한 적이 있다.

대저 천명의 성은 인심에 갖추어져 있다. 그러므로 마음을 보존하고 성을 기르는 것은 하늘을 섬기는 수단이 된다. 존양하는 요점은 다른 것이 아니라, 경일 따름이다. 『역』에 이르기를, "우레와 지진이 이르니, 군자는 그것을 보고 두려워하고, 닦아서 살핀다"라고 하니, 대개 하늘의 사덕과 오행은 사람의 오장과 오성이 되고, 심은 화덕으로 형통하며, 우레는 여름에 많이 치고, 예는 심에 속한다. 맹자가 말한 공경의 마음은 예이다. 천인묘합의 이치가 이와 같으니, 천지가 자리 잡고 만물이 자라는 공이 경에 있다는 것 또한 마땅하지 아니한가?[37]

안사이가 말하는 천인묘합의 내용은 천인합일이나 천인무간과는 다르다. 안사이는 천인묘합을 하늘에 원형리정이 있으므로, 사람에게 오장이 있고, 하늘에 오행이 있으므로 사람에게 오성이 있다는 방식으로 이해한다. 이는 한나라 때의 동중서의 이론과 유사하다. 동중서가 말하는 하늘은 자연현상이다. 안사이는 천명의 성이 인심에 갖추어져 있다는 『중용』의 말을 근거로, 자연현상은 사람의 몸과 연결되어 있으므로, 사람이 마음을 가다듬어 잘 살피면 자연현상에 대처할 수 있다고 보았다. 일본에는 지진이 자주 발생하고 천둥 번개도 많이 친다. 안사이는 하늘이 자리 잡는다는 것을 하늘이 일으키는 자연현상으로 이해하고, 만물이 자란다는 것을 만물이 자연현상에 대처하면서 살아간다는 뜻으로 받아들였다. 자연현상을 잘 파악하여 대처하는 방법으로 안사이는 경(敬)을 제시했다. 경(敬)이란 경건한 상태를 유지할 수 있도록 마음을 잘 추스르는 것이다. 안사이는 자연과 사람의 관계에서뿐만 아니라 사람과 사람 사이를 원만하게 유지하는 방법으로서도 경을 제시한다.

경이라는 한 글자는 성학의 처음과 끝을 이루는 것이다. 소학

---

37. 夫天命之性 具于人心 故存心養性 所以事天 而存養之要 無他 敬而已矣 易曰 洊雷震 君子以恐懼修省 蓋天之四德五行爲人之五臟五性 心火德而亨 雷鳴夏 禮屬心 孟子云 恭敬之心 禮也 天人妙合之理如此 位育之功 其在於敬 不亦宜乎(『垂加草』第十,〈中和集說序〉).

을 공부하는 자가 이 경 공부로 말미암지 않는다면, 진실로 본원을 함양하여 청소하고 응접하고 나아가고 물러가는 바른 태도와 육예의 가르침을 닦을 수 없을 것이다. 또 대학을 공부하는 자가 이 경 공부로 말미암지 않는다면, 또한 지혜를 개발하여 덕에 나아가고 학업을 닦아 '명명덕(明明德)'과 '신민(新民)'의 공을 이룰 수 없을 것이다.[38]

삶의 내용은 자연의 재해에 대처하면서 사회 안에서의 인간관계를 유지하는 것으로 압축되는데, 이러한 삶의 내용을 순조롭게 유지하는 근본 방법으로서 안사이는 경 공부를 제시한다. 사회 안에서의 삶은 다시 두 가지로 나누어서 생각할 수 있다. 첫째는 자기의 몸가짐이 흐트러지지 않도록 하는 것이고, 둘째는 남과의 관계를 원만하게 유지하는 것이다. 몸가짐이 흐트러지지 않게 하는 방법은 마음을 경건하게 유지하여 몸을 철저하게 관리하는 것이고, 남과의 관계를 원만하게 유지하는 방법은 오륜을 잘 실천하는 것이다.

주자학에서 말하는 경의 목적은 경건한 마음을 유지하여, 인의예지의 본성이 사단으로 충만할 수 있도록 하는 데 있었던 것이었지만, 안사이가 경을 강조하는 까닭은 몸을 잘 추스르도록 하기 위함이지, 마음만을 온전히 하기 위함이 아니다.

---

38. 敬之一字 聖學之所以成始而成終者也 爲小學者 不由乎此 固無以涵養本源 而謹夫灑掃應對進退之節 夫六藝之敎 爲大學者 不由乎此 亦無以開發聰明 進德修業 而致夫明德新民之功也. 위의 책, 『야마자키 안사이』, 161~162쪽.

경건한 마음을 유지하는 방법은 진실로 주선생이 『주일잠(主一箴)』에 발문을 적은 것과 같다. 그런데도 함부로 지경 공부를 하는 자들이 오히려 멋대로 마음속에서의 공부를 반복하여, 마음이 완숙해지기만을 바라는데, 너희들은 이를 잘 생각해야 한다.[39]

안사이에 따르면, 마음은 몸을 관리하는 주인이기 때문에 마음을 경건하게 간직해야 하는 이유는 몸을 잘 관리하기 위함이었다. 주자학에서 경 공부를 강조하는 이유는 경 공부를 통해 마음을 온전하게 유지할 수 있기 때문이었다. 마음이 온전해지면 몸은 저절로 흐트러지지 않게 유지된다. 그러나 안사이가 경 공부를 강조하는 이유는 몸을 잘 추스르는 데 있다. 경 공부를 잘하여 마음이 완숙해지면, 저절로 몸을 잘 추스르게 되는 것이므로, 몸을 추스르는 것이 마음공부의 목적이 될 수는 없었다. 그러나 안사이에 이르러서는 경 공부의 목적이 몸을 잘 추스르기 위한 것으로 바뀌었다. 자기 몸 하나를 잘 잘 추스를 수 없다면 사람과의 관계를 원만하게 유지할 수 없다.

사람의 한 몸에는 오륜이 구비되어 있는데, 그 몸의 주인이 마음이다. 이런 까닭에 마음이 경을 유지하면 한 몸도 다스려지고 오륜도 밝아진다. 정자가 말하기를, "하나에 주력하는 것을

---

39. 夫持敬之方 誠如先生跋主一箴 然尙妄爲之者 亦欲反復往來于其中 有心熟之功也 小子思之. 위의 책, 『야마자키 안사이』, 165쪽.

경이라 하고, 마음이 다른 데로 감이 없는 것을 일(一)이라 한다"라고 했으니, 이는 동정과 표리를 합해서 한 말이다.[40]

몸은 마음이 운전하는 대로 움직이는 자동차와 같다. 안사이의 이론에 따르면, 자동차를 운전하기 위해 사람이 운전공부를 하듯이, 몸을 제대로 움직이기 위해 마음공부를 하는 것이다. 사람의 몸은 혼자서 살 수 없다. 다른 사람과의 관계 속에서 살아가야 한다. 사람의 몸에는 이미 다른 사람과의 관계가 다섯 종류로 얽혀 있다. 그것은 부모와 자녀의 관계, 부부 관계, 임금과 신하의 관계, 연장자와 연소자의 관계, 친구 관계가 그것이다. 회사에서의 상하 관계는 임금과 신하의 관계에 포함되고, 형제 관계는 연장자와 연소자의 관계에 해당한다. 다섯 가지 관계를 유지하는 것도 마음이므로, 경을 지키는 공부는 오륜을 순조롭게 유지하기 위한 중요한 공부가 된다.

안사이는 평소 자기의 몸가짐에 엄격했다. 어떤 제자는 성욕이나 놀고 싶은 마음이 일어났을 때에도 안사이 선생의 얼굴을 떠올리면 그러한 충동이 순식간에 사라져버려 무심결에 옷깃을 바로잡지 않을 수 없었다고 회고하고 있다.[41]

자기의 몸가짐을 엄격하게 하고, 다른 사람과의 관계를 경건하게 유지하는 사람으로 퇴계를 따를 수 있는 사람이 드물다. 안사이는 퇴계의 『자성록』을 읽고, 퇴계를 존경하지 않을 수 없었다.

---

40. 人之一身 五倫備焉 而主乎身者心也 是故心敬則一身修而五倫明矣 程子曰 主一之謂敬 無適之謂一 此合動靜表裏言之(『垂加草』第十,〈敬齋箴序〉).
41. 위의 책, 『야마자키 안사이』, 211쪽.

안사이가 사회를 안정시키기 위해 제시한 것 중의 하나가 신상필벌(信賞必罰)이다. 신상필벌은 순자와 한비자가 강조하는 것이지만, 사회를 안정시키는 방안을 마련하기 위해 고심하던 안사이는 신상필벌의 필요성을 제기하지 않을 수 없었다.

머릿속에서 나쁜 것을 생각하는 것은 죄의 대상이 되지 않지만, 몸으로 악을 행한다면 반드시 벌해야 한다. (…) 상벌을 내리는 것도 이 몸의 행동 여하에 좇아야 한다. 참으로 이것이 중요한 곳이다.[42]

머릿속에서 나쁜 생각이 일절 일어나지 않아야 마음이 온전해진다. 마음공부의 목적은 마음을 완숙하게 하여 마음속에 조금의 티끌도 남아 있지 않게 하는 것이지만, 안사이의 목적은 이와 다르다. 안사이의 목적은 사회를 안정시키는 방법을 찾는 데 있었다. 사회를 혼란하게 하는 것은 몸이므로, 안사이는 관심을 몸에 집중한다. 사회를 안정시키기 위해서는 죄를 지은 사람을 반드시 처벌해야 한다. 죄 지은 사람을 처벌하지 않으면 사회가 불안해진다. 안사이가 신상필벌을 강조했지만, 신상필벌 중에서 더욱 중요하게 생각한 것은 필벌(必罰)이었다.

---

42. 위의 책, 218~219쪽.

제3항 신도를 통한 사회 안정책

안사이가 사회를 안정시키기 위해 제시한 이론이 경(敬) 공부를 통해 자기의 몸을 잘 추스르고, 남과의 관계를 원만하게 유지하는 것이었지만, 이것만으로 불안이 완전하게 해소되지는 않는다. 오륜을 지키지 않는 사람들이 행패를 부린다면 사회의 안정을 보장할 수 없다. 이에 안사이는 인간 사회 자체를 안전하게 보장할 수 있는 방법을 찾기 위한 노력을 아끼지 않았다.

사람들이 주택에 살면서 외부인의 침입이 두려우면, 집 주위에 울타리를 치고 담을 높이 쌓는다. 지방의 제후들은 외부로부터 침입해오는 외적을 막기 위해 성을 높이 쌓았다. 성 밖에는 외부의 침입자가 접근하지 못하도록 해자를 깊이 파 놓는다. 성에 따라서는 해자를 이중으로 판 곳도 있다. 성안에 들어온 적이 건물로 들어올 때 통과해야 할 정원에는 자갈을 두껍게 깔고 갈퀴로 일정하게 선을 그어 놓는다. 밤에는 자갈을 밟는 소리를 듣기 위함이고, 낮에는 선을 통해 발자국을 보기 위함이다. 건물 안에 들어온 적을 알아차리기 위해, 적이 밟고 들어 올 마루를 삐걱거리는 소리가 나도록 해 놓았다. 일본인들은 이처럼 불안을 해소할 장치를 철저히 한다.

안사이는 가정집이나 성의 안전장치를 생각하기보다는 나라 전체의 안전장치를 생각했다. 일본은 사방이 바다로 둘러싸여 있으므로, 중국의 만리장성 같은 성을 쌓을 필요는 없다. 단지 일본 전체의 안전을 위해 안사이는 일본의 신도(神道)를 활용했다.

1. 안사이의 국가의식

안사이는 일본이라는 나라를 테두리로 삼고, 일본 안에서 안전하고 질서 있는 사회의 건설을 꿈꾸었다. 그러기 위해서는 일본이라는 나라의 정체성부터 확립해야 했다.

안사이는 일본의 역사서를 편찬하려고 마음먹고, 1657년 정월에 도네리(舍人) 친왕을 모신 후지모리샤(藤森社)를 참배하여 다음과 같은 시를 읊었다.

친왕의 뛰어난 식견은 모든 사람보다 앞선다　親王彊識出群倫
삼가 사당 앞에 절 올리니 감개가 무량하다　端拜廟前感慨頻
아득한 옛날의 신대 역사는 알기가 어렵지만　渺遠難知神代卷
정성 다해 찾아보면 찾을 길이 있으리니　　心誠求去豈無因[42]

일본의 역사서를 편찬하기로 마음먹은 안사이는 우선 『일본서기』를 저술한 도네리 친왕에게 참배하기 위해, 후지모리샤를 찾았다가 감회를 읊은 것이다.

안사이는 자기가 집필하고자 한 일본의 역서서 이름을 『왜감(倭鑑)』이라 칭했다. 『왜감』은 일부분의 초구만 만들어진 듯하지만, 최종적으로 안사이 자신의 손에 의해 파기되었으므로, 세상에 나오지 못했다. 안사이는 『왜감』의 '왜(倭)'라는 호칭에 대해 『문회필록』에서 다음과 같이 말하고 있다.

---

42. 위의 책, 264쪽.

내가 생각하길, "일본은 우리 왜의 별명이다. 왜라는 글자와 일본이라는 글자는 모두 야마토(耶麻騰)를 말하는 것으로, 야마타이(耶馬臺)라고 하는 것은 발음이 변한 것이다. 일본을 또한 히노모토(比濃茂騰)라고 하는데, (…) 중국 사람이 '왜국은 스스로 그 이름이 바르지 않다고 싫어하여 스스로 나라가 해 뜨는 가까운 곳에 있다고 한다'라고 하는데, 이와 같은 말은 모두 증명할 수 없는 말이다. 또한 해가 있는 곳[日邊]이라는 것은 온 세계에 있어 각각의 나라가 그 동쪽을 가리켜 말한다면 또한 옳다. 해가 하늘에 있음은 움직여 잠시도 멈추지 않으니, 다시 어디를 가리켜 이것을 말하겠는가."[43]

안사이는 일본인들이 왜(倭)라는 글자를 싫어하여 일본(日本)으로 바꾸어 불렀다는 당나라 사람들의 말을 거부한다. 안사이가 어릴 때부터 가지고 있었던 강한 자존심과 지기 싫어하는 성격으로 인해, 왜라고 불렀던 나라 이름을 바꾸기 싫어서 자기가 기획했던 역사책의 이름을 『왜감』으로 정했던 모양이다. 일본(日本)이라 하는 나라의 이름은 중국을 기준으로 붙인 이름이므로, 그것 역시 안사이는 싫어했다. 중국이란 나라 이름 역시 중국을 기준으로 붙인 이름이므로, 그 또한 달갑지 않았다.

---

43. 嘉謂 日本字我倭之別名也 倭字日本字 共此云耶麻騰 謂之耶馬台 音之訛也 日本又云比濃茂騰 (…) 唐人謂倭國自惡名不雅 自言國近日所出之類 皆無證之言也 且日邊之謂 六合之間 自各國指其東方言之 則猶之可也 日之在天也 運轉不暫停 更指何地而言之耶. 위의 책, 『야마자키 안사이』, 272쪽.

중국이라는 이름을 각 나라가 자기 나라에 대해서 말한다면, 내 나라가 '중'이 되며, 그 주변은 오랑캐가 된다. 이런 까닭에 우리나라를 풍위원중국(豊葦原中國)이라고 하는 것이니, 또한 나의 사적인 견해가 아니다. 정자가 천지를 논하여 "지형에 높고 낮음이 없다. 어디를 가더라도 '중'이 되지 않는 곳이 없다"라고 했으니, 참으로 지극한 말이다.[44]

모든 나라가 자기 나라를 기준으로 보면 자기 나라가 중국이 되므로, 중국이 자기 나라 이름을 중국이라 정하는 것은 잘못이다. 중국과 일본이라는 나라 이름에 대한 안사이의 논의에서 안사이의 자존심을 엿볼 수 있다.

안사이는 일본인이 태백의 후예라고 한다는 것에 대해서도 거부감을 드러낸다.

『진서』에서는 "왜인이 스스로를 태백의 후예라고 한다"라고 말하는데, (…) 국사에 그러한 증거가 없으니, 황당한 말이다. 미나모토 지카후사(源親房)와 후지 가케라(藤兼良)가 이것을 비평했으니, 옳다.[45]

---

44. 中國之名 各國自言 則我是中而外夷也 是故我曰豊葦原中國 亦非有我之得私也 程子論天地曰 地形不高下 無適而不爲中 實至極之言也. 위의 책, 『야마자키 안사이』, 272~273쪽.

45. 晉書曰 倭人自謂太伯之後(…)國史無其徵 則無稽之言 源親房藤兼良議之是也. 위의 책, 『야마자키 안사이』, 274쪽.

자존심이 강한 안사이는 결국 일본이 가장 우수한 나라라는 결론에 도달한다. 일본 역사에 기초하여 말하자면, 모든 의미에서 '혁명'이 없었다는 점에 일본의 개성과 우월성을 찾고 있었다는 것도 의심할 여지가 없다. 안사이는 호시나 마사유키가 혁명론을 싫어한다는 것에 공감을 표시하고, 『대화소학』에서도 "아마테라스오오미카미가 3종의 신기를 황손인 니니기노미코토에게 전수하여 일본을 다스리게 한 옛날의 그 때부터 지금에 이르기까지 황통은 단절되지 않았다. 신기가 면면히 이어지는 일은 다른 나라에서는 찾아볼 수 없다"라고 적고 있다.

안사이는 송의 태종이 일본의 승려인 조넨(奝然: 938~1016, 東大寺의 승려)을 만났을 때 일본은 '국왕일성(國王一姓)'이고 신하는 세습된다는 말을 듣고는 중국의 모습과 비교하여 부러워하면서 "예전의 도이다. 중국은 당나라 시대의 난 이후 천하가 분열되었다"라고 탄식했다는 말을 인용한 뒤, 다음과 같은 의견을 제시했다.[46]

> 내가 생각하기를, (…) 태종은 중국 당나라 시대의 난을 말하는데, 어찌 오직 당나라 시대일 뿐이겠는가. 진·한 이후가 모두 그러했다.[47]

결론적으로 안사이는 일본이 가장 뛰어난 나라라고 정의한다.

---

46. 위의 책, 『야마자키 안사이』, 294쪽.
47. 嘉謂(…)太宗謂中國唐季之亂 豈惟唐季哉 秦漢已下皆然. 위의 책, 『야마자키 안사이』, 294쪽.

상고시대로 거슬러 올라가 말해보자면, 포희 씨가 죽은 후에 신농씨가 일어났으며, 신농이 죽은 후에 황제·요·순이 일어났고, 탕·무의 혁명이 있었다. 일본 천황의 지위를 보자면 하늘과 땅의 무궁한 신칙이 만세에 뚜렷함이니, 즉 천지 사이에 그것이 기록으로 전해지고 그 설명이 통하는 것을 다른 나라에서 보거나 들은 바가 없다.[48]

안사이는 일본을 가장 이상적인 나라로 정의한 다음, 일본을 가장 안전한 나라로 만들기 위한 방안으로 천황을 신격화하고 막부의 역할을 설정한다.

2. 천황의 신격화

안사이는 1655년 38세 때 「이세황태신궁의식서(伊勢皇太神宮儀式書)」라는 글을 지었다. 이세신궁(伊勢神宮)은 내궁과 외궁의 둘로 이루어져 있는데, 내궁에 모셔진 신은 아마테라스(天照)이고, 외궁에 모셔진 신은 도요우케(豊受)이다. 안사이는 이세신궁에 대해 시를 지어 읊을 정도로 애착을 갖고 있었다. 안사이는 「이세황태신궁의식서」의 서문에서 신에 대해 다음과 같이 정의한다.

생각해보건대 신이 신으로 되는 것은 처음부터 이 이름이 있었

---

48. 惟上而極言之 則包羲氏沒 神農氏作 神農氏沒 黃帝堯舜氏作 湯武革命 若我國寶祚 天壤無窮之神勅 萬萬歷歷焉 則六合之間 載籍之傳 譯說之通 所未曾見聞也. 위의 책, 『야마자키 안사이』, 294~295쪽.

던 것이 아니다. 그 오직 신묘하여 측량할 수 없는 것이 음양오
행의 주인이 되어, 만물과 만 가지 변화가 이로부터 나오지 않
는 것이 없다. 이런 까닭에 자연히 사람의 말로 나타나, 그 후에
이 이름이 있게 된 것이다.

　신이란 원래부터 이름이 있었던 것은 아니다. 음양오행으로 대표
되는 모든 자연현상의 원천을 후대의 사람이 이름 붙인 것이다. 안
사이의 정의에 따르면 신은 태극으로 이해해도 되고, 하늘로 이해
해도 될 것이다. 신을 태극이나 하늘로 이해하면 이 세상의 모든 존
재와 하나로 연결될 수 있어야 하지만, 안사이가 설명하는 신은 그
렇지 않다. 안사이는 모든 자연현상의 원천을 사람들이 신이라는
이름으로 일컫는다고 하면서 일본의 신화와 연결시켰다. 안사이는
『일본서기(日本書紀)』「신대권(神代卷)」에 기술된 신들의 계보에 따라
다음과 같이 정리한다. 안사이는 「신대권」의 기록에 따라 최초의
신을 구니노토코타치노미코토로 명명하여, "구니노토코타치노미
코토(國常立尊)는 존경하여 높이 받들어서 이렇게 부른 것이다"라고
했다. 구니노토코타치노미코토가 물의 신으로 작용할 때는 구니노
사쓰치노미코토(國挾槌尊)라 부르고, 불의 신으로 작용할 때는 도
요쿠무누노미코토(豐斟渟尊)라고 부른다. 나무의 신으로 작용할 때
는 우히지니노미코토(泥土煮尊)·스히지니노미코토(沙土煮尊)라 부르
고, 쇠의 신으로 작용할 때는 오토노지노미코토(大戶之道尊)·오토마
베노미코토(大戶邊尊)라 부르며, 흙의 신으로 작용할 때는 오모다루
노미코토(面足尊)·가시코네노미코토(惶根尊)라고 부른다. 신은 근원
적으로 하나이지만, 금목수화토의 오행으로 작용할 때는 각각 다

른 이름으로 불려진다. 여기까지의 설명은 태극음양오행에 대한 설명과 유사하다. 『태극도설』은 태극이 음양 오행의 작용을 거쳐 만물이 생겨나는 과정을 설명한 것인데, 안사이가 일본 신화의 내용을 구니노토코타치노미코토가 오행의 신으로 작용하는 것으로 설명한 것은 『태극도설』의 내용과 유사하다. 『일본서기』「신대권」의 설명에 따르면, 구니노토코타치노미코토가 등장한 뒤 계속해서 신들이 나타나다가, 결국 남자의 신인 이자나기노미코토와 여자의 신인 이자나미노미코토가 한 쌍의 신으로 등장하여 일본의 섬들과 산천초목을 낳았다. 그 다음에 두 남녀 신은 의논하여 일본의 주인이 될 아들을 낳았다.

> 이자나기노미코토와 이자나미노미코토가 함께 상의하여 말하기를, "우리들은 이미 일본열도와 산천초목을 낳았다. 이제는 천하의 주인이 될 자를 낳지 않으면 안 된다"라고 했다. 이에 함께 태양신을 낳았다.[49]

일본의 신화에 나오는 남녀 신은 일본 열도와 일본 열도에 있는 산천초목 및 일본 열도의 주인을 만든 것으로 되어 있다. 일본 신화의 특징은 일본이라는 땅을 하나의 울타리로 둘러싼 다음, 울타리 안에 있는 일본의 안정을 위해 봉사하는 신을 등장시킨다. 일본 신화를 보면 일본인이 얼마나 일본 땅의 안전장치가 필요했는지를 알 수 있다. 두 남녀 신이 낳은 일본의 주인은 오히루메노무치(大日靈貴)

---

49. 위의 책, 『야마자키 안사이』, 226쪽.

라고도 하고, 아마테라스오오미카미(天照大神)라고도 부른다. 아마테라스오오미카미는 자신의 자손인 니니기노미코토에게 이른바 세 종류의 신기(神器), 즉 거울과 칼과 곡옥을 주어 일본의 주인으로 정하고는 다음과 같은 말은 남긴다.

이곳은 나의 자손이 왕이 되기에 충분한 땅이다. 황손이여, 가서 이 나라를 다스리시오. 어서 가시오. 황위의 융성은 천지와 더불어 무궁할 것이오.50

안사이는 천상의 신인 아마테라스오오미카미로부터 일본의 천황으로 이어지는 계보를 따랐다. 안사이의 「이세황태신궁의식서」에서는 이세 신궁의 의미를 다음과 같이 논한다.

중엽 이후로 점차 쇠퇴하여 불교가 들어오고부터 신도는 더욱 피폐해지고 왕도는 더욱 느슨해졌다. (⋯) 홀로 이세 신궁이 불교를 엄격히 금지하고, 이 두 권의 책에서도 조금도 섞지 않았으니, 어찌 만대의 귀감이라 하지 않겠는가. 신이 내리는 것은 기도를 가지고 먼저하며, 신의 은례에 대한 보답은 정직을 근본으로 한다. 근신의 상하가 혹심 없이 단심으로 아마테라스를 모신다면 불교는 설 자리가 없어지고, 상세(常世)의 신의 기풍을 볼 수 있을 것이다.51

50. 위의 책, 『야마자키 안사이』, 76쪽.
51. 위의 책, 『야마자키 안사이』, 249쪽.

이세신궁은 천황이 그의 조상신인 아마테라스오오미카미를 제사지내기 위한 신사이다. 다른 귀족이 개인적으로 갈 수 없고, 폐물을 올리는 것도 허가되지 않는 아주 특별한 신사이다. 이세신궁에서 보면, 일본의 천황은 아마테라스오오미카미의 자손으로 설정되어 신과 연결된다. 여기에 일본 신화의 특징이 있다. 천황은 신이지만, 일반인은 신이 아니다. 일반인은 신에게 기도하고 신에게 복을 빌어야 하는 존재이다. 일본을 안전지대로 만들기 위해서는 일본을 지키는 지도자가 전지전능한 능력자여야 한다. 전지전능한 능력자는 신이므로, 일본의 천황은 신이어야 한다. 그래야 일본을 안전지대로 만들 수 있기 때문이다.

천황의 신격화는 안사이만 추구한 것이 아니라, 일본의 지식인 거의가 추구해온 것이다. 그것은 일본을 안전지대로 만들고 싶은 일본인의 염원의 반영일 것이다.

3. 막부의 역할

안사이는 막부의 역할을 지상의 혼란을 평정하는 역할로 정의한다.

> 난을 평정하는 것이 무가(武家)의 일이다. 천자는 천상의 일을 일러주는 존재이다. 지금의 시대가 그런 상태이다. 지금의 무가는 스사노오의 상태이다.[52]

스사노오는 이자나기노미코토와 이자나미노미코토가 아마테라

---

52. 위의 책, 『야마자키 안사이』, 249쪽.

스오미키미를 낳고, 다음으로 달의 신과 히루코를 낳은 뒤에, 마지막으로 낳은 아들이다. 스사노오는 용감하면서도 잔인한 성격을 가지고 있었으므로, 스사노오노미코토로 인해 많은 사람들이 목숨을 잃었고, 초목도 말라죽었다. 그 때문에 스사노오노미코토는 부모에게 쫓겨났으나, 나중에 참회하여 몸의 더러움을 씻고, 다시 지상세계를 평정하고 현실에서 사람들의 생활을 지키는 임무를 부여받았다. 안사이는 에토시대에는 도쿠가와가 스사노오노미코토의 역할을 하는 것으로 설명한다.

> 예부터 일본을 평정시킨 것은 모두 칼이며, 천상의 일은 현재의 천황을 말한다. 사물을 진정시키고 검으로 잘라 평정시킨 것은 옛날에는 스사노오와 오아나무치, 지금은 공방(公方: 막부를 말함)이 그것을 담당하고 있다. 신화시대부터 일본은 그러했다.[53]

안사이는 천황을 신격화하여 천상의 일을 담당하는 자로 설정하고, 인간사회를 안정시키는 일은 도쿠가와 막부의 일로 분담시킴으로써 일본의 안정책을 정리했다.

안사이의 목적은 일본을 안정시키기 위한 안전장치를 만드는 데 있었다. 안사이가 추구한 안전장치는 일본이라는 테두리 안에서만 작동하는 것이었다. 신격화된 신이 천상에서 일본을 보호하고, 지상에서 일어나는 혼란은 강력한 힘을 가진 막부가 안정시키며, 사람들 각각이 몸가짐을 근엄하게 가지면서 인간관계를 원만하게 유

---

53. 위의 책, 『야마자키 안사이』, 249쪽.

지한다는 설계였다. 이는 지극히 불안한 세상을 안정시킨다는 측면에서 보면, 매우 고심한 설계로 평가할 수 있겠다.

제4항 안사이학의 영향과 한계

안사이는 개인의 삶의 기본자세로 마음을 경건하게 유지할 것을 주문했다. 경건한 마음으로 자연의 재해를 잘 관찰하여 대처하고, 자기의 몸가짐을 격식에 맞게 잘 간직하는 것을 개인의 삶의 출발점으로 삼았다. 이러한 안사이의 마음 자세로부터 일본인의 삶의 특징이 많이 도출된다. 늘 마음을 집중하여 자연의 재해를 관찰하고 대처하는 습관이 몸에 배면, 자연재해에 대응하는 뛰어난 능력을 발휘할 수 있다. 또한 마음을 경건하게 유지하여 몸가짐을 격식에 맞게 잘 간직해야 한다는 안사이의 가르침은 격식을 중시하는 일본인의 삶의 방법으로 정착되었다. 일본인은 격식을 갖추는 데 천재적인 능력을 발휘한다. 관혼상제의 예법을 규격에 맞추어 질서정연하게 진행하고, 다도(茶道), 검도(劍道), 서도(書道)를 비롯한 각종의 행사를 격식에 따라 엄격하게 진행하는 것, 역시 안사이의 정신에서 찾아볼 수 있다.

일본인이 예술이나 건축물 등을 규격에 맞추어 정밀하게 만드는 것도 안사이의 경의 철학과 관련하여 생각해 볼 수 있겠다.

안사이의 철학이 세상을 안정시키는 이론에 치중했기 때문에 하늘 개념이 사라지고, 보편개념이 없어지는 한계가 노출된다. 주자학의 핵심은 '내가 하늘과 하나가 되는 것'에 있었다. 내가 하늘과 하나가 되면, 저절로 남들도 하늘과 하나가 되어, 세상이 저절로 평화로워진다는 이론이 성립하지만, 안사이의 철학에서는 이러한 이론을 찾아볼 수 없다. 개인에게 하늘과 하나 되는 길이 차단되면, 참된 삶을 회복할 수 없고, 진리를 얻을 수 없다. 안사이의 철학은 불안하여 생존하기 어려운 사회를 안정시키는 데 초점이 맞추어져 있으므로, 사회를 안정시키는 데는 탁월한 효과가 있다. 그러나 사회가 안정되어 먹고 사는 문제가 해결되었을 때 밀려오는 허무주의를 안사이 철학에서는 해결할 수 없다.

천황의 신격화는 나라를 안정시키는 데는 도움이 될 수 있지만, 천황제에서는 일반인이 신처럼 되려는 목표를 가질 수 없으므로, 심오한 철학이 나오기 어렵다. 또한 사람의 융통성과 창의력은 하늘의 마음에서 솟아나는 것이므로, 하늘과 하나 되는 길이 차단된 사람은 융통성과 창의력을 발휘하기 어렵다.

일본이라는 테두리를 정해놓고, 그 테두리 안에서 지켜야 할 윤리를 강화하면, 일본인의 윤리는 일본이라는 테두리 안에서만 통용되고 나라 밖에서는 통용되기 어렵다.

일본이라는 테두리가 강할수록 일본인은 테두리 밖으로 나가기 어려우므로, 일본에서는 세계평화주의가 나타나기 어렵다. 천황제는 일본의 안정을 위해 매우 필요한 제도이지만, 일본이 세계와 호흡을 하는 데는 걸림돌이 된다.

제7부

■

일본 주자학의 정착과 변용

일본의 학자들은 일본의 주자학이 수입된 뒤 양명학이 수입되었고, 그 양명학자의 대표로 나카에 도주와 쿠마자와 반잔을 들지만, 필자가 보기에는 나카에 도주와 쿠마자와 반잔은 일본에 수용된 주자학을 일본의 실정에 맞게 정착시키고 심화시킨 학자로 보는 것이 타당할 것으로 생각한다. 주자학을 소화하여 심화하면 양명학과 통한다. 도주와 반잔이 양명학적인 요소를 수용한 것은 주자학을 정착하는 과정에서 나타나는 것으로 이해할 수 있다. 도주와 반잔을 양명학자로 분류하기 위해서는 주자학을 반대하고 양명학의 체계와 일치하는 이론체계를 갖추어야 하지만, 도주와 반잔의 이론은 양명학의 체계를 갖추지 않았으므로, 양명학적 용어를 쓴다고 해서 양명학자로 분류하기는 어렵다.

제1장
나카에 도주의 주자학 정착과 심화

제1절 나카에 도주의 생애

나카에 도주(中江藤樹: 1608~1648)는 성이 나카에(中江), 이름이 겐 (原), 자는 코레나가(惟命), 통칭은 요우에몬(與右衛門)이다. 도주를 일본 양명학의 시조로 삼고, 그 뒤 쿠마자와 반잔(熊澤蕃山: 1619~ 1691), 미와 싯사이(三輪執齋: 1669~1744), 사토 잇사이(佐藤一齋: 1772~ 1859), 오오시오 츄사이(大鹽中齋: 1793~1837)로 이어지는 계보를 일 본 양명학파의 철학으로 정리하여, 일본 주자학파 및 일본 고학파 와 대비하는 것은 이노우에 데쓰지로(井上哲次郎: 1856~1944) 이후의 일본 학계의 일반적인 견해이다. 그러나 필자의 견해로는 도주는 주자학을 정착시키고 심화시킨 학자로 보아야 할 것이다. 도주를 양명학자로 분류하기 위해서는 도주의 이론체계가 양명학의 이론 체계와 일치해야 하지만, 그렇지 못하다.

도주는 1608년, 현재의 지명으로 시가켄(滋賀縣) 타카시마군(高島 郡) 아도카와(安曇川)에서 태어났다. 도주는 벽지에서 성장했지만, 야 비한 습성에 물들지 않았다. 어쩌다 이웃 아이들과 어울려 놀아도 늘 조용하여 다른 아이들에게 영향 받지 않았다고 한다.

9세 때에 벼슬하는 조부를 따라 돗토리현으로 갔다. 도주는 어 릴 때부터 영민했고, 욕심을 부리지 않아 부모를 떠나 조부모를 따 라갔지만, 슬퍼하지 않고 조부모에게 효도했다고 한다. 이해부터 글 자를 배우고 익혀서 조부의 서간문을 대필했으므로, 사람들이 경

나카에 도주

탄했다. 도주의 학문이 일취월장하여 조부에게 늘 칭찬받았으나, 도주는 이 정도로 그치지 않을 것이라고 다짐했다고 한다.

12세 때의 어느 날, 골똘히 생각하는 듯하더니 말하길, "이 밥을 먹게 된 것은 누구의 은혜인가? 첫째는 부모의 은혜이고, 둘째는 조부모의 은혜이며, 셋째는 임금의 은혜이다. 앞으로는 밥을 먹게 해준 은혜를 잊어버리면 안 된다"라고 말했다.

13세 때부터 조부를 따라 타이쥬에서 살았다. 14세 때 조모상을 당했고, 15세 때 조부상을 당했다.

17세 때 여름에 의사의 초청을 받고 교토에서 선사(禪師)가 와서 『논어』를 강의했는데, 당시의 풍속은 무를 오직 중시하고, 문학을 경시하여 아무도 들으러 가지 않았으나, 오직 도주 혼자서 들으러 갔다. 도주는 일찍이 『대학』의 구두를 뗀 적이 있었는데, 그때 유학에 수신·제가의 길이 있다는 것을 알았으나, 스승이 없어 제대로 배우지 못하다가, 선사에게 강의를 듣고 다행으로 여겼다. 『논어』 상편의 강의가 끝나고 선사가 교토로 돌아갔으므로, 도주는 배울 스승이 없었으나, 『사서대전』을 구매하여 밤마다 혼자서 공부했다. 뜻을 잘 모르는 곳이 있어 골똘히 생각하다가 잠이 들면 꿈에 사람이 나타나 깨우쳐 준 것이 많았다고 한다. 혼자서 『대학』을 여러 번 읽어 뜻을 터득한 뒤에 차례로 『논어』 『맹자』를 터득했다.

20세 때 오로지 주자학을 높여, 격식을 갖추고 받아들였으며, 성학(聖學)을 임무로 삼았다.

24세 때 『임씨체발수위변(林氏剃髮受位辯)』이라는 글을 지어, 하야시 라잔에 대해 혹평한 일이 있었다.

하야시 도슌은 기억력이 뛰어나 박식하고 견문이 넓다. 그러나 유학의 도를 설함에 한갓 입만으로 떠들면서, 불교의 법을 본받아 망령되게 머리를 깎고, 편안한 집을 비워두고 거처하지 않으며, 바른길을 버려서 의거하지 않으니, 주자가 말하는 말로만 흉내 내는 앵무새이다. 그러면서도 자기를 참된 유자라 칭한다. 일본에는 성인이 나타나지 않아, 이단의 가르침이 날마다 생겨나고 달마다 성행하여, 비뚤어지고 허황하고 요망한 설이 다투어 일어나, 백성들의 눈과 귀를 더럽히고, 천하를 더러운 곳에 빠트린다. 그 때문에 덕을 아는 자가 적다.[54]

편안한 집은 인(仁)을 말하고, 바른길은 의(義)를 말한다. 맹자는 인의 마음으로 살고 행동하면 마음이 편하므로 인을 편안한 집에 비유했고, 의롭게 사는 것이 바른 삶이므로, 의를 바른길로 풀이했다.

안사이도 하야시 라잔을 비판했지만, 안사이는 하야시 라잔의 이름을 직접 거명하지 않고, 세속적인 유자(儒者)라 하여 우회적으로 비판한 것을 보면, 도주가 안사이보다 더욱 과격한 것을 알 수 있다.

27세 때 벼슬을 그만두고 코오슈(江州)로 돌아갔다. 그 전에 가로(家老) 쓰쿠다(佃)씨에게 "모친이 늙어 고향으로 가고자 하니, 주군

---

54. 林道春 記性穎敏而博物洽聞也 而說儒者之道 徒飾其口 效佛氏之法 妄剃其髮 曠安宅而弗居 舍止路而不由 朱子所謂能言鸚鵡也 而自稱眞儒也 倭國聖人不作 而異端之教 日新月盛 邪誕妖妄之說競起 塗生民之耳目 溺天下於汚濁 是以知德者鮮矣. 『日本思想大系, 中江藤樹』(岩波書店, 1974), 16쪽.

에게 말해 달라고 했으나, 쓰쿠다가 차일피일 미루었으므로, 결국 허락을 받지 못해, 도망하듯이 코오요(江陽)로 돌아왔다. 허락을 받지 못하고 왔으므로, 주군의 미움을 받을까 염려되어, 코오요에 있지 못하고, 교토의 친구 집에서 100일 정도 숨어 있다가, 죄를 추궁당하지 않음을 확인하고 집으로 돌아왔다.

30세 때 타카하시 가(家)의 딸과 혼인했다. 도주는 '30세에 장가간다'라는 주자학의 격식에 따른 것이었다.

31세 때 제자들을 받아들였다. 여름에, 『지경도설(持經圖說)』과 『원인(原人)』을 저술했다.

32세 때의 봄에 『도주키(藤樹規)』와 『학사좌우명』을 지어 학생들에게 보이고 지키게 했다. 여름에 『소학』을 강의하고 학생들에게 격식을 지키도록 했다. 가을에 『논어』를 강의했는데, 「향당편」에 이르러 감격하여 촉발되었다.

33세 때 도주에게 큰 변화가 일어났다. 32세 때까지는 격식을 중시하여 엄격하게 지켰지만 33세 때에 이르러 격식을 지키는 것의 한계를 깨달았던 것으로 보인다. 여름에 읽은 『효경』의 영향인지 알 수는 없다. 「연보」에는 『효경』을 읽고 의미심장함을 깨달았다고 씌어 있으나, 누구나 『효경』을 읽고 같은 느낌을 받는 것은 아니다. 도주는 세속에 얽매이는 것을 싫어했다. 벼슬살이에서 도망하듯 나와버린 것도 그러한 성격의 일면을 알 수 있다. 세속에 얽매이지 않고 자신의 내면으로 향하여 삶의 본질을 탐구하는 철학적 욕구가 오래전부터 작용하고 있었을 수도 있다. 도주는 『효경』을 읽고 많은 변화가 있었음은 사실이다. 매일 아침 태을신에게 제사를 지냈고, 『요오몬토(翁問答)』라는 책을 저술했다. 『왕용계어록(王龍溪

語錄)』을 읽고 촉발되는 점이 많았다.

입신출세를 위해 글을 읽는 사람은 글에 내포된 심오한 뜻이나 사상에는 관심이 없다. 오직 읽은 글의 내용을 입신출세에 필요한 방향으로 이용하기만 한다. 당시에는 주자학 이외의 철학을 이단으로 지목하여 맹렬하게 공격하는 분위기였으므로 도주가 만약 입신출세를 위해 주자학을 공부했더라면 왕용계의 글을 읽지 않았을 것이다. 도주는 아마도 주자학에 들어 있는 진리에 목말랐던 것으로 보인다. 진리에 목마른 사람은 진리에서 뿜어 나오는 향기가 있기만 하면 가리지 않고 접한다. 도주는 이때 노장철학이나 불교의 내용도 성인의 진리에서 벗어나지 않는다는 것을 알았다.

34세 때는 이세신궁에 가서 참배했다. 가을에 『효경계몽(孝經啓蒙)』)의 저술을 계획하여 이듬해에 완성했다. 도주는 이전에 주자학에 매몰되었고, 『소학』의 법식에 따라 문인들을 가르쳤으므로, 문인들이 법식에 얽매어 기상이 약해지고, 융통성이 없어졌음을 알았다. 이에 어느 날 문인에게 다음과 같이 말했다.

내가 오랫동안 격식을 중시해왔으나 근래에 그것이 잘못이었음을 깨달았다. 격식을 지키는 것이 명리를 추구하는 것과는 다르지만, 활발한 본성의 주체를 잃어버리는 것은 차이가 없다. 그대들은 격식의 구속에서 벗어나 본심을 믿고 그 껍데기에 얽매이지 말라.

도주의 말을 듣고 제자들이 촉발되었다고 한다. 도주가 격식에 얽매이는 것의 한계를 지적했다고 해서 도주가 주자학을 극복했다고 볼 수는 없다. 주자학의 형이상학적 진리는 양명학·노장철학·불교철학 등과 하나로 통한다. 만약 도주가 장수했더라면 그의 형이상학적 체계가 완비되었을 터이지만, 단명하여 그의 형이상학적 체계가 완비되지 못한 것이 아쉬움으로 남는다. 겨울에 쿠마자와반잔이 제자로 들어왔다.

37세 때 도주는 『양명전집』을 얻어 읽었다. 『연보』 37세 조에 따르면, "이 해 비로소 『양명전집』을 구하여 얻었다. 이를 읽고 촉발인증(觸發印證)됨이 매우 많았음을 기뻐했다. 그 학문이 더욱 발전했다"라고 했다.

39세 때 상처를 했고, 41세가 되던 해의 가을, 8월 25일 아침 묘시에 등나무 아래서 삶을 마감했다.[55]

제2절 도주의 학문관

도주는 학문과 엉터리 학문의 차이를 엄하게 구별한다.

사서오경에는 마음과 자취와 글의 문리가 있다. 성현의 입에서 나온 말과 몸으로 행한 행동은 자취이고, 입에서 나온 말과 몸으로 행한 행동의 지극히 선한 본래의 뜻을 마음이라 한다. 마음은 방향도 없고, 몸도 없고, 소리도 없고, 냄새도 없어서 글로 써낼 수 없으므로, 다만 자취만을 쓰고, 그 자취 속에 내포시

---

55. 위의 책, 『日本思想大系, 中江藤樹』, 282쪽, 〈藤樹先生年譜〉 참조.

켜 후세의 가르침으로 삼는다. 그 자취 속에 갖추어져 있는 마음을 사서오경의 마음이라 한다. 그 자취가 씌어 있는 사서오경의 문장구조를 문리라 한다. 글의 문리를 터득하여 글에 들어 있는 자취를 잘 살펴, 거기에 내포된 마음을 잘 간파하여, 내 마음의 모범으로 삼아, 뜻을 정성스럽게 하고, 마음을 바르게 하면, 성현의 마음이 나의 마음이 되고, 나의 마음이 성현의 마음과 다르지 않게 된다. 마음이 성현의 마음과 다르지 않게 되면, 나의 언행이 시중(時中)으로 일관하는 성현의 언행에서 벗어나지 않을 것이니, 그렇게 되도록 배우는 것을 참된 학문이라 한다. 성현의 사서오경의 마음을 거울삼아 나의 마음을 바르게 하는 학문은, 처음부터 끝까지 배우는 모든 과정이 마음을 배우는 것으로 귀결되므로, 심학(心學)이라 한다. 심학에 철저하게 힘쓰면 평범한 사람이 성인의 경지에 이르게 되므로, 또한 성학(聖學)이라고도 한다. 속된 학자는 문리를 터득하는 데만 주력하여 문장을 귀로 듣고 암기하여 입으로 말하는 것뿐이어서, 자취의 정밀한 뜻조차도 알지 못하니, 하물며 마음을 간파하여 모범으로 삼는 것은 꿈에도 생각하지 못하므로, 사서오경을 읽어 문리가 나더라도 문장만 암송하여 입과 귀의 장식품으로 삼을 뿐, 자만심이라는 때[垢]만 몸에 달라붙으므로, 도움이 되지 않을 뿐만 아니라 오히려 해가 된다. 성현의 사서오경의 마음을 스승 삼아 나의 마음을 바르게 하는 것에는 전혀 관심이 없이, 오직 박학을 자랑하기 위해, 귀로 듣고 입으로 말하기만 하는 것은 입과 귀 사이의 학문이므로, 심학이 아니라 구이지학(口耳之學)이라고 하는 것이다. 구이지학으로는 아무리 박학다재하더라도 마음 씀씀이나 몸가짐이 세속의 범부와 다를 것이 없으므로, 또한 속학이라 한다. 사서오경에 마음·자취·문장의 문리의 세 요소가 있음을 잘 알면, 같은 글을 읽어도 참됨과 거짓됨이 있다는 것은 말하지 않아도 분명해질 것이다.[56]

유학을 공부하는 데는 세 단계가 있다. 유학의 경전은 한문으로 기록되어 있으므로, 첫 번째 단계는 한문을 읽을 수 있는 실력을 갖추는 것이다. 두 번째 단계는 여러 경전의 문장은 성인의 말과 행동을 기록해놓은 것이므로, 그 문장을 통해 성인의 말과 글을 잘 이해하는 것이다. 세 번째 단계는 성인의 말과 글은 성인의 마음을 표현한 것이므로 성인의 말과 글을 통해서 성인의 마음을 파악하고, 자기의 마음이 성인의 마음과 같아지도록 노력하여, 실지로 자기의 마음이 성인의 마음과 같아지는 데까지 이르는 것이다.

첫 번째 단계인 한문 경전의 해독능력을 갖추기가 쉽지 않다. 한문 문장은 오랜 역사 속에서 시대마다 다른 문체가 복합적으로 기록된 것이므로, 문법 체계가 다양하다. 한문의 다양한 문법체계를 문리하고 말하고, 문리를 터득하는 것을 문리 난다는 말로 표현하기도 한다. 사람 중에는 한문의 문리 나는 것만을 목적으로 삼는 사람들이 있다. 그런 사람은 한문을 읽고 해석은 할 수 있지만, 한문에 내포된 의미는 알지 못한다.

두 번째 단계인 경전의 내용을 이해하는 것 또한 쉽지 않다. 경전의 내용은 주로 성인의 말과 행동이다. 성인의 말과 행동은 성인

---

56. 위의 책, 『日本思想大系, 中江藤樹』, 52~53쪽.

의 마음에서 나온 것이다. 성인의 마음은 심오하므로, 성인의 말과 행동 또한 심오하다. 그러므로 성인의 말과 행동을 이해하기는 어렵다. 사람 중에는 경전의 내용을 두루 이해하고 암기하는 것을 목적으로 삼는 사람들이 있다. 그들은 경전의 내용을 두루 기억하여 입으로 외움으로써, 박학하다는 말을 듣고 싶어 하는 사람이다.

세 번째 단계인 성인의 마음을 이해하는 것은 가장 어렵다. 성인의 말과 행동은 때와 장소에 따라 다르지만, 모두가 성인의 마음에서 나온 것이다. 성인의 마음은 하나이므로, 다른 것처럼 보이는 성인의 말과 행동들이 사실은 모두 하나의 마음으로 꿰어져 있다. 마치 나무의 가지와 잎이 다 다르지만, 하나의 뿌리로 연결된 것과 같다. 경전을 읽는 최종 목적은 성인의 다양한 말과 행동을 통하여 하나로 꿰어져 있는 성인의 마음을 이해하는 데 있다. 성인의 마음을 안 뒤에 자기의 마음이 성인의 마음과 같아지도록 노력하면 성인이 될 수 있다. 유학의 목적은 성인이 되는 데 있다.

나카에 도주는 학문의 세 단계를 마음·자취·훈고로 설명했다. 훈고는 한문 문장을 읽고 해석하는 능력을 갖추는 것이고, 자취는 성인의 말과 행동을 이해하는 것이며, 마음은 성인의 말과 행동을 통해 성인의 마음을 이해하는 것이다.

도주가 말하는 학문은 성인이 되기 위한 학문이다. 도주에 따르면, 성인이 되기 위한 학문만이 진짜 학문이고, 나머지는 가짜의 학문이다. 도주는 진짜 학문을 강조한다.

마음과 자취는 차이가 있다. 자취만 찾다가 보면 의심이 자꾸 커진다. 오직 마음으로 보아야만 의심이 없어진다. 성현의 마음은 부귀를 원하지 않고, 빈천을 싫어하지 않으며, 사는 것을 좋아하지도 않고 죽는 것을 싫어하지도 않는다. 복을 구하지도 않고 재앙을 피하지도 않는다. 오직 세상에 나가 도를 행할 뿐, 보통 사람의 욕심 같은 것은 조금도 없으므로, 욕심을 마음껏 채우는 보통 사람의 즐거움보다, 다른 차원에서의 정신적 즐거움이 있다. 보통 사람이 바라는 부귀는 작은 부귀라는 의미에서 소 부귀라고 한다. 소 부귀 외에, 지극한 부귀라는 의미의 지부귀(至富貴)가 있으니, 넓고 커서 상대가 없는 부귀이다. 이 큰 부귀는 보통 사람의 눈에는 보이지 않으므로, 추구하지 않는다. 이 대 부귀를 생각대로 다 얻는 성현은 소 부귀를 잊어버리고 추구하지 않으므로, 거친 밥 먹고 물을 마시며, 밥 한 도시락과 물 한 그릇으로 누추한 골목에서 가난하게 살아도 최고의 참된 즐거움을 항상 느긋하게 누리고 있으므로, 소 부귀를 얻는 보통 사람의 즐거움 같은 것은 입에 올리지도 않는다. 그런 부귀는 생각대로 되는 것도 아니다. 성인의 밝은 덕은 지극히 성실하여 쉼이 없고, 영원히 존재하여 사라지지 않는 것이어서, 몸이 죽어도 사라지지 않고, 천지가 없어진 뒤에도 계속되어 끝나지 않으므로, 육백 년을 산 팽조(彭祖)나 천년을 산 교송(喬松)도 장수했다고 하기에 부족하다. 그 정도의 장수를 희망할 수는 없다. 범부는 성인의 흔적만 좇아 이리저리 헤매면서 의심만 하게 된다. 성인의 마음을 잘 살피면 이해되지 않을 것이 하나도 없다.[57]

---

57. 위의 책, 『日本思想大系, 中江藤樹』, 54~55쪽.

성인의 마음은 모두가 가지고 있는 하나의 마음이다. 그 마음은 몸이 죽어도 없어지지 않는다. 그 마음은 천지가 없어져도 없어지지 않는다. 그 마음에서 나오는 즐거움은 무한한 즐거움이다. 보통 사람은 그런 즐거움을 모르고 부귀영화를 추구하고 장수를 추구한다. 보통 사람이 추구하는 부귀영화는 부귀영화 축에 들어가지도 않는다. 보통 사람은 팽조와 교송을 장수했다고 부러워하지만, 성인이 보면 그런 것은 장수 축에 들어가지도 않는다. 진짜 장수는 영원한 마음을 터득하는 것이다. 영원한 마음은 참된 학문을 통해서 터득할 수 있다. 도주가 참된 학문을 강조하는 이유가 여기에 있다. 영원한 마음은 머리로 이해하는 것만으로는 얻어지지 않는다. 깨달음의 과정을 거쳐야 비로소 터득된다.

제3절 도주의 깨달음과 진리

학문을 완성하면, 성인의 마음과 하나가 된다. 성인의 마음은 하늘마음이고 한마음이다. 한마음은 모든 분별을 초월하는 마음이므로, 말로 표현할 수 있는 것이 아니고 머리로 이해할 수 있는 것이 아니다. 오직 깨달음을 통해서 터득하는 것이다.

깨달음이란 언어도단의 차원에 있는 것이므로 말로 표현하기는 매우 어렵다. 그 언저리를 비유적으로 약간만 밝힐 수 있을 뿐이다. 우리처럼 멍청하게 헤매는 자들이 마음에 인의라고 하는 신성한 진리를 분별하지 못하는 것은, 시각장애인이 색을 구별할 수 없는 것과 같다. 그러므로 헤매면서 리(理)에 어두운 자를 심맹(心盲)이라 한다. 시각장애인은 귀로는 들을 수 있어도, 푸른색, 노란색, 붉은색, 흰색, 검은색 등의 오색과 금·수·초·목의 형태 등을 확실하게 구별할 수 없으므로, 의심이 사라지지 않는다. 심맹도 마찬가지다. 헤매기만 하는 심맹은 인의예지신의 오상과 천도·신도·운명·생사 등의 이치에 관한 것은 귀로 듣기는 하지만, 마음으로 도리를 확실하게 깨달을 수 없으므로, 어떠한 진리도 의심하여 헤매기만 할 뿐이다. 이러한 지각장애인이 세상에 드문 안과 의사를 만나 두 눈을 평소와 같이 뜨고 볼 수 있다면, 지금까지 의심이 있어 찌그러진 색이나 형태가 하나하나 확실하게 보여 이런저런 의심을 일으킬 수 없게 된다. 그와 같이 심맹인 보통 사람도 세상에 드문 명사(明師)를 만나 학문에 공을 들여 본심의 핵심을 들여다보면, 지금까지 의심하여 헤매던 오상과 천도·신도·운명·생사의 이치를 모두 알게 되어, 대낮에 흑백을 구별하는 것처럼 환해지는데, 이를 깨달음이라 한다. 깨달음의 이치는 언어도단의 차원이라서 보통 사람이 도달하기 어려운 것이므로, 시각장애인의 눈동자를 여는 것과 같이 어려운 것임을 알아서 몸으로 잘 터득해야 한다. 크게 깨어나 분명하게 도달한 사람은 현세의 이치는 말할 것도 없고, 생전이나 사후의 이치 또는 천지 밖의 도리에 이르기까지 흑백의 색깔을 구분하듯이 분명하게 알기 때문에, 효제충신의 신통한 도리를 행하는 것이 배고플 때 먹고, 목마를 때 마시는 것처럼 자연스러워서, 남들이 칭찬해도 기뻐하지 않고, 꾸짖어도 슬퍼하지 않으며, 부귀해도 넘치지 않고, 빈천해도 즐거워하며, 재앙이 와도 피하지 않고, 복을 추구하지도 않으며, 사는 것을 좋아하지도 않고, 죽는 것을 싫어하지도 않으며, 오로지 일관되게 인의(仁義)·오상(五常)·삼재(三才)의 신성한 도를 실천하는 모습이, 끌어당기는 나무로 흘러가는 물과 같고, 남북을 가리키는 나침반의 침과 같다. 이처럼 깨달은 대인은 마음 씀씀이가 천지와 같고, 밝게 비추는 것이 일월과 같으며, 길흉에 대응하는 것이 귀신과 같아서, 지극히 정성스럽고 멈춤이 없다. 사람으로 태어나 눈 없이 산다는 것은 너무나 비참하고 너무나 억울한 것이다.[58]

깨달음의 세계는 욕심을 완전히 다 깨고 난 뒤에 도달하는 곳이다. 진리는 참된 삶의 도리이다. 참된 삶은 본래의 마음인 인의예지의 마음으로 사는 것이다. 인의예지는 욕심에 가려서 보이지도 들리지도 않는다. 도주에 따르면, 인의예지의 본래 마음을 보지 못하는 것은 시각장애인이 물체나 색깔을 보지 못하는 것과 같다. 몸으로 물체를 볼 수 없는 사람을 시각장애인이라고 한다면, 마음으로 본래 마음을 보지 못하는 사람을 마음의 시각장애인이라 할 수 있다. 마음의 장애인은 본래의 마음을 알 수 없으므로, 본래의 마음에 대해 의심을 한다.

진리에 대해 의심이 생기면 진리를 얻을 생각조차 하기 어렵다. 이런 경우에는 훌륭한 스승을 만나야 한다. 스승을 만나 학문에 공을 들여야 비로소 진리로 나아갈 수 있다.

---

58. 위의 책, 『日本思想大系, 中江藤樹』, 75~76쪽.

욕심에 갇혀 있는 사람은 꿈에서 깨어나지 못한 사람과 같다. 꿈은 현실이 아니다. 꿈에서 깨어나지 못한 사람은 가상의 세계에 갇혀 있는 것이다. 꿈에서 깨어나 본 적이 없는 사람은 꿈꾸고 있으면서 꿈인 줄을 모르므로, 스스로 깨어나기 어렵다. 그럴수록 스승을 만나는 것이 중요하다. 꿈꾸는 사람을 흔들어 깨우는 사람이 스승이다. 스승이 꿈을 깨도록 흔들면, 과감하게 깨어나야 한다. 용기를 내서 과감하게 깨어나지 않으면 완전히 깰 수 없다. 완전히 깨어나서 도달하는 세계가 진리의 세계다. 진리의 세계는 시간과 공간을 초월한다. 과거와 미래가 따로 없고, 여기와 저기의 구별이 없다.

진리에 도달한 사람의 움직임은 무위자연이다. 진리의 삶이란 무위자연의 삶이다. 배고플 때 밥 먹고, 목마를 때 물 마시는 것처럼 자연스러운 삶이 진리의 삶이다. 진리로 사는 사람에게는 남과 나의 구별이 없으므로 남들이 칭찬해도 기뻐하지 않고, 꾸짖어도 슬퍼하지 않는다. 진리로 사는 사람에게는 부귀와 빈천의 구별이 없고, 복과 재앙의 구별도 없으며, 삶과 죽음의 차이도 없다. 진리로 사는 사람은 '나'란 것이 없고, '나'와 '너'의 구별도 없다. 그 자체로 자연이므로, 천지와도 구별되지 않고, 일월과도 차이가 없다.

진리를 얻어서 참된 삶을 살아야 의미가 있다. 가상세계에서 꿈을 꾸듯이 사는 것은 가짜로 사는 것이므로, 살아도 사는 것이 아니다. 가짜로 사는 것은 비참하고 억울하다.

제4절 도주의 실천 윤리학

도주는 참된 마음을 실천하는 실마리를 마음에 갖추고 있는 효로 설명한다.

우리 사람들의 몸에는 지덕요도(至德要道)라고 하는 천하무쌍의 신령한 보배가 있다. 이 보배를 마음으로 지키고 몸으로 행하는 요령으로 삼는다. 이 보배는 위로 천도에 통하면서, 아래로 세상에 확실한 것이다. 그러므로 이 보배를 가지고 오륜에 적용하면 오륜이 모두 조화롭게 지켜져서 원한이 없게 된다. 신명을 섬기고 제사를 지내면 신명이 받아들이고, 세상을 다스리면 세상이 화평해지며, 나라를 다스리면 나라가 다스려지고, 집을 편안하게 하면 집이 편안해지고, 몸에 행하면 몸이 다스려지며, 마음을 지키면 마음이 밝아지고, 펼치면 천지 밖으로 퍼져나가고, 오므리면 내 마음속에 은밀하게 숨는다. (…) 광대하기 때문에 우리 사람이 붙잡을 수 있다. 예를 들면 해와 달의 빛이 광대하기 때문에 눈을 가진 사람은 누구나 활용할 수 있는 것과 같다. 이 보배도 광대하기 때문에 귀한 이도 천한 이도, 남자도 여자도, 젊은이도 늙은이도, 본심을 가진 사람이라면 누구나 지키고 행할 수 있는 도이다. 이 보배는 하늘에게는 하늘의 도가 되고, 땅에게는 땅의 도가 되며, 사람에게는 사람의 도가 된다. 원래 이름 붙일 수 없지만, 중생에게 가르치기 위해 옛 성인이 그 광경을 본받아 효라고 이름 붙였다.[59]

도주에 따르면, 효는 부모에게 대한 자녀의 도리만을 말하는 것이 아니다. 효는 부모와 하나 되는 마음의 표현이다. 사람의 본마음은 원래 천지자연의 마음과 하나였으므로, 본마음을 지켜서 실천하면, 천지자연에 통하지 않는 것이 없다. 천지자연과 하나 되는 마음이 현실적으로 제일 잘 나타나는 곳이 부모에 대한 자녀의 마음이므로, 도주는 천지자연과 하나 되는 마음을 효라 불렀다.

도주는 본마음을 좀 더 구체화하여 인의예지신의 오상으로 설명한다. 본마음의 내용을 맹자는 인의예지라 했지만, 한나라 때 오행에 맞추기 위해, 신(信)을 더하여 인의예지신이라 했다. 도주는 본마음의 실천방안을 오륜과 연계하기 위해 인의예지신의 오상으로 설정했다. 도주는 인의예지신의 오상을 실천하여 외부로 드러난 것을 오륜과 일치시켰다.

> 륜(倫)은 질서이다. 인간관계의 질서를 구분하면 다섯 범주가 되므로, 오륜이라 한다. 오륜의 길은 항상 있어서 시작도 없고 끝도 없으므로, 오전(五典)이라고도 한다. 전(典)이란 항상이란 뜻을 가진 글자이다. 오전을 사람에게 교화하는 것을 오교(五敎)라고 한다. 오전이 마음속에 갖추어져 있는 것을 오상(五常)의 성(性)이라 한다. 부모와 자녀 사이에 하나의 질서가 있고, 임금과 신하 사이에 하나의 질서가 있으며, 남편과 부인 사이에 하나의 질서가 있고, 형과 동생 사이에 하나의 질서가 있으며, 친구 사이에 하나의 질서가 있으므로, 이를 오륜이라 한다. 인

---

59. 위의 책,『日本思想大系, 中江藤樹』, 22~24쪽.

간관계의 질서는 이 다섯 가지뿐이다. 세상에서 이 다섯 가지 관계에 포함되지 않는 사람은 한 사람도 없다. 부모는 자애하고 자녀는 효행하여 서로 잘 애경하는 것을 친(親)의 도라 한다. 임금은 어질고 신하는 충절을 다하여, 임금과 신하가 어울려 편안한 것을 의(義)의 도라고 한다. 남편은 의롭과 부인은 순종하여 부부가 잘 화합하는 것을 별(別)의 도라 한다. 형은 은혜를 배풀고 동생은 공경하여 형제가 화목하게 잘 지내는 것을 서(序)의 도라 한다. 친구들과의 사귐을, 거짓됨이 없이 미덥게 하여 서로 친하게 잘 지내는 것을 신(信)의 도라 한다. 이 친·의·별·서·신의 다섯을 오전(五典)이라고도 한다. 사람의 마음에 인의예지신의 오상의 성이 갖추어져 있어 몸을 움직이는 주체가 된다. 오상의 성이 느낌을 통해 나타나 오전(五典)의 도가 된다. 부자 사이의 친(親)이 인(仁)이고, 군신 사이의 의(義)가 바로 오륜의 의(義)이며, 부부 사이의 별(別)이 지(智)이고, 장유 사이의 서(序)가 예(禮)이며, 친구 사이의 신(信)이 바로 오륜의 신(信)이다. 오륜은 밖에 있는 것이므로, 지극한 진리를 알지 못하는 사람은 오륜이라는 말을 들으면, 모두 밖에 있는 것이어서, 나의 마음속에 없는 것으로 생각하니, 한심하기 짝이 없다.[60]

도주는 마음속에 있는 본질인 인의예지신과 인간관계에서 지켜야 하는 윤리인 오륜을 연결했다. 마음이 남과의 관계를 원만하게 유지할 수 있도록 몸 밖으로 드러난 행동 원리가 윤리이므로, 도

---

60. 위의 책, 『日本思想大系, 中江藤樹』, 31~32쪽.

주가 인의예지신과 오륜을 연결한 것은 당연하다. 그러나 오상의 다섯 요소와 오륜의 다섯 요소를 일대일로 연결하는 것에는 무리가 따른다. 마음의 본질은 하나이므로, 인의예지신의 다섯으로 이름 붙인 것은 마음이 드러나는 특징에 따라 편의상 이름 붙인 것일 뿐, 실지로 나누어지는 것은 아니다. 따라서 인의예지신의 마음이 부모와 자녀 사이에서도 다 드러나고, 임금과 신하 사이에서도 다 드러난다. 부부·형제·친구 사이에서도 마찬가지다. 엄밀히 말하면, 다섯 가지 인간관계에서 지켜야 하는 오륜도 한마음에서 나오는 윤리이기 때문에 다섯 가지로 완전하게 분류할 수 있는 것이 아니다. 부모와 자녀 사이의 친은 군신·부부·형제·친구 사이에서도 지켜져야 하고, 임금과 신하 사이에서 지켜야 하는 의도 역시 부자·부부·형제·친구 사이에서도 지켜져야 한다. 별·서·신도 모두 그러하다. 다만 다섯 인간관계에서 지켜야 할 윤리를 특히 강조해서 다르게 표현한 것일 뿐이다. 따라서 인(仁)과 친(親), 의(義)와 의(義), 예(禮)와 서(序), 지(智)와 별(別), 신(信)과 신(信)을 일대일로 연결하는 것은 무리이다. 도주도 나중에 그의 저술인 『요오몬토(翁問答)』의 내용에 미진한 부분이 있음을 알고 수정을 가했으나, 미처 다 수정하지는 못했다.

학문과 깨달음의 성격 및 진리의 내용에 관한 도주의 설명은 탁월하다. 이 점에서 본다면 도주가 요절한 것은 매우 애석하다. 만약 도주가 7~80세를 살아서 자신의 학문적 체계를 완성했더라면 형하판의 철학으로 일관하는 일본의 풍토에 많은 영향을 끼쳤을 것으로 생각된다.

도주는 진리에 목마른 진유(眞儒)이었으므로, 진리를 다양하게 받아들일 뿐, 하나의 학파에 소속되지 않을 것이다. 도주가 말한 것처럼, 진리는 하나로 통한다. 하나로 통하는 진리를 깨우치는 가르침이면 도주는 다 받아들인다. 도주는 노장철학·불교·양명학 등도 다 섭렵하여 받아들였다. 따라서 도주를 양명학자로 규정하는 것은 옳지 않다. 도주 본인이 추구하는 학문을 심학(心學)이라 한 것은 마음의 본질을 추구한다는 의미에서 사용한 것으로 보아야 할 것이다. 퇴계의 학문을 심학이라 부르는 것도 같은 이유이다.

제2장
쿠마자와 반잔의 주자학의 변용

제1절 쿠마자와 반잔의 생애

쿠마자와 반잔(熊澤蕃山: 1619~1691)의 본래의 성은 노지리(野尻), 자는 료카이(了介), 이름은 시게쓰구(伯継)이다. 반잔(蕃山)이란 호는 그가 시게야마무라(蕃山村)에 은거하고 있었기 때문에 붙여진 이름이다.

반잔은 1619년 교토에서 출생했다. 8세 때 모친의 고향인 미토(水戶)의 쿠마자와 모리히사(熊澤守久) 집 근처에 가서 살다가 뒷날 쿠마자와의 양자가 되었다.

16세 때 오카야마 번주 이케다 미쓰마사를 섬기기 시작하면서 무사가 되려고 했으나, 너무 뚱뚱해서 무사가 되지 못했다. 10여 년간 감량을 위해 처절하게 노력했지만 실패했다. 그러다가 유학의

쿠마자와 반잔

서적을 접한 반잔은 일본의 무사와 중국의 사대부가 같은 것으로 여기고, 임금을 섬기고 백성을 다스리는 사대부의 길을 가기로 마음을 바꾸었다.

22세 때 반잔은 사서집주를 읽었다.

23세 때 나카에 도주의 문하에 들어갔고, 24세 때 『효경』, 『대학』, 『중용』을 배웠다.

27세 이후에는 오카야마 번주 이케다 미쓰마사(池田光政)의 신임을 받아 번정(藩政)에 참여했고, 경세면에서 큰 능력을 발휘했다.

31세 때 제후 중에 학문에 관해 질문하는 자가 많았다.

39세 때 은거하겠다는 뜻을 밝힌 뒤, 테라구치무라(寺口村)에 은거하고, 동네 이름은 시게야마무라로 바꾸었다. 반잔(蕃山)이란 호는 시게야마에서 유래한다.

그뒤 반잔은 여러 번 정치에 관여하기도 하고, 배척당하기도 했지만, 끊임없이 학문과 저술에 매진하여 많은 저술을 남겼다.

저술에 『아악해(雅樂解)』, 『효경소해(孝經小解)』, 『효경외전(孝經外傳)』, 『신도본의(神道本義)』 『집의화서(集義和書)』, 『집의외서(集義外書)』, 『신도대의(神道大義)』, 『심학문집(心學文集)』, 『여자훈혹문(女子訓或問)』, 『장제변론(葬祭辨論)』, 『대학소해(大學小解)』, 『대학혹문(大學或問)』, 『중용소해(中庸小解)』, 『논어소해(論語小解)』, 『맹자소해(孟子小解)』 등이 있다.

도주 철학의 중심에 하늘이 자리하고 있었으므로, 하늘에 대한 관심은 반잔에게 그대로 이어진다.

제2절 반잔의 천 관념

제1항 도덕원리로서의 천명

반잔은 천도와 인도와의 관계를 다음과 같은 도식으로 나타내고, 「심법도해(心法圖解)」라고 이름 붙였다.[61]

이 그림에서 보면, 반잔 스스로도 서술하고 있는 것처럼, 천도와 인도를 일체화하는 '천인합일사상'이 기반으로 되어 있음을 알 수 있다. 반잔은 말한다.

하늘의 원형리정과 사람의 인의예지는 동체이명(同體異名)이다. 하늘의 오행과 사람의 오륜은 동체이형이다. 천지가 원형리정 의 리에 따라서 사시가 운행될 때는 천지가 제자리에 있게 되 고 만물이 길러진다. 사람이 인의예지의 성에 따라서 오륜이

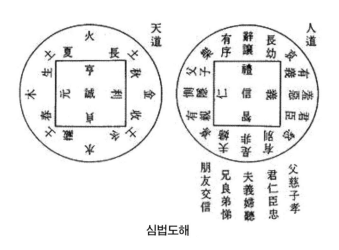

심법도해

---

61. 『集義和書』 卷第六 心法圖解.

밝아질 때는 집이 화목해지고, 나라가 다스려지며, 천하가 평안 하게 된다.[62]

반잔에 따르면, 하늘의 원형리정과 사람의 인의예지, 그리고 하늘의 오행과 사람의 오륜이 일체이다. 제가·치국·평천하라고 하는 정치적 실천과제는 인의예지에 따라 오륜을 밝힘으로써 실천되는 것이다.

위의 인용문을 보면 반잔이 도주의 천인일체 사상을 그대로 이어받고 있음을 알 수 있다. 하늘의 원형리정과 사람의 인의예지가 일체이고, 하늘의 오행과 사람의 오륜이 일체이므로, 하늘과 사람은 본질에서 일체이다.

그렇지만 반잔의 「심법도해」를 세이카에게 영향을 준 퇴계의 「천명도설(天命圖說)」이나 양촌의 「천인심성합일지도(天人心性合一之圖)」와 비교해보면, 약간의 차이점을 발견할 수 있다. 「천명도설」이나 「천인심성합일지도」에서는 천인일체의 요소로서 원형리정과 인의예지만 제시했을 뿐, 오륜은 제시하지 않았다. 그 이유는 「천명도설」이나 「천인심성합일지도」를 그린 목적이 인의예지를 회복하여 하늘과 하나 되기 위한 수양에 있었기 때문이다. 이에 비해 반잔이 「심법도해」에서 오륜을 넣은 까닭은 사회를 안정시키기 위한 실천에 목적이 있었기 때문임을 알 수 있다.

반잔이 「심법도해」를 그려 실천을 중시한 이유는 사회를 안정시키는 것을 중시하는 일본적 정서가 작용했기 때문일 것이다. 철학

---

62. 上揭文, 心法圖解.

의 관심과 무게중심이 수양에서 실천으로 옮겨간다는 것은 하늘로 향하던 관심이 인간사회로 바뀐다는 것을 의미한다.

도주에게 있었던 하늘을 향한 관심은 반잔에 이르러 상당히 엷어져, 하늘의 내용이 운명의 의미로 바뀐다.

제2항 운명의 의미로서의 천명

반잔에 이르러 하늘로 향하는 관심이 엷어지자 자동으로 하늘의 의미가 바뀐다. 반잔에게 하늘의 의미는 상당 부분 운명의 의미로 전환한다.

> 오십에 천명을 아는 것은 천도에 순종하고 운명에 출입하여 조화를 돕는 대현의 마음일 것이다. 하늘을 원망하지 않고 사람도 허물하지 않는다. 사시에 순응하여 짧은 소매나 홑옷을 사용하는 것처럼, 따르는 것을 좋아하고, 거스르는 것을 싫어함이 그 속에 있다. (…) 사는 것이 순이고, 죽는 것이 역이다. 부귀·빈천·이적·환난에 처하여 자득하지 아니함이 없다. 지천명은 지행(知行)한다는 의미의 지(知)이므로, 천명을 내 것으로 한다는 말이다. 음양오행도 내가 하는 것이다. 운기도 나로부터 진퇴해야 하는 것이다. 사생유명·부귀재천 등에 있는 명의 개념을 안다는 것이 아니다.[63]

반잔은 천명을 안다고 할 때의 천명의 내용을, 하늘에 의해 운명

---

63. 『集義和書』 卷第四 書簡之四.

적으로 부여된 부귀·빈천·이적·환난 등에 처한 자신의 처지를 받아들여서, 하늘을 원망하지 않고 사람을 허물하지 않으며, 각자의 처지에 어울리는 행위를 알아서 한다는 것으로 이해했다. 반잔이 말하는 운명이란, 인간이 아무리 노력해도 결과는 이미 정해진 것이라는 소극적이고 운명론적인 것이 아니다. 반잔이 말하는 운명은 부귀·빈천·이적·환난 등 현재 자기가 처한 사회적 신분이나 위치 등을 말한다. 반잔은 자기의 현재의 상태에 불만을 품지 말고, 받아들이고 따르는 것을 순천이라고 보았다. 맹자가 말한, 하늘을 따르는 자는 살고, 하늘을 거스르는 자는 죽는다는 의미도 반잔은 현재의 처지에 만족하고 받아들이면 살고, 거부하고 거스르면 살지 못한다는 의미로 받아들인다. 반잔의 해석은 사회적 안정을 바라는 일본적 정서에 충실한 것으로 이해할 수 있다. 이러한 논리는 다음의 인용문에서 상세히 나타난다.

> 『효경』의 심법은 정심·수신하여, 하늘이 명한 분수를 편하게 여기고, 사람들이 처한 위치에 따라서 도리를 행하는 것이다. 하늘이 사람을 낳음에 사물이 있으면 사물의 존재 원리가 있다. 천자의 부귀에는 저절로 천자로서의 삶의 법칙이 있다. 공·후·백·자·남에도 각각의 삶의 법칙이 있다. 경·대부·사에도 각각의 도리가 있다. 농·공·상에도 각각의 임무가 있다. 그 행하는 바의 대소는 각각 다르지만, 효의 심법은 같은 것이다.[64]

---

64. 『集義和書』卷第八 義論池之.

반잔에 따르면, 천자·공·후·백·자·남·경·대부·사·농·공·상은 모두 하늘이 정해준 직분이다. 이러한 논리에서 보면 인간 개개인은 각각 처한 직분에 안주하고 자기의 위치에 따라 실천하지 않으면 안 된다는, 실천적 당위가 인간에게 부여된다. 예컨대, 현재 선생인 사람은 선생이라는 직업이 하늘에 의해 주어진 천직임을 자각하고 선생의 임무에 충실하는 것이 당위가 되는 것이다.

하늘을 운명으로 이해한 반잔은 사람이 처한 현실을 운명이기 때문에 어쩔 수 없이 받아들여야 한다는 수동적인 자세에서 벗어나 자득하고 만족하며, 긍정적으로 수용해야 한다고 설득한다.

> 부귀·빈천·사생·수요·이적·환난의 어느 것에 처하더라도 자득하지 않는 것이 없다. 천지의 음양, 인생의 순역은 모두 나에게 갖추어져 있다. 어찌 좋아하고 싫어할 바가 있겠는가! 조금이라도 좋아하여 원하거나 싫어하여 피하는 마음이 있는 것은 일관되지 않고, 의로움으로 향해 나아가지 않는다. 이것이 어질지 못한 것이다.[65]

부귀·빈천·사생·요수·이적·환난에 자득한다는 것은 만족한다는 의미이다. 부귀·빈천·사생·요수·이적·환난에 만족하기란 참으로 어렵다. 철저한 수양으로 극기하여 하늘과 하나가 된 사람이 아니면 불가능하다.

사람들이 철저한 수양을 하여 하늘과 하나가 되면 저절로 부귀

---

65. 『集義和書』卷第十三 義論之六.

·빈천·사생·요수·이적·환난에 초연해지므로, 사람들에게 부귀·빈천·사생·요수·이적·환난에 만족하고 초연하라고 말할 필요가 없다. 그렇지 않은 상태에서 사람들에게 부귀·빈천·사생·요수·이적·환난을 운명으로 받아들여, 만족하고 초연하라고 한다면 그것은 다른 의도가 있는 것이다.

반잔은 부귀·빈천·사생·요수·이적·환난이 운명적인 것이므로 달갑게 받아들여야 한다고 설득하면서, 공자의 말로 포장을 했다.

> 하늘을 원망하지 않고 사람을 허물하지 않는 까닭은 부귀·빈천·열락·우환등 인생의 모든 순역에 운명적인 것이 있기 때문이다. 나에게 없다고 할 수 없다. 이 때문에 자기의 위치에 따라 행동하고 그 밖의 것을 원하지 않는다. 스스로를 돌아보고 홀로 있음을 삼갈 따름이다.[66]

하늘을 원망하지 않고 사람을 허물하지 않는다는 말은 공자가 학문하기 바빠서 다른 것을 생각할 여유가 없음을 말한 것이고, 홀로 있음을 삼간다는 말 역시 수양에 집중한다는 뜻으로 말한 것이지만, 반잔은 이 말들을 주어진 운명을 철저하게 받아들여야 한다는 의미로 설명했다. 반잔의 이러한 설명은 사회의 안정을 바라는 강력한 목적의식이 전제되어 있기 때문으로 이해할 수 있다. 사회가 혼란해지는 원인에는 여러 가지가 있지만, 제일 먼저 생각할 수 있는 것은 사람들이 자기의 처지에 대해 불만을 가질 때이다. 불만

66.『集義和書』卷第十 義論之三.

을 가지면 반발하고 반발하면 투쟁이 일어나 사회가 혼란해진다. 사회가 혼란해지는 것을 두려워하는 사람은 사회의 안정을 바라게 된다. 사회를 안정시키는 가장 빠른 방법은 사람들에게 불만을 품지 않도록 하는 것이다. 반잔이 운명에 만족하고 순응하는 것을 강조한 원인도 사회의 안정을 바라는 마음에서 비롯된 것으로 볼 수 있다.

운명을 편안하게 받아들이는 것 중에 가장 어려운 것이 죽음을 받아들이는 것이다. 반잔은 죽음의 문제에 대해서도 언급한다.

> 죽고 살고, 힘들고 편안한 것은 모두 정해진 때가 있는 것이다. 다만 조물주가 시키는 대로일 뿐이다. 사사로운 생각을 가지고 좋아하거나 싫어해서는 안 된다.[67]

죽음의 문제는 살아있는 사람에게 큰 충격이다. 자기의 죽음을 실감하고도 마음이 흔들리지 않는 사람은 드물다. 그러나 형하판에서 살아가는 사람에게는 늙어 죽는 문제는 고민한다고 해서 해결될 수 있는 문제가 아니므로, 아예 고민할 필요가 없다고 판단하는 경향이 있다. 그 대신 죽기 전에 하고 싶은 것을 다 하기를 원한다. 죽음에 대한 반잔의 판단도 다르지 않다.

반잔에게 원형리정의 마음을 가진 본질로서의 하늘의 의미가 운명의 의미로 바뀌었다는 것은 형이상학적 본질로서의 위상이 거의 소멸했음을 의미한다. 하늘의 형이상학적 본질이 소멸하면 하늘

---

67. 上揭書 卷第二 書簡第二.

은 형이하학적 요소로 파악될 수밖에 없다.

제3항 천의 구체적 파악

후지와라 세이카에 의해 시도된 천리(天理)에 관한 구체적인 파악은 반잔에 이르러 한층 현저하게 나타난다.

> 나의 정신은 천신과 하나이다. 인의예지는 천신의 덕이다. 따라서 모든 행동은 언제나 하늘을 섬겨 받드는 것이 된다. 예로써 받든다면 복이 있다. 도를 등지고 제사를 받들 때는 재앙이 이른다. 일본은 신국이다. 예의가 갖춰지지 않은 옛날에도 신명(神明)의 덕위(德威)가 엄격했다. 신이 앞에 있는 듯이 경(敬)을 보존하고, 악을 행하지 않았다. 신에게 나아가서는 이욕(利欲)도 없어지고 사술(邪術)도 일어나지 않는다. 천도에 순응하여 부모에게 효도하고, 임금에게 충성한다. 다만 때와 장소·지위의 차이만이 있을 뿐이다. 천자에게 직언으로 충간하여 받드는 사람은 공경·시신(侍臣) 등이다. 그 이하는 점차 각각 맡은 바의 임무가 있어서 아뢰는 것은 자기의 일에 관계될 뿐이다. 하물며 사민 등은 궐문 내의 흰 모래를 밟는 것조차도 하지 못하니, 요임금은 북을 걸어 놓고, "농·공·상에 관계없이 바로 상소해야 할 자세한 일이 있으면 이 북을 쳐라, 내가 나가서 듣겠노라"라는 칙어를 내렸다. 아래에 있으면서 잘 진행되지 않고 막힘이 있는 자는 모두 바로 가서 그 막힘을 뚫었다. 백성들은 마음으로 다만 부모에게 이야기하는 것처럼 생각한 것이다. 일본의 태신궁이 세상을 다스리던 그 옛날에 신성한 덕이 두터워 천하를 가

지고 아들처럼 사랑하여 아래 백성들에게 가까이 있는 것이 요순의 경우와 같았으니, 그 유풍(遺風)이었다. 후세의 모범인 띠풀로 된 궁전이 남겨진 것도 같은 이치이다. 그 위에 신(神)이 된 뒤에는(죽은 후에는) 화광동진(和光同塵)의 덕으로 제위에 있을 때와는 달리, 나라의 풍속에 누구라도 따르기 쉬운 방법으로 했다. 나는 다만 성신(聖神)의 덕을 우러러볼 뿐이었다. 태신궁은 그가 치세할 때뿐만 아니라 만세 뒤까지도 생생불식(生生不息)의 덕을 밝혀서 일월이 비추어 주는 것 같았다. 참배하거나 생각만 하더라도 성사(聖師)에게 향하는 것 같다. 신화(神化)의 도움이 적지 않다. 옛날의 성왕은 군사(君師)라고 이름하여 존귀하기는 임금이고 친하기는 스승이었다. 다만 성왕뿐만 아니라 영산(靈山)이나 영천(靈川)에 가더라도 도에 접하는 이로움이 적지 않았다. 이 또한 산천의 신령 덕에 감화되기 때문이었다. 그 외에도 또 기도하는 것과 제사하는 것은 의미가 다르다. 하늘은 천자가 아니고서는 제사 지낼 수 없지만, 기도함에 이르러서는 사(士)·서인도 어렵지 않다.[68]

주자학에서 말한 '나의 마음과 하늘의 마음이 하나로 통한다'라는 것은, 내가 하늘과 하나 되기 위한 전제조건이었다. 원래 나와 하늘이 하나였으므로, 원래의 나를 회복하여 하늘처럼 되는 것이 주자학에서의 최대의 목적이었다. 그러나 반잔은 하늘과 내가 하나

---

68. 『集義和書』 卷第二 書簡之二. 구마자와 반잔의 저술은 한문으로 되어 있지 않고, 옛 일본어로 되어 있다. 이에 원문 인용은 생략한다.

로 통해 있다는 것을, 내가 하늘을 섬겨야 하는 이유로 설정한다. 하늘과 내가 하나로 통해 있지 않다면 내가 하늘을 섬겨도 아무런 효과를 기대할 수 없기 때문이다. 부모와 내가 하나로 연결되어 있으므로 부모에게 효도하면 부모에게 복을 받는 것처럼, 하늘과 내가 하나로 연결되어 있으므로 내가 하늘을 섬기면 하늘에게 복을 받는다. 반잔에게 하늘은 나에게 복이나 재앙을 내려주는 존재가 되고, 나는 하늘에게 복이나 재앙을 받는 존재로 고정되었다. 하늘이 사람에게 복이나 재앙을 주는 존재가 되고, 사람은 하늘에게 복이나 재앙을 받는 존재로 고정되면, 하늘과 사람이 하나가 되는 길이 차단되어 하늘과 사람은 분리된다.

하늘과 사람이 연결되어 있다는 것은 사람이 하늘처럼 되는, 다시 말하면 천인합일을 위한 전제가 되기도 하지만, 천인분리를 위한 전제가 되기도 한다. 반잔의 스승인 도주에게는 천인합일이 학문의 목적이었지만, 반잔에 이르러서는 천인이 분리되었다. 천인이 분리되는 현상은 형하판에서 나타나는 일반적인 형태이다. 천인합일을 추구했던 도주는 일본에서 보기 드문 특이한 사상가로 보아야 할 것이다.

하늘과 사람이 연결되었다는 전제는 반잔에게 하늘을 섬기는 열정을 갖게 만든다. 반잔은 복을 받기 위해 하늘을 섬겨야 했다. 하늘을 섬기는 방법 중에 제사를 받드는 것이 있지만, 하늘에 제사 지내는 것은 천자의 몫이므로 일반인들은 제사를 지낼 수 없다. 이에 반잔은 일본 고대 때부터 내려오는 천신을 떠올렸다. 일본은 예로부터 신을 섬겨온 나라다. 하늘을 섬기면 하늘이 복을 주듯이 일본의 신을 섬기면 신이 복을 준다. 하늘을 섬기거나 옛 일본의 신을 섬기거나 복을 받는 것이 같다면, 일본의 신을 섬기면 된다.

일본인들은 신을 섬기는 것이 오래전부터 습관이 되었다. 반잔도 그랬다. 반잔은 신에게 다가가면 욕심도 없어지고 사술(邪術)도 일어나지 않았다.

반잔은 하늘을 따르는 것을 부모에게 효도하고 임금에게 충성하는 것으로 알았다. 그러나 일반인은 임금을 섬길 수 없고, 임금에게 복을 받을 수도 없다. 오직 요임금은 북을 달아놓고 하소연할 것이 있는 일반인들에게 북을 치게 함으로써 소통했지만, 그 뒤의 임금은 그렇지 못했다. 이에 반잔은 요임금 대신으로 일본의 태신궁을 생각했다. 반잔이 생각하기에, 일본의 태신궁은 세상 사람들을 아들처럼 사랑하여, 요임금처럼 아래 백성들과 소통했으므로, 태신궁에게 빌면 누구나 복을 받을 수 있을 것 같았다.

하늘을 복을 받기 위해 섬기는 대상으로 삼는다면, 하늘보다 일본의 태신궁을 섬기는 대상으로 삼는 것이 훨씬 더 친근하다. 반잔에게 수용된 천은 태신궁을 섬기는 것으로 전변되었다. 요임금 시대에 요임금이 걸어둔 북을 쳐서 자신의 고충을 토로하면 해결할 수 있듯이, 일본에서는 태신궁이 남겨놓은 신사에 가서 고충을 토로하면 도움을 받을 수 있다. 이러한 이론을 통해서 반잔은 신사의 역할로서 하늘의 역할을 대치했다. 반잔은 또 하늘 섬기는 것과 부모 섬기는 것을 같은 것으로 판단한다. 반잔에게는 하늘을 섬기는 것이 추상적이어서 실감하기 어려우므로, 하늘을 섬기는 대신 신사의 신을 섬기는 것과 부모를 섬기는 것으로 구체화했다.

효자는 부모의 명령을 좋아하지 않는 것이 없다. 부모가 나를 즐겁게 해주면 즐기고, 일을 시키면 일한다. 오늘의 태양은 천명이다. 천지는 대부모(大父母)이다. 군자는 부모와 천지를 분리하지 않는다.[69]

하늘을 섬긴다는 추상적인 일을 반잔은 부모를 섬기는 것으로 대치했다. 반잔은 부모를, 받들어 모실 때에 행해지는 예(禮)에 따라 아들에게 화복을 내려주는 복신(福神)으로 파악한다. 『집의화서』에 다음의 기록이 있다.

성인의 가르침은 그 부모를 제사하고 경(敬)의 근본을 세우도록 한다. 부모라는 신은 곧 천신과 일체이다. 성명(性命)으로부터 보면 지존의 성신이다. 다른 데서 구할 수 있는 것이 아니다. 옛날에 늙은 부모를 가진 자가 있었다. 어느 날 아들에게 부모가 말했다. "손발도 움직이지 못하고 이렇게 봉양만 받고 있으니, 나는 우리 집을 가난하게 하는 신(神)이다. 빨리 죽고 싶지만 무정한 목숨이다"라고 했다. 그때 아들이 꿇어앉아 삼가 말하기를, "우리 집의 복신은 부군입니다. 받들어 모시기를 정성으로 극진히 하지 않기 때문에, 복이 내리지 않는 것입니다. 그렇지만 이렇게 계시기 때문에 어쨌든 처자를 기를 수 있는 것입니다. 다만 언제까지라도 계셔 주시기를 바랄 뿐입니다." 늙은 아버지가 웃으면서 말하기를 "쓸모도 없으면서 사람을 부리기만 할 뿐 아니라, 여러 가지 좋아하는 것까지 있으니, 나 같은 빈핍

---

69. 『集義和書』卷第三 書簡之三.

신(貧乏神)은 없을 것인데, 복신이 무슨 말이냐?"라고 하니, 아들이 말하기를, "어려운 수행을 하여 신불(神佛)에게 비는 자가 많았지만, 복을 얻은 자는 한 사람도 없었습니다. 부모에게 효도하여 신(神)의 복을 받고, 임금의 은혜를 얻은 자는 중국이나 일본에 많이 있었습니다. 그런데 눈앞에 있는 확실한 집안의 복신에게는 빌지 않고, 확실하지도 않고 눈에도 보이지 않는 것에는 빌고 있습니다. 부모에게 효도하면 복을 얻지 못하더라도 해는 없습니다. 신불에게 빌면 복을 얻지 못할 뿐만 아니라 손해 또한 많습니다. 지금 우리 복신에게 삐치신 마음이 있어서 복이 없는 것입니다"라고 하여, 안색을 부드럽게 하고 말하니, 그때 늙은 아버지가 고개를 끄덕이며 이해했다. 그때부터 삐치는 일도 없어졌고, 화가 나는 일도 없어졌다.[70]

하늘을 섬기는 대상으로 받아들인 반잔은 결국 하늘 섬기는 것을 부모 섬기는 것으로 대치했다. 도주가 말하는 효는 부모와 한마음이 되어 부모를 섬기는 것이었다. 부모와 한마음이 되면, 하늘과 한마음이 되므로, 전지전능한 능력을 갖는다. 전지전능한 능력을 가진 사람은 이미 복을 받은 사람이다. 효도하는 것은 자기의 본질을 회복하기 위한 것이고, 복을 받기 위한 것은 아니므로, 도주는 효도를 복 받기 위한 목적으로 삼지는 않았다. 그러나 제자인 반잔에 이르러서 효도는 복을 받기 위한 수단으로 전락했다.

반잔이 하늘을 사회적 질서를 확립하기 위한 근거로 삼았다는

---

70. 『集義和書』卷第三 書簡之三.

것은 그만큼 사회적 질서에 관심이 많았다는 것을 말해준다. 사회적 질서 확립을 중시할수록 왕권을 강화하게 되고, 혁명사상을 부정하게 된다.

반잔은 혁명을 일으킨 탕임금과 무왕에 대해서도 비판을 가한다.

> 탕의 성덕이 요순과 같았다면 걸은 부끄러워 악을 하는 것이 심하지 않았을 것이다. 그리고 그렇게 되었다면 추방되는데 이르지 않았을 것이다. 탕의 덕이 요순에 미치지 못하여, 걸의 부끄러워함이 적고 악을 행하는 것이 심해서 천명이 모두 없어지고 독부(獨夫)가 되어 하늘의 벌을 받은 것은 탕의 덕이 부끄러운 바이다. (…) 무왕은 덕에 부끄러운 마음이 있다고 하더라도 탕의 거울이 멀지 않았기 때문에 그와 같은 말이 없는 것이다. 문왕이 있었다면 주(紂)를 치는데 이르지 않았을 것이다. 무왕의 덕이 문왕에 미치지 못하여, 주(紂)의 악이 매우 심하게 된 것은 덕에 있어서 부끄러운 바이다[71]

유학에서 탕왕과 무왕은 요지부동의 성군으로 인정되었다. 혁명을 부정한 중국의 사마광도 탕임금과 무왕만은 비판하지 못했다. 그러나 반잔은 혁명을 했다는 이유로 탕임금과 무왕을 비판했다. 그만큼 사회적 안정을 바라는 정서가 강력했기 때문일 것이다.

---

71. 『集義和書』卷第十一 義論之四.

가령 그 사람이 사욕에 더럽혀짐이 없고 도를 행한다 해도, 다섯 가지 인륜을 벗어나서 도라고 한다면 이미 그것은 도가 아니다. 결국 도학은 장식물이 되어 천하 국가에 도움이 되지 않는다.[72]

위의 인용문에 따르면, 사람의 도덕은 처음부터 존재한 것이 아니다. 존재하는 것은 인간이 각각 처한 구체적 상황에 응하는 방법으로서의 도덕일 뿐이다.

반잔에 따르면, 상하·귀천의 계급이 공경심과 사양하는 마음이 일어나는 바탕이다.

예(禮)는 천리를 폭넓게 시행하는 도덕이다. 왕성하고 크게 움직이는 지극한 신도 천하의 일에 감응할 때는 공경하고 사양하는 마음이 된다. 천하 귀천의 신분이 정해져서 지위와 품계가 있으므로 서로 다투지 않게 되고 서로 능멸하지 않아서 천하가 태평해진다.[73]

반잔의 명분론은 소라이(徂徠) 예치사상의 선구가 된다.

하늘에 형이상학적 본질이 부정되면 인간의 의미와 삶의 방식도 바뀐다. 하늘의 형이상학적 본질을 인정하면 사람은 하늘의 자녀로 정의되고, 사람의 바람직한 삶은 하늘처럼 사는 것으로 결론

72.『集義和書』卷第八 義論之一.
73.『集義和書』卷第六 心法圖解.

이 난다. 그러나 하늘을 인정하지 않으면 사람이 무엇인지, 어떻게 살아야 하는지에 관한 새로운 정의가 필요하다.

제3절 반잔의 인간관

제1항 인간존재의 기본 요건

반잔은 인간존재의 근본 조건으로서 신체적 요소를 들고 있다. 그는 말한다.

> 겨울이 되면 여름옷을 생각하지 않는다. 여름이 되면 겨울옷을 생각하지 않는다. 형체가 있으므로 형체의 마음이 있다. 몸이 죽으면 형체의 마음이 없어진다.[74]

반잔은 인간의 기본을 몸으로 규정한다. 몸이 있으므로 마음이 있다고 판단하므로, 몸이 죽으면 마음이 없어진다고 할 수밖에 없다. 일본의 신도에서 사람이 죽으면 신이 된다고 하고, 반잔도 그렇게 말한 적이 있지만, 그것은 철학적인 판단이 아니라, 유전적으로 내려오는 관습적인 판단에 의한 것이다. 철학적 판단으로는 몸이 죽으면 마음이 없어진다고 보았다.

마음이 몸에만 있는 것으로 판단한다면 마음도 물질이다. 도주의 심오한 형이상학이 반잔에 이르러 철저한 물질주의 철학으로

74.『集義和書』卷第三 書簡之三.

바뀌었다.

인간의 근본 존재를 몸으로 본다면, 삶에서 가장 중요한 것은 몸을 챙기는 것이다. 『주역』 「계사전 하」에서는, 인간 생활을 위한 기본적 조건인 의·식·주를 충족하고, 상업을 발달시켜 물질을 풍부하게 하고, 교통을 발달시켜 생활을 편리하게 하며, 예와 규칙을 만들어 사회를 안정시키고, 문자를 만들어 문화를 창달하는 등의 역할을 한 옛사람을 성인으로 높였는데, 반잔이 그의 저서인 『집의화서』 권 제7에서 그 내용을 길게 해설한 이유가 여기에 있다.

제2항 개체적 인간존재의 확립

인간의 신체를 인간존재의 근본으로 파악하면, 인간은 신체의 물질적 개별성·제한성에 의해 각각 구별되는 개체적 존재가 된다. 이기론에서는, 리를 기보다 근원적인 것으로 파악하기 때문에 리를 기준으로 파악하여 인간을 만인일체 또는 만물일체의 존재로 보지만, 반잔에 이르면 인간은 개체적 존재로 정의된다. 반잔은 다음과 같이 말한다.

불교를 하는 사람도 천지의 아들이고, 나도 천지의 아들이다. 모두 형제이지만, 혹은 보는 바의 차이 때문에, 혹은 직업의 차이에 의하여, 여러 가지로 나누어진다. 유가 또는 불가라고 하는 견해를 세우기 때문에 서로 시비가 있지만, 모든 견해를 잊어버리고 다만 형제로서의 친근감만으로 사귄다면, 싸울 일이 없어진다. 다만 장인의 아들과 형제가 있어, 한 사람은 화살촉을 만드는 자가 되고, 한 사람은 갑옷을 만드는 자가 되는 것과 같다. 화살을 막을 수 있다든가, 갑옷을 뚫을 수 있다는 등의 싸움이 있으면, 동서로 각각 나누어지는 타인이 된다. 본래의 형제의 친함만을 볼 때는 직업이 각기 달라도 싸움은 생기지 않는다. 싸움이 생기는 것은 직업 때문이라고도 말할 수 있다. 또 음식에는 형제 각각의 호오(好惡)가 있으므로 맛을 다투지만, 각각의 입이 당기는 바는 일치할 수 없다. 각각 그대로 두어 '나는 나', '남은 남'으로 구별하는 것이 좋다.[75]

위의 인용문에서 우리는, 반잔의 인간관이 천지를 부모로 하여 사람이 모두 형제라고 하는 주자학적 인간관에서 사람은 각각 남이라고 하는 개체적 인간관으로 바뀌는 과정을 볼 수 있다. "태허는 리기뿐이다. 말하자면 다만 일기(一氣)인 것이다"[76]라고 한 반잔의 이기설에서 보면, 천지는 하나의 기이고, 따라서 천지의 아들로서의 인간존재는 물질적 요소를 존재의 근본으로 삼기 때문에, 일기라고 하는 물질의 본질에서 보면 모든 인간은 하나로 연결된 공통의 존재지만, 현실에서 보면 물질로 구성된 개체는 각각 분리되어 있으므로, 사람은 독립된 개체적 존재이다.

일본 유학에서 인간을 개체적 존재로 보는 인간관은 반잔에 의해 갑자기 나타난 것이 아니다. 후지와라 세이카는 "인품(人品)에는 여러 가지가 섞여 있다. 대체로 세 등급으로 나눌 수 있는데, 신구(新舊), 귀천(貴賤), 재기(材器) 등의 우열이 그것이다. 이 등급을 넘어

75. 『集義和書』 卷第一 書簡之一.
76. 上揭書, 卷第三 書簡之三.

서면 질서를 잃게 된다"[77]라고 한 것처럼, 인품삼과설(人品三科說)을 주장하고 있고, 나카에 도주(中江藤樹)는 "인간의 성품은 대체로 다섯 가지로 나누어진다. 성인·현인·지자·우자·불초자 등의 모두 오품이다"[78]라고 하여, 오품설을 주장하고 있다. 반잔에 있어서의 개체적 인간의 확립은 세이카와 도주의 인간관이 점차 진전된 것으로 이해할 수 있다.

이처럼 인간이 개체적 존재로 파악될 때 문제가 되는 것은 서로 구별되는 각각의 인간이 함께 살아가기 위한 사회의 안정과 질서를 유지하는 것이다. 인간존재 그 자체의 공통성이 인정되지 않는다면, 인간사회의 질서를 유지하는 근본적인 질서가 인정되지 않을 것이기 때문이다. 그렇다면 인간사회의 질서는 인간 자신의 손에 의해 확립할 수밖에 없다. 세이카 이래의 일본 유학에서 오륜이 특별히 부각된 이유는 오륜이 인간사회의 질서를 대표하는 도덕이기 때문이다.

인간사회의 질서를 확립한다는 측면에서만 본다면, 반잔의 만물일체사상보다 더 완전한 것을 찾기 어려울 것이다.

제3항 반잔의 신만물일체사상

주자학에서 말하는 만물일체사상과 반잔의 만물일체사상은 그 내용이 완전히 다르므로, 반잔의 만물일체사상을 주자학에서 말하는 만물일체사상과 구별하여, 필자는 신만물일체사상으로 이

---

77. 人品多混雜 凡雖分三科 間或新舊 或貴賤 或材器之優劣 獵等失倫(『惺窩先生文集』卷七 君臣小傳跋).
78. 『翁問答』上卷之本.

름 붙였다.

> 만물일체란 천지만물이 모두 태허라는 한 기운으로부터 생긴
> 것이기 때문에, 인자는 풀 한 포기 나무 한 그루라도 알맞은 때
> 와 마땅한 이유가 있지 않으면 베지 않는다. 하물며 날고 헤엄
> 치고 움직이고 달리는 짐승에 있어서랴! 초목이 뜨거운 태양에
> 시드는 것을 보면 내 마음도 시든다. 이슬에 젖어 푸르게 회생
> 하는 것을 보면 내 마음도 기쁘다. 이것은 일체라는 증거이다.
> 그러나 사람은 천지의 덕이요, 만물의 영장이라고 하여, 빼어난
> 것이 있다. 예를 들면 뜰 앞에 있는 매화의 뿌리가 땅속에 묻혀
> 있는 것은 태허와 같고 줄기는 천지와 같으며, 가지는 각 나라
> 와 같고, 잎은 만물과 같으며, 꽃과 열매는 사람과 같다.[79]

반잔의 만물일체사상은 만물 각각이 본질에 있어서 일체가 된
다는 의미가 아니다. 각각 다른 개개물체의 총체를 하나의 유기체
로써 파악하는 만물일체사상이다. 즉 만물의 총체를 한 그루의 나
무에 비유하면 태허는 뿌리에 해당하고, 줄기는 천지에 해당하며,
가지는 국가들에 해당하고, 잎은 만물에 해당하며, 꽃과 열매는 사
람에 해당한다. 말하자면, 천지만물 모두를 합쳐서 한 그루의 나무
처럼 이해하는 방식이다. 이러한 사고방식은 인간사회에도 그대로
적용된다.

79. 『集義和書』 卷第一 書簡之一.

나의 시체도 어버이가 남겨 주신 몸이므로 유언을 하여 함부로 하지 못하게 해야 한다는 것은 매우 타당한 의리이다. 그러나 조금 천착에 빠져 너무 깊이 따지는 것이다. 태허·천지·선조· 부모·나·자손으로 이어지는 삶의 맥락이 일관되기 때문에, 자손이라 하더라도 선조의 유체(遺體)이다. 나 개인의 아들이 아니다.[80]

선조·부모·나·자손으로 이어지는 모든 개체도 모두 합하여 한 그루의 나무처럼 이해할 수 있다. 시간적 개념으로 나를 종적인 관계 속에서 파악한다면, 나는 선조로부터 자손으로 이어지는 삶의 연속성 가운데에 있는 한 부분이다. 선조로부터 자손으로 이어지는 전체를 하나의 유기체로 공간적 개념으로 환치시켜 보면, 나의 개인적 죽음은 삶의 전체적 현상 속에서 나타나는 한 부분일 뿐이므로 문제가 되지 않는다. 나의 존재가치는 오직 전체적인 삶의 맥락에 참가하여, 선조로부터 자손으로 잇는 역할을 하는 것에서 찾아진다. 이는 공간적 개념에서 보더라도 마찬가지이다. 예컨대, 천자·공·후·백·자·남·경·대부·사·농·공·상 등의 모든 사람이 하나의 유기체를 이루고 있다고 한다면, 사람들 각각의 위치에서의 역할을 제대로 담당하여 유기체 전체의 생명 활동에 도움이 될 때만 존재가치를 찾을 수 있다. 일본인의 집단주의는 이러한 사고방식에 유래하는 것으로 보인다.

---

80. 上揭書, 卷第三 書簡之三.

제4절 반잔의 기 우위설

전편에서 서술한 것처럼 반잔은 천명을 현실적·구체적으로 파악하여 죽음의 문제도 신만물일체사상으로 해결했다. 그러므로 반잔도 라잔의 경우와 마찬가지로 이기설 전개의 필요성이 없어진다. 따라서 반잔의 이기설은 자기의 학설을 확립하기 위한 재료로 사용할 뿐이다.

성경현전은 도리가 바르기 때문에 누가 읽어 보더라도 같은 것이다. 다만 리를 논하고 성인의 행적을 행하는 것만으로는 마음의 때가 벗겨지지 않을 것이 분명하다. 심술을 애용한다고 말하는 사람도 무릇 모든 감정이 개입되어 있으므로, 공이 없기는 마찬가지다. 덕이 있는 사람이 있다면 그의 교화로 인해 좋은 사람이 많이 나타나게 될 것이다. 덕은 남을 위하는 것이 아니다. 자기 한 사람이 천리를 보존하고 인욕을 제거하는 것이다. 인욕을 제거하고 천리를 보존하는 공부는 선(善)을 행하는 것보다 좋은 것이 없다. 선이라는 것은 따로 일을 만들어서 하는 것이 아니다. 인륜·일용 가운데 해야 하는 것이 모두 선이다.[81]

위의 인용문에서 반잔이 리를 말하고 천리를 말하지만, 이는 주자학의 이기설에서 전개하는 개념들이 아니다. 리를 논하는 것으

---

81. 『集義和書』 卷第一 書簡之一. 원문은 옛 일본어로 되어 있다. 이에 원문 인용은 생략한다. 이하 동일하다.

로는 진리를 얻을 수 없는 것으로 반잔은 확언한다. 리가 의미를 가지는 것은 인욕을 제거하고 천리를 보존할 때의 천리에 해당하는 것뿐이다.

반잔은 이기설의 이론보다 덕을 실천하는 것, 인욕을 제거하고 천리를 보존하는 것, 일상생활에서 선을 행하는 것 등의 실천적 공부를 더 중시한다.

반잔은 이기설의 전개 과정에서 나타나는 격물치지도 사회적 윤리의 확립을 위한 수단으로 설명한다.

> 물(物)은 일[事]이다. 일은 물의 작용이고, 물은 일의 본체이다. 둘이 아니다. 오륜이라는 본체가 있으면, 오륜의 작용이 있다. 오륜이라는 본체는 군신·부자·부부·형제·붕우이다. 오륜의 작용은 오전십의(五典十義)이다. 오륜이라는 본체에 근거해서 오전십의의 리를 상세하게 궁구하여, 마음에 터득하고 몸에서 실천하는 것을 격물치지라 한다. 지(知)는 리(理)이다. 지금 리를 궁구한다고 하는 것은 책 속에서 글자에 대해 강명(講明)하고 혹은 공리공담을 말하는 것이니, 이것은 사물에 나아가 리를 궁구하는 것이 아니다. 글자공부를 하기 위해 벗을 사귄다고 하는 것이지, 벗으로서 인(仁)을 향상하는 것에는 이르지 않는다. 인을 향상한다고 하는 것은 부자의 친·군신의 의·부부의 별·장유의 서·붕우의 신에서 지나친 것을 깎아내고 모자라는 것을 보충하여, 서로 잘못을 말하고 서로 도와주는 것인데, 지금의 학자는 잘못을 듣는 것을 싫어하고, 진실을 말해주는 자를 미워하므로, 사물에 나아가 그 이치를 궁구하는 실체를 잃

어버린다. 그러므로 천하의 사사물물의 리를 궁구하여 박식다문하다고 하더라도 무슨 이익이 있겠는가.[82]

『역』에 형이상의 것을 도라고 하고, 형이하의 것을 기(器)라고 했다. 이 말로써 상하의 마음이 분명해졌다. 형색이 있는 것은 모두 기이다. 그러므로 오륜도 기이다. 부자·군신·부부·형제·붕우의 사귐은 형이하의 기이다. 아버지는 자애롭고 아들은 효도하여, 부자간에 친이 있는 것은 형이상의 도이다. 그러므로 오륜의 사귐에서 도를 행하고, 덕을 실천하는 것은 하학하여 상달하는 것이다. 리를 궁구하고 성을 극진히 하여 명에 이르는 것이 모두 그 안에 있다. 오륜을 근본으로 하지 않고 헛되이 리를 궁구하고, 성을 알려는 것은 이단의 학문에서 말하는 깨달음이다. 고급하다 하더라도 헛된 견해이기 때문에, 덕으로 들어가는 공을 이루지 못한다. 깨달음이라고 하는 것도 진실한 것이 아니다. 인도(人道)를 밝히지 못하기 때문에 조화를 알지 못한다. 조화의 신이 리를 분별하지 못하기 때문에, 흔적만을 보고 혼동한다. 하학을 하지 않고 상달하기를 구하니, 상달도 또한 이루지 못한다.[83]

반잔은 사물에 나아가 지혜를 이루고 사물에 나아가 리를 궁구한다고 해석되는 격물치지의 내용을, 군신·부자·부부·형제·붕우

---

82. 『集義和書』卷第九 議論之二.
83. 上揭書, 卷第四 書簡之四.

라고 하는 오륜의 본체에 근거하여 의·친·별·서·신의 오전(五典)과 임금의 인(仁), 신하의 충(忠), 아버지의 자(慈), 아들의 효(孝), 남편의 의(義), 부인의 청(聽), 형의 량(良), 동생의 제(悌), 나이 든 사람의 혜(惠), 어린 사람의 순(順)이라고 하는 열 가지 도리[十義]의 이치를 궁구하는 것이라고 해석하고, 『논어』에 있는 "벗으로서 인을 향상한다"라고 하는 공자의 말도 오륜의 내용 중에 부족하거나 지나침이 없도록 보충하는 것이라는 의미로 파악하고 있다. 또 『주역』에서 "형이상의 것을 도라 하고, 형이하의 것을 기(器)라 한다"라고 한 말을 근거로, 부자·군신·부부·형제·붕우의 관계를 형이하의 기(器)로 보아, 다섯 가지 인간관계를 잘 파악하는 것을 하학의 내용에 해당시키고, 오전십의를 형이상의 도로 파악하여, 오전십의의 내용을 아는 것을 상달에 해당시켰다. 말하자면, 반잔은 격물치지와 하학·상달의 내용을 모두 사회적 윤리인 오륜의 확립으로 정리했다. 이로써 보면 주자학이나 양명학에서 말하는 진리의 내용이 반잔에 이르러 모두 사회적 윤리로 귀결되었음을 알 수 있다. 이는 반잔에게 사회의 윤리 확립이 그만큼 중요하게 인식되고 있었음을 말해주는 것이라 하겠다.

이처럼 격물치지를 포함한 이기설의 내용을 사회윤리를 확립하는 것으로 정리한 반잔은 리와 기의 개념에 관한 자기 나름대로의 정리를 시도한다.

리를 말하면 기를 남기고, 기를 말하면 리를 남긴다. 리와 기는 뗄 수 없지만, 말로 하면 분리가 가능하다. 다만 도(道)라고 해야 분리할 수 없다. 이기는 일체이다.[84]

위의 인용문에서만 보면, 반잔이 라잔의 이기일체설을 계승한 것처럼 보이지만, 반잔은 여기에 멈추지 않는다.

> 태극은 이와 기일 뿐이다. 말하자면, 단지 하나의 기(氣)이다. 리는 기의 덕이다. 하나의 기가 굴신하여 음양이 되고 음양이 팔괘가 되며, 팔괘가 육십사괘로 된다. 그로 말미암아 한 리(理)가 만 가지로 나뉘어서 이루 다 말할 수가 없으니, 천지만물의 리가 극진해진다. 리를 주로 말하면 기는 리가 나타난 것이다.[85]

반잔에 따르면, 이 세상에 존재하는 것은 하나의 기일 뿐이다. 리는 기의 덕이므로, 기가 있는 곳에는 언제나 리가 함께 있다. 이렇게 설명하고 말면 주자학의 이일분수설을 설명할 길이 없어지므로, 반잔은 다시 리를 기준으로 이일분수설을 설명하여 보완한다. 애초에 천지간에는 하나의 기가 있고, 거기에 리가 함께 있으므로, 리를 기준으로 보면 또한 하나의 리가 있다고 할 수 있다. 기가 음양, 사상, 팔괘, 육십사괘 등으로 분화되므로, 항상 기와 함께 있는 리를 기준으로 보면, 리 또한 하나의 리에서 음양에 함께 있는 리, 사상에 함께 있는 리 등으로 분화된다. 몸에 마음이 들어 있지만, 마음을 기준으로 보면 몸은 마음에 따라 움직이는 것으로 볼 수도 있으므로, 리를 중심으로 보면 기 또한 리의 나타난 모습으로 볼 수도 있다.

84. 上揭書, 卷第十五 議論之八.
85. 上揭書, 卷第三 書簡之三.

이처럼 이기설을 정리한 반잔은 자신의 이기설을 주자와 양명의 설을 참고하여 창안한 독자적인 학설로 자부했다.

나는 주자에게서도 취하지 않고, 양명에게서도 취하지 않는다. 다만 옛 성인에게서 취했을 뿐이다. (…) 내가 스스로 반성하여 신독(愼獨)하는 공이 안으로 향하여 수용된 것은 양명의 양지설에서 취한 것이고, 의혹을 분별하는 것은 주자의 궁리설에서 취한 것이다[86]

반잔이 이처럼 이기설을 독자적으로 정리했으면서도, 자신이 일본의 유학을 총정리한 것이라는 자부심을 가질 수가 없었다. 반잔은 중국이나 한국에서 수입된 유학을 완전히 자기의 것으로 소화했다는 자신이 없었다. 반잔은 유학을 연구했으면서도 유학에 완전히 녹아들지 못했던 것으로 보인다. 반잔의 판단으로는 자기만 유학에 완전히 녹아들지 못한 것이 아니라, 일본의 다른 학자들도 다 그렇다고 보아, 유학이 결국 일본의 풍토에는 적합하지 않다는 결론에 도달한다.

지금의 유도(儒道)에는 유종(儒宗)이 없다. 각각 다른 견해를 세우고 분파를 만들어 논란하고 있다. 어느 유학도 이 나라의 풍토에는 정착하기 어렵고, 지금의 상황에 적합하지 않다.[87]

---

86. 上揭書, 卷第八 議論之一.
87. 上揭書, 卷第十一 議論之四.

유학이 일본에 적합하지 않다면, 결국 유학은 일본에 뿌리내리지 못하고, 변질하다가 소멸할 것이다. 우리는 이러한 반잔의 판단을 통해서 진사이 학과 국학의 싹을 볼 수 있다.

제5절 반잔의 경과 오륜사상

반잔은 수양철학의 핵심요소인 경(敬)을 언급하지 않을 수 없다. 경을 언급하지 않으면 학자로서의 결격이 되기 때문이다. 그러나 반잔은 수양의 수단인 경을 자신이 중시하는 사회윤리를 확립하는 수단으로 변용한다.

> 경(敬)은 천지인 삼극의 요도(要道)이다. 하늘이 유행하여 머물지 않고, 일월이 돌고 돌아 추위와 더위가 왕래하여 만물을 낳는 것이 중단됨이 없는 것이 경이다. 땅에 있는 산과 못의 기가 통하여 흐르는 물이 그치지 않으며, 풍뇌운우를 일으켜 만물을 이루는 것을 게을리하지 않는 것도 경이다. 천지는 무욕이다. 그러므로 경은 멈출 때가 없다. 눈 깜짝할 사이라도 경이 없으면 천지도 무너진다. 이 때문에 경은 고유한 본연의 덕이다. 밖에서부터 주어진 것이 아니다. 요임금의 덕을 칭송하여 '흠명', '문사(文思)'라고 했다. 흠(欽)은 경이다. 『역』에 이르기를, '하늘의 운행은 굳세다. 군자는 이로써 자강불식한다'고 했다. 경을 수용한 것이 이보다 절실한 것이 없다. 경은 마음의 본체에 있는 성의 덕이다. 그러므로 성인은 무심한 상태에서 경을

보존한다. 성으로부터 명(明)에 이르는 성이다. 이 때문에 '흠명'이라 했다. 생각이 모두 정연하여 잡념이 없다. 일이 없을 때는 텅 비어서 그윽하고 심오하며 가물가물하고 심원하다. 환하여 신통하고 밝아서 예측할 수 없다. 잘 때는 고요하다. 타오르는 불을 억제하여 불을 재 속에 묻어버리는 것 같고, 겨울에 양기를 땅속에 머금어 저장하는 것과 같다. 보통사람이 시체처럼 자는 것과는 다르다.[88]

반잔은 천지일월의 존재 및 운행원리, 성인의 존재 및 실천원리를 모두 경으로 설명한다. 본래 천지일월의 존재 및 운행원리, 성인의 존재 및 실천원리는 성(誠)이고, 경은 성의 단계에 이르는 수양법이었으므로, 반잔의 경의 설명은 경의 의미를 확대한 것이다. 이는 안사이에게서 영향 받은 것일 수도 있을 것이다.

반잔은 하늘을 구체적으로 설명하여, 모셔야 할 대상인 부모와 임금으로 이해했으므로, 반잔에 의해 천지인 삼위일체의 요도인 경이 부모에 대한 효도와 임금에 대한 충성으로 구체화되고, 인간관계 일반으로 확산하여, 오륜의 실천원리로 바뀌었다. 반잔의 판단으로는 효와 충, 및 오륜의 윤리보다 더 중요한 것이 없으므로, 오륜의 실천원리인 경의 위상 또한 매우 심오한 것으로 포장해야만 했다.

천인합일도(天人合一圖)에서 오륜의 오전십의를 쓴 까닭은, 하늘

---

88. 『集義和書』 卷弟十一 議論之四.

에는 오행이 있고 사람에게는 오륜이 있기 때문이다. 오행의 신은 원·형·리·정·성이다. 오륜의 진수는 인의예지신이다. 그러므로 부자의 친은 인이고, 군신의 의는 의이며, 부부의 별은 지(知)이고, 장유의 서는 예이며, 붕우의 신은 신이다. 부모가 아들을 사랑하고 길러 사람으로 만드는 것을 자(慈)라고 한다. 아들이 부모를 사랑하고 공경하여 편안하게 하는 것을 효라 한다. 임금이 신하를 불쌍히 여겨, 그들의 이로움을 이롭게 여기고, 그들의 즐거움을 즐겁게 여기며, 그들의 삶을 충실하게 할 수 있도록 정교를 베푸는 것을 인이라고 한다. 신하가 신명을 임금에게 바치고 두 마음을 먹지 않으며, 진실을 다하는 것을 혜(惠)라고 한다. 남편이 부인을 불쌍히 여기고, 남편의 가정에 마음을 두어 편안하게 있을 수 있도록 하며, 잘 가르쳐 인도하는 것을 의(義)라고 한다. 부인이 남편에게 잘 따라서 땅에게 두 하늘이 없는 것처럼 하고, 내 남편 외에는 천하에 남편이 없다고 여기는 정절의 도를 지켜서 조금이라도 부끄러운 일을 하지 않는 것을 청(聽)이라고 한다. 형제는 천륜의 친이고 동기동친(同氣同親)이므로, 서로 이어져 있는 나뭇가지와 같다. 대부모인 천지가 연장자 순으로 질서를 정하면 장유의 서가 있게 된다. 하물며 소부모를 함께 모시는 형제는 골육의 정이 있으므로, 형이 아버지의 대신으로 동생들을 가르치고 인도하여 기르는 것을 양(良)이라고 한다. 동생이 형을 아버지처럼 생각하여 잘 따르고 섬기는 것을 제(悌)라고 한다. 붕우는 진실하여 망령됨이 없는 천도(天道)를 부모로 삼아서, 이친동기(異親同氣)의 형제가 되므로, 진실한 마음을 가지고 서로 사귀는 것을 신(信)의 도라고 한다.[89]

반잔은 하늘의 원형리정성과 인간의 오전십의(五典十義)를 대비하여 일치시킴으로써, 하늘과 사람이 하나로 통하는 것으로 연결시켰다. 인의예지신의 오상과 오륜을 일치시킨 것은 도주 윤리학의 내용을 그대로 이어받은 것이다.

오륜의 실천을 강조한 반잔의 윤리학에서 보면, 사람은 오직 오륜의 실천에 집중해야 한다. 죽음의 문제에 관심을 기울이는 것은 바른 도리가 아니다.

살아서 오륜의 도가 있는 자는 죽어서 오행에 합치된다. 따라서 죽음을 말해서는 안 된다. 이승에도 오륜이 있고 저승에도 오행이 있다. 이승도 조물주와 벗이고 저승도 조물주와 벗이다. 살았을 때는 사람의 마음이 있지만, 죽으면 사람의 마음이 없다. 사람이라는 글자인 인(人)에 심(心)을 붙여보면 명백히 알 수 있다[90]

반잔의 모든 관심은 오륜에 집중된다. 오직 쉬지 않고 오륜의 윤리를 실천하는 것이 성(誠)이다. 반잔의 철학에서 오륜이 중요한 만큼, 성(誠)이 중시된다.

성(誠)이 마음에 있는 것을 충(忠)이라 하고, 일에 행해지는 것을 신(信)이라고 한다. 속에 있는 마음, 즉 중심(中心)을 충(忠)이라

---

89. 『集義和書』卷第六 心法圖解.
90. 『集義和書』卷第三 書簡之三.

한다. 천리자연의 성(誠)은 마음에 있으면서 텅 빈 것 같은 것이다. 이른바 '미발지중(未發之中)'이다. 사람의 말[人言]을 신(信)이라고 한다. 사람의 말은 반드시 진실함이 있어야 한다. 거짓이 있는 것은 사욕이 그것을 해치기 때문이다. 충은 덕의 근본이고, 신은 업(業)의 시작이다.[91]

주자학에서 말하는 실천의 핵심은 성(誠)이므로, 실천 윤리를 강조하는 반잔의 윤리학에서도 성이 빠질 수 없다. 반잔의 윤리학은 오륜으로 압축되고, 오륜은 다시 충신(忠信)으로 집약되며, 충신은 다시 성으로 귀결된다. 반잔의 성 중심의 실천 윤리는 진사이의 선구로 볼 수 있다.

제6절 반잔 윤리학의 영향과 한계

반잔의 윤리학은 인간사회를 안전지대로 만드는 데 목적이 있었다. 반잔이 장치한 안전장치의 핵심은 오륜과 신만물일체사상이었다. 반잔의 신만물일체사상은 잎·줄기·가지·뿌리 등을 모두 합쳐 한 그루의 나무가 되는 것처럼, 각각 다른 사람들 모두를 합쳐 하나의 생명체처럼 판단하는 사상이다. 사람들 모두를 합쳐 하나의 생명체로 인식한다면, 모두가 안전할 수 있고, 안심할 수 있다. 반잔의 신만물일체사상은 일본 집단주의의 이론적 근거가 될 수

91. 『集義和書』 卷第四 書簡之四.

있다. 한 집단에 있는 사람들 모두 합해서 하나의 생명체로 파악한다면, 사람들 개개인은 집단 안에서 각자의 역할을 할 때만 존재가치가 있다.

한 그루의 나무에 있는 뿌리·줄기·가지·잎들은 나무에 붙어 있으면서 각각의 역할을 할 때만 존재가치가 있다. 그 나무에서 떨어져 나온 잎이나 가지는 아무런 가치가 없다. 집단내에 있는 사람들의 가치도 마찬가지다. 집단 안에서 맡은 역할을 할 때 개인의 존재이유가 있다. 개인이 집단에서 이탈하면 존재할 가치가 없어진다. 그것은 한 대의 자동차에 있는 부품들과도 같다. 자동차의 부품들은 자동차에 붙어 있으면서 각자의 기능을 할 때만 가치가 있다. 자동차에서 분리된 부품은 존재할 가치가 없다. 자동차의 바퀴는 달리는 자동차에서 중요한 역할을 하지만, 문제가 생겨 교체되어버린 바퀴는 존재할 가치가 없다.

일본의 집단주의는 이와 같은 성격이 있다. 집단 안에서 각각의 역할을 제대로 하기만 하면 모두에게 중요한 존재로 인정받으므로 안전하다. 그러나 문제가 생겨 교체되어 그 집단에서 벗어나면 존재할 가치가 없어진다. 사람들은 교체되지 않기 위해 전력투구한다. 사람들은 부품 역할만 제대로 하기만 하면 된다. 다른 부품에 대해서는 관여할 필요도 없고 알 필요도 없다.

이러한 일본의 집단주의는 근세의 산업구조에 매우 효과적이었다. 근세의 산업 생산방식은 숙련된 근로자가 생산한 부품을 조립하여 완성품을 만드는 방식이었다. 일본의 집단주의적 사고방식에서는 사원들 각자가 맡은 부품생산을 위해 최선을 다한다. 자기가 생산한 부품에 하자가 생기면 완성품 전체가 하자 있는 상품이 되므로, 자기는 그 집단에서 축출되고, 다른 사람으로 교체된다. 그 순간 자기는 살 가치가 없는 인간이 되고 만다. 따라서 사원들은 자기가 만드는 부품의 품질을 위해 목숨을 걸 정도로 노력한다. 이런 생산방식으로 상품을 생산할 때 일본은 뛰어난 상품을 생산할 수 있었다.

그러나 이제 부품의 생산을 사람이 아닌 로봇이 하게 되었다. 이제는 부품생산보다 창의력이나 디자인 감각 등이 더 중요하게 되었다. 이런 생산 시스템에서 일본의 집단주의는 한계를 드러낼 수밖에 없다.

일본의 집단주의에서는 의견수렴 과정이 느리다. 각각 마음과 의견이 다르므로 의견수렴 과정이 복잡할 수밖에 없고, 그로 인해 순발력 있게 일을 처리하기 어렵다.

제8부

■

일본 고학의 등장과 고학의 내용

후지와라 세이카에 의해 일본에 수입된 주자학이 나카에 도주와 쿠마자와 반잔에 의해 일본의 상황에 맞게 변용되기는 했으나, 주자학의 형이상학적 성격이 일본의 형하판에 정착하지 못해 진통을 겪다가 이토 진사이에 의해 부정됨으로써, 일본의 주자학은 형하판에 적합한 형태인 고학(古學)으로 거듭나게 되었다.

쿠마자와 반잔에 이르러 주자학의 형이상학적 성격이 거의 형이하학적 차원으로 정리되자, 형이상학적 성격이 강한 주자학은 이제 더는 존재의의를 가질 수 없게 되었다. 주자학이 처음 수입되었을 때는 주자학 자체가 선진철학으로서의 권위를 가질 수 있었지만, 주자학이 수용되고 이해되는 과정을 거치면서 일본 자체에서 학자들이 다수 배출되고 그 학자들이 권위를 갖게 되자, 그 권위를 바탕으로 나름의 주장을 할 수 있게 되었다. 이러한 상황에서 이제 이해되지 않는 주자학을 다만 권위 때문에 맹목적으로 인정하는 분위기에서 벗어나게 되었다. 자신 있게 자신의 철학적 사유와 입장을 바탕으로 주자학을 바라보게 되었고 그 결과 과감하게 그 주자학을 비판하게 되었다. 주자학의 형이상학적 체계를 비판하는 차원에서 중국 유학을 바라보았을 때, 일본 유학자들의 눈에는 형이하학적 체계로 전개되었던 한·당 시대의 유학이 돋보인다. 그들은 한·당 유학의 형이하학적 체계를 주자학을 비판하는 무기로 활용함으로써 자신들의 입장에 대한 권위를 강화했다. 이러한 일련의 사상운동에서 비롯된 학문풍토를 일본에서는 옛 유학으로 돌아간다는 의미로서 고학이라 이름 붙였다.

일반적으로 일본의 학계에서는 고학을 그 이전에 전개한 주자학과 양명학에 대한 안티테제로 등장한 것이라고 정의하지만, 지금까지의 논의에서 보면 일본은 대륙의 주자학이나 양명학을 그대로 받아들인 것이 아니라, 일본적으로 수용하고 전개한 것이었으며, 그 내용은 대륙의 형이상학적 체계를 형이하학적 체계로 전환하는 과정이었으므로, 일본의 고학은 일본의 주자학이 수용되는 과정에서 나타난 자연스러운 형태로 보아야 할 것이다.

고학의 대표자는 야마가 소코(山鹿素行), 이토 진사이(伊藤仁齋), 오기유 소라이(荻生徂徠)이다. 이하에서는 이들 중에서 이토 진사이(伊藤仁齋)와 오기유 소라이(荻生徂徠)의 사상을 중심으로 고학의 내용을 살펴보기로 한다.

제1장
이토 진사이의 기 철학과 주자학 비판

제1절 이토 진사이의 생애

이토 진사이(伊藤仁齋: 1627~1705)는 1627년 교토(京都)에서 이토 시

伊藤仁齋肖像

이토 진사이

찌에몬(伊藤七右衛門)과 그 부인 사토무라 나베(里村那倍) 사이에서 장남으로 태어났다. 이름은 코레에다(維楨)이고, 자는 겐스케(源佐) 이며, 초명은 코레사다(維貞)이고, 자는 겐키치(源吉)이다. 어릴 때의 이름은 겐시치(源七)이고, 호는 진사이(仁齋) 또는 토오인(堂隱)이다. 진사이의 장남인 이토토가이(伊藤東涯)의 저술인 「고학선생행장」 에 따르면, 진사이의 어릴 때 성격은 매우 침착하고 남과 다투지 않아 다른 아이와 다른 점이 있었다고 한다.

진사이는 11세 때 처음으로 『대학』의 「치국평천하장」을 읽고 "지금의 세상에 또한 이와 같은 것을 아는 자 있지 않을 것이다"라 고 하여 이미 마음속에서 유학으로 일세를 풍미하려는 의욕을 갖 게 되었다. 그는 15~6세 때 처음으로 옛 성현의 도에 뜻을 두어 침 식을 잊을 정도로 몰두했다. 당시의 상황을 진사이는 다음과 같이 말한다.

나는 어릴 때 학문을 매우 좋아하여 침식을 잊었다. 모든 것을 제쳐놓고 다만 학문에만 몰두했다. 이름을 내기 위함도 아니고, 이익을 얻기 위함도 아니었다. 서 있을 때는 그것이 앞에 있는 듯했고, 가만히 앉아 있을 때는 그것이 자리에 있는 듯했다. 마 시고 먹을 때나, 출입하고 응접할 때, 또는 들에 놀러 다니거나 교외에 갈 때, 산을 보거나 물을 감상할 때, 길거리의 노래를 듣 거나 시장의 극장을 보더라도 계기가 되고, 일이 있기만 하면 모두 학문을 하는 곳이 아닌 것이 없었다. 스스로 생각건대, 나 의 타고난 자질이 어리석어 보잘것없지만, 그러나 학문을 좋아 하는 한 가지만은 성인(聖人)에게도 양보할 수 없었다. 자부심

이 이와 같았다.[92]

진사이의 호학정신은 당시 가족들에게 이해되지 않았다. 학문하는 것은 세속적으로 볼 때, 과거제도가 없는 일본에서는 출세하는 길이 아니라고 생각되었기 때문이다. 그리하여 진사이는 가족들의 모진 반대에 부딪혔다. 그때 진사이가 처한 상황을 그의 회상문에서 찾아볼 수 있다.

나는 일찍이 15~6세 때 학을 좋아하여 처음으로 옛 성현의 길에 뜻을 둠이 있었다. 그러나 친척과 친구가 모두 유학은 팔리지 않으므로, 의학을 하는 것이 이롭다고 했다. 그렇지만 내 귀가 듣지 않은 것처럼 하여 응하지 않았다. 충고하는 자도 그치지 않았고, 추궁하는 자도 누그러지지 않았다. 양친이 늙고 집이 가난하며 나이가 들고 계책이 빗나감에 이르러서는, 의리를 꼬집어내고 예의에 빗대, 더욱 봉양을 돌아보지 않는다고 추궁했다. 이론이 막히고 말이 궁하여 거짓으로 응하기에 급급했다. 때에 종조가 반슈(播州)에서 왔기에 찾아가 뵈었더니 물리치고 만나주지 않았다. 내가 공부 내용을 고치지 않음에 분노한 것이다. 친척들이 옆에서 푼 뒤에야 비로소 뵐 수 있었다. 나를 사랑하기를 깊이 하는 자일수록 나를 추궁하기에 더욱 힘썼다. 그 고초의 상황은 마치 죄수를 심문하는 것 같았다. 회초리가 앞에 있고 수사관이 옆에서 지독하게 닦달하는 데에는 응

---

92. 『古學先生文集』 권1, 〈送浮屠道香師序〉.

하지 않을 도리가 없었다. 그러나 나의 학을 좋아함이 두텁고 뜻을 지킴이 굳었기 때문에 지금에 이를 수가 있었다.[93]

당시의 일본에서는 유학이 출세의 관문이 아니었다. 진사이는 학문을 좋아서 한 것이지, 출세를 할 생각으로 한 것이 아니었다.

진사이는 15~6세 때 주자학에 뜻을 두었는데, 처음에 주자의 『사서집주』를 읽었을 때에는 그것을 훈고의 학에 지나지 않으며, '성문 덕행의 학'은 아니라고 생각했다. 그러다가 19세 때 『이연평답문』을 구해 책의 종이가 닳도록 읽었으며, 『문공소학』을 숙독하고 크게 깨달은 바 있었다. 이에 대해 진사이는 다음과 같이 술회한 바 있다.

다행히 일찍이 이연평 선생의 글과 문공의 『소학』을 읽고 비로소 크게 깨달았다. 이로 말미암아 아무도 막을 수 없을 정도로 평생의 뜻이 확연해졌다. 믿기를 더욱 독실하고 했고, 공 쌓기를 더욱 오래 해서 이익이나 관직에 관한 생각, 공명을 얻으려는 생각 등이 모두 마음에서 사라졌다. 그리하여 스스로 생각했다. 세상에 숨어져서 알려지지 않아도 후회하지 않는 것은 원래 학자의 도리이니, 성인의 경지가 어찌 멀겠는가! 이에 더욱 자신의 역량을 헤아리지 않고 도를 밝힐 것을 사명으로 삼았다.[94]

---

93. 『古學先生文集』권1, 〈送片岡宗純還柳川序〉.
94. 『古學先生文集』권1, 〈敬齋記〉.

주자학에 입문한 진사이는 주자의 『어록(語錄)』, 『혹문(或問)』 및 『근사록(近思錄)』, 『성리대전(性理大全)』 등의 서적을 존신하고 귀중히 여겨 깊이 생각하고 몸소 완미했으며, 조석으로 연마하여 28세경에는 그 대체를 파악함에 이르렀다. 그의 주자에 대한 심취는 다음과 같은 글에서도 잘 나타나 있다.

> 27세경에 또한 『경재잠』을 얻어 읽고 크게 감명하여 이를 등사하여 방 오른 쪽에 걸어놓고 일어나고 거처할 때 복습하여 더욱 심신을 맑히기를 바라서 한결같이 주자의 말과 같이 했다. 동시에 그 방의 이름을 경재(敬齋)라 했다. 옛사람이 그 사람을 사모하면, 그 이름을 붙인다고 했다. 내가 불민하지만 문공을 사모하니 어찌 잘못되었다고 하겠는가![95]

주자학에 심취한 진사이는 이 무렵 주자학의 수양덕목인 경(敬)에 관심을 집중하고 스스로 케이사이(敬齋)라고 자호했다. 그리고 주자의 『경재잠』을 본떠 「경재기」라는 논문을 썼다. 그리고 같은 맥락으로 「성선론」, 「태극론」, 「심학원론」 등도 발표했다.

그러나 29세가 되는 해 그는 동생에게 집을 맡기고 마쓰시다쵸(松下町)에 들어가 은둔생활을 시작한다. 은둔생활의 이유는 병을 앓아 휴양하기 위함이라고 하기도 하고, 조용히 독서를 하기 위함이라고 하기도 한다. 그 외의 구체적인 내용을 언급한 기록은 없다. 그러나 기록이 없다고 해서 은둔생활의 내용을 파악할 수 없는 것

---

95. 『古學先生文集』 권6, 〈讀預舊橋〉.

은 아니다. 은둔생활 이전의 사상과 삶의 내용, 그리고 은둔생활 이후의 사상과 삶의 내용을 비교해보면 은둔생활에서 있었던 변화의 내용을 읽어내기란 그리 어려운 것이 아니다. 동쪽으로 흐르던 강물이 가려진 어느 지점을 통과한 뒤 서쪽으로 흐르게 되었다면, 그 가려진 부분의 흐름을 그려 넣기가 그다지 어렵지 않은 것과 같다. 그러나 그것은 강물의 전체 흐름을 바꾸어놓는 중요한 계기가 되는 것처럼, 진사이의 은둔생활에 대한 파악은 진사이의 사상을 이해하는 핵심이 될 수 있다. 따라서 우리는 이 부분을 신중하게 통찰하지 않으면 안 된다.

이 부분을 이해하기 위해서 우리는 주자학의 내용과 체계에 대해 살펴볼 필요가 있다. 주자학은 인간의 정신적 삶과 육체적 삶의 조화를 추구한다. 주자학에서는 먼저 육체적 삶을 확보하고, 다음으로 정신적 삶을 확보하지만, 정신적 삶이 더 중요하고 육체적 삶이 말단이다. 주자학에서는 육체적 삶을 확보하기 위해 예의 실천을 강력하게 추진한다. 예를 추진하기 위해서는 성실해야 하고, 성실성을 확보하기 위해서는 경건한 마음을 유지해야 한다. 주자학의 이 부분은 진사이를 충분히 매료시킬 수 있었다. 일본인의 마음 밑바닥에는 늘 불안한 마음이 도사리고 있다. 사람들이 모두 남남끼리 살아가므로, 사람이 불안하고, 사람이 모여서 사는 사회가 불안하다. 태풍이 불고 지진으로 땅이 흔들리는 자연 역시 불안하다. 엘리트일수록 불안감은 더욱 커진다. 일본인이 아니면 일본인의 불안 심리를 이해하는 것이 쉽지 않다. 일본인은 집에 들어갈 때도 여차하면 밖으로 뛰어나가야 하므로, 나갈 때 신을 빨리 신을 수 있도록 가지런하게 정리해둔다. 일본인이 해결해야 할 가장 큰 숙제는

사회를 안정시키고, 안정된 사회에서 사람들이 단합하여 자연의
위험을 극복하는 것이다. 진사이의 목적도 이와 다르지 않다. 진사
이가 접한 주자학에는 이런 요소가 고스란히 들어 있었다. 사람들
이 마음을 경건하게 가다듬어서 성실하게 되면, 예법을 잘 지키게
되므로, 사회가 안정될 수 있다. 진사이가 접한 주자학은 매력이 넘
쳐흘렀다. 주자학이 일본을 구하는 구세주 같은 생각이 들었다.

　『소학』을 읽어 감명을 받았고, 『대학』을 읽어 치국평천하에 뜻
을 두었다. 세상을 평화롭게 만들기만 하면 모든 걱정은 사라진다.
진사이가 경(敬)에 매료된 것도 경이 세상을 평화롭게 만드는 출발
점이기 때문이었다. 진사이는 주자학에 깊이 몰입해 들어갔다. 『근
사록』, 『성리대전』 등의 서적을 읽어 보니, 내용들이 『소학』의 내용
과 달랐다. 형이상학적 이론으로 나열되어 있어, 불교의 해탈론과도
같은 내용이었다. 진사이는 불교의 수행법에도 매달려 보았다.

　　선가에 백골을 보는 방법이 있다. 백골을 보는 법이란 고요히
　　앉아 자기의 육신을 생각하는 것인데, 공부가 완숙하게 되었을
　　때 살과 껍질이 다 떨어져 나가고, 백골만이 남아있는 것 같은
　　모습을 보는 것이다. 이렇게 되었을 때, 도를 깨닫지 못함을 걱
　　정하지 않게 된다고 할 수 있다. 내가 어렸을 적에 이 법을 닦았
　　다. 공부가 완숙해진 뒤에는 자기의 몸이 백골로 보일 뿐만 아
　　니라 타인과 말을 할 때도 백골과 대담하는 것처럼 생각되고,
　　길을 걷는 사람도 모두 나무로 만든 사람처럼 생각되었다. 만물
　　이 모두 공상(空相)으로 나타나, 천지도 없고, 생사도 없고, 산천
　　이나 궁전이 모두 환상처럼 생각되었다. 이른바 밝은 마음으로

불성을 보는 이치에 자연히 부합하게 된 것이다. 효제충신 등은 다 천박하여 말할 가치가 없는 것으로 느껴졌다. 이것은 내가 정좌를 오래 하여 마음이 지극히 영명해져 저절로 찾아낸 견해이지, 천지의 실리가 아니다. 불교가 인륜을 버리고 일용에서 벗어난 것이 모두 이러한 이치에서 온 것이다. 특히 기억해야 할 것이다[96]

　진사이는 주자학의 형이상학적인 공부도 했지만, 불교의 참선도 했다. 주자학의 정좌와 불교의 참선은 유사성이 많다. 정좌란 고요히 앉아서 마음을 최대한 가라앉혀 천지만물이 생기기 이전의 기상을 느끼고 함양하는 공부이다. 진사이는 정좌공부를 오래 해서 원초적인 기상이 어느 정도 느껴지기 시작했다. 천지도 없고, 생사도 없고, 산천이나 궁전이 환상처럼 보이는 경지에 도달하자, 진사이는 그런 기상을 자기가 찾아낸 것일 뿐, 원래의 모습이 아니라고 생각했다. 이는 마치 타향에 오래 살던 사람이 어느 날 고향에 가보니 너무 낯설고 불안하여 고향이 아닌 가상의 세계로 착각하는 것과 같다. 사람이 타향에 오래 살면 타향이 고향처럼 되어버린다. 새장에서 오래 살던 새는 새장 밖으로 나가면 낯설고 불안하여 도로 새장으로 돌아온다. 돌아오는 새에게는 새장 안이 고향처럼 낯익고 편안하다.
　삶의 기준은 몸이다. 몸이 살아있으면 살아있는 것이고, 몸이 죽었으면 죽은 것이다. 몸 하나를 건사하기 위해서는 자연과도 싸워

---

96. 『稿本仁齋先生文集』〈送防州太守水野公序〉.

야 하고, 사람들과도 싸워야 한다. 살아남는다는 것이 참으로 힘들고 버겁다. 일본인들은 새해를 맞으면 '한 해 동안 살아남았음을 축하합니다'라고 인사할 정도다. 몸 하나 건사하기 바빠서 마음속 깊은 곳으로 들어갈 여유가 없다. 마음속 깊은 곳으로 들어가더라도, 모든 사람이 하나로 이어져 있는 마음이란 말을 들으면 절벽을 만난다. 진사이에게도 주자학의 형이상학적 요소는 수용될 수 없었다. 주자학에 깊이 들어가면 들어갈수록 주자학의 형이상학적 요소는 더욱더 크고 단단한 장벽이 되어 진사이의 앞을 가로막고 있었다. 생명보다 중히 여긴 주자학이었으므로, 진사이의 좌절은 그만큼 더 컸다. 생명처럼 아끼던 주자학 그 자체를 포기하지 않으면 안 되는 순간이 다가왔다. 주자학이 진사이의 삶의 지표였으므로, 주자학을 포기한다는 것은 삶의 지표를 상실하는 것을 의미한다. 진사이는 삶의 의미를 찾을 수가 없었다. 삶의 좌표를 잃고 방황하고 또 방황했다. 그가 은둔생활에 들어간 이유는 바로 이러한 좌절에서 연유한 것이다.

은둔생활을 통해 진사이는 주자학을 버렸다. 주자학의 형이상학적 요소를 버리기 위해 집착하고 있었던 형이하학적 요소까지도 버렸다. 주자학을 버리고 난 그에게는 이제 남은 것이 하나도 없을 것으로 생각했다. 이 세상을 안정시킬 수 있는 윤리가 어디에서도 찾을 수 없을 것으로 생각되었다. 그는 너무나 허탈해졌다. 그때 그에게 비로소 어렴풋이 나타난 것이 있었다. 그것은 순수한 공맹의 유학과 한·당 시대 때의 유학이었다. 거기에는 주자학에 의해 각색되기 이전의 소박한 요소가 있을 것으로 생각되었다. 그러자 공맹의 유학과 한·당 시대 때의 유학이 소박하게 모습을 드러내 주었다. 진사이에게 필요한 모든 요소가 거기에는 있었다. 주자학의 형이상학적 요소로 분류되었던 요소들이 모두 현실사회에 필요한 형이하학적 요소로 새롭게 해석되기 시작했다.

은둔생활에서 이 사실을 발견한 진사이는 다시 일어섰다. 진사이는 세상을 안정시킬 수 있는 이론을 공맹의 유학과 한당의 유학을 재료로 하여 다시 구축하기 시작했다. 사람을 사랑하고 세상을 걱정하는 마음이 컸던 만큼 진사이는 자기가 찾아낸 이론이 소중하게 여겨졌다. 자신이 찾아낸 이론의 핵심은 인(仁)이었다. 주자학에서는 이 인을 형이상학적 요소로 설명했으나, 진사이는 그렇지 않다는 사실을 알았다.

과거 진사이에게 가장 중요하게 생각된 것은 경(敬)이었다. 그래서 자신의 호도 경재(敬齋)로 지었다. 경을 통해 성실해질 수 있고, 성실해지면 예를 성실하게 실천할 수 있을 것으로 생각했기 때문이다. 그러나 알고 보니 주자의 철학에서 경은 형이상학적 질서를 터득하기 위한 수단이었으므로, 경에 대한 집착도 버렸다. 주자학을 버리고 난 뒤에 진사이에게 중요한 덕목으로 떠오른 것은 인(仁)이었다. 인은 사랑이다. 세상을 사랑하고 사람을 사랑하는 행동이 퍼져나가면 세상은 안정된다.

형이상학적 요소를 부정하면 하늘을 부정하게 된다. 하늘을 알고 하늘의 역할을 전제한다면, 하늘을 따르기만 하면 세상의 질서는 확립된다. 그러나 하늘의 역할을 부정하고 나면, 이 세상을 안정시킬 새로운 윤리를 찾아내지 않으면 안 된다. 진사이는 고민하고 또 고민했다. 이 세상을 안정시킬 수 있는 윤리를 어떻게 확립할 수 있을 것인가? 만약 그러한 윤리를 확립하지 못한다면 사람들은 투쟁을 일삼게 될 것이고, 이 세상은 혼란의 도가니로 빠져들 것이다.

고민에 고민을 거듭하던 진사이에게 번쩍하고 떠오른 것은 사람에게 원래 측은지심이 있다는 맹자의 말씀이었다. 사람은 누구나 자기의 마음을 들여다보면 거기에 측은지심이 있다는 것을 알 수 있다. 어린아이가 물에 빠지려는 순간을 보면 깜짝 놀라며 건지려고 하는 마음이 있다는 것을 알 수 있다. 이 마음을 확충해서 행동으로 옮기기만 하면 된다. 그렇게만 되면 사람들이 서로 사랑하게 될 것이므로, 세상을 안정시킬 수 있다. 진사이는 그것이 인(仁)이라는 것을 깨달았다. 주자학에서는 인을 형이상학적 개념으로 설명하여 하늘마음과 연결하였으므로, 하늘을 부정한 진사이에게는 인이 와닿지 않았다. 진사이는 주자의 해석이 틀렸다는 것을 깨달았다. 잔사이는 측은지심이 확충되어 다른 사람을 사랑하는 행동으로 드러난 것이 바로 인이라는 것을 깨달았다. 진사이는 뛸 듯이 기뻤을 것이다. 그때 깨달았던 내용으로 맹자를 다시 해석했다.

맹자는 "측은지심은 인을 하는 실마리요, 수오지심은 의를 하는 실마리요, 사양지심은 예를 하는 실마리요, 시비지심은 지를 하는 실마리이다. 사람에게 이 사단이 있는 것은 그에게 사지가 있는 것과 같다"라고 했고, 또 "모든 사람에게는 차마 하지 못하는 마음이 있으니, 그 마음을 확충하여 차마 하는 곳까지 채운 것이 인(仁)이고, 부끄러워서 하지 못하는 마음이 있으니, 그 마음을 확충하여 부끄러움을 모르고 하는 곳까지 채운 것이 의(義)이다"라고 했다. 학자가 이 두 말에 나아가 구해보면, 인의예지의 이치가 저절로 이해될 것이다. 그 뜻을 말하자면,

사람에게 이 사단이 있는 것은 곧 천성적으로 가지고 있는 것이니, 사람 사람마다 갖추어져 있으므로 밖에서 구할 필요가 없는 것이 마치 사지가 그 몸에 붙어 있는 것과 같아, 진실로 그것을 확충하여 키우면 능히 인의예지의 덕을 이룰 수 있으니, 이것은 마치 불이 처음 타올라 저절로 들판을 태우는 듯한 치열함에 이르고, 샘이 처음 솟아 반드시 언덕을 넘어가는 호호탕탕함에 이르는 것처럼, 점진적이고 순차적이어서 그 형세가 멈출 수 없다는 것이다. 다음의 설명은 그 뜻이 더욱 분명하여 다시 의심할 것이 없다. "이른바 모든 사람에게 있는 차마 하지 못하는 마음과 부끄러워서 하지 않는 마음은 측은하게 여기는 마음과 부끄러워하는 마음이니, 그것이 두 실마리이다. 그 마음을 확충하여 차마 하는 곳과 부끄러움을 모르고 하는 곳에까지 채운 뒤에 인이 되고 의가 될 수 있다"고 말한 것에서 보면, 사단의 마음은 우리가 태어나면서부터 가지고 있는 것이고. 인의예지는 그 마음을 확충하여 이루어진 것임을 알 수 있다.[97]

주자학에서는 인간에게 고유한 형이상학적 요소가 인의예지이고, 인의예지가 마음속으로 들어온 것을 사단으로 설명했다. 인의예지는 직접 알 수가 없으나, 마음속에 들어와 있는 사단, 즉 측은·수오·사양·시비의 마음을 보면 그것이 인의예지를 알 수 있는 단서가 된다는 것이다. 그러나 형이상학적 요소를 부정한 진사이는 사람의 마음에 본래부터 들어 있는 마음은 인의예지가 아니라 사

---

97. 『語孟字義』上卷.

단뿐이라고 설명한다. 진사이에 따르면, 사람의 마음속에 고유하게 들어 있는 사단의 마음, 즉 측은지심·수오지심·사양지심·시비지심을 확충하여 행동으로 나타난 것이 인의예지이다. 진사이의 설명은 주자 윤리설의 방향을 180도 전환한 것이다.

주자학에서 형이상학적인 요소로 이해되었던 인의예지가 사회윤리로 설정되자, 사회를 안정시키는 방안을 찾지 못해 고심하던 진사이에게 인의예지가 가장 중요한 사회윤리로 부각되었다. 그리하여 주자학에서 인의예지를 사단으로 발휘하게 하는 수단인 경(敬)이 의미를 가질 수 없게 되었다.

> 송나라 유학자는 인을 성으로 여기지만, 나는 매우 도에 해가 되는 것이라고 여긴다. 만약 송나라 유학자의 뜻을 따라 논하면, 성은 미발(未發)이 되고 정은 이발(已發)이 된다. 인이 미발의 가운데 보존되어 있는 것은 물이 땅속에 있는 것과 같으니, 인에 손을 쓸 수 없는 것이 물이 땅속에 있으면 맑게 하는 일을 할 수 없는 것과 같다. 그 공부는 겨우 발용(發用)상에 있고 본체에 대해서는 어찌할 수가 없다. 그러므로 별도로 '수경(守敬)'·'주정'(主靜) 등의 설을 세워 그것을 보충하고는, 이와 같으면 인에 위반되지 않고서도 의가 스스로 그 가운데 있다고 말하니, 그 공부가 매우 소략하다고 하겠다. 이런 까닭으로 인의예지의 덕은 마침내 빈 그릇이 되어 다시는 인에 힘을 쓰는 자가 없게 된다. 또 공자와 맹자가 인을 말씀한 것이 모두 겨우 용만 말하고 체에 대하여 하나도 언급한 것이 없다면, 공자와 맹자의 말씀이 어찌 한쪽으로 치우쳐 그 이치가 갖추어지지 못한 것이

아니겠는가? 이는 공문의 교법과 같은 듯하면서도 같지 않으니, 학자는 묵묵히 알아야 할 것이다.[98]

이러한 사유 과정을 거친 진사이는 드디어 자신의 호를 케이사이(敬齋)에서 진사이(仁齋)로 바꾸었다. 그런 뒤에 그는 인을 실현하는 방법을 구체적으로 생각했다. 그러던 중 진사이에게 한 가지 묘안이 떠올랐다. 그것은 서(恕)를 행하는 방법이었다. 서란 남의 마음과 나의 마음이 같다는 의미이다. 이런 의미에서 주자는 서(恕)를 '추기(推己)'로 해석했다. 남의 마음과 나의 마음이 같으므로, 나의 마음을 미루어 남의 마음을 이해할 수 있다는 뜻이다. 그러나 이에 대해 진사이의 생각은 달랐다. 남과 내가 한마음이 되는 형이상학의 세계를 인정한다면, 나의 마음속으로 들어가 남의 마음을 이해할 수 있다. 그러나 형이상학적 세계를 인정하지 않는다면, 나의 마음속으로 들어간다고 해서 남의 마음을 이해할 수 있는 것이 아니다. 나의 마음과 남의 마음이 다른 데도, 나의 마음을 미루어 남의 마음을 파악하려 한다면 결국 자기중심주의에 빠져 사회가 더욱 혼란해질 것이다. 그러므로 진사이는 이 서의 내용을 먼저 남을 헤아리는 것으로 해석했다. 나의 생각과 남의 생각이 다를 수 있으므로, 먼저 남의 입장에서 남의 마음을 헤아린다면, 남의 입장과 남의 마음을 이해할 수 있게 될 것이다. 진사이는 남을 배려하고 헤아리는 마음이 행동으로 드러나는 것을 인으로 생각했다. 남을 이해한 뒤에 남의 입장에 자기를 맞춘다면 남과 자기가 조화를 이룰 수

98. 『語孟字義』上卷.

있게 될 것이므로 인이야말로 인간사회를 조화시킬 수 있는 도덕이 될 수 있을 것이다. 그러므로 인이 중요할수록 서 또한 인을 이루는 요체로서 중요한 의미를 갖는다.

자기의 마음을 다하는 것이 충(忠)이요, 남의 마음을 헤아리는 것이 서(恕)이다. 『집주』를 살펴보니, 정자가 "자기의 마음을 다하는 것을 충이라고 한다"라고 말한 것을 인용한 것은 합당하다. 다만 '서'라는 글자에 대한 풀이는 합당하지 않은 듯하다. 주소(註疏)에 '자기를 헤아린다(忖己)' 또는 '남을 헤아린다(忖人)' 등의 뜻으로 풀이했는데, 이보다는 '촌(忖)'이라는 글자의 뜻만 가지고 풀이하는 것이 낫다. 말하자면, 남을 배려하여 마음의 고락이 어떠한가를 반드시 헤아려야 하는 것이니, '촌기'(忖己) 두 글자가 미온한 까닭에 고쳐서 '남의 마음을 촌탁(忖度)한다' 라고 한 것이다.

무릇 사람은 자기가 좋아하고 싫어하는 것은 매우 분명하게 알지만, 남이 좋아하고 싫어하는 것에 대해서는 자세하게 살필 줄 모른다. 그러므로 남과 내가 항상 멀고 막힌 것이 북호남월(北胡南越)과 같아, 혹은 너무 지나치게 미워하고, 혹은 응하는데 절도가 없어, 친척과 옛 친구의 어려움을 보기를 마치 북방의 진(秦)나라 사람이 남방의 월(越)나라 사람의 기름지고 마른 것을 보는 것같이 멍해져서 불쌍히 여길 줄을 모르니, 불인(不仁)하고 불의(不義) 한 것이 심한 데 이르지 않는 자가 거의 드물다.

진실로 남을 대할 때 그가 좋아하고 싫어하는 것이 어떠하고 그가 처리하고 행하는 것이 어떠한가를 헤아려, 그의 마음을 자기의 마음으로 삼고, 그의 몸을 자기의 몸으로 삼아, 몸소 자세히 살펴서 생각하고 헤아려야 한다. 그렇게 하면 남의 허물이 매번 어쩔 수 없는 데서 나오고, 견딜 수 없는 데서 생겨난다는 것을 알게 되어, 깊이 질시하고 미워할 수 없는 것이 있다는 것을 알아, 구름이 뭉게뭉게 일어나듯이 매사에 반드시 너그러움과 용서에 힘을 기울이게 되어, 각박하게 대하는 데에 이르지 않게 되며, 남의 급무에 달려가고 남의 어려움을 구하기를 스스로 그칠 수가 없어, 그 덕의 성대함을 다 헤아릴 수 없는 것이 있음을 안다. 공자가 "종신토록 행할 수 있다"라고 한 것이 또한 마땅하지 않은가? (…) 성인의 도는 인(仁)보다 큰 것이 없고 의(義)보다 요긴한 것이 없다. 그런데 증자는 다만 "선생님의 도는 충서뿐이다"라고 하고, 공자 역시 "한마디 말로써 종신토록 행해야 하는 것이 서(恕)이다"라고 하신 것은 무엇 때문인가?

성인의 도는 오로지 사람을 대하고 만물을 접하는 것을 일삼고, 편안히 마음을 지키고 경건한 태도를 취하는 것을 일삼지 않는다. 인의는 진실로 도의 본체이니, 비록 충서에 관한 일이라 할지라도 또한 인의로써 근본을 삼지 않을 수 없다. 그러나 사람을 대하고 만물을 접하는 것에서는 반드시 충서로써 요체를 삼아야 한다.

대개 마음을 보존하고 성을 기르는 것은 인의에 관계된 것이고, 사람을 대하는 것은 충서에 관계된 것이니, 진실로 충이 확립되고 서가 행해지면 마음이 넓어지고 도가 행해져 인에 이를 수 있다. 그러므로 "서를 힘써 행한다"라고 한 것이니, 인을 구하는 것이 이보다 가까운 것이 없다.[99]

주자학의 장벽에 부딪혀 좌절하여 은둔생활에 들어갔던 진사이는 이러한 사유 과정을 거치면서 드디어 주자학의 장벽을 뛰어넘었다. 그리하여 그는 이 세상에 필요한 새로운 윤리를 찾아내었다. 그는 이제 은둔생활을 계속할 필요가 없었다. 그는 『인설(仁說)』을 발표하고, 은둔생활을 마감한다. 세상에 나온 진사이는 세상의 윤리와 질서를 확립하기 위한 사명감에 충만해졌다. 그리하여 그는 그의 윤리사상을 전파할 수 있는 방법을 생각했다. 윤리사상을 전파하기 위해서는 먼저 동지를 모아야 했다.

진사이는 36세가 되던 해에, 교토에 발생했던 지진을 계기로 집으로 돌아와 문호를 열고 생도를 가르치기 시작했다. 그가 교육하는 교실을 진사이는 고학(古學)을 강의하는 곳이라는 의미에서, 고의당(古義堂)이라 칭했다. 진사이는 생도를 가르치는 한편, '동지회'라는 연구모임을 조직하여 본격적인 학문 활동에 들어갔다. '동지회'의 회칙을 보면, 진사이의 집을 집회장소로 하여 매월 3회 회합을 했는데, 집회하는 방의 북쪽 벽에는 「역대성현도통도」를 걸어놓았다. 그리고 집회일에는 회원이 각각 차와 과일을 가지고 모였다. 또 회원 중에서 반드시 한 사람을 추천하여 회장을 뽑았다. 회원이 다 모이면 나이순으로 자리에 나아가, 도통도를 향하여 예배를 하고, 간사가 회약(會約)을 읽은 뒤, 회원 중에서 발표자가 앞으로 나아가 자리에 앉아 글을 읽고 강론했다. 강론이 끝나면 회원이 각각 질문했는데, 만약 답변하는 가운데 뜻이 통하지 않는 곳이 있으면 회장이 절충했다. 이러한 방식으로 순번을 정해 강의와 문답을 진

---

99. 『語孟字義』上卷.

행했다. 강론이 모두 끝나면 회장은 문제를 내어 여러 사람을 시험하고 답안에다 보충하거나 비평을 했다. 「동지회식」에 따르면, 회의 중에 논의된 내용은 각각 한 권의 책으로 만들고, 돌아가며 베끼기로 했다. 또 그중에서 요긴하고 중요한 내용이 있으면 그것을 따로 뽑아 별도의 책을 만들고 긴요하지 않거나, 성현의 뜻에 어긋나는 것은 기록하지 않았다고 했다. 이러한 연구와 저작의 태도는 진사이의 일생 계속되었다.

> 나는 문인이나 어린 사람의 설이라 하더라도 진실로 취할 바가 있으면 모두 그것을 따랐다. 『논어』, 『맹자』를 해석하는 데도 모두 그러했다. 문인들과 논의를 하여 중의가 결정되면 그것을 책에 기록했다. 만약 이치에 맞지 않는 것이 있으면 그것을 버리고 취하지 않았다.[100]

이러한 방법으로 학문에 몰두하면서 주자학의 내용을 체계적으로 비판한 진사이는 거의 완전히 '고학'이라는 독자적인 학문체계를 수립했다.

40세가 되었을 때 진사이의 주변에 사람들이 모여들기 시작했다. 이 무렵에 진사이는 결혼했다. 부인이 임신중일 때 진사이는 『효경』 등의 책을 읽어주며 태교를 했다.

진사이에게 많은 사람이 몰린 것은 진사이가 학문적으로 대가가 되었기 때문이기도 하지만, 그의 온화하고 인자한 성품 때문이

100. 『童子問』.

기도 했다.

47세 때 부친상을 당하고 48세 때 모친상을 당했다.

50세가 되었을 때 상을 벗고 다시 강의를 시작했다. 만년의 진사이는 별다른 변화 없이 강의와 집필로 일관했다.

79세 때인 1705년 3월 12일 찾아온 문인들에게 문안을 받고, 오후에 운명했다.[101]

진사이의 주요 저서로는 『어맹자의(語孟字義)』, 『논어고의(論語古義)』, 『맹자고의(孟子古義)』, 『중용발휘(中庸發揮)』, 『대학정본(大學定本)』, 『동자문(童子問)』, 『인재일찰(仁齋日札)』 등이 있다.

제2절 진사이의 학문방법

진사이는 『어맹자의』의 서문에서 그의 학문방법에 관하여 다음과 같이 언급했다.

> 내가 일찍이 배우는 자에게 『논어』와 『맹자』 두 책을 익숙히 읽고 정밀히 생각하여, 성인의 마음과 말씀의 맥락을 확실히 알 수 있도록 가르친 까닭은, 그렇게 하면 공·맹의 의미와 혈맥을 알 수 있을 뿐만 아니라, 또 그 글자의 뜻을 이해하여 큰 오류에 이르지 않을 수 있기 때문이었다.

---

101. 이토 진사이의 생애 부분은 石田一郎, 『伊藤仁齋』(吉川弘文館, 1960)을 참조했다. 원문을 번역해서 실은 것도 일부 있음을 밝힌다.

무릇 글자의 뜻은 학문에 있어 진실로 작은 것이다. 그러나 하나라도 그 뜻을 잃어버리면 해가 되는 것이 적지 않다. 다만 마땅히 하나하나 『논어』와 『맹자』를 근거로 하여, 마음과 말씀의 맥락에 합치할 수 있어야 할 것이고, 망령되이 잘못 해석하거나 자기의 사견을 섞으면 안될 것이다. 이른바 네모진 자루를 둥근 구멍에 넣는다는 것과 멍에를 북쪽으로 하고 남쪽에 있는 월나라로 간다는 것이 진실로 빈말이 아니다.[102]

이 서문에서 진사이는 주자학에서 독립할 수 있었던 방법을 토로하고 있다. 진사이는 주자학자들의 학설에서 많은 혼란을 경험했기 때문에 제자들에게는 아예 주자학자들의 학설을 읽지 말고 바로 『논어』와 『맹자』를 자세히 읽어, 그 속에서 뜻과 맥락을 스스로 파악하도록 가르쳤다. 「동지회필기」에는 다음의 기록이 있다.

아! 내 일찍이 학자들에게 가르치기를, 글의 뜻을 이미 통한 뒤에 송나라 학자의 주석을 다 버리고 다만 『논어』와 『맹자』의 원문을 숙독 완미하기를 2~3년간 계속하면, 마땅히 자득하는 바가 있을 것이다.

---

102. 『語孟字義』序文.

제3절 주자학 비판의 내용[103]

진사이는 『어맹자의』에서 주자학의 개념들을 조목조목 열거하여 하나하나 분석하고 정리함으로써, 주자학을 완전히 뒤집고, 자신의 학문체계를 세워나갔다. 이제 그 대강을 살펴보면 다음과 같다.

제1항 도

주자학의 형이상하적 개념이 생겨나게 된 원천은 『주역』「계사전 하」에 있는 "형이상자 위지도 형이하자 위지기(形而上者 謂之道 形而下者 謂之器)"라는 문장에서 유래하지만, 진사이는 도의 개념을 다음과 같이 해석한다.

> 부채에 비유하면, 바람을 일으키는 것이 도(道)이고, 종이와 부챗살 등은 기(器)이다. 이것은 "타오르는 것이 불의 도이고, 적셔 내려가는 것이 물의 도이다"라고 말하는 것과 같다. 주자가 '부채가 바람을 일으키는 것이 기(器)이고, 바람을 일으키게 하는 원리가 도이다'라고 했으니 잘못이다. 어찌 기(氣)를 기(器)로 삼을 수 있겠는가?

진사이는 기의 작용을 도로 봄으로써, 주자의 이원적 세계관을 부정한다. 또한 "일음일양지위도(一陰一陽之謂道)"의 내용에 관해서

---

103. 진사이의 주자학 비판에서 출전을 밝히지 않은 인용문은 모두 『語孟字義』에서 인용한 것임.

도, 진사이는 주자의 해석을 부정하고, '음이 되었다가 양이 되었다가 하면서 왕래하여 그치지 않는 것이 도'라고 하여, 도의 형이상학적 개념을 부정한다.

제2항 명

진사이는 "천(天)이란 자연에서 나왔기 때문에 인력으로 어떻게 할 수 있는 것이 아니며, 명(命)은 인력에서 나온 것 같으나 실로 인력이 미칠 수 있는 것이 아니다"라고 하여, 천명을 사람의 본마음과 일치시키는 주자의 설명을 부정한다.

제3항 리

진사이는 주자학에서 천지만물의 본질로 보는 리의 개념을 부정한다.

> 리(理)라는 글자는 본래 사자(死字)이다. 옥(玉)의 뜻과 리(里)의 소리가 합쳐진 형성자이니, 옥석의 무늬를 말한다. 사물의 조리를 형용하는 것이므로, 천지가 만물을 화생하는 묘한 본질을 형용할 수 있는 것이 아니다.[104]

진사이는 리(理)를 천지만물의 본질로 보는 것을 부정한다. 송나라 학자들이 "천지가 개벽되기 전의 상태에서 보면, 리뿐이다"라고

---

104. 若理字 本死字 從玉里聲 謂玉石之文理 可以形容事物之條理 而不足以形容天地生生化化之妙也(『語孟字義』).

하여, 리를 시공을 초월하여 존재하는 것으로 설명하는 것에 대해, 다음과 같은 실증적 사고방식을 가지고 비판을 가한다.

이것은 상상에서 나온 견해일 뿐이다. 무릇 천지의 앞과 천지의 시작을 누가 보아 누구에게 그것을 전했는가? 만약 세상의 어떤 사람이 천지가 아직 개벽되기 이전에 태어나, 수백억만 년을 장수하여 눈으로 직접 보고 후인에게 그것을 전하여, 상호 전송하여 지금에 이르렀다면 진실로 참일 것이다. 그러나 세상에는 천지가 아직 개벽하기 이전에 태어난 사람이 없고, 또 수백억만 년을 장수하는 사람이 없으므로, 여러 천지개벽의 설을 말하는 자들은 모두 정도에서 매우 벗어나 있다. 이른바 '맑은 것은 올라가 하늘이 되고, 탁한 것은 내려와 땅이 된다'라는 것과 소강절이 12만 9천 6백 년을 일원(一元)으로 삼는 것과 '천은 자방(子方)에서 열리고 지는 축방(丑方)에서 열리고 인은 인방(寅方)에서 생겨난다'라는 등의 설은 모두 전국시대의 잡가와 참위의 여러 서책에 실린 기괴하고 불경스러운 옛 설에 익숙하여 상호 견강부회한 것일 따름이다.[105]

---

105. 此想像之見耳矣 夫天地之前 天地之始 誰見而誰傳之邪 若世有人 生於天地未闢之前 得壽數百億萬歲 目擊親視 傳之後人 互相傳誦 以到于今 則誠眞矣 然而 世無生於天地未闢之前之人 又無得壽數百億萬歲之人 則大凡諸言天地開闢之說者 皆不經之甚也 所謂淸者升爲天 濁者降爲地 邵康節以十二萬九千六百年爲一元 及天開於子 地闢於丑 人生於寅等說 皆漢儒以來 狃聞戰國雜家讖緯諸書迂怪不經之故說 互相附會耳(『語孟字義』卷上, 〈天道〉).

진사이에 따르면, 직접 확인할 수 있는 대상이 되지 못하는 모든 것은 인정할 수 없게 된다. 주자학에서 말하는 모든 형이상학적 요소는 진사이의 학문체계에서 비판받지 않을 수 없다.

제4항 성

천인분리를 주창한 진사이는 반잔의 경우와 마찬가지로 사람을 물질적 요소에 근거한 개체적 존재로 파악한다.

> 성(性)은 생(生)이다. 사람의 성에는 더할 것도 감할 것도 없다. 동중서가 이르기를 "성이란 타고난 기질"이라 하고 주돈이는 강선(剛善)·강악(剛惡)·유선(柔善)·유악(柔惡)·불강불유의 중(中)을 합해 다섯 가지 성으로 정리했으니, 이는 옳다.[106]

진사이는 주자학의 핵심 개념인 성(性)을 생리적이고 기질적인 것으로 해석하여, 인간의 본성이 하늘의 마음과 이어져 있는 것으로 보는 주자학의 성 개념을 비판한다. 주자학에서는 사람의 성이 하늘의 마음이므로, 죽고 사는 문제를 해결하는 것도 성의 회복에 달려 있다고 한다. 성은 주자학에서 가장 중시하는 개념이다. 그러나 주자학적 성 개념을 부정한 진사이는 사람의 생사 문제를 다른 방식으로 해결할 수밖에 없었다.

---

106. 性生也 人其所生 而無加損也 董子曰 性者生之質也 周子以剛善剛惡柔善柔惡不剛不柔而中焉者爲五性 是也(『語孟字義』卷上,〈性〉).

『주역』에 이르기를, '천지의 큰 덕은 살리는 것이다'라고 했다. 이는 낳고 낳아 끊임이 없는 것을 말하는 것이니 곧 천지의 도이다. 그러므로 천지의 도는 삶은 있으나 죽음은 없고, 모임은 있어도 흩어짐은 없다. 죽음은 바로 삶의 마침이요, 흩어짐은 모임의 다함이니, 천지의 도가 생에서 한결같기 때문이다. 부모와 조부모의 몸이 비록 죽어 없어져도, 그 정신은 자손에게 전해지고, 자손은 또 그 자손에게 전하여, 삶이 끊이지 않고 무궁함에 이르니 죽지 않는다고 말할 수 있는 것이다. 만물이 모두 그러하니, 어찌 천지의 도는 삶은 있으나 죽음이 없는 것이 아니겠는가. 그러므로 살아있는 것은 반드시 죽고, 모인 것은 반드시 흩어진다고 할 수는 있지만, 삶이 있으면 죽음이 있고, 모임이 있으면 흩어짐이 있다고 할 수는 없으니, 그것은 삶과 죽음을 상대개념으로 보는 것이기 때문이다.[107]

만물은 끊임없이 이어져 간다. 사람도 그렇다. 조부모에서 부모로, 부모에서 나로, 나에서 다시 나의 아들딸로, 아들딸에서 손자손녀로 계속 이어져 간다. 그러므로 개개인은 늙어 죽지만, 자손으로 이어지는 전체를 보면 삶은 계속 이어지는 것이므로, 삶만 있고 죽음은 없다. 이를 알면 죽음을 두려워하거나 걱정할 것이 없다.

---

107. 易曰 天地之大德曰生 言生生不已 卽天地之道 有生而無死 有聚而無散 死卽生之終 散卽聚之盡 天地之道一於生故也 父祖身雖歿 然其精神則傳之子孫 子孫又傳之其子孫 生生不斷 至于無窮 則謂之不死而可 萬物皆然 豈非天地之道有生而無死耶 故謂生者必死 聚者必散 則可 謂有生必有死 有聚必有散 卽不可 生與死對故也(『語孟子義』卷上,〈天道〉).

제5항 인의예지

주자학에서는 성(性)의 내용이 인의예지(仁義禮智)이고, 인의예지가 사람의 마음으로 드러나는 것이 사단이라고 설명했지만. 진사이는 사람의 마음에 고유하게 있는 것은 사단이고 사단이 밖으로 드러나 행동으로 구체화된 것이 인의예지라고 설명함으로써, 주자학의 내용을 완전히 뒤집었다. 주자학을 부정하고 난 진사이는 기(氣)를 중심으로 하는 자기의 철학을 정리했다.

제4절 진사이의 기 철학

세이카에게 수용된 주자학의 리(理) 개념이 라잔과 반잔을 거치면서 형이하적인 개념으로 변모하다가, 진사이에 이르면 리의 형이상적 성격이 완전히 소멸한다.

진사이에 따르면, 리는 기의 작용일 뿐이다. 형이상적인 개념은 형이하적인 개념과 상대적인 것이 아니라, 형이하적인 요소의 한 작용일 뿐이다. 진사이는 이러한 리와 기의 관계를 다음과 같은 사실적 비유를 통해 구체적이고 실증적인 방법으로 설명한다.

어째서 천지 사이에 하나의 원기(元氣)가 있을 뿐이라고 말하는가. 이는 빈말을 가지고 설명할 수 없으므로, 비유로서 밝히겠다. 지금 만약 널빤지 여섯 조각을 붙여서 궤짝을 만들고 뚜껑을 그 위에 덮으면, 저절로 그 안에 기가 가득 찬다. 기가 그 안

에 가득 차면 하얀 곰팡이가 생긴다. 하얀 곰팡이가 생긴 뒤에
는 저절로 좀들이 생긴다. 이는 자연의 이치이다. 대개 천지는
하나의 큰 궤짝이다. 음양은 궤짝 가운데의 기이다. 만물은 곰
팡이요 좀들이다. 기는 다른 데서 생겨난 것도 아니고 또한 다
른 데서 온 것도 아니다. 궤짝이 있으면 기가 있고 궤짝이 없으
면 기가 없다. 그러므로 천지 사이에 다만 이 하나의 원기가 있
을 뿐이라는 사실을 알 수 있다. 리가 있어서 기를 만드는 것이
아님을 알 수 있다. 이른바 리라는 것은 기 가운데서의 조리일
뿐이다. 만물은 오행을 근본으로 하고, 오행은 음양을 근본으
로 한다. 다시 음양이 되는 근본을 구하면 반드시 리(理)로 귀결
되지 않을 수 없다. 이는 상식으로서 반드시 여기에 이르면 이
러한 결론에 도달하지 않을 수 없는 까닭이며 송나라 학자가
무극·태극의 견해를 만들어 낸 까닭이다.[108]

진사이는 나무 궤짝을 예로 들어 기의 문제를 설명했다. 진사이
는 이 세상의 모든 존재의 본질을 기로 보았다. 하늘을 부정하고,
리의 형이상학적인 내용을 부정하면 존재의 본질이 기로 귀결될
수밖에 없다.

---

108. 何以謂天地之間一元氣而已耶 此不可以空言曉 請以譬喩明之 今若以版六
片相合作匣 密以蓋加其上 則自有氣盈于其內 有氣盈于其內 則自生白醭
旣生白醭 則又自生蛀蟫 此自然之理也 蓋天地一大匣也 陰陽匣中之氣也
萬物白醭蛀蟫也 是氣也 無所從而生 亦無所從而來 有匣則有氣 無匣則無
氣 故知天地之間 只是此一元氣而已矣 可見非有理而生斯氣 所謂理者 反
是氣中之條理而已 夫萬物本乎五行 五行本乎陰陽 而再求夫所以爲陰陽之
本焉 則不能不必歸之於理 此常識之所以必至於此不能不生意見 而宋儒
之所以有無極太極之論也(『語孟字義』卷上,〈天道〉).

우주를 궤짝으로 비유하면, 궤짝 속의 기는 쉬지 않고 왕래하지만, 궤짝 그 자체는 영원하고 무한하다.

사방과 상하를 우(宇)라 하고 고금왕래를 주(宙)라 한다. 육합(六合)의 무궁함을 알면 고금의 무궁함을 알 수 있다. 금일의 천지는 만고의 천지요, 만고의 천지는 금일의 천지니, 어찌 시종이 있겠으며 어찌 개벽이 있겠는가. 이 이론은 천고의 의혹을 격파할 수 있다.[109]

진사이는 천지사방의 공간적인 무한함을 미루어 천지의 시간적인 무궁함을 알 수 있다고 하여, 기에 영원성·불변성을 부여하고, 하늘을 자연의 한 속성으로 이해함으로써, 기 중심의 이기설을 완성했다. 세이카에게 수용되었던 리 우위의 이기설이 라잔·반잔 등에 의해 기 중심의 이기설로 서서히 진행되다가, 진사이에 이르러 기의 철학으로 완전히 정리되었다.

---

109. 大四方上下曰宇 古往今來曰宙 知六合之無窮 則知古今之無窮 今日之天地 卽萬古之天地 萬古之天地 卽今日之天地 何有始終 何有開闢 此論可以破 千古之惑(『語孟字義』卷上, 〈天道〉).

제5절 진사이의 윤리학

제1항 성의 실천 윤리학

야마자키 안사이에게 수용된 경(敬)의 내용이 대자적인 덕에서 대타적인 덕으로 전환되었고, 대타적인 덕은 오륜으로 구체화 되었다. 이런 경향은 반잔에 있어서 보다 현저하게 나타났지만, 경의 대자적인 덕으로서의 성격은 여전히 남아 있었다. 경의 대자적인 덕으로서의 성격이 완전히 소멸하는 것은 진사이에 이르러서이다.

> 인의예지 네 가지는 모두 도덕을 이름한 것이지 성을 이름한 것이 아니다. 도덕이란 천하에 보편적으로 통달하여 있는 것이지, 한 사람이 소유한 것이 아니다. 성이란 오로지 자기에게 있는 것을 말한 것이지, 천하에 보편적인 것은 아니다. 이것이 성과 도덕의 분변이다. 『역』에 이르기를 "사람의 도를 세우는 것은 인과 의이다"라고 했고, 『중용』에서는 "지인용의 세 요소는 천하의 달덕이다"라고 했으며, 맹자는 "이미 덕으로서 배불렀다"라고 했으니, 이는 인의에 배불렀음을 말한 것이다. 인의가 도덕의 이름이 된 것은 분명하다. 한·당의 유학자들로부터 송의 주렴계에 이르기까지 모두 인의예지를 덕으로 삼았는데, 일찍이 다른 의견이 없었다. 이천에 이르러 처음으로 인의예지를 성의 이름으로 삼고, 또 성을 리라고 여겼는데, 이로부터 학자들이 모두 인의예지를 리라고 여기고, 성으로 여겨 그 뜻을 이해했다. 그리고 다시 인의예지의 덕에 힘을 쓰지 않았다. 공부하고 수용하는 데 이르러서는 별도로 지경(持敬)·주정(主靜)·치양지

(致良知) 등의 조목을 세워 공자의 법을 다시 따르지 않으니, 이 것이 바로 내가 깊이 변론하여 통렬히 논박하는 까닭이다.[110]

진사이는 인의예지를 형이하학적인 존재로 파악하여, 마음 깊은 곳에 있는 것으로 보지 않았으므로, 인의예지가 똑바로 발휘한다 는 것이 있을 수 없고, 따라서 지경 공부 또한 의미가 없어졌다. 진 사이는 경의 의미 중에 대타적인 내용만 인정하고, 수양적 의미를 부정했다.

경(敬)이란 존숭하여 받드는 것을 말한다. 옛 경서에 '하늘을 공 경한다'라고 하고, '귀신을 공경한다', '부모를 공경한다', '형을 공경한다', '사람을 공경한다', '일을 경건하게 처리한다' 등으로 쓰인 것을 보면, 모두 존숭하여 받든다는 뜻이다. 한 가지도 일 없이 한갓 경(敬)이라는 글자를 지킨다는 뜻으로 말한 것이 없 다. 오직 공자께서 말씀하시기를, "자기를 닦기를 경으로 한다" 라고 하고, 중궁이 이른바 "경건하게 있으면서 간략하게 행한 다"라고 한 것은 오늘날의 소위 '경을 유지한다[持敬]', '경을 붙 잡는다[主敬]'라고 할 때의 효과와 흡사하지만, 그러나 공자께

---

110. 仁義禮智四者 皆道德之名 而非性之名 道德者 以徧達於天下而言 非一人 之所有也 性者 以專有於己而言 非天下之所該也 此性與道德之辨也 易曰 立人之道 曰仁與義 中庸曰 知仁勇三者 天下之達德也 孟子曰 旣飽以德 言 飽乎仁義也 仁義爲道德之名 彰彰矣 自漢唐諸儒 至於濂溪先生 皆以仁義 禮智爲德 而未嘗有異議 至於伊川 始以仁義禮智 爲性之名 而以性爲理 自 此而學者 皆以仁義禮智 爲理爲性 而徒理會其義 不復用力於仁義禮智之 德 至於其功夫受用 則別立持敬主靜致良知等條目 而不復狥孔氏之法 此 予之所以深辯痛論(『語孟字義』卷之上, 〈仁義禮智〉).

서 "자기를 닦기를 경으로 한다"라고 하시고, 또 이어서 "자기를 닦아서 사람을 편안하게 한다"라고 하신 것과, 중궁이 "경건하게 있으면서 간략하게 행한다"라고 하고, 이어서 "백성에게 임하면 또한 좋지 않은가!"라고 한 것을 보면, 이 두 가지의 말은 역시 '윗사람을 공경하고, 일을 경건하게 처리하는 것'을 말한 것이지, 한갓 경이란 글자를 지킨다는 뜻으로 말한 것은 아니다.

『대학혹문』에 이르기를, "경이란 한 글자는 성학의 처음을 이루고 끝을 이루는 것"이라 하고, 또 주자가 말하기를 "경이란 일심의 주재요 만사의 근본이다"라고 했다. (그러나) 내가 생각하기에는 그렇지 않다. 성문의 학은 인의(仁義)를 으뜸으로 여기고, 충신(忠信)을 모범으로 삼는다. 공자가 말씀하시기를, "종신토록 행해야 할 것을 한마디 말로 하면 서(恕)이다"라고 했고, 증자는 "스승님의 도는 오직 충서(忠恕)일 뿐이다"라고 했다. 일찍이 경(敬)으로 성학의 처음과 끝으로 삼거나, 만사의 근본이라 하지 않았다. 만일 송유가 말한 바와 같다면, 오직 성인이 경(敬)을 말씀하신 문장이 학문의 핵심이 되고, 그 외의 성인의 천언만어는 모두 무용한 것이 되니, 어찌 그럴 수 있겠는가.[111]

주자학의 경(敬)사상에 대한 진사이의 비판 논리는 다음의 두 가지 점으로 집약된다.

첫째, 경(敬)은 대타적 덕목이지 대자적 덕목이 아니라는 것이다. 진사이에 따르면, 경서에 사용되고 있는, 경천(敬天)·경귀신(敬鬼神)·경군(敬君)·경친(敬親)·경형(敬兄)·경인(敬人)·경사(敬事) 등과 같은 용례에서 보면, 모두 대타적인 덕목이고, 일견 대자적인 덕목으로 보이는 공자의 "자기를 닦기를 경으로 한다"라는 말과 중궁의 "경건하게 있으면서 간략하게 행한다"라고 한 말도, 이어서 말한 "자기를 닦아 사람을 편하게 한다"라는 것과 "백성에게 임하면 또한 좋지 않은가!"라고 한 것에서 보면 역시 대타적인 덕목이라는 것이다.

둘째, 경(敬)이 성학의 처음과 끝을 이루는 것이 아니라, 인의와 충신이 중심이기 때문에 주자학에서 주장하는 것과 다르다는 것이다.

경(敬)의 의미는 원래 대자적인 덕과 대타적인 덕의 두 측면이 있었다. 경인(敬人)·경사(敬事)·경귀신(敬鬼神) 등으로 말할 때의 경은 물론 대타적인 의미로 사용된 경이지만, 『주역』에서 말한, '경(敬)으로 속을 바르게 한다[敬以直內]'라는 말의 뜻은 하늘마음이 사람의 마음속으로 들어올 때 왜곡되지 않고 똑바로 내려오도록 하는 수단이므로, 대자적인 덕목이다. 그렇지만, 하늘의 형이상학적 요소를 부정해버린 진사이에게는 대자적인 덕목으로서의 경(敬)이 의미가 없어졌다. 경건한 마음을 유지하여 마음속에 사단이 충만해지면, 그 마음이 저절로 밖으로 나오므로, 세상은 평화로워진다. 그러

---

111. 敬者 尊崇奉持之謂 按古經書或說敬天 或說敬鬼神 或說敬君 或說敬親 或說敬兄 或說敬人 或說敬事 皆尊崇奉持之意 無一謂無事徒守敬字者 惟夫子曰 修己以敬 仲弓所謂居敬而行簡二語 似乎今之所謂持敬主敬之功 然觀夫子曰修己以敬 而下又曰君子修己以安人 仲弓曰居敬而行簡 而下又續之曰以臨其民不亦可乎 則此二語 亦以敬民事而言 非徒守敬字之謂 大學或問曰 敬之一字 聖學之所以成始而成終者也 朱子又曰 敬者 一心之主宰 萬事之根本 愚謂不然 聖門之學 以仁義爲宗 以忠信爲主 孔子曰 一言而可以終身行之者 其恕乎 曾了曰 大了之道 忠恕而已矣 木嘗以敬爲聖學之成終始而萬事之根本 設若果如宋儒之所說 則唯聖人言敬諸章 乃爲學問緊要之功 而其他聖人千言萬語 擧皆爲無用之長物 豈可乎哉(『語孟字義』卷下,〈敬〉).

나 경이 부정되면, 경을 통한 사단의 확충이 불가능해지고, 사단을 확충할 수 없으면 사단이 세상에 통용되도록 저절로 흘러나올 수 없다.

진사이가 세상을 안정시키는 방법으로 생각해낸 것은 사람의 마음속에 들어 있는 사단을 세상에서 실천할 수 있도록 하는 것이었다. 아무리 마음속에 사단이 있어도 실천하지 않으면 의미가 없다. 세상이 안정되지 않는 까닭은 사람들이 마음속에 있는 사단을 실천하지 않기 때문이다. 진사이는 그 이유를 성(誠)의 부족으로 보았다. 성이 부족하면 마음속에 있는 사단이 이어지지 않고 사라지고 만다. 사람이 성실하기만 하면, 마음속의 사단의 움직임을 지속하여 행동으로 이어지게 할 수 있다. 진사이가 성(誠)을 사회의 안정을 위해 가장 중시하는 까닭이 여기에 있다.

> 성(誠)이란 도의 전체이다. 그러므로 성인의 학은 반드시 성을 으뜸으로 삼아야 한다. 그 천언만어가 모두 사람들에게 성(誠)을 극진히 하도록 하는 까닭이다. 이른바 인의예지와 효제충신은 모두 성을 근본으로 삼는다. 성을 하지 않으면 인은 인이 아니고, 의는 의가 아니다. 그리고 지는 지가 아니며 효제충신 또한 효제충신이 될 수 없다. 그러므로 '성실하지 않으면 사물이 없다'라고 하는 것이다. 이런 까닭에 성이란 한 글자는 실로 성학의 핵심이요 학자의 목표가 되는 것이다. 지극하고 크도다. 성인의 도는 성일 따름이다.[112]

이러한 논리의 전개 과정을 거쳐 진사이의 윤리학은 한마디로

'성(誠)의 윤리학'으로 정착되었다. 사회적 질서의 확립을 가능하게 하는 원리로서 도덕적 실천을 내세운 진사이의 윤리학에는 도덕적 실천에 의하여 사회적 질서가 확립될 수 있다는 낙관적 견해가 전제되어 있다. 진사이의 낙관적 윤리학은 성선설에 근원한다.

> 대체로 사람의 본성이 착하지 않다면 인의예지의 덕을 이루려 해도 불가능할 것이다. 오직 선하기 때문에 인의예지의 덕을 이룰 수 있는 것이다. 그러므로 인의를 자기의 본성이라 할 수 있다. 또 자기의 본성이 곧 인의라 할 수도 있다. 다만 인의를 본성 안의 명칭으로 생각하면 안 된다.[113]

진사이는 성(性)의 형이상학적 성격을 부정하고, 마음속에 있는 성질이나 습성 등으로 이해했다. 진사이는 마음속에 사단이 있다는 것을 알았다. 어린이가 물에 빠지려고 하는 순간 깜짝 놀라며 구하려고 하는 마음이 작동한다는 것을 확신했고, 사람들도 납득할 것으로 여겼다. 진사이는 마음속에 들어 있는 사단과 본성을 하나로 보았으므로 사단이 착한 것처럼 본성을 착하다고 할 수 있다.

---

112. 誠者 道之全體 故聖人之學 必以誠爲宗 而其千言萬語 皆莫非所以使人盡夫誠也 所謂仁義禮智 所謂孝悌忠信 皆以誠爲之本 而不誠 則仁非仁 義非義 禮非禮 智非智 孝悌忠信 亦不得爲孝悌忠信 故曰 不誠無物 是故 誠之一字 實聖學之頭腦 學者之標的 至矣大哉 聖人之道 誠而已矣(『語孟字義』卷之下,〈誠〉).

113. 蓋人之性不善 則欲成仁義禮智之德 而不得 唯其善 故得能成仁義禮智之德 故謂仁義卽吾性 可也 謂吾性卽仁義 亦可也 但以仁義爲性中之名 則不可也(『語孟字義』卷上,〈仁義禮智〉).

진사이에 따르면, 사람의 마음속에 사단이 있고, 그 사단이 확충되어 밖으로 나온 것이 인의예지이므로, 사단이 착하듯이, 인의예지 역시 착하다. 진사이에 따르면, 인의예지의 행동은 성에서 나온 것이므로, 성을 인의예지라 해도 되고, 인의예지를 성이라 해도 되지만, 그것은 어디까지나 하나로 연결되어 있다는 의미로 말한 것이므로, 성 속에 이미 인의예지가 갖추어져 있다고 하면 안 된다. 성에 갖추어져 있는 것이 사단이지만, 사단을 인의예지로 이어지게 하는 것이 성(誠)이므로 성이 없으면 윤리 도덕의 실천이 불가능하다.

제2항 윤리의 실천덕목

인의예지를 사회적 도덕으로 정의하고, 또 경(敬)·충신(忠信)·서(恕) 등을 대타적인 덕으로 바꾼 진사이는 도덕 본체와 행동 원리를 다음과 같이 정리했다.

> 학에는 본체가 있고, 또 닦아서 행해야 하는 것이 있다. 본체란 인의예지이고, 닦아서 행해야 하는 것은 충신·경·서와 같은 것이다. 대체로 인의예지는 천하의 달덕이다. 그러므로 본체라 한다. 성인이 학자를 가르침에 이것으로 말미암아 행하게 했으니, 수양한 뒤에 얻을 수 있는 것이 아니다. 충신·경·서는 힘써 행해야 하는 요체이다. 사람들이 공부하는 것에서 붙인 이름이므로 본연의 덕이 아니다. 그래서 닦아서 행해야 하는 것이라고 한다.[114]

진사이는 인의예지를 도덕의 주체로 보고, 충신·경·서는 인의예지를 갖춘 도덕 주체를 확립하기 위해 힘써 행해야 하는 실천덕 목이라고 말한다. 비유하여 설명하면, 운전하는 사람에게 인의예지 는 운전을 잘하게 된 경우에 해당하고, 충신·경·서는 운전을 잘하 기 위한 노력에 해당한다. 진사이에 따르면, 사람의 성실한 노력으 로 인해 마음속에 있는 사단이 몸 밖으로 퍼져 나온 것이 인의예지 이다. 다리가 있어야 길을 걸어갈 수 있듯이 몸으로 인의예지를 실 천할 수 있어야 윤리적인 삶을 살 수 있다. 달덕이란 윤리를 실천할 수 있는 능력을 말한다. 몸으로 인의예지를 실천할 수 있는 능력을 갖추기 위한 노력이 충성·신의·경·서 등이다. 진사이는 특히 충성 과 신의에 대하여 다음과 같이 설명한다.

정자가 말하기를, "자기의 일처럼 최선을 다하는 것을 충(忠)이 라 하고, 있는 그대로 실천하는 것을 미더움이라 한다"라고 하 니, 모두 사람을 접하는 데에서 말한 것이다. 무릇 다른 사람 의 일을 자기의 일처럼 하고, 다른 사람의 일을 도모하기를 자 기 일을 도모하듯이 하여, 추호도 극진히 하지 않음이 없는 것 이 바로 충이다. 그리고 사람에게 말할 때, 있는 것을 있다 하 고, 많은 것을 많다 하며, 적은 것을 적다 하여, 한 치도 더하거 나 빼지 않는 것이 바로 신이다. 또 충신 두자는 진실하고 소박 해서 꾸미지 않는다는 뜻이다. 소위 '진실하고 미더운 사람은

114. 學有本體 有修爲 本體者 仁義禮智是也 修爲者 忠信敬恕之類是也 蓋仁義 禮智 天下之達德 故謂之本體 聖人教學者由此而行之 非待修爲而後有也 忠信敬恕 力行之要 就人用功夫上立名 非本然之德 故謂之修爲(『語孟字 義』卷下, 〈忠信〉).

같이 예를 배울 수 있다'라고 하는 것이 바로 이것이다. 또 신 (信)이란 글자는 다른 사람과 더불어 기약함에 그 내용을 실천 한다는 뜻이다. 『논어집주』에 이르기를 '신은 약속대로 지키는 것이다'라고 하니 옛사람은 신이 있는 것이 마치 사시와 같으니, 신상필벌 등의 말이 모두 이런 뜻이다.[115]

진사이는 충(忠)을 다른 사람의 일을 모의할 때 자기의 일처럼 하는 것, 신(信)을 다른 사람에게 말할 때 정직하게 말하는 것, 또는 다른 사람과의 약속을 반드시 지키는 것이라고 해석함으로써, 충 과 신의 내용을 타인 중심의 대타적인 덕으로 수립하여 사회적 질 서의 확립을 시도했다. 진사이에 따르면, 충성·신의·경·서 등의 윤 리 덕목을 실천하는 객관적인 길이 도(道)이고, 도의 구체적인 윤리 규범이 오륜이다.

제3항 실천 윤리의 객관화

윤리를 실천하는 것은 사람이 길을 가는 것으로 이해할 수 있다. 사람이 길을 가기 위해서는 두 가지 전제조건이 있어야 한다. 몸 에 다리가 있어야 하고, 길이 있어야 한다. 몸에 붙어 있는 다리가 길을 할 수 있는 능력을 갖춘 것이 인의예지이고, 걸음걸이를 연

---

115. 程子曰 盡己之謂忠 以實之謂信 皆取接人上言 夫做人之事 如做己之事 謀 人之事 如謀己之事 無一毫不盡 方是忠 凡與人說 有便曰有 多以爲多 寡以 爲寡 不一分增減 方是信 又忠信二字 有朴實不事文飾之意 所謂忠信之人 可以學禮 是也 又信字 有與人期約 而踐其實之意 論語集註曰 信約信也 古 人有信如四時 信賞必罰等語 皆此意(『語孟字義』 卷下, 〈忠信〉).

습하는 것이 충성·신의·경·서 등의 행동윤리이며, 놓여 있는 길이 도(道)이다. 도의 종류에는 일단 오류이 있다.

　도란 인륜일용에 마땅히 해야 하는 길이지, 가르쳐서 생기는 것이 아니요, 교정하여 바로 잡은 뒤에 그렇게 되는 것이 아니다, 모두 저절로 그런 것이다. 사방 팔우(八隅), 그리고 멀고 구석진 곳, 오랑캐들이 준동하는 곳에 이르기까지 스스로 군신·부자·부부·형제·붕우의 윤리를 갖지 않은 곳이 없고, 또 친·의·별·서·신의 도가 있지 않은 곳이 없다. 만세 전에도 이와 같았고 또 만세 후에도 이와 같을 것이다. 그러므로 도는 잠시도 떨어질 수 없는 것이라고 했으니, 이를 말한 것이다.[116]

　윤리는 사람과 사람 사이에서 행해야 하는 도리이다. 무인도에서 혼자 산다면 윤리가 필요 없다. 사람과 사람 사이에는 행해야 하는 객관적인 도리가 있으니, 그것이 도(道)이다. 인간과 인간의 관계를 유형별로 나누면 다섯 가지 범주로 나눌 수 있으니, 임금과 신하, 부모와 자녀, 남편과 부인, 형과 아우, 친구 관계의 다섯이다. 직장의 상사와 부하직원의 관계는 임금과 신하의 범주에 포함되고, 선배와 후배, 또는 연장자와 연소자는 형제에 포함된다. 사람이 행해야 하는 윤리는 이 다섯 가지 인간관계에서 행해야 하는 도리로

---

116. 道者 人倫日用當行之路 非待教而後有 亦非矯揉而能然 皆自然而然 至於四方八隅 遐陬之陋 蠻貊之蠢 莫不白有君臣父子夫婦昆弟朋友之倫 亦莫不有親義別序信之道 萬世之上若此 萬世之下亦若此 故曰 道也者 不可須臾離也 是也(『語孟字義』卷上, 〈道〉).

분류할 수 있다. 임금과 신하 사이에서 행해야 하는 도리는 의(義)이고, 부모와 자녀 사이에서 행해야 하는 도리는 친(親)이고, 부부 사이에서 행해야 하는 도리는 별(別)이고, 형제 사이에서 행해야 하는 도리는 서(序)이고, 친구 사이에서 행해야 하는 도리는 신(信)이다.

진사이에 따르면, 사람이 행해야 하는 객관적인 윤리를 오륜으로 설명하고 오륜을 실천하는 구체적인 행동규범이 예이다.

제4항 진사이의 타인 중심 윤리

진사이는 충(忠)을 '자기의 마음을 다하는 것[竭盡己之心]'으로, 서(恕)를 '타인의 마음을 헤아리는 것[忖度人之心]'으로 해석하여, 충(忠)의 해석은 주자의 해석을 받아들이고 있지만, 서(恕)의 해석은 '자기의 마음을 미루어 타인을 이해한다[推己]'라고 한 주자의 해석을 비판하고, 자기 나름의 해석을 했다.

> 자기의 마음을 다하는 것을 충(忠)이라 하고, 타인의 마음을 헤아리는 것을 서(恕)라 한다. 『집주』를 살펴보면, 주자는 충의 해석을 '자기의 마음을 다하는 것을 충이라 한다'라고 한 정자의 해석을 인용했는데, 이는 타당하다. 단지 서(恕)에 대한 해석은 타당하지 않다. 『주소』에서는 '자기를 헤아리고 타인을 헤아린다'라는 뜻으로 설명했는데, 이는 촌(忖)이라는 글자의 '헤아린다'라는 뜻만 취하여, 타인을 배려하여 반드시 그 마음에 고통과 즐거움이 어떠한지를 헤아리는 것으로 설명하는 것만 못하다. 자기를 헤아린다는 뜻의 두 글자는 타당하지 않다. 그래서 '타인의 마음을 헤아리는 것이다'라고 고쳤다.[117]

서(恕)을 '자기를 헤아리면서 동시에 남을 헤아린다'라는 뜻으로 해석하면, 자기가 중심이 될 수도 없고, 남이 중심이 될 수도 없으므로, 윤리를 실천할 때 중심점을 잃고 우왕좌왕할 수 있다. 이런 문제점을 진사이는 타인을 중심으로 고정시킴으로써 해소했다.

다른 사람의 마음을 헤아리는 것이 서(恕)이다. (…) 진실로 다른 사람을 보아서 그가 좋아하고 싫어하는 바가 어떠한지를 헤아리고, 그의 처한 바와 하는 바를 헤아려, 그의 마음을 자기의 마음으로 삼고 그의 몸을 자기의 몸으로 삼아 상세히 살펴서 생각하고 헤아린다면, 다른 사람의 허물이 매양 부득이한 데서 나오고 또 혹은 감당할 수 없는 데서 나옴을 알아, 깊이 미워하거나 혐오하지 못함이 있게 된다. 그리하여 넉넉한 마음으로 매사에 관대하고 너그럽게 하기에 힘써 각박하게 대하지 않게 된다. 다른 사람의 급한 일에 좇아가고 다른 사람의 곤란을 구해주는 일을 그만둘 수 없게 되니, 그 덕의 위대함을 이루다 헤아릴 수가 없게 된다. 공자가 이르기를 "종신토록 행해야 할 것이다"라고 했으니, 또한 마땅하지 아니한가.[118]

---

117. 竭盡己之心爲忠 忖度人之心爲恕 按集註引程子盡己之謂忠 當矣 但恕字之訓覺未當 註疏作忖己忖人之義 不如以忖字訓之之爲得 言待人必忖度其心思苦樂如何也 忖己二字未穩 故改之曰忖度人之心也(『語孟子義』卷下,〈忠恕〉).

118. 忖度人之心爲恕(…)苟待人忖度其所好惡如何 其所處所爲如何 以其心爲己心 以其身爲己身 委曲體察 思之量之 則知人之過 每出於其所不得已 或生於其所不能勘 而有不可深疾惡之者 油然靄然 每事必務寬宥 不至以刻薄待之 趨人之急 拯人之艱 自不能已 其德之大 有不可限量者也 孔子曰 可以終身行之矣 不亦宜乎(『語孟子義』卷下,〈忠恕〉).

진사이는 타인의 마음과 타인의 처지를 헤아려 거기에 맞추어 대응하면 모든 것이 제대로 된다고 보았다. 만약 자기의 마음과 처지를 미루어 타인을 이해하려고 하면 타인의 마음과 처지가 자기와 다른 경우에는 갈등이 생길 수밖에 없다. 따라서 진사이는 정자와 주자가 서(恕)를 '자기의 마음을 미루어 남을 이해한다'라는 해석을 거부한다.

　　정자는 추기(推己)를 서(恕)라고 했다. (그러나) 내가 생각하기에 추기는 서가 아니다. 서(恕)라는 말을 사용하는 요점은 서를 한 이후의 일이다. 정자가 말한 추기의 뜻은 자기가 원하지 않는 일을 남에게 베풀지 말라는 뜻이다. 이는 공자와 자공의 문답을 근거로 한 말일 뿐이다. 그러나 서라는 글자가 추기의 뜻이 될 수 있다면, 자공이 했던 "한가지의 말로서 종신토록 행해야 하는 것이 있습니까?"라는 물음에 대하여, 공자는 "오직 서만 하면 된다"라고 해야 했을 것이고, 다시 "자기가 원하지 않는 일을 남에게 베풀지 말라[己所不欲 勿施於人]"라고 말할 필요는 없었을 것이다. 서라고 말하고 또 "자기가 원하지 않는 일을 남에게 베풀지 말라[己所不欲 勿施於人]"라고 말한 것은 중복되므로, 서라는 글자의 뜻이 추기가 아님을 알 수 있다.[119]

119. 程子曰 推己之謂恕 愚以爲推己非恕 乃用恕之要 蓋恕以後之事也 程子所謂推己者 卽己所不欲勿施於人之意 蓋因夫子子貢問答云爾 然使恕字有推己之義 則及乎子貢問曰有一言而可以終身行之者 而夫子唯曰其恕乎可也 而不可復曰己所不欲勿施於人也 曰其恕乎 而又曰己所不欲勿施於人 則其意旣重復 故知恕字之義 本非推己之意(『語孟子義』卷下,〈忠恕〉).

자기의 마음과 자기의 처지를 미루어 타인의 마음과 처지를 이해한다는 것을 진사이는 용납할 수 없다. 자기의 마음을 미루어 남의 마음을 이해한다는 것은 자기의 마음과 남의 마음이 하나라는 것이 전제될 때만 성립할 수 있다. 진사이는 모든 사람이 공통으로 가지고 있는 하나의 마음을 부정했기 때문에, 자기의 마음을 가지고 남의 마음을 이해한다는 설명을 수용할 수 없다. 진사이가 생각하기에, 서(恕)라는 글자의 뜻은 용서하는 것이다. 타인을 용서하려면 먼저 타인의 처지와 마음을 헤아려야 한다. 타인의 마음과 타인의 처지를 자세히 헤아려보면 타인의 행동을 이해할 수 있으므로, 용서할 수 있다. 그래서 진사이는 '서(恕)라는 말을 사용하는 요점은 서(恕)를 한 이후의 일이다'라고 했다. 서(恕)에 용서라는 뜻과 타인을 헤아린다는 뜻이 있으므로, 타인을 용서하는 것은 타인을 잘 헤아린 뒤의 일이 되는 것이다.

세상을 평화롭게 하는 윤리 실천 방법 중에 타인의 기준에 자기를 맞추는 것이 있다. 예를 들어, 어떤 사람이 교실에 들어와 더위를 느껴 창문을 연다면 어떤 일이 일어날까? 만약 그 교실에 먼저 와 있는 사람이 추위를 느끼는 사람이 있다면 그들의 반발로 인해 시끄러워지고 혼란해질 것이다. 창문을 닫을까 열까의 문제를 중심으로 싸움이 일어날 수도 있다. 그러므로 나중에 들어오는 사람이 더위를 느꼈다고 해서 창문을 여는 것은 잘못이다. 그가 더위를 느껴 창문을 여는 행위가 정당하기 위해서는 '자기가 더우면 남도 덥다'라는 것이 전제되어 있어야 하지만, 사람이 다 다르므로, 그런 전제를 할 수 없다. 따라서 그의 행동은 정당하지 않다.

교실이 혼란하지 않게 하려면 그가 해야 할 마땅한 행동은 먼저 타인을 헤아려, 타인이 더워하는지 추위하는지를 파악해야 한다. 다른 사람들에게 일일이 물어보고, 대다수가 덥다는 결론이 나왔을 때, 다른 사람의 동의를 받아 문을 여는 것은 타당하다. 그렇지 않고 다른 사람들은 더워하지 않는다는 결론이 나오면 창문을 열지 말고, 옷을 하나 벗든지 하여 자기가 그 분위기에 맞추어야 한다. 만약 일일이 물어볼 수 없다면, 객관적 증거를 찾아 확인하면 된다. 창문이 열려 있으면 다른 사람들이 더워한다는 것을 의미하고, 닫혀 있으면 추위한다는 것을 의미한다. 따라서 방에 들어왔을 때 창문이 닫혀 있으면 자기가 더위를 느꼈더라도 창문을 열지 말고, 옷을 하나 벗든지 하여 그 분위기에 맞추어야 한다. 타인을 헤아려서 거기에 맞추는 행동방식은 사회를 평화롭게 하는 탁월한 방법이다.

측은지심 등의 사단의 마음을 확충하여 사회의 평화를 추구한 진사이의 윤리학은 자기를 미루어 타인을 판단하는 것이 아니라, 타인을 먼저 헤아려 타인의 마음과 처지를 이해한 뒤에 자기가 거기에 맞추어야 한다는 실천이론을 제시함으로써 극에 달한다. 세상을 안정시키는 데 이보다 더 확실한 것이 없다. 진사이의 윤리 실천방안은 훗날 일본의 타인을 배려하는 오모이야리(おもいやり) 정신으로 이어진다.

제5항 진사이 윤리학의 한계

세이카가 주자학을 수입한 이래 일본에서 자체적인 발전을 거듭하다가 진사이에 이르러 벽에 부딪혔다. 진사이가 부딪힌 벽이란 형하판에 형상판의 철학을 정착시키는 데서 오는 근본적인 한계였다. 진사이는 근본적인 한계를 극복하기 위해 혼신의 힘을 쏟은 결과 형상판의 유학을 거부하고 형하판에 어울리는 유학을 스스로의 힘으로 구축했다. 진사이는 형하판에 어울리는 유학을 구축하기 위해 공·맹의 유학과 한·당 시대의 유학을 참조했다.

그러나 진사이가 구축한 형하판의 유학은 논리적으로 한계를 드러낸다. 유학은 형상판의 요소와 형하판의 요소가 조화롭게 어울리는 중용철학이므로, 형하판에 어울리는 체계로 구축하는 것 자체가 문제점을 드러낼 수밖에 없는 것이었다. 진사이의 유학에서 드러나는 한계는 다음의 몇 가지로 압축된다.

첫째, 진사이는 사회의 안정을 위한 윤리학을 정립하는 과정에서 사단을 출발점으로 삼았다. 진사이는 사단을 모든 사람의 마음에 가지고 있는 공통적인 것으로 설명하고, 더 철저하게 분석하지 않았다. 그 이유는 측은지심을 모든 사람의 마음속에 다 같이 가지고 있는 공통의 마음이라고 하면, 많은 사람이 납득하므로, 진사이는 그 마음을 철저하게 분석할 필요가 없었던 것이다. 만약 측은지심이 모든 사람이 다 함께 가지고 있는 공통적인 마음이라면, 측은지심의 바탕에 모든 사람이 공통적으로 가지고 있는 하나의 마음이 깔려 있지 않으면 안 된다. 하나의 마음이 전제되지 않으면 측은지심을 다 같이 가질 수가 없다. 모두가 가지고 있는 하나의 마음이 선제되어 있다면 그 마음은 형이상학적 성격을 갖는다. 그러므로 진사이가 형이상학적 요소를 부정하면서 사단의 마음을 모두가 다 같이 가지고 있다고 전제하는 것은 모순이다.

둘째, 사단의 마음을 누구나 다 가지고 있다면, 그 마음이 저설로 행동으로 드러날 수 있어야 한다. 그런데 진사이의 말처럼, 사람이 성실하게 노력하지 않으면 사단이 행동으로 드러나지 않는다고 한다면, 진사이는 그 원인을 설명해야 했는데, 그 점이 미흡하다. 만약 그 원인을 찾아낸다면, 성실한 노력을 강조하지 않더라도 그 이유만 제거하면 문제가 해결될 것이다.

셋째는 타인의 마음을 나의 마음으로 여기고, 타인의 처지를 나의 처지로 여겨서 따른다면, 타인의 잘못된 마음이나 판단도 나의 것으로 받아들이게 됨으로써 심각한 위기에 봉착할 수 있다. 특히 타인의 결정이 개인의 결정이 아니고 국가 전체의 공론으로 결정된 것이라면 모든 사람이 거기에 따르게 되어 전체주의적인 폐해가 일어날 수 있다. 만약 외국을 침략하는 것이 마땅하다는 이론이 국가의 공론으로 결정된다면, 온 국민이 따르게 될 것이므로, 엄청난 문제가 발생할 수 있다.

넷째는 철학의 중요한 논점 중의 하나가 죽음의 문제이다. 사람이 맞이하게 될 죽음의 문제는 참으로 큰일이다. 진사이는 이 문제를 조상에서 후손으로 이어지는 생명의 지속성을 이해시키는 것으로 해결하려 했다. 사람의 생명이 조상에서 후손으로 이어지는 것이므로, 사람 개인의 죽음의 문제는 문제 삼을 것이 없다는 설명으로는 죽음의 문제를 극복하기 어렵다.

왜냐하면, 사람이 아무리 생명이 조상에서 후손으로 이어진다는 것을 머리로 이해하더라도, 자기의 죽음 앞에서 절망하는 심리적인 충격을 해소할 수 없기 때문이다. 절망감은 마음속의 집착에서 일어나는 것이므로 마음으로 해결하지 않으면 안 된다. 그 점 또한 진사이학의 한계로 지적할 수 있겠다.

그리고 마지막으로 진사이 윤리학의 핵심은 사단의 마음을 행동으로 나타날 수 있도록 성실하게 노력해야 한다는 이론인데, 이를 사람들에게 강조하더라도 사람들이 따르지 않는다면 다른 방안이 없다. 이런 문제를 해결하기 위해서는 강제력을 가진 윤리학이 필요하다. 이러한 문제점을 극복하기 위해 등장한 윤리학이 오규 소라이(荻生徂徠)의 예치사상(禮治思想)이다.

제2장
오규 소라이의 예치사상

제1절 오규 소라이의 어린 시절

오규 소라이(荻生徂徠: 1666~1728)의 이름은 나베마쓰(雙松), 자는 모케이(茂卿), 호는 소라이(徂徠)이고, 에도에서 태어났으며, 하야시 호오코오(林鳳岡: 1645~1732)의 제자이다.

　소라이의 부친 오규 호오안(荻生方庵: 1626~1706)은 당시 쇼군이었던 도쿠가와 이에쓰나의 동생 도쿠가와 쓰나요시의 치료를 담당하던 의사였다. 소라이는 부친의 41세 때 차남으로 태어났다. 모친이 꿈에 새해의 카도마쓰(門松)를 본 뒤 소라이를 낳았다고 해서 이름을 나베마쓰로 지었다고 한다. 일본에서는 새해에 현관문 입구에 소나무로 장식을 하는 풍속이 있는데, 그 소나무를 카도마쓰라 한다. 호인 소라이와 자 모케이도 소나무와 관계가 있는 글자들이다. 소라이는 『시경』에 '소라이의 소나무'라는 말이 있고, 모케이의 모(茂)는 『시경』에 '소나무가 무성한 것처럼'이라는 말이 있다. 소라이

天之未喪斯文邈予我
大東乃有若先生成後
古之偉功百世之下六合
之中苟有好古之士其克
知所適從

東火

富田栗謹題

오규 소라이

는 물부씨(物部氏)의 후예라는 자부심이 있어 자칭 부쓰모케이(物茂卿)로 부르기도 했다. 부쓰모케이라는 자칭에서 보면 물부(物部)에서 부(部)를 뺀 것인데, 이는 중국식 이름에 맞추기 위한 것이었다. 그의 이름에 얽힌 내용으로 보면 소라이의 가풍은 중국풍을 좋아했던 것임을 알 수 있다.

소라이가 첫 번째로 출간한 저서 『역문전체(譯文筌蹄)』의 제언(提言)에서, 소라이가 "나는 열두 살 때 스스로 글을 읽을 수 있었는데, 그때까지 스승에게 구두 떼는 법을 배운 적이 없었다"라고 한 말에서 보면, 상당히 명석했던 듯하다.

14세 때 소라이의 부친 호오안이 쓰나요시에게 죄를 얻어 가즈사(上総)국으로 유배를 가게 되었는데, 소라이도 가족과 함께 따라갔다. 가즈사국은 지금의 지바현 보소(房総)반도 동남쪽 바다 가까운 궁벽한 곳이었다. 소라이는 그곳에서 친구도 없고, 서적을 구할 수도 없는 상태로, 12년간 칩거했다.

소라이는 새로 출간된 서적도 보지 못한 채, 가지고 간 경전의 원문만을 읽고 또 읽는 생활이 계속되었다. 그러던 가운데 문리가 났다. 소라이가 17~8세 때에 송나라 학자들이 만물의 운동을 설명하여, "움직임의 실마리는 바로 천지의 마음이다"라는 한 문장을 읽다가 문득 깨달음을 얻어, "나는 17~8세 때 나의 견해를 터득하여, 너무 기쁜 나머지, 나도 모르는 사이에, 밤중에 일어나, 손이 저절로 춤을 추고, 발이 저절로 껑충껑충 뛰었다"라고 술회한 것을 보면, 소라이의 기쁨은 저절로 문리가 난 것 때문이었고, 또 난해한 주자학을 자기의 방식으로 이해할 수 있었기 때문이었던 것으로 이해할 수 있다.

일본인은 한문의 문리를 터득하는 데 애로가 많다. 일본어의 발음의 개수는 50개에 불과하므로, 한문의 원문을 음으로 읽어내기 어렵다. 예를 들어, 『논어』 첫머리의 원문이 "學而時習之 不亦說乎"인데, 이 원문을 일본어의 발음으로 읽으면, "가쿠지지슈시 후에 키에쓰코"가 된다. 일본어의 발음만으로 원문을 읽고 이해하기가 너무 어려우므로, 일본의 학자들은 독특한 방법을 개발했다. 말하자면, "學而時習之 不亦說乎"라는 문장에, 읽는 순서와 발음을 일일이 기호로 표시해두고, 그 기호에 따라, "배우고 때로 이를 읽히니, 또한 기쁘지 아니한가"라고 읽는다. 일본의 학자들은 한문의 원문을 원문의 발음으로 읽는 과정을 생략하고, 처음부터 해석해가면서 읽는 방법을 개발했다. 말하자면, "學而時習之 不亦說乎"라는 문장을, "마나비테 토키니 코레오 나라우, 마타 요로코바자란야(マナビテ コレオ ナラウ マタヨロコバザランヤ)"라고 읽는 것이다. 이런 방식으로 읽는 데는 장단점이 있다. 읽는 방식을 표시한 기호(일본인들은 그것을 '오쿠리가나'라 한다)에 따라 읽기만 하면 한문을 모르는 일반인도 거의 읽어낼 수 있는 장점이 있지만, 그러나 오쿠리가나를 붙인 사람의 방식대로만 읽기 때문에, 원문의 내용을 창의적으로 생각하기 어렵다. 또 원문을 읽지 않으므로, 원문이 가진 문장의 맛과 리듬을 터득하기 어렵다. 말하자면, 한문 문장에 대한 문리를 터득하기 어렵다는 말이 된다.

소라이는 카즈사에 있는 12년 동안 경전의 원문만 되풀이하여 읽다가 문리를 터득했다. 문리를 터득하여 오쿠리가나에서 벗어나 원문을 원문으로 읽으면 다양한 방식으로 자유롭게 해석할 수 있다.

소라이가 25세 되던 해 가을에 부친의 유배가 풀려 에도로 돌아와, 이웃에 있던 두부 상점 주인의 도움을 받아 서당을 열고, 학생들을 모아 강의를 시작했다. 당시 여러 서당에서 강의하는 방식은 강석(講釋)이라는 형식이었다. 그것은 먼저 오쿠리가나에 따라 원문을 읽은 뒤, 원문의 의미를 이해하기 위해 길게 설명하는 방식이었다. 소라이는 그런 방식의 문제점을 그의 저서 『역문전체(譯文筌蹄)』의 제언(提言)에서 자세히 지적했다. 소라이의 지적에 따르면, 교사는 먼저 "過則勿憚改"라는 『논어』의 본문을 '잘못을 하며는 즉 고치는 것을 꺼리지 말거라'라는 식으로, 오쿠리가나에 따라 장중하게 읽는다. 그리고 난 뒤, '잘못을 한다'라는 것은 어떤 의미인가에 대해 장황하게 설명한다. 이런 식의 훈독법에서는 중국어로 된 원글자인, 과(過), 개(改) 등을 이해하는 것이 아니라, 오쿠리가나에 따라 읽은 일본어의 단어에 관한 자의(字義)를 해석한 뒤에, 그 자의를 중심으로 윤리를 길게 해설하는 것이므로, 결국 원문과 동떨어진 해석을 하게 된다. 가르침이 따분해져서 학생들이 자꾸 졸면, 서당의 학생수가 줄어, 수업료 수입이 감소하므로, 그렇게 되는 것을 막기 위해 농담을 섞어야 하고, 예화도 끼워 넣어야 한다.

소라이는 이런 공부 방법의 문제점을 잘 알고 있었다. 소라이는 말한다. "글을 읽는다는 것은 글 자체를 읽는 것이다. 세상 사람들이 강석(講釋)하는 것처럼, 필요 없는 것을 첨가하여 읽으면 안 된다. 우리가 읽는 중국 고전은 본래 중국어이므로, 중국어로 읽지 않으면 안 된다. "過則勿憚改"를 '잘못을 하며는 즉 고치는 것을 꺼리지 말거라'라고 읽을 것이 아니라, '과즉물탄개'로 읽어야 한다. 이렇게 읽어야 공부의 첫 단추가 제대로 끼워지는 것이다. 만약 도저히 한

자의 원음 그대로 읽을 수 없을 때는 알아듣기 어려운 고투로 '잘 못을 하며는 즉 고치는 것을 꺼리지 말거라'로 읽지 말고, 평이한 일상용어로 '실수하면 염려하지 말고 바로 고쳐라'라는 식으로 읽어야 한다." 고전에 있는 문장은 당시 성인의 일상 언어였기 때문에, 고전을 일본어로 번역할 때도 일상의 언어로 번역해야 한다. 소라이는 오쿠리가나에 따라 읽어가는 것을 훈(訓)이라 하고, 쉬운 일상용어로 번역하는 것을 역(譯)이라 명명했다.

소라이는 한 걸음 더 나아가 중국 고전의 내용을 일본의 정서에 맞게 해석해야 한다고 주장한다. 소라이에 따르면, 유도(儒道)는 사람 사는 도리를 설명한 것이다. 중국에도 사람 사는 도리가 있고, 일본에도 사람 사는 도리가 있지만, 사람 사는 도리가 다르지 않으므로, 중국 유학에서 말하는 사람 사는 도리를 일본의 도리로 이해하면 되는 것이다. 예를 들면, 중국 유학에 나오는 군자와 소인의 개념에 대해, 훈독하는 선생들은 애매하게 말을 늘어놓지만, 군자는 '사무라이'로 이해하고, 소인은 '아니야 라고 하면서 고개를 흔들게 하는 사람'으로 이해하면 쉽다. 『예기』「곡례편」에 나오는 복잡한 예도 모두 일본 무인들의 예와 일치하므로, 일본 무인들의 예로 이해하면 간단하다.

소라이처럼 중국의 유학을 일본 중심의 유학으로 해석하면, 중국 중심의 유학이 내용면에서 일본 중심의 유학으로 바뀐다. 소라이가 이처럼 중국 중심의 유학을 일본 중심의 유학으로 바꿀 수 있었던 것에는 다음과 같은 몇 가지 배경을 생각할 수 있다.

첫째는 한문을 독해할 수 있는 소라이의 능력이다. 한문을 독해할 수 있는 능력이 탁월하면 자심감이 생긴다. 탁월한 독해 능력으로 원문의 내용을 제대로 소화하면 그것을 일본의 상황에 맞게 적용할 수 있는 힘이 생긴다.

둘째는 사회적 분위기이다. 당시에는 서구의 과학과 실용적인 학문이 수입되어 유학자들이 유학을 버리고 과학과 실용학문으로 돌아서는 분위기가 있었다. 카이바라 에키켄(貝原益軒: 1630~1714)은 본초학을 연구하여 『야마토본초(大和本草)』를 남겼는데, 생의 마지막 해인 1714년에 집필한 『신사록(愼思錄)』에서는 "넓음과 정밀함이 아울러 갖추어진 뒤에라야 궁리(窮理)의 학이라고 할 수 있다. 이것이 치지(致知)의 방법이다"라고 했고, 『대의록』에서는 중국의 『본초강목』의 권위에 대한 회의와 주자학의 권위에 대한 회의를 피력했다. 니시카와 죠켄(西川如見: 1648~1724)은 어려서 주자학을 배웠으나, 뒤에 고바야시 켄테이(小林謙貞: 1601~1684)를 통해 천문학을 배워, 『천문의론(天文義論)』과 『일본수토고』라는 저서를 남겼는데, 『일본수토고』에서 그는 일본의 지리적인 특성을 근거로 일본의 우수성을 증명한다.

이러한 분위기는 소라이가 중국 중심에서 벗어나게 하는 데 영향을 주었을 것이다.

셋째는 이토 진사이의 영향을 들 수 있다. 소라이는 진사이를 존중하여 진사이에게 가르침을 청하는 편지를 보내기도 했다. 진사이의 저서인 『대학정본』과 『어맹자의』를 읽고 감탄하기도 했다. 소라이는 진사이를 이어, 중국의 형이상학적 개념을 형이하학적 개념으로 바꾸는 것을 완결했다.

중국의 유학은 난해하다. 중국의 유학에는 형상판의 요소와 형하판의 요소가 섞여 있기 때문이다. 일본인의 시각에서 보면, 중국 유학의 형하판의 요소는 이해하기가 쉽지만, 형상판의 요소는 이해하기 어렵다. 이런 어려운 점을 해결하는 데 소라이는 성공했다. 진사이가 중국 유학의 형상판의 요소를 상당 부분 형하판의 틀로 해석했지만, 진사이의 윤리학에는 여전히 형상판의 요소가 남아 있었다. 진사이 윤리학의 핵심이 사람에게 천부적으로 있는 사단을 성실하게 지켜 인의예지의 도덕을 만든다는 것인데, 모든 사람에게 공통적으로 사단의 정이 들어 있다고 전제하는 것이 형상판의 요소이다. 진사이의 윤리학에 남아 있는 형상판의 요소를 완전히 제거하고, 중국 유학을 형하판의 틀에 완벽하게 짜 넣은 학자가 소라이이다.

소라이의 설명을 들으면 일본인들은 쉽게 이해할 수 있고, 공감할 수 있다. 그러므로 일본인들은 어려운 중국 유학을 알지 못해 곤혹스러워하기보다 소라이에 의해 이해하기 쉽게 정리된 일본의 유학을 접하여 제대로 이해하는 것이 훨씬 더 유익하다고 생각할 수 있다. 이런 점에서 소라이의 유학은 일본의 지식인들에게 많은 호응을 받았을 것이다. 중국의 유학이 일본의 유학으로 정리되고 나면, 사람들이 중국의 유학을 외면하고 일본의 유학만을 중시할 수도 있다. 이를 염려하여 소라이는 다음과 같은 설명을 한다. 중국 유학을 공부해야 하는 이유로 소라이는 중국에는 성인이 출현했지만, 일본에는 출현하지 않았다는 사실을 든다. 소라이에 따르면, 일본에는 성인이 출현하지 않았으므로, 사무라이의 도가 무인을 중심으로 편향될 수밖에 없다는 것이다. 소라이에 따르면, 일본의 유학이 편향되지 않기 위해서는 문에 해당하는 요소를 중국의 유학에서 도입해야 하므로, 여전히 중국의 유학을 배워야 한다.[120]

소라이의 유학은 일본인이 이해하기 쉽게 정리되었으므로, 일본에서 많이 전파되었을 것이다.

제2절 소라이의 고학

소라이는 인간존재의 본질을 기질로 보았다. 기질은 몸을 구성하는 재료이다. 소라이의 인간론에서는 인간의 형이상학적 본질인 하늘마음이 사라졌다.

> 기질은 천성이니 인력으로 하늘을 이겨 돌이키고자 하여도 반대로 되어 반드시 그렇게 할 수 없게 된다. 억지로 사람에게 사람이 할 수 없는 것을 강요하면 결국에 가서는 반드시 하늘을 원망하고 부모를 허물하는 데에 이를 것이다.[121]

소라이는 사람의 기질을 타고난 본성으로 보았으므로, 기질을 변화시키는 것은 불가능하다. 주자학의 목표가 인간의 기질을 변화시켜 성인이 되는 것이므로, 소라이에 이르러 주자학은 완전히 설 땅을 잃었다. 기질은 몸의 속성이다. 기질을 인간의 본질로 설정한다면 인간의 본질은 몸이다. 몸을 기준으로 인간을 판단하면, 인간

---

120. 『日本思想大系, 荻生徂徠』(岩波書店, 1973), 638~664쪽 참조.
121. 且氣質者 天之性也 欲以人力勝天而反之 必不能焉 强人以人之所不能 其究必至於怨天尤其父母矣. 위의 책, 『日本思想大系, 荻生徂徠』(岩波書店, 1973), 204쪽, 〈辨道〉.

은 각각 분리된 개별적 존재이다. 소라이가 말한 천성(天性)은 인간이 다 함께 가지고 있는 본성이란 뜻이 아니다. 인간이 바꿀 수 없는 인간의 본성이란 뜻이다.

사람이 학문을 완성하여 성인이 되는 것을 목표로 삼는 것은 주자학뿐만 아니라 유학 공통의 목표이다. 다만, 순자 계열의 형하판의 요소에서는 성인이 되는 목표가 없을 뿐이다. 따라서 인간이 성인이 되는 것을 불가능하다고 한 소라이의 유학은 중국의 유학 중에서 형상판의 요소를 걷어낸, 순자 계열의 형하판의 요소만을 한정한 것이 된다.

선진유학에서 형상판의 요소를 강조한 대표적인 성현은 자사와 맹자이므로, 소라이는 자사와 맹자를 부정한다.

> 자사와 맹자 이후로 유가라는 학파가 성립되어 스승의 도를 높이는 것을 임무로 삼고, 망령되이 "잘 배우면 성인이 될 수 있고, 성인이 된 사람이 있으면 그를 등용하여 세상의 윗자리에 올려놓기만 하면, 세상은 저절로 다스려진다"라고 생각한다. 이는 노자와 장자가 말한, 내성외왕(內聖外王)의 설로서, 외면의 일을 경시하고, 마음 안에서 중요한 것을 찾는 것이니, 전혀 선왕과 공자의 사상이 아니다.[122]

---

122. 思孟而後 儒家者流立焉 乃以尊師道爲務 妄意聖人可學而至矣 已爲聖人 則擧而措諸天下 天下自然治矣 是老莊內聖外王之說 輕外而歸重於內 大非先王孔子之舊也. 위의 책, 『日本思想大系, 荻生徂徠』(岩波書店, 1973), 200쪽.

주자학에서 형이상학적 본질을 확립하는 근거로 삼은 사상이 자사와 맹자의 사상이었으므로, 자사와 맹자를 빼면 주자학은 성립되지 않는다. 소라이가 과감하게 자사와 맹자를 부정할 수 있었던 것은 그의 탁월한 한문 해독 능력을 통해 주자학 이전에 있었던, 『순자』, 『한비자』 등의 서적도 자세히 읽었고, 한나라와 당나라 때의 유학도 폭넓게 읽은 데서 얻어낸 자신감이 있었기 때문일 것이다. 자사와 맹자를 중심으로 하는 형상판의 유학은 한나라와 당나라 때의 유학에서는 주류가 아니었다.

소라이가 자사와 맹자를 부정하는 요지는 그들이 마음 안에서 윤리학의 실마리를 찾는 것에 있었다. 소라이는 마음의 문제를 마음으로 해결하는 것은 불가능하다고 보았다.

> 선과 악은 모두 마음으로 말하는 것이다. 맹자가 말했다. "마음에서 생겨 정사에 문제가 생긴다"라고 했는데, 어찌 지극한 이치가 아니겠는가! 그러나 마음은 형체가 없다. 형체가 없는 것은 제압할 수가 없다. 비유하자면, 미친 사람이 스스로 자기의 병을 치료한다면, 어떻게 치료할 수 있겠는가! 그러므로 후세에 마음을 다스리는 설들은 모두 도를 모르는 설들이다.[123]

소라이는 자기의 윤리학을 확실한 바탕 위에 건립하려 했다. 확실하지 않은 것은 불안하다. 형하판의 철학으로 사는 사람들의 문

---

123. 善惡皆以心言之者也 孟子曰 生於心而害於政 豈不至理乎 然心無形也 不可得而制之矣 譬如狂者自治其狂焉 安能治之 故後世治心之說 皆不知道者也. 위의 책, 『日本思想大系, 荻生徂徠』(岩波書店, 1973), 205쪽.

제 해결방식은 구체적이고 확실한 데서 찾는 특성이 있다. 그것은 나무에 문제가 생겼을 때, 뿌리를 제외하고, 지상의 줄기와 가지와 잎에서 해결책을 찾는 것과 같다. 마음은 보이지 않는다. 소라이에 따르면, 마음에서 문제가 생겼더라도, 마음에서 해결책을 찾는 것은 보이지 않는 데서 찾는 것이므로, 확실성이 없다. 해답은 구체적으로 확인할 수 있는 확실한 것이어야 한다. 소라이는 혼란한 세상을 안정시키는 해결책을 마음에서 찾는 것은 확실성이 없으므로, 전국시대의 혼란을 해결하기 위해 맹자가 성선설을 제기하고, 순자가 성악설을 제기했지만, 모두 잘못이라고 보았다.

> 성(性)을 말하는 것은 노자와 장자에서 시작된 것이다. 성인의 도에는 그런 것이 없다. 진실로 도에 뜻을 두는 사람은 성이 착하다는 말을 들으면 고무되어 더욱 열심히 하고, 성이 악하다는 말을 들으면, 힘써 바로잡겠지만, 도에 뜻을 두지 않은 사람은 성이 악하다는 말을 들으면 포기하여 노력하지 않을 것이고, 성이 선하다는 말을 들으면 그것에 의지하여 아무런 노력도 하지 않을 것이다. 그러므로 공자는 습관을 귀하여 여겼다. 자사와 맹자는 역시 노자의 말을 당할 수 없기 때문에 성이 착하다는 말을 해서 저항했고, 순자는 성이 착하다는 말이 반드시 예악을 폐기하는 데 이를 것을 염려하여 성이 악하다는 말을 해서 반전을 꾀했으니, 모두 당시의 혼란을 구제하기 위한 설일 뿐이다.[124]

전국시대의 혼란을 해결하기 위해 맹자와 순자가 성선설과 성악설을 가지고 나섰지만, 둘 다 실패했다는 것을 소라이는 알고 있었다. 소라이는 당시의 혼란이 마음에서 야기된 것은 확실하지만, 마음의 문제를 마음으로 해결할 수는 없다고 보았다. 맹자와 순자의 성설은 도에 뜻을 둔 사람에게는 효과가 있지만, 도에 뜻을 두지 않은 일반인에게는 도움이 되지 않는다. 그러므로 사회의 혼란을 해결할 수 있는 해결책은 도에 뜻을 둔 사람과 뜻을 두지 않은 사람 모두에게 통용되는 구체적이고 확실한 방법이어야 하는데, 그것은 보이지 않는 마음 안에서 찾을 것이 아니라, 외부에서 찾아야 한다는 결론에 도달한다.

소라이는 사회를 안정시킬 수 있는 해결책을 외부에서 찾는다면, 그것은 선왕이 만든 예밖에 없다.

> 선왕이 극을 세운 것은 예(禮)이다. 한나라 유학자는 극을 중(中)으로 풀었다. 예란 표준을 가르치기 위한 것이다. 또 『중용』을 해석하기를, "자사가 예의를 설했다고 했다"라고 했으니, 그 설이 비록 온당하지는 않으나, 요지는 예로부터 멀지 않아 사제 간에 주고받았으므로, 옛 뜻이 아직 남아 있었다. 선왕이 제작한 예(禮)는 현자라면 몸을 낮추어 행할 수 있고, 모자라는 사람이라면, 힘을 주어 따를 수 있는 것이므로, 이른바 표준을 정해 놓은 것이므로 평범한 사람이라도 충분히 행할 수 있는 것

---

124. 言性自老莊始 聖人之道所無也 苟有志於道乎 聞性善則益勤 聞性惡則力矯 苟無志於道乎 聞性惡則棄不爲 聞性善則恃不爲 故孔子之貴習也 子思孟子蓋亦有屈於老之言 故言性善以抗之爾 荀子則慮夫性善之說 必至廢禮樂 故言性惡以反爾 皆救時之論也.

이다. 그렇게 하지 않고 평범한 사람이 할 수 없는 것을 만들어 강압적으로 하게 한다면 이는 세상 사람들에게 선을 하는 것을 포기하게 만드는 것이다. 어찌 천하를 편안하게 하는 선왕의 도이겠는가![125]

소라이가 보기에 모든 사람이 행할 수 있도록 표준을 정해서 만들어놓은 구체적이고 객관적인 행동방식은 예밖에 없다. 선왕은 모든 사람이 누구나 행할 수 있도록 우수한 사람과 열등한 사람의 중간 정도에 맞추어 행동방식을 정한 것이 예이다. 모든 사람이 예를 실행하게 되면 세상은 안전해진다.

세상이 혼란할수록 사람들은 세상을 안정시키는 것에 관심을 집중하게 되어 있다. 세상이 혼란할수록 세상을 안정시키는, 빠르고 확실한 이론을 찾아야 한다. 마음에서 해결책을 찾는다는 것은 불확실하기도 하지만, 시급한 해결책이 될 수 없다고 판단한다. 빠르고 확실한 방법은 외부에서 사람의 행동을 제어할 수 있으면서 모두가 따를 수 있는 것이어야 한다.

윤리 실천의 방법을 외부에서 찾는 노력은 진사이에서 먼저 시작되었다. 진사이는 외부에서 행할 수 있는 실천윤리를 인의예지로 설정하고, 인의예지를 실행하는 출발점을 마음속에 갖추어져 있는

---

125. 先王立極 謂禮也 漢儒訓極爲中 禮者所以敎中也 又解中庸書 而謂子思說
禮意矣 其說雖未當 要之去古未遠 師弟所傳授 古義猶存者爾 蓋先王制禮
賢者俯而就之 不肖者企而及之 是所謂極也 是凡人所能爲者也 不爾 務以
凡人所不能爲者强之 是使天下之人絶望於善也 豈先王安天下之道哉. 위
의 책, 『日本思想大系, 荻生徂徠』(岩波書店, 1973), 202쪽.

사단에서 찾았다. 소라이가 볼 때 진사이의 방법은 확실하지도 않을 뿐만 아니라 모두가 다 따를 수 있는 객관적인 방법도 아니었다.

기질을 변화시키고 배워서 성인이 된다고 하는 것은 모두 선왕이나 공자의 가르침이 아니다. 근세 진사이가 그 잘못됨을 알고 이에 효제인의를 가지고 외부의 행동기준으로 삼았다. 과연 이와 같다면 사람들은 스스로 자기의 뜻으로 효제충신으로 삼을 것이다. 어디에 기준이 있겠는가. 눈금 없는 자이고, 눈금 없는 저울이라 할 수 있다.[126]

진사이는 인성의 도덕적 지향성을 인정하고, 도덕적 실천을 도덕적 지향성을 살리는 방법에서 찾았지만, 소라이는 이를 비판한다. 사람의 마음에 있는 도덕적 지향성은 사람마다 다르므로, 만약 개인의 마음속에 있는 도덕적 지향성을 외부의 기준으로 삼는다면, 외부로 드러나는 행동의 기준이 사람마다 다르게 되므로, 사회가 혼란에 빠진다고 소라이는 본 것이다. 자와 저울에는 눈금이 있기 때문에 사람이 자로 길이를 재고, 저울로 물건을 달면 누구나 길이와 무게를 알 수 있지만, 눈금이 없다면 길이와 무게가 들쭉날쭉할 것이다.

따라서 진사이의 방법으로는 모두가 다 같이 행할 수 있는 윤리

---

126. 及變化氣質 學爲聖人類 皆非先王孔子之敎之舊矣 近世伊氏能知其非是而迺以孝弟仁義爲規矩準繩 果若是乎 則人人自以其意爲孝弟仁義也 亦何所準哉 可謂無寸之尺 無星之稱已. 위의 책,『日本思想大系, 荻生徂徠』(岩波書店, 1973), 202쪽.

기준을 정할 수 없다는 것이 소라이의 판단이다.

모두가 행할 수 있는 것은 외부에서 만들어진 예밖에 없다고 파악한 소라이는 예를 가지고 윤리를 확립해야 하고, 예를 가지고 나라를 다스려야 한다는, 예치(禮治)사상을 제창하기에 이른다.

소라이가 말하는 예(禮)는 자연에 바탕을 둔 것이 아니다. 예는 총명예지를 가진 성인이 제작한 것이다. 소라이에 따르면, 평범한 사람은 결코 성인이 될 수 없다.

> 선왕은 총명예지한 덕을 천성으로 타고났으므로, 범인이 이를 수 없다. 그러므로 옛날에는 배워서 성인이 된다는 학설이 없었다.[127]

가령 총명예지한 덕을 타고난 성인이 있다 하더라도 일시에 예를 제작할 수는 없다. 예는 오랜 세월을 거쳐 계속 발전해온 것을 가감한 것이므로, 예로부터 만들어져온 축적이 없었다면 제작할 수 없다.

> 이는 수천 년을 거치고 수많은 성인의 심력과 재주를 거쳐 이루어진 것이다. 한 성인이 평생에 찾아낼 수 있는 것이 아니다.[128]

---

127. 先王聰明睿智之德 稟諸天性 非凡人所能及焉 故古者無學爲聖人之說也.
위의 책, 『日本思想大系, 荻生徂徠』(岩波書店, 1973), 201쪽.
128. 是更數千年 更數聖人之心力知巧而成焉者 亦非一聖人一生之力所能辨焉者. 위의 책, 『日本思想大系, 荻生徂徠』(岩波書店, 1973), 201쪽.

예(禮)는 수많은 성인이 수천 년이라는 세월을 거쳐서 만들어낸 것이므로, 한 개인이 순식간에 만들 수 있는 것이 아니다. 이런 예(禮)를 두고 다른 데서 세상을 안정시키는 방법을 찾는다는 것은 잘못이다.

중국 유학을 통해 사회를 안정시키는 방법을 찾던 소라이의 목표는 예를 확립하는 것으로 귀결되었다.

소라이의 유학은 중국의 유학을 일본판으로 바꾼 것이다. 중국의 영화를 일본으로 가져가서 일본인이 일본의 배우를 시켜 일본어로 다시 제작하면 일본인만 아는 일본의 영화가 되듯이, 소라이의 유학은 일본인의 정서에 맞게 재구성한 것이므로, 소라이의 유학은 일본에서만 통용되는 일본의 유학이다. 소라이의 유학은 일본인이 쉽게 이해할 수 있지만, 그 대신 유학의 보편성은 사라진다. 소라이처럼, 군자를 사무라이로 해석한다면, 일본인들은 쉽게 이해할 수 있지만, 일본인들이 이해한 군자는 중국 유학에서 말하는 군자와 다르다. 이런 의미에서 엄밀히 말하면, 소라이의 유학은 유학이라는 이름을 쓴 일본의 사상이다.

제3절 소라이 윤리학의 한계와 영향

소라이의 윤리학은 진사이의 윤리학이 가진 한계를 극복했다. 진사이의 윤리학에서는 윤리 실천의 근거를 인간의 마음에서 찾았다. 인간의 마음속에 원래부터 가지고 있는 사단의 마음을 성실하게 실천하여 인의예지의 윤리로 확대하는 것이었다. 소라이는 외부의 예(禮)로서 사람의 마음을 절제해야 한다는 객관적이고 구체적인 방법을 제시함으로써 진사이의 윤리학이 갖는 불확실성을 극복했다.

소라이의 윤리학에도 한계가 없는 것은 아니다. 소라이도 질서가 무너지는 근본 원인이 사람의 마음에서 비롯된다는 것을 알았다. 사람이 질서를 지키지 않는 근본 원인은 마음이 잘못되었기 때문이다. 그러나 소라이는 마음의 문제를 마음으로 다스리는 것은 미치광이가 미치광이를 치료하는 것과 같아서 불가능하다고 판단하고, 마음 밖에서 마음을 제어해야 한다고 주장한다. 그러나 엄밀히 말하면 마음 밖에서 마음을 제어해야 한다고 내리는 판단도 마음이므로, 마음이 개입하지 않고 해결할 수 있는 것은 아무것도 없다. 소라이는 이 점을 놓쳤다.

소라이는 또한 예를 가지고 세상을 다스려야 한다는 예치를 주장하지만, 예를 실행하지 않는 사람을 처벌할 수 있는 근거가 없다는 데 문제가 있다. 예를 지키지 않은 사람을 비난할 수는 있어도 처벌할 수는 없다. 따라서 소라이의 예치는 결국 법치로 가기 위한 과정에서 나타나는 윤리로 이해할 수 있다.

소라이의 유학이 일세를 풍미하고 난 뒤에 나타나는 영향으로 우리가 생각할 수 있는 것은 다음의 두 가지로 압축된다.

첫째로 생각할 수 있는 것은, 중국의 유학보다 일본의 유학을 우선하는 분위기는 중국의 학문보다 일본의 학문을 우선하는 분위기로 이어져 일본의 국학이 발달하는 계기가 될 수 있다는 것이다.

둘째로 생각할 수 있는 것은, 형하판에 맞게 정리한 소라이의 유학에서는 형하판의 삶에서 중시하는 물질적 가치와 실용적 가치를 중시하게 되므로, 일본의 유학자들이 물질적 가치와 실용적 가치를 찾아 서구의 학문으로 대거 전향하게 된다는 사실이다. 철학자가 과학을 강조하면 그의 영향을 받은 제자들은 철학을 그만두고 대거 과학으로 전향하게 되는 것과 같은 이치로 이해할 수 있다. 이러한 의미에서 소라이의 유학은 서구의 문물을 받아들이는 그릇의 역할을 할 수 있다. 특히 서구 문화의 바탕이 형하판이기 때문에, 형하판으로 정리된 일본의 사상은 서구 문물을 받아들이는 그릇의 역할을 할 수 있다.

제9부

■

일본의 심학

소라이의 예치사상은 일본에 들어와 일본의 정서에 맞게 변용되던 주자학이 형하판의 체제에 맞게 완전하게 재구성된 것이다. 그것은 주자학의 형이상학적 요소가 사라지고, 형이하학적 요소만으로 단일한 체계를 갖춘 것이다. 주자학이 형이하학적 체계로 단일화되면 새로운 문제가 발생한다.

철학이나 사상은 삶의 문제를 해결하는 해답들이다. 사람의 삶은 기본적으로 마음과 몸의 두 요소로 이루어진다. 사람이 산다는 것은 몸과 마음이 동시에 살아서 움직인다는 것을 말한다. 몸은 눈에 보이는 물체이고 마음은 눈에 보이지 않는 본질이다. 이는 한 그루의 나무에 비유하면, 마음은 뿌리에 해당하고 몸은 줄기와 가지와 잎에 해당한다. 대나무의 뿌리가 땅 깊은 곳에서 하나로 이어져 있듯이, 사람의 마음은 깊은 곳에서 하나로 이어져 있다. 하나로 이어져 있는 마음이 한마음이고 하늘마음이다. 하나로 이어져 있다는 것을 표현하여 형이상의 본질이라 하고, 주자학에서는 리(理)라고 한다. 이에 비해 몸은 지상의 대나무가 각각 독립적인 개체로 존재하듯이, 각각 독립적인 개체로 존재하는 물질이다. 이처럼 독립적인 개체로 존재하는 물질적 존재를 표현하여 형이하의 형체라 하고, 주자학에서는 기(氣)라 한다.

처음 일본에 들어온 주자학은 기보다 리를 더 중시하는 리 중심의 주자학이었다. 특히 퇴계를 통한 주자학이었으므로 더욱 그러했다. 그러나 일본에 들어온 주자학은 일본에 수용되면서 기를 중시하는 주자학으로 변용되다가 결국 고학이라는 형태로 변모하면서 형이하학의 단일한 체계로 정리되었다.

형이하학의 단일한 체계로 정리되었다는 것은, 나무를 가꾸는 것으로 예로 들면, 나무 가꾸기의 내용이 줄기와 가지와 잎으로 한정되었다는 것을 의미한다. 줄기와 가지와 잎 가꾸기에 전력투구하면 줄기와 가지와 잎을 제일 잘 가꿀 수 있다. 이는 사람의 삶 중에서 몸을 살리는 방법에 집중하여 몸의 삶을 제일 잘 챙길 수 있게 되었다는 것을 의미한다.

그러나 사람의 삶의 방법이 형이하학적 체계로 완성되는 순간 새로운 문제가 생기기 시작한다. 나무의 줄기와 가지와 잎을 가꾸는 데 집중하는 동안 뿌리 가꾸기에 소홀하게 되어 모르는 사이에 잘 가꾸어 놓았던 줄기와 가지와 잎 전체가 시들기 시작한다. 그렇게 되면 아무리 노력해도 해결책이 없다. 다시 근본으로 돌아가 뿌리 가꾸기에 전력투구해야 하지만, 그간 뿌리 가꾸기의 가치를 비판했기 때문에 다시 뿌리 가꾸기에 전력투구하기 어렵고, 그로 인해 나무는 걷잡을 수 없이 시들어간다.

사람의 삶도 마찬가지다. 몸 가꾸기에 주력하다가 마음 챙기는 일이 소홀해져 마음이 황폐해지면 몸도 제대로 가눌 수 없게 된다.

뿌리가 망가져 줄기와 가지와 잎이 시들 때 한 가지 해결책은 통찰력이 뛰어난 영웅이 나타나 뿌리 가꾸기를 다시 시도하는 것뿐이다.

물이 솟아나는 오아시스는 삭막한 사막을 구제하는 구세주가 된다. 오아시스에서 솟아난 물이 사막을 흐르면 사막이 비옥해지지만, 얼마 가지 않아 물이 사막으로 스며들어 메말라 버리면 사막은 다시 삭막해진다. 말라버린 사막을 다시 살리는 길은 오아시스에서 다시 물을 뿜어내는 길밖에 없다.

일본인들은 오랜 역사 속에서 줄곧 형하판에서의 삶을 살아왔다. 형하판에서의 삶이란 몸을 챙기는 것에 주력하는 삶이다. 일본의 역사에서 보면 일본은 몸을 챙기다가 마음이 황폐해질 때가 온다. 일본인들의 마음이 황폐해져, 걷잡을 수 없는 혼란에 빠질 때의 해결책은 마음 챙기는 철학을 펼치는 길밖에 없다. 마음 챙기는 철학은 외국으로부터 수입할 수도 있고, 일본 안에서 마음 챙기는 철학자가 돌출할 수도 있다. 에도시대 초기에 일본이 안정을 취할 수 있었던 까닭은 중국과 한국으로부터 마음 챙김에 주력하는 주자학을 수입하여 정착시켰기 때문이다. 그러나 소라이에 이르러 일본에 수용된 주자학이 형하판의 철학으로 정리되었다는 것은 일본 주자학의 완성이라고도 볼 수 있지만, 다른 한편으로는 마음 챙김이 소홀해지므로 해서 혼란의 시대로 진입하는 것이 예견된다. 이를 통찰한 일본의 지도자들은 한국으로부터 통신사를 대대적으로 초청하여 한국 문화를 대거 수입했지만, 그것만으로 형하판의 일본 문화를 보완하기에는 역부족이었다. 그렇다면 예견되는 일본의 혼란은 어떻게 대처할 수 있을까?

일본의 행운이라고 보아야 할까? 일본을 구제할 구세주 이시다 바이간이 혜성처럼 등장한다.

제1장

이시다 바이간의 심학

제1절 이시다 바이간의 어린 시절

이시다 바이간(石田梅岩: 1685~1744)의 이름은 노리나가(興長)이고, 통칭은 간페이(勘平)이며, 호가 바이간(梅岩)이다. 이시다 바이간은 교토 인근의 옛 단바국 구와다 군 토오게(東懸)라는 한적한 농촌에서, 이시다 곤에몬(石田權右衛門)의 차남으로 태어났다.

바이간은 열 살 때 산에 갔다가 밤을 주워 와 점심 때 부친에게 보였는데, 부친이 물었다. "그거 어디서 주웠느냐?" 바이간이 "우리 산과 남의 산의 경계쯤에서 주웠습니다"라고 대답했다. 부친은 "남의 산 밤나무 가지가 우리 쪽으로 넘어와 떨어진 밤이니 그 집 것이다. 당장 가져다놓고 오너라"라고 꾸짖었다. 바이간은 밥을 먹다 말고 그것을 가져다놓고 온 일이 있었다. 이 사실을 보면 부친은 매우 정직하고 엄했던 것으로 보인다.

바이간은 11세 때 교토의 상점에 고용살이하러 떠났다. 떠나기 전에 부친 곤에몬이 바이간에게 "상점의 주인을 친부모처럼 섬겨야 한다"라고 당부했다고 한다. 바이간은 15세 때 고용살이하던 상점의 경영이 어려워지자, 집으로 돌아와 8년 정도 지낸 뒤, 23세가 되었을 때, 다시 교토의 카미교(上京)에 있는 구로 야나기(黑柳) 가(家)의 포목상에 고용살이하러 떠났다.

바이간은 23세라는 늦은 나이에 포목상으로 들어갔다. 처음에 수습생으로 시작했으나 성실하게 일했으므로, 간부를 거쳐 점장의

이시다 바이간

자리에까지 올랐다. 바이간은 포목상에서 일하면서 틈틈이 학문에 힘을 쏟았다. 그는 일정한 스승 밑에서 공부할 여건이 되지 못했으므로, 혼자서 책을 구해 독학으로 학문에 열중했다. 아침에는 동료들보다 일찍 일어나 2층 창에서 책을 읽었고, 밤에는 사람들이 잠든 사이에 책을 읽었다. 처음에는 신도를 연구하여 그 사상을 전파하려고 들어주는 사람이 없는데도 거리를 다니면서 방울을 흔들며 사람들에게 외친 적이 있었다. 그 뒤로는 불교의 서적과 유교경전으로 독서의 범위가 넓어졌다. 바이간은 서른대여섯 살쯤 되어서 1년 정도 여기저기 스승을 찾아서 강의를 들어봤으나 만족할 만한 스승을 찾지 못하다가 어느 날 오구리 료운(小栗了雲)이라는 은둔의 학자를 만나 깊은 감명을 받고 그의 제자가 되기로 결심했다. 『이사다선생사적』에 따르면, 료운은 성이 다이라(平) 또는 오구리(小栗)이고, 이름은 테에준(貞順)이다. 바이간이 오구리를 만나 바로 제자가 되었는지, 아니면 혼자서 공부에 전념했는지는 알 수 없다. 바이간이 료운을 만난 뒤 일 년 반이 지난 어느 날 어머니가 병석에 누웠다는 전갈을 받고 고향에 가서 병간호를 하던 중에 갑자기 깨달음을 얻었다. 바이간의 나이 40세 때였다.

제2절 바이간의 깨달음과 가르침

바이간은 자신의 깨달음의 과정에 대해 그의 저서 『토히몬도(都鄙問答)』에서 다음과 같이 술회하고 있다.

나는 누구를 스승으로 정하고 있지는 않았다. 이곳저곳의 학자들을 방문하여 1년이나 반년이나 각각의 강의를 들어보았지만, 나 자신이 아직 미숙하고 어리석은 점도 있어, 어떠한 글방의 어떠한 학자가 가장 뛰어난지 판단할 수 없었다. 즉 납득할 수 있는 글방을 찾지 못한 채 오랜 기간 고민하여 온 것이다. 그런 때에 어떤 은둔 학자의 존재를 알게 되었다.

그 사람과 만나서 이야기를 나누다가 마음의 문제를 논했을 때이다. 내가 한마디 시작하자 그 사람은 금세 이해하여 이렇게 말했다.

"스스로는 마음을 안다고 생각할 테지만, 실은 아직 알지 못하고 있다. 배운 것과 진정한 의미의 사이에는 천양지차라고 해야 할 커다란 틈이 있음이다. 마음을 이해하지 못한 채 성인의 책을 읽는 것은 『예기』에 있는 '아주 작은 차이가 천리(千里)로 어긋난다'라는 것과 같다."

그러나 나는 내 말이 잘 전달되지 않았기 때문에 그렇게 말한 것이라고 생각하여 반복하여 논의하고자 했으나 그 사람은 긍정적인 기색을 보이지 않았다. 그리하여 나는 점점 더 납득할 수 없게 되어버렸다.

그러던 어느 날 그 사람이 이렇게 말했다.

"그대는 무엇을 위해 학문을 하고 있는가?"

"나보다 학식이 열등한 사람들에게 오륜오상의 도를 가르치고 싶다는 뜻을 가졌기 때문입니다."

"도는 도심(道心)이라 하니, 곧 마음이다. 공자는 옛것을 익히고 그로부터 미루어 새로운 것을 깨달아야 곧 스승이 될 수 있다고 말하고 있다. '옛것'이란 스승으로부터 배워서 익히는 것이고, '새로운 것'은 스스로 궁리하고 고찰하는 것이다. 궁리하고 고찰하여 처음으로 지금까지 배운 것들이 몸에 배고 타인에 대해서도 그 이전과는 비교도 할 수 없을 정도로 훌륭하게 대응할 수 있게 되는 것이다. 이것이 공자가 말하는 '스승'이다. 그러나 그대는 마음을 알지 못한 채 미로에 발을 들여놓아 버렸고, 이제는 다른 사람들까지 그 미로에 끌어들이겠다고 말하는 것인가? 마음은 몸의 주인이다. 그 주인을 알지 못한다는 것은 말하자면 방랑객과 같아서 머무를 곳이 없는 것과 같음이다. 자신의 거처도 없으면서 다른 이의 거처를 고치고 구하겠다고 하는 것은 있을 수 없는 이야기이지 않은가?"

그 말을 듣고서 나는 자신의 생각을 열심히 토로하려고 했지만 그야말로 달걀로 바위를 치는 느낌으로 일언반구 꺼내지도 못하고 망연자실하여 여태까지의 자신에게 의문을 가지게 되었다. 지금까지 배운 것들을 진정으로 터득하고 있었다면 의문 따위가 파고들어 올 여지는 없을 터였다. 그러나 의문이 샘처럼 솟구쳐 오르는 것은 아직 내가 완전히 알지 못하고 있다는 증거라고 확신했다. 이후로는 그 이외의 것에는 마음이 가지 않았으며 낮에도 밤에도 '어떻게 된 것인가?'만을 계속하여 생각하던 중에 머리뿐만이 아니라 몸도 흐물흐물 진이 다 빠져버렸다. 그렇게 나날을 보내기를 일 년 반 정도. 그 즈음에 모친이 병으로 쓰러져 나는 20일간 병구완했다. 그때였다. 앉아 있다가 문득 일어서려는 찰나 가슴 깊숙이 복잡하게 뒤엉켜 있던 의문이 홀연히 밝아진 것이었다. 그것은 연기가 바람에 날려 사라지는 것보다도 빨랐다.

요순의 도는 효제(孝悌)의 두 글자로 전부이다. 물고기는 물속을 헤엄치고 새는 하늘을 난다. 그 모습은 『중용』에 인용된 시에서

도 '솔개는 날아서 하늘로 돌아가고, 물고기는 연못에서 뛴다'라고 노래하고 있다. 천지자연의 도는 하늘에서 물속까지 그 질서가 명확하다. 의심할 만한 것은 무엇도 없다. 반대로 인간은 효제충신이다. 그 이외의 세세한 것은 어찌 되어도 좋다. 그렇게 달관한 덕분에 나는 20년 동안 이어오던 의문을 해소할 수 있었다. 서적의 문자가 가르쳐 준 것이 아니다. 나의 깨달음은 수행의 성과이다.[129]

바이간은 깨달음을 얻었다. 처음 학문을 시작할 때는 경전에 있는 글자를 읽고 해석하는 공부부터 한다. 당시에는 불교의 경전이나 유교의 경전이 모두 한문으로 기록되어 있으므로, 경전의 문장을 읽기도 매우 어렵다. 한문의 문법 체계가 일본어와 다르므로 더욱 어렵다. 경전에 기록되어 있는 성인들의 말은 성인의 심오한 마음에서 나온 것이므로, 한자의 뜻을 알아도 내용을 이해하기 어렵다. 말하자면, 『논어』에서 공자가 인(仁)이란 글자 하나를 여러 가지로 다르게 설명하므로, 그 의미를 제대로 이해하기 어렵다. 이처럼 의미를 알기 어려운 글자가 무수히 많으므로, 경전의 내용을 제대로 이해한다는 것은 몹시 어렵다. 경전에 있는 말들이 어려운 것은, 한 나무에 있는 잎들이 많으면서 각각 달라서 파악하기 어려운 것과 같다. 나무의 잎을 잎으로만 보면 그 많은 잎을 결코 체계적으로 이해할 수 없다. 잎들을 다 이해하기 위해서는 잎을 통해서 잎이 연결된 뿌리를 이해하면 된다. 모든 잎이 하나의 뿌리로 연결되어 있으므로, 잎을 통해서 하나의 뿌리를 이해하면, 나머지 잎이 모두

---

129. 이시다 바이간, 류영진 옮김, 『도비문답』(호밀밭, 2020), 36~39쪽.

뿌리의 모습이라는 것을 알게 된다. 그것이 깨달음이다.

경전의 말씀은 성인의 마음에서 나온 것이다. 경전에 있는 성인의 말씀을 하나하나 공부하면서 그 말씀을 통하여 성인의 마음이 하나의 마음이라는 것을 아는 것이 깨달음이다. 성인의 마음이 하나의 마음이라는 것을 알면, 성인의 마음이 하늘의 마음이고, 모든 사람의 마음 밑바닥에 깔린 공통의 마음이라는 것도 알게 된다. 그리고 일반 사람들의 마음은 하나의 마음이 욕심에 가려져 있는 것임도 알게 된다. 성인의 말씀은 사람들에게 욕심을 극복하고 하나의 마음을 회복하도록 깨우치는 것임을 알 수 있다.

바이간은 이를 깨달았다. 바이간은 교토로 돌아와 깨달음의 내용을 료운에게 말했다. 스승은 바이간에게 이렇게 말했다.

그건 장님이 코끼리를 더듬는 수준이다. 꼬리를 만져보기도 하고 다리를 만져보기도 하지만, 전체를 알 수 없어 어중간한 상태다. 성(性)은 만물의 어버이다. 바라본 그 눈이 남아 있지 않은가. 성은 눈으로 보는 것이 아니다. 그러니 지금 그 눈에서 다시 떠나라.[130]

바이간이 깨달은 것은 성(性)의 의미에 관한 것이었다. 성이 하늘의 마음이고, 성인의 마음이며, 천지만물의 본래마음이라는 것을 깨달았다. 경전에 있는 성인의 말씀이 모두 성에서 나온 것임을 깨달았다. 바이간은 불교경전, 유교경전, 도가경전 등의 말들이 하나

---

130. 平田雅彦, 『企業倫理とは何か』(PHP研究所, 2005), 179쪽.

로 꿰어져 있음을 깨달았다.

하나의 마음을 아는 것은 불교의 용어로 말하면 돈오(頓悟)이다. 하나의 마음을 알면 모든 경전의 내용을 술술 이해할 수 있고 풀이할 수 있다. 돈오는 머리로 아는 것이다. 하나의 마음을 아는 것과 하나의 마음이 되는 것은 다르다. 하나의 마음을 안다는 것은 아직 나와 하나의 마음이 일치하지 않는 단계이다. 깨달음에는 두 가지가 있으니, 첫 번째 깨달음과 궁극적 깨달음으로 나눌 수 있다. 하나의 마음을 아는 것이 첫 번째 깨달음이라면, 점수(漸修)를 통해 내가 하나의 마음이 되는 것이 궁극적 깨달음이다. 수영하는 것에 비유하면, 먼저 수영하는 법을 머리로 완전히 이해하게 된 단계가 첫 번째 깨달음인 돈오이다. 수영하는 법을 머리로 안다고 해서 깊은 물에 들어갈 수 있는 것은 아니다. 얕은 물에 들어가 연습의 과정을 거쳐 몸으로 수영하게 된 단계가 궁극적 깨달음이다. 몸이 완전하게 수영을 하게 되면 그냥 저절로 수영하게 되므로, 수영하는 방법을 알 필요가 없다. 그렇게 된 상태가 무위자연이다. 궁극적 깨달음에 도달한 사람은 삶이 성인이고, 하늘이며, 자연이다. 삶의 내용 또한 하늘의 삶이고, 성인의 삶이며, 무위자연의 삶이다. 돈오를 하여 하나의 마음을 알면 만물을 사랑해야 한다는 것을 알지만, 점수의 과정을 거쳐 궁극적 깨달음을 얻으면 사랑이 몸에서 저절로 흘러나온다.

깨닫지 못한 단계에서 머릿속에 잡다한 지식을 많이 넣어 놓은 것을 사람들은 박학한 사람이라고 하지만, 실은 그런 사람은 박학한 사람이 아니라 미궁에 빠져서 헤매고 있는 사람이다. 그런 사람이 스승이 되어 학생을 가르친다는 것은 학생들을 미궁 속으로 끌어들이는 것이다. 본인도 학문이 즐겁지 않지만, 학생들도 괴롭게 만든다.

바이간은 돈오를 한 뒤에 완전한 깨달음을 얻기 위해 정진했다. 사람이 돈오를 한 뒤에는 완전한 깨달음을 얻기 위해 용맹정진한다. 외국어를 공부하는 과정에서도 그렇다. 외국어를 공부하는 사람이 외국어로 만들어진 영화를 볼 때, 처음에는 단어 하나씩 들리다가 공부가 무르익으면 어느 순간 단어들이 꿰어져 문장으로 들릴 때가 있다. 그때가 귀가 뚫리는 순간이고, 돈오의 순간이다. 귀가 뚫린 뒤에 영화를 보면 모르는 단어들이 계속 나오므로 열심히 공부하게 된다. 학문에서도 그렇다. 바이간은 깨달음을 얻은 뒤에 완전한 깨달음을 향해 용맹정진했다. 일 년쯤 지난 뒤에 바이간은 완전히 새로운 자신감을 얻었다.

세상은 깨닫기 전이나 깨닫고 난 뒤나 바뀐 것이 없다. 바뀐 것이 없는 세상이지만 깨달은 뒤에는 다르게 보인다. 깨닫기 전에 보이는 세상은 검은 색안경을 끼고 보는 세상이어서 검게 보였다면, 깨닫고 난 뒤에 보이는 세상은 검은 색안경을 벗고 보는 세상이어서 실상이 보인다. 물고기가 물속에서 헤엄을 치고, 새가 하늘에서 나는 것은 반대로 보였다. 하나는 위에서 나는 것이고, 하나는 아래에서 헤엄치는 것이었다. 그러나 깨닫고 보면 하나의 마음으로 움직이는 하나의 자연현상으로 보인다. 요순의 다양한 행동과 공맹의 수많은 말씀이 모두 하나의 마음에서 표현되는 것일 뿐이다. 하나의 마음을 알면 그것으로 모든 것이 통한다. 그 이외의 세세한 것을 다 알려고 할 필요가 없다. 깨닫고 보면, 다름이 같음으로 보이고, 갈등이 조화로 보인다. 죽음과 삶이 하나이므로, 일체의 고통이 없어진다. 지옥처럼 보이는 의문투성이인 이 세상이 조화로운 천국으로 보인다. 모든 것이 제대로 되어 있다. 하늘과 땅도 제자리에 있고, 만물도 제대로 자란다. 산은 산다운 산이고, 물은 물다운 물이다. 여름에는 덥고 겨울에는 춥다.

깨달음을 얻은 사람은 몸에서 사랑이 흘러나온다. 깨달음을 통해 하나의 마음을 얻은 사람은 남과 하나가 된다. 깨달음을 얻지 못해 고통 받고 있는 타인들을 깨우치지 않을 수 없다.

남을 깨우친다는 것은 남을 깨닫게 하는 것이다.

하나인 본질을 알고 본질로 사는 것은 진리의 삶이다. 진리로 사는 것은 무한한 행복이다. 바이간은 이 진리를 남에게 깨우치지 않을 수 없었다. 바이간은 43세가 되었을 때 구로야나기의 포목상에서 물러나 학교를 열 준비를 하기 위해 여러 서당을 찾아다니며 강의를 들어보았다. 일 년이 지난 1729년에 오구리 료운은 예순을 일기로 세상을 떠났다. 바이간은 그해 44세의 나이로 교토의 구루마야(車屋)에 있는 자택에서 서당을 열고 가르침을 시작했다. 바이간은 사람들을 깨우쳐야 하는 이유를 이렇게 말했다.

사람의 본성을 알고 싶어 수행하는 이는 그 답을 좀처럼 얻지 못함에 괴로워하며, 이건 도대체 무엇인가? 이건 어찌 되는가? 하면서 밤낮으로 생각하고 고민하고 아침에도 저녁에도 고뇌하다 보면, 홀연히 그 대답이 번뜩하고 떠오른다. 그때의 기쁨을 비유한다면 돌아가신 부모가 살아서 돌아온 기쁨에 견주더라도 모자라지 않을 것이다.

그 옛날 무거운 짐을 등에 지고 있던 나무꾼이 한숨 돌리기 위해 장작을 내려놓고 쉬고 있는 모습을 그린, '안락의 극치'라는 그림이 지금에 전해지고 있다. 그 그림을 그린 화가는 갑자기 무언가에 눈을 뜨고 지금까지의 마음의 망설임과 의문이 한순간에 맑아진 즐거움에 달한 것임이 틀림없다. 만약 나에게 최고의 즐거움을 그려달라고 청하는 이가 있다면, 나는 망설임 없이 즐거움이 어느 순간 갑자기 열리어 너무도 즐거운 나머지, 나도 모르게 덩실거리게 되는 모습을 그릴 것이다. 이것은 『대학』에서 말하고 있는 "갑자기 깨달음이 열리어 만물의 겉도 속도, 대강도 세밀함도 모두 내다볼 수 있다"라는 것과 같다.

대체로 자신이 마음을 다하면 다할수록 느끼는 즐거움도 다르게 다가온다. 몇 년에 걸쳐서 도대체 무엇일까? 어떻게 된 것일까? 계속 고민하다 보면 돌연 의문이 풀리게 되는 경우가 있다. 간혹 한두 달 정도 의문을 가졌던 것이 보일 듯 말듯이 답이 떠오르는 수도 있지만, 그때의 즐거움은 크지 않다. 즐거움이 적으면 용기도 나지 않는다. 한편 확고한 신념을 가지고 배움의 길에 들어섰다면 가령 가난하여 거리에서 빌어먹게 되더라도 그러한 깨달음을 얻었을 때의 감동을 세상 사람들에게 전하여 남기고자 하는 용기가 나게 된다.

나 역시도 문학의 역량도 없는 주제에 그것을 부끄러워하지 않고 이렇듯 지껄이고 있으니 천학(淺學)의 시골뜨기라고 해야겠지만, 그런데도 이렇게 이야기하는 것은 나의 뜻을 말하고 싶다는 것, 그뿐이다.[131]

---

131. 이시다 바이간, 류영진 옮김, 『도비문답』(호밀밭, 2020), 183~184쪽.

바이간은 깨달았을 때의 기쁨을 돌아가신 부모님이 살아 돌아오시는 것에 비유했다. 깨닫고 보면 모든 사람이 나로 바뀌므로, 바이간은 이 기쁜 일을 사람들에게 전하지 않을 수 없었다.

바이간은 처음 강좌를 열었다. 강의실 문 앞에 "몇 월, 며칠 개강, 수업료 없음. 추천서가 없어도 희망하시는 분은 누구나 자유롭게 들어와 강의를 들으시오"라는 간판을 걸었다. 처음에는 오는 학생이 매우 적었다. 때로는 친한 친구 혼자 강의를 듣는 날도 있었다. 그때마다 바이간은 이렇게 말하며 강의를 시작했다.

> 나는 강의를 시작할 때 단지 독서대하고만 마주하는가 하고 생각했는데, 들어주는 사람 한 사람이라도 있으면 만족이다.[132]

처음에는 학생들이 적었으나 차츰 바이간의 정성과 사랑이 학생들의 마음을 사로잡기 시작했다. 교토의 상가에 바이간의 강의가 소문이 나면서 학생수가 늘어났다. 소문이 퍼져나가 오사카, 가와치, 이즈미까지 출강을 하게 되었다. 교토에서는 장소를 바꾸어가며 순회 강의를 할 정도였다. 1737년에는 학교가 좁아 사카이로 옮겼다.

바이간은 해가 뜨기 전에 자리에서 일어나 손을 씻고, 문을 열고, 집안 청소를 한 뒤 옷을 갖춰 입었다. 심지에 불을 켜고 아마테라스 고다이신궁, 공자, 석가모니불에 차례로 경배를 올렸다. 그런 다음 스승과 조상 부모의 영전에 기도를 올리고 나서 아침을 들고

---

132. 平田雅彦, 『企業倫理とは何か』(PHP研究所, 2005), 181쪽.

잠깐 쉬었다가 강의를 시작했다. 강의는 새벽에 시작해 오전 8시에 끝나며, 밤 강의는 저녁 나절부터 밤 8시까지 이어졌다. 교재는 『대학』, 『중용』, 『논어』, 『맹자』, 『시경』, 『역경』, 『효경』, 『소학』, 『태극도설』, 『근사록』, 『성리자의』, 『노자』, 『장자』, 『화론어(和論語)』, 『쓰레즈레구사(徒然草)』 등과 기타 불교경전도 포함되었다. 교육 방법은 강의·질의응답·좌선 등의 세 가지를 병행했다. 서당을 연 지 십년이 되던 해인 1738년에 바이간은 『도비문답(都鄙問答)』을 정리하여 이듬해 출간했고, 1744년 5월에 『제가론(齊家論)』을 출간했다. 바이간은 『제가론』의 첫머리에서 당시의 심경을 이렇게 술회했다.

가는 세월 흐르는 강물처럼 빨라 멈추지 않는구나. 강의를 시작하기로 마음먹고 "몇 월, 며칠 개강. 수업료 없음. 추천서가 없어도 희망하는 자는 누구나 자유롭게 들어와 강의를 들으시오"라고 간판을 내건 지도 벌써 15년이 흘렀다. 그때의 간판을 보고 아주 좋다고 하는 사람도 있었고, 제대로 배우지도 못한 사람이 무슨 강의를 하느냐고 꾸짖는 사람도 있었고, 앞에서는 칭찬하면서 뒤에서 조롱하는 사람도 있었고, 그 외에도 평가들이 제각각이었다고 들었다. 나는 만학이었으므로 머리에 든 것도 많지 않고, 남보다 앞서는 학력도 없었다. 그렇다면 무엇을 가르쳐야 하는가를 생각해야 하는데, 내가 가르침을 펴고자 하는 뜻은, 오랫동안 노력하여 성현의 뜻을 거의 얻은 바가 있었으니, 이 마음을 깨달았을 때는 삶과 죽음은 말할 것도 없고, 명예와 부귀에 대한 집착에서도 벗어나기 쉬웠으므로, 이러한 진리를 깨우치기 위함이었다. (…) 참으로 다행한 일이로다. 오늘날까지 다녀간 학생이 끊임이 없는데, 그중에는 친한 제자들도 있어 내가 하는 말에 공감하고, 또 다른 사람을 인도하여 모여드니, 이것이야말로 아주 좋다는 것이 아니겠는가![133]

『제가론』을 출간한 넉 달 뒤인 9월에 바이간은 다이키야 헤베에에게 『제가론』이 잘 팔려서 기쁘다는 내용의 편지를 보냈다. 그리고 겨우 일주일 뒤 하룻밤을 앓고 생을 마감했다. 향년 60이었다. 바이간은 평생 장가를 들지 않았고, 혼자 간소한 자취생활을 하고 있었으므로, 그의 임종을 지킨 사람이 거의 없었다고 전한다. 사후 집에 남아 있는 물건은 책 세 상자와 평생 사람들의 질문에 대답하기 위해 작성해놓은 원고, 독서대, 책상, 벼루, 옷, 일용 잡화뿐이었다.[134]

제3절 바이간의 사상

바이간의 사상은 형하판에 피어난 형상판의 꽃이다. 그것은 사막을 적셔주는 오아시스의 물과 같다. 오아시스의 물이 사막 곳곳을 적셔주듯이, 바이간이 깨달은 하나의 마음은 세상 사람들의 마음을 두루 적셔주는 역할을 했다. 불행해도 좋은 사람은 없다. 모든 사람은 행복해야 한다. 사람이 행복해지는 방법은 하나

---

133. 平田雅彦, 『企業倫理とは何か』(PHP研究所, 2005), 185쪽.
134. 平田雅彦, 『企業倫理とは何か』(PHP研究所, 2005), 41쪽.

의 마음을 깨달아 하나의 마음으로 사는 것이다. 사농공상에 종사하는 모든 사람에게 공통된 가르침은 하나의 마음을 터득하게 하는 것이다. 세상을 이끌어가는 관리들도 하나의 마음으로 이끌어가야 하고, 농사를 짓는 농민도 하나의 마음으로 농사를 지어야 한다. 공업에 종사하는 사람이나 상업에 종사하는 사람에 이르기까지 예외가 없다. 바이간은 사농공상에 속하는 사람들에게 하나의 마음으로 처신하는 구체적인 방법을 하나하나 자세하게 설명한다. 특히 상인이 이익을 챙기는 문제와 상인의 마음가짐 등에 대해서 자세하게 설명한다. 상인에 대한 설명은 공자와 맹자의 설명보다 더 구체적이고 자세하다.

바이간 철학의 핵심은 '하나 철학'이다. 모든 것의 본질이 하나임을 알고 하나의 본질에서 사는 것이 진리의 삶이고 행복한 삶이다.

제1항 바이간의 하나 철학

바이간이 깨달아서 도달한 것은 하나인 본질이었다. 모든 것은 각각 다르게 존재하는 것 같지만 본질에서 모두 하나임을 깨달은 것이다. 사람에게는 마음과 몸이 있지만, 마음도 모두 하나이고 몸도 모두 하나이다.

1. 하나의 마음

『맹자』에는 다음과 같은 맹자의 말씀이 있다.

> 학문의 길이란 다른 것이 아니라, 잃어버린 마음을 찾는 것일 뿐이다.[135]

사람은 누구나 마음을 가지고 있다. 자기가 가지고 있는 마음을 자기의 마음으로 생각한다. 그러나 대부분 사람이 가지고 있는 마음은 자기의 본래마음이 아니다. 본래의 자기 마음은 잃어버렸다. 맹자는 놓아버린 마음이라고 했지만, 놓아버린 마음이나 잃어버린 마음은 같은 것이다. 은둔의 학자 료운이 바이간에게, "스스로는 마음을 안다고 생각할 테지만, 실은 아직 알지 못하고 있다"라고 한 말은 바이간을 꿰뚫어 본 말이었다. 대부분 사람이 그런 것처럼, 바이간도 자기의 마음을 잘 들여다보지 않았다. 사람들은 자기의 마음을 들여다보지 않은 채 현재의 마음을 막연히 자기의 마음인 것으로 착각하고 있다. 바이간도 그랬다. 은둔의 학자는 바이간에게 그것을 깨우쳤다. 사람들이 현재 마음먹고 있는 것은 자기의 본래마음이 아니고 욕심이다. 욕심은 원래 없었다. 없던 욕심이 들어와 자기의 본래마음을 몰아내고 대신 그 자리를 차지하고 있는 것이다. 지금의 자기 마음이 자기의 마음이 아니라는 말을 들으면 사람들은 충격을 받을 것이다. 바이간도 충격을 받았다. 자기가 모르고 있는 자기 마음이란 무엇이란 말인가? 바이간은 그 물음을 풀지 못해 오랜 시간 고뇌했다. 바이간의 고뇌는 수행으로 연결되었다. 수행의 핵심은 욕심에서 벗어나 잃어버린 본래의 자기 마음을 찾는 것이다. 처절한 수행을 거친 바이간은 깨달았다. 깨달음이란 자기의 본래마음에 도달한 것을 말한다. 자기의 본래마음은 완전히 잃어버릴 수는 없다. 본래마음은 욕심에 가려 보이지 않는 곳에 있는 것일 뿐, 완전히 사라지지는 않는다. 완전히 사라져버린 것이라면

---

135. 學問之道 無他 求其放心而已矣(『孟子』 告子章句上).

찾을 길이 없다. 바이간은 이를 다음과 같은 비유로 설명한다.

어느 날 증서나 도장 따위가 필요할 때, 그것을 넣어두는 상자는 있어도 그 안에 분명히 넣어두었을 증서나 도장을 도무지 찾을 수 없을 때가 있다. 그날 찾아보아도 그다음 날 다시 찾아보아도 도저히 찾을 수가 없다. 또 다른 날 찾아보아도 역시 마찬가지다. 그 어디에도 없기에 의심하는 마음이 일어나기 시작한다. 누군가 훔쳐간 것은 아닐까? 증서를 낡은 서류들과 함께 버린 것은 아닐까? 아니! 어딘가에 떨어뜨렸을지도 모른다며 이런저런 의심들이 머리를 스쳐 간다. 좀처럼 찾을 수가 없기에 어쩔 도리가 없다고 여겨 포기하고 다른 일들에 쫓겨 분주히 있다 보면, 갑자기 잘 보관하려고 따로 넣어두었던 장소가 떠오를 때가 있다. 이러한 것은 문학과는 관계가 없다. '마음을 안다'라는 것도 이것과 닮았다. 누군가 훔쳐 갔을지도 모른다. 잃어버렸을지도 모른다는 의심들이 한순간에 사라지는 것은 칠흑 같은 밤이었던 하늘에 예기치 않았던 만월이 떠올라 한순간에 밝아지는 상황과 닮았다.[136]

바이간은 본래의 마음을 찾았다. 욕심은 몸에 갇혀 있는 마음이다. 욕심은 몸에 들어 있는 몸의 한 요소일 뿐이다. 욕심으로 판단하면 자기의 몸이 자기의 전부인 것처럼 보인다. 그러나 욕심에서 벗어나 본래마음을 찾고 나면 달라진다. 본래마음은 몸 밖으로 열

---

136. 이시다 바이간, 류영진 올김, 『도비문답』(호밀밭, 2020), 39~40쪽.

려서 모두의 마음과 하나로 연결된 '하나의 마음'이다. 본래마음에서 판단하면 모두가 나와 하나로 연결되어 있다. 본래마음을 회복하는 순간 남과 나는 하나가 되고, 만물과 나 또한 하나가 된다.

'하나의 마음'으로 사는 것은 참된 삶을 사는 것이지만, '하나의 마음'을 잃고 사는 것은 헛된 삶을 사는 것이다. 헛된 삶은 의미 없는 삶이므로, 아무래도 상관이 없다. 바이간이 "인간은 효제충신이다. 그 이외의 세세한 것은, 어찌 되어도 좋다"라고 한 것은 이를 두고 하는 말이다. 하나의 마음이 삶에서 드러나는 구체적인 마음이 효제충신이다. 효제충신으로 일관하는 사람이 인간이다. 효제충신으로 살지 않는 사람은 인간이 아니다. 인간의 삶이 아닌 것에 하나하나 상관할 것이 없다.

이상의 논의에서 보면 바이간이 말하는 바람직한 삶의 바탕에 깔린 공통분모는 '하나의 마음'이다. 하나의 마음은 인간이 인간일 수 있는 조건이다. 그러나 사람들은 그 본래의 마음을 잃어버렸으므로, 사람의 공통적인 과제는 잃어버린 본래마음을 되찾는 것으로 귀결된다. 본래마음을 되찾은 사람이 성현이다.

> 성인은 시종일관 자기 자신의 마음으로 천지만물을 파악하고, 그것들과 하나가 되어 있다.[137]

성인은 본래마음을 회복한 사람이다. 본래마음을 회복하면 하늘마음과 하나가 되고, 천지만물과도 하나가 된다. 하나가 되는 것

---

137. 위의 책, 79쪽.

은 머리로 알 수 있는 것도 아니고, 말로 표현할 수도 없다. 수행을 통해서 몸으로 터득하는 것이다.

> 한결같이 성인들은 천지만물을 자신의 마음으로 삼지만, 그러한 것을 입으로 말하여 이해할 수 있는 것은 아니다. 스스로 노력하여 터득하는 수밖에 없음이다.[138]

본래마음을 회복하는 것은 욕심을 떨쳐내고 난 뒤에 도달하는 것이므로, 욕심이 많아질수록 어렵고 힘이 든다. 시대가 흐를수록 사람들의 욕심들이 많아졌으므로, 지금의 사람들은 본래마음을 회복하는 것이 불가능하다고 생각하는 사람이 많다.

> 하나 마음을 아는 것은 먼 옛날의 성현들의 시대에나 가능했던 것으로, 지금 이 시대를 살아가는 사람들은 불가능하다고 생각하는 이들도 있다.[139]

그러나 본래마음은 완전히 사라지지 않는 것이므로, 꾸준히 노력하면 불가능한 것이 아니다.

> 성현이라고 불리기까지에 상·중·하라는 방식의 차이가 있다 하더라도, 배움을 지속한다면 결국은 성현의 영역에 다다르게 됨

---

138. 위의 책, 81~82쪽.
139. 위의 책, 80쪽.

은 모두가 똑같다. 우리와 같은 범인이라도 욕구를 제어하고 악을 행하지 않도록 꾸준히 각고면려 한다면 조금씩 그것에 가까워짐을 반드시 알 수 있다.[140]

'하나의 마음'은 경전에서 다양하게 설명한다. 인의예지(仁義禮智)·성(性)·리(理)·도(道)·천리(天理) 등이 모두 하나의 마음을 표현하는 글자이다.

성인 공자는 이미 '인'을 근본으로 했고, 노자는 '대도'를 인의 근본이라고 생각했다. '인'과 '도'라는 두 가지의 말이 존재하기에 단지 문자만을 받아들여 어느 것이 근본인가로 논쟁하는 것은 무의미하다. 소리도 없고 냄새도 없이 만물의 본체가 되는 것을 일단 이름하여 '건(乾)'이라고도, '곤(坤)'이라고도, '도'라고도, '리'라고도, '성(性)'이라고도 부르고 있다. 이름은 모두 제각각이지만, 그것은 결국 하나이다. 예를 들어 『역경』에 나오는 '건'을 원형리정(元亨理貞)이라고 하는 것과 같은 것이다. '건'은 리(理)이며, 원형리정은 명(命)이다. 두 가지는 '본체'와 그 '작용'이라는 관계이다.[141]

주자학에서는 '하나의 마음'을 표현하는 여러 말 중에서 특히 '리'를 강조한다. 인·성·리는 같은 하나인 본질을 일컫는 말이지만,

---

140. 위의 책, 84쪽.
141. 위의 책, 127쪽.

인은 사람의 본래마음에 국한해서 사용하는 말이고, 성은 생명체에 국한해서 사용하는 말이며, 리는 모든 물체에 사용하는 말이다. 주자학에서 특히 '리'를 강조하는 이유는 모든 존재가 하나라는 것을 강조하기 위해서이다.

> 그렇다면 '리'라는 것은 무엇인가? 천지는 말할 것도 없이, 인간, 금수, 초목에 이르는 만물은 각각 떨어져 도를 행하고 있지만, 그 도에 갖추어져 있는 본체를 임시로 이름하여 '리'라고 말하는 것이다. (…) 리는 '본체'이기에 움직이지 않고 변화하지 않는 상태이다. 움직이지 않는 것, 변하지 않는 것을 '리'라고 이름했다고 생각한다면 이해하기 쉬울 것이다. 문자는 세상의 모든 사물을 천하에 유통하는 그릇과 같은 것이다. 리는 그 주인이다.[142]

리는 하나인 본질을 일컫는 말이다. 하나인 본질은 하나이므로 머리로 분별할 수 없고, 말로 표현할 수 없다. 그러므로 임시방편으로 '리'라는 글자로 표현한 것일 뿐이다. 하나의 본질은 밖으로 드러나므로, 그 드러나는 양상에 따라 여러 가지 이름으로 불린다. 예컨대 하나인 본질은 모두 함께 가지고 있는 '하나의 마음'이므로 인(仁)이라 하고, '하나의 마음'이 나타나는 양상에 따라 인의예지라고도 한다. 하나의 마음은 살고 싶은 마음이고, 살리고 싶은 마음이므로 성(性)이라고 하고, 모든 물체의 존재 원리이므로 리라고 한다.

---

142. 위의 책, 129쪽.

2. 하나의 몸

마음만 모두 하나로 이어져 있는 것이 아니다. 바이간은 사람의 몸 또한 천지 우주와 하나임을 알았다.

한편 맹자의 성선은 천지와 곧바로 이어진다. 그렇게 말할 수 있는 이유는 사람이 잠들어도 의식하지 못한 채 호흡이 이어지고 있기 때문이다. 호흡은 자신의 숨이 아니다. 천지의 음양이 출입하고 있는 곳이고, 천지에 넘치는 호연지기가 형태가 있는 것들을 움직이는 것이다. 맹자는 자신과 천지 사이에는 혼연일체인 도리가 일관되게 존재한다고 하여 사람의 본성은 선이라고 설파했다.[143]

성인의 도는 천지뿐이다. 천지는 눈에 보이듯이 맑음과 탁함이 있어 하늘은 맑고 땅은 탁하다. 맑은 하늘도 탁한 땅도 어디를 보더라도 무언가를 낳아서 길러낼 것으로 보이지 않는다. 하늘에도 땅에도 마음은 없지만, 만물이 생생하게 살아가고 있는 모습은 지금도 그 옛날에도 다를 것이 없다. 그 생생한 생명을 이어주고 있는 것이 선이다. 좀 더 구체적으로 말해보자면, 하늘은 형태가 없으니, 마치 마음과 같다. 땅은 형태가 있으니, 마치 물체와 같다. 그 생생한 모습은 그야말로 생물과 같다. 하지만 마음이 없다는 것은 마치 죽은 것과 같다. 천지는 그 두 가지를 겸비하고 있기에 만물의 주체가 될 수 있는 것이다. 그것

---

143. 위의 책, 179쪽

에 임의로 이름 붙여 '리'라든가 '본성'이라든가 '선'이라고 부르는 것이다.

그러나 자기식대로의 생각에 사로잡혀 있는 사람은 천지가 살아 있는 것이라고 주장하지만, 그렇게 되면 한쪽 면만 알고 있는 것에 지나지 않는 것으로, 삶과 죽음의 양면을 겸비한 유일한 도리를 알지 못한다. 그렇기에 공자는 성인의 도와 다른 학문을 하는 사람은 백해무익하다고 말한 것이다.

천지를 사람에게 빗대어 보면, 사람의 마음은 끝도 없는 공허이며 하늘에 해당한다. 사람의 몸은 닫혀 있는 실재이며 땅에 해당한다. 호흡은 음양, 그것을 이어주는 것은 선, 작용을 주관하는 주체는 본성이다. 이렇게 생각해보면, 사람의 몸이 하나의 작은 천지인 것을 알 수 있을 것이다. 자신이 하나의 천지라는 것을 알게 된다면 이 이외에 무엇이 더 필요하겠는가?[144]

하늘의 마음은 사람의 마음, 사람의 마음은 하늘의 마음인 것이다. 이것은 고금을 통틀어 공통된 하나의 진리이다.[145]

위의 인용문을 보면, 바이간은 하늘의 마음이 사람의 마음이라고 하면서 동시에 하늘에도 땅에서 마음이 없다고 한다. 이 말들을 보면 바이간이 모순을 범하고 있는 것처럼 보이므로, 잘 이해해야 한다.

---

144. 위의 책, 180~181쪽.
145. 위의 책, 182쪽.

사람의 마음에 본심과 욕심의 두 마음이 있다. 욕심의 움직임은 마음을 들여다보면 알 수 있고, 말로 드러나기도 한다. 그러므로 사람에게 욕심이 들어 있다는 것은 모두가 안다. 그러나 본심인 '하나의 마음'은 들여다보아도 보이지 않고 말로 표현할 수도 없으므로, 없는 것처럼 보인다. 본심은 하늘의 마음이므로, 없는 것처럼 보인다. 욕심을 마음으로 본다면 하늘에는 마음이 없다. 바이간이 하늘과 땅에 마음이 없다고 한 것은 욕심이 없다는 뜻이다.

욕심 없는 움직임은 저절로 움직이는 것이다. 의도함이 없이 움직인다는 의미에서 무위자연이라고 표현할 수 있다. 하늘과 땅도 저절로 움직이고 사람도 저절로 움직인다. 자는 사람의 움직임은 저절로 움직이는 것이어서, 거기에 마음이 없는 것처럼 보이므로 마음이 없다고 할 수도 있다.

사람이 숨을 쉬는 것은 마음이 움직여서 쉬는 것이 아니고, 저절로 쉬는 것이므로, 내가 숨을 쉬는 것이라고 할 수 없다. 천지에 가득 차 있는 호연지기의 작용이 내 몸에서 일어나고 있을 뿐이다. 천지만물은 모두 호연지기와 일체가 되어 움직이는 것이다. 천지만물은 한 몸이다.

욕심을 극복하여 하나의 마음을 회복하면 몸과 마음이 모두 천지만물과 하나가 된다. '나'라는 개인이 없으므로, 나의 살고 죽는 일이 있을 수 없다.

제2항 바이간의 실천윤리

1. '하나 마음' 실천의 덕목

하나 마음을 깨달은 바이간은 성인들이 설명하는 효제충신과 친

·의·별·서·신이 모두 하나의 마음을 실천하는 윤리적 실천덕목임을 알았다. 하나의 마음이 부모에게 드러날 때는 효(孝)가 되고, 윗사람에게 드러날 때는 제(悌)가 된다. 바이간이 깨달았을 때, 사람의 마음은 효제뿐이라고 한 것이 이를 의미한다.

그러나 사실 '하나의 마음'은 효제로 드러나는 것뿐만 아니라, 다른 사람과의 관계에서 여러 가지 방식으로 드러난다. 임금에게는 충(忠)으로 드러나고, 친구들에게는 신(信)으로 드러나지만, 충과 신이 임금과 친구 사이에서만 드러나는 것이 아니라, 모든 인간관계에서 드러나지만, 특히 임금과 친구 사이에서 드러나는 면을 강조해서 한 말이다.

오륜의 실천원리인 친·의·별·서·신의 윤리도 모두 '하나 마음'이 인간관계에서 구체적으로 드러나는 모습을 설명한 것이다.

이 외에도 경전에서 설명한, 사람의 바람직한 실천 윤리가 모두 '하나 마음'을 바탕으로 한다. 바이간이 상인철학을 설명하면서 강조한, 정직·검약·겸손 등이 모두 '하나 마음'을 바탕으로 하여 실현되는 실천 윤리이다. 바이간의 윤리학에서 윤리 실천이 중요하지만, 더 중요한 것은 '하나 마음'을 깨닫는 것이다. 사람이 '하나 마음'을 깨닫기만 하면 실천 윤리는 저절로 실현된다. 그러므로 '하나 마음'을 회복하기 위한 깨달음의 과정을 생략하고 실천 윤리만 추구한다면, 지속하기도 어렵지만, 자연스럽지도 않다. 바이간은 이를 다음과 같이 설명한다.

부처의 마음을 깨닫지 못한 채 부처의 법에만 집착하면 난처해지게 될 것이다. 그 해로움을 빗대어 이야기하면, 굶주린 사람에게 음식이 아닌, 금덩이를 주는 것과 같은 것, 금덩이를 받은 순간에는 천하제일의 보물을 받았다며 기뻐하겠지만, 결국 황금을 껴안은 채 죽어갈 것이다. 이에 반하여 성인의 가르침은 굶주린 사람에게 밥 한 그릇을 주는 효과가 있다. 밥 한 그릇은 황금을 얻은 기쁨보다 못하지만, 그 밥 한 그릇이 구한 사람의 목숨보다 더 나은 것은 없다.[146]

깨달은 사람의 삶의 방식은 황금처럼 아름답고, 화려하다. 그러나 깨닫지 못한 사람에게 그 삶의 방식만을 가르쳐 주면 그것을 배운 사람은 황금을 얻은 것처럼 좋아하지만, 결국 그 방식을 소화할 수 없다. 그러므로 사람들을 가르칠 때는 실천 윤리를 가르치면서 동시에 깨달음의 과정을 강조하지 않으면 안 된다. 깨닫지 못한 사람이 실천 윤리를 배우기만 하는 것은 굶주린 사람이 황금을 먹는 것과 같아서 굶주림을 해결할 수 없다. 사람을 가르치면서 깨달음의 과정을 건너뛰는 것은 잘못이다. 이 점을 잊지 않아야 한다.

2. 하나 마음의 실현

사람이 '하나 마음'을 회복하면, 사심이 없어지고, 사심이 없어지면, 마음이 맑은 거울처럼 되어, 만물을 투명하게 비춘다. '하나 마음'이 회복된 뒤에는 일거수일투족이 모두 하나 마음의 드러난 모습이 된다. '하나 마음'이 되고 보면, 유교경전, 불교경전, 도가경전의 내용들이 모두 하나로 통해 있는 것임을 알 수 있다. 여러 경

---

146. 위의 책, 206쪽

전이 말하는 핵심은 모두 '하나 마음'이다. '하나 마음'이 바로 나의 마음이므로, 나의 마음을 통해서 경전에 기록되어 있는 성인의 말씀을 환하게 이해할 수 있다.

'하나 마음'이 되면 나와 천지만물이 모두 하나가 된다. 눈에 보이는 대상이 대상으로서가 아니라 자기의 모습이 되어 다가온다.

> 일단 마음을 닦았다면 불교에서 노장사상, 제자백가, 일반의 기예까지 온갖 범주의 사상을 모두 모아 보더라도 그것에 대한 마음은 거울과 같이 청명하다. 거울 앞에 무언가가 나타나면 금세 비춰주고, 사라지면 아무것도 비치지 않게 된다. 그러한 마음을 이해하고 나서 성인의 가르침을 접한다면, 흡사 조금의 티도 없는 맑은 거울에 비친 자신을 바라보는 경지로 나아간다. 그런 식으로 하나의 도리를 철저히 닦음으로써 천지만물의 모습을 보아도 마치 자신의 손바닥을 보고 있는 듯한 심경으로 바라볼 수 있게 되는 것이다. 즉 눈에 비치는 모든 대상이 자신과 일체화하는 것이다.[147]

하나 마음이 되면, '나'라는 개인이 없어지므로, '나의 늙음'도 없고, '나의 죽음'도 없다. '하나 마음'을 회복하면 모든 고통에서 벗어난다.

나는 맹자의 성선설을 아무 생각 없이 그저 받아들여서 그 덕을 보며 마치 뭐라도 알고 있는 척 으스대고 있는 게 아니다. 그

147. 위의 책, 217쪽

언설이 나의 마음과 합치했기 때문이다. 이렇게 설명하면 매우 알기 쉽게 들리겠지만, 이 이상 깊은 것을 이해하는 것은 어렵다. 만약 이해하게 된다면 생과 사는 하나가 된다. 그렇기에 공자도 아침에 사람으로서의 도를 깨우친다면 저녁에 죽어도 여한이 없다고 말하는 것이다.[148]

'하나 마음'이 되면 개인적으로 참되고 행복한 삶을 살게 될 뿐만이 아니다. '하나 마음'을 회복한 사람이 집에 있으면 집이 화목해지고, 나라를 다스리면 나라가 다스려지며, 세상에 나아가면 세상이 평화로워진다.

천하 국가를 다스리는 '도' 또한 이와 같다. 예로부터의 법을 하나도 버리지 않고 게다가 하나의 법에 집착하지도 않는 방식은, 명의가 다양한 약을 버리지 않고 병의 치료에 활용하는 것과 같은 것이다. 천하 국가를 다스리는 데 유교가 도움이 된다고 하더라도, 소견이 좁고 한쪽으로 치우쳐져 집착한다면 반드시 해가 미치게 될 것이다. 이것은 돌팔이 의사가 인삼으로 환자를 죽이고 마는 것과 같다. 인삼에 섞는 금가루가 눈에 들어가면 금세 시야가 희미해진다는 예도 있다. (…) 성인이 정치를 행하는 것은 하늘과 같다. 특별한 것을 하지 않더라도 자연스럽게 다스려지기 때문이다.[149]

---

148. 위의 책, 175쪽.
149. 위의 책, 210~211쪽.

문제가 생기는 원인에는 인(因)과 연(緣)이 있다. 인은 내부에 존재하는 근본 원인이고, 연은 외부에 존재하는 여건이다. 예를 들어 내가 사기꾼에게 사기를 당했다면, 근본 원인은 나에게 사기당할 요인이 있었기 때문이고, 외적 원인은 사기꾼이 나타나 나에게 사기를 쳤기 때문이다. 이런 문제를 해결하기 위해 사기꾼 탓으로만 하면 안 된다. 근본 원인은 자기에게 있으므로 자기 탓으로 돌려야 한다. 의사가 천하 명약인 인삼을 잘못 사용하여 사람을 죽게 한 일이 있다면, 그 원인은 의사 탓이므로, 인삼 탓으로 하면 안 된다. 인삼으로 사람의 병을 고치는 사람은 명의이지만, 사람을 죽이는 사람은 돌팔이다. 정치에 관해서도 그렇다. '하나의 마음'으로 정치를 하면 나라가 번창해지지만, 그렇지 못한 사람이 정치를 하면 나라가 망하는 길로 간다. '하나 마음'을 회복하지 못한 사람은 돌팔이 정치인이다. 돌팔이 정치인이 유교의 방식으로 정치하여 나라를 망쳤다고 해서 유교의 탓으로 하면 안 된다.

이러한 도리를 모르고서 군주가 정치를 행하면, 그 나라는 멸망을 향해 가게 되고, 가신은 집안을 혼란스럽게 만든다. 다스리는 방식이 올바른 궤도에서 벗어나 무익한 살생을 하고, 욕심에 따라서 도리에 반하는 것을 아무렇지도 않게 행하면서 오륜 오상의 도를 등지고, 승려는 오계를 깨고 부처의 도를 등진다. 그렇게 되었을 때 세상을 바로 잡는 방법은 성인의 도 이외는 없을 것이다.[150]

---

150. 위의 책, 219쪽.

뿌리가 튼튼하면 줄기와 잎들이 무성해지지만, 뿌리가 약해지면 줄기와 잎들이 시든다. 마음은 뿌리이고, 개인·가정·국가·세계는 줄기와 잎에 해당한다. 하나의 마음이 바탕이 되면, 개인·가정·국가·세계가 최선의 상태가 된다.

3. 불행의 원인

사람이 불행해지는 근본 원인은 '하나 마음'을 회복하지 못한 데서 온다. '하나 마음'은 욕심에 가려져 알기 어려우므로, 사람들은 '하나 마음'이 있다는 것을 모르고 욕심 채우기에 급급하다. 욕심을 채울수록 '하나 마음'은 사라져 간다.

새끼 뻐꾸기를 기르는 뱁새는 불행하다. 뱁새는 불행한 줄도 모르고 새끼 뻐꾸기에게 줄 벌레를 잡기 위해 동분서주한다. 뱁새가 벌레를 많이 잡을수록 새끼 뻐꾸기는 많이 자라고, 그럴수록 뱁새의 새끼는 멀어져 간다. 그런데도 뱁새는 눈앞에 있는 벌레를 보면 새끼 뻐꾸기에게 먹일 생각에 흐뭇해진다. 그러나 사실은 눈앞에 보이는 벌레는 자기를 불행에 빠트리는 독약이다. 뱁새의 새끼를 기르면 생명이 이어지지만, 새끼 뻐꾸기를 기르면 자기의 생명이 단절된다. 생명이 단절되는 것은 죽음을 의미한다. 새끼 뻐꾸기를 기르기 위해 잡는 벌레는 뱁새에게는 죽음으로 가는 독약이다. 그런데도 뱁새에게는 그 독약이 달콤하다. 뱁새는 독약을 마시는 일을 행복하게 생각한다.

세상에는 이중의 이익을 취하여 달콤한 독을 마시고 스스로 죽음에 빠지는 것과 같은 일들이 많은 듯하다.[151]

정당한 이익은 자신의 삶을 충실하게 한다. 정당한 이익을 취하는 것은 참되지만, 부당한 이익을 취하는 것은 욕심을 채우는 것이다. 욕심을 채우는 것은 본심을 없애는 행위이다. 욕심을 채우는 것은 본심을 죽이는 독약이다. 그런데도 사람들은 욕심 채우는 일을 행복으로 착각한다. 욕심을 채우는 사람에게는 죽음에 이르게 하는 독약이 달콤하다. 달콤한 독약은 먹음직스러운 선악과이다. 독약의 달콤함에 빠져 헤어나지 못하는 사람은 새끼 뻐꾸기를 기르는 즐거움에서 벗어나지 못하는 뱁새와 같다.

세상 사람들은 죽음에 이르는 독약의 달콤함에 빠지기 쉽다. 욕심에 눈먼 사람에게는 죽음에 이르게 하는 달콤한 독약이 사막의 신기루처럼 유혹한다. 권력이 그렇고, 돈이 그렇고, 명예가 그렇다. 이웃집의 탐나는 물건도 독약이다. 이웃 나라의 땅은 매우 탐나는 독약이다. 사람들은 독약을 서로 마시려고 경쟁하며 달린다. 독약은 작은 데서 시작된다.

바이간은 상인이었다. 상인이 챙기려는 부당한 이익이 독약이다. '하나 마음'에서 발산하는 바이간의 사랑은 가까이 있는 상인들을 깨우치는 것으로 퍼져나간다. 사랑은 가까운 데서부터 먼 곳으로 확산한다. 바이간이 유독 상인의 윤리를 많이 언급한 것은 상인들에게서 달콤한 독약을 거두기 위한 사랑이다. 부당한 이익, 그것은 상인들을 유혹하는 달콤한 독약이다. 상인을 향한 바이간의 사랑은 우선 부당한 이익의 불가함을 설득하는 데서 시작된다.

---

151. 위의 책, 150쪽.

제3항 바이간의 상인 윤리

모든 사람은 욕심에서 벗어나 '하나의 마음'으로 살아야 한다. '하나의 마음'으로 사는 것이 참된 삶이고, 행복한 삶이다. 행복하지 않아도 되는 사람은 없다. 사람이라면 모두가 행복해야 한다. 참된 행복은 욕심을 억제하고 본래의 마음인 '하나 마음'을 회복하는 데 있다. '하나 마음'을 회복하는 방법을 가르치는 것이 학문이므로, 학문을 하지 않아도 되는 사람은 없다. 그런데 사람들은 학문을 특수한 사람들만의 전유물인 것처럼 생각한다. 상인들이 특히 그러했다. 상인들을 바라보는 바이간의 마음은 아팠다. 바이간은 상인들이 반드시 학문을 해야 한다고 설파한다.

『대학』에 "타인이 자신을 보는 시선은 몸속 깊은 곳에 있는 폐와 간을 꿰뚫어 보는 것처럼 날카롭다"라고 나와 있다. 이 도리를 알게 되면 있는 그대로 말하게 되기에 정직한 자라고 생각되고 어떠한 일이라도 맡길 수 있는 사람이 되어 고생하지 않아도 다른 이의 골절을 파는 것이 가능해진다. 상인은 사람으로부터 정직하다고 평가받고 서로가 '선한 사람'이라고 느끼어 마음을 열 수 있는 관계로까지 발전하는 것이 바람직하다. 그 참다운 묘미는 학문의 힘이 없이는 알 수 없을 것이다. 그런데도 "상인에게는 학문이 필요 없다"라고 하며, 학문을 뚜렷한 까닭도 없이 싫어하고 가까이하려고 하지 않는 것은 어찌 된 것인가?[152]

---

152. 위의 책, 142~143쪽.

바이간은 서당을 열어 상인들에게 학문의 길을 열어주었다. 상인들이 완전한 행복을 얻기 위해서는 바이간처럼 학문에 매진하여 '하나 마음'을 회복해야 한다. 상인들이 학문을 한다고 해서 상업을 그만둘 수는 없다. 따라서 바이간은 한편으로는 상인들에게 사서삼경 등을 가르치면서 다른 한편으로는 상인들이 지켜야 할 윤리를 설명한다. 학문을 완성하여 '하나 마음'을 회복한 상인에게는 상인의 윤리를 설명해주지 않아도 스스로 윤리를 실천할 수 있지만, 학문을 완성하기 전까지의 상인에게는 상인이 지켜야 할 윤리를 가르쳐 주어야 했다. 바이간이 설명하는 상인의 윤리는 상인들이 상행위를 하면서 지켜야 하는 실천 윤리이다. 바이간이 말하는 상인들의 실천 윤리는 모두 '하나 마음'을 바탕으로 하여 성립되는 것이므로, 상인들이 학문을 하지 않으면서 상인 윤리만 지키는 것은 어렵다. 상인들은 우선 바이간이 말하는 상인 윤리를 지키면서 학문을 게을리 하지 않아야 한다.

1. 이익에 관한 정의
상인이 이익을 추구하는 것은 상인으로서 당연한 도리이다.

> 상품을 팔아서 이익을 얻는 것은 상인으로서 당연한 도리이다. 물건을 들일 때의 가격으로 팔아야 하는 것이 도라는 말 따위는 들은 적이 없다. 판매 이익을 욕심이라고 치부하여 도리에 맞지 않다고 한다면, 공자는 왜 자공을 제자로 삼았겠는가? 자공은 공자가 설파한 도를 상 매매에 석설히 석용했다. 자공노 매매이익을 얻지 않았다면, 풍요로움을 이루지 못했을 것이다.

상인의 매매이익은 무사의 봉록과 같다. 이익을 얻지 않는 것은 무사가 봉록을 받지 않고 일을 하는 것과 같은 이치다.[153]

장인에게 지급하는 품삯은 장인의 봉급이다. 농민에게 주어지는 농작물도 무사의 봉록과 같다. 우리나라의 모든 백성은 산업이 없으면 살아갈 수 없다. 상인의 매매이익은 천하 공인의 틀림없는 녹봉이다. 그런데도 그대는 "상인은 이익을 탐하여 매매이익을 독점하고 있기에 거기에 도(道) 따위는 없다"라고 나쁘게 말하여 차별하고자 하고 있다. 무엇 때문에 상인만을 경멸하고 혐오하는가? 지금 그대가 물건을 사려고 할 때, "매매로 얻은 이익의 절반은 지급할 수 없다"라고 말하면서, 그만큼의 금액을 빼고 돈을 낸다면 그것은 나라의 법을 깨는 것이 된다. 상인이 주군으로부터 어용을 명 받았을 때도 정확히 이익 분까지 값을 지급하고 있다. 즉, 상인이 얻는 이익이라는 것은 주군의 허가를 받은 봉록과도 같은 것이다. 단, 전답의 작물과 장인의 품삯과 상인의 이익은 무사의 봉록과 같은 것이다. 단, 전답의 작물과 장인의 품삯과 상인의 이익은 무사의 봉록과 같은 단위로 몇 백 석이니 몇 십 석이니 이렇게 셈할 수 있는 것이 아닐 뿐이다.

　일본에서도 중국에서도 매매로 이익을 얻는 것은 당연한 규칙이다. 그 매매이익을 얻어 상인의 임무에 더욱 힘쓴다면 저절로 세상을 위하는 것이 된다. 상인이 이익을 얻지 않으면 가업을 유지할

153. 위의 책, 139쪽.

수 없다. 상인의 봉록은 앞서도 말했듯이 매매로 얻는 이익이기에, 사는 사람이 있으므로 해서 처음으로 얻을 수 있는 것이다.

상인이 고객의 부름에 응하는 것은 임무에 응하는 것과 같다. 욕심을 쫓고 있음이 아니다. 사무라이의 도리도 주군으로부터 봉록을 받지 않으면 임할 수 없다. 그에 반하여 주군으로부터 받는 봉록을 부수입 따위로 보아 도리에 반한다고 비판한다면 공자나 맹자를 비롯하여 세상에 도를 아는 사람은 없는 것이 된다. 그대는 사·농·공은 제외하고 오직 상인이 녹을 받는 것을 '욕심'이라고 말하며, "상인은 도를 아는 것 따위 불가능하다"라고 일방적으로 단정하고 있다. 그것은 어찌 된 것이란 말인가? 나는 상인에게는 상인의 도가 있다는 것을 가르치고 있는 것이지, 사·농·공에 대한 것을 가르치고 있는 것이 아니다.[154]

상인이 이익을 챙기지 않으면 상업이 무너지고, 상업이 무너지면 나라가 마비된다. 상인이 이익을 챙겨 상업을 활성화하는 것은 국가를 경영하는 데 매우 중요하다. 그렇다고 해서 상인이 이익을 얻을 목적으로 수단과 방법을 가리지 않는 것은 잘못이다. 상인이 매매행위를 하는 것은 봉사이다. 상인이 없어 사람들이 물건을 구매할 수 없다면 사람들은 살 수 없다. 이런 점에서 본다면 상인이 물건을 판다는 것은 사람들에게 봉사하는 것이다. 사람들에게 봉사하기 위해서는 상업을 계속해야 하고, 상업을 계속하기 위해서는 이익을 챙겨야 한다. 따라서 상인이 이익을 남기는 것은 사

---

154. 위의 책, 147~148쪽.

람들에게 봉사하기 위한 것이다.

사람들에게 봉사하는 것은 '하나 마음'에서 나오는 사랑을 실천하는 것이다. 말하자면, 상인이 '하나 마음'을 실천하기 위해서 사람들에게 봉사하고, 사람들에게 봉사하기 위해 이익을 남기는 것이다. 그러므로 사람들을 괴롭히면서 이익을 챙기는 것은 잘못이다. 사람들을 괴롭히기보다는 차라리 손해를 보는 것이 낫다. 물건을 팔아서 손해를 보더라도, 그것이 '하나 마음'을 실천하는 것이 된다면, 그것은 이롭다. 이 세상에서 '하나 마음'을 실천하는 것보다 더 중요한 것은 없기 때문이다.

맹자의 말을 빌리자면, 군자도 사는 것을 중요하게 여기지만, 더 중요한 것은 '의로움을 지키는 것'이다. 군자는 목숨을 바쳐서라도 의로움을 택한다. 거기에 비하면 무명이라는 천을 챙기는 것은 너무 가벼운 이야기이지 않은가? 가령 한 나라를 손에 넣어 억만금을 얻는다 하더라도 그러한 과정이 도리에 어긋난다면 어찌 정의롭지 못한 행동을 할 수 있겠는가? 겉으로 보이는 상품으로는 손해를 보더라도 보이지 않는 '마음의 수양'이라는 이익을 얻는다. 이것보다 좋은 것은 없지 않은가?[155]

바이간은 물건을 팔아 손해를 보는 것이 '하나 마음'을 실천하는 것이라면, 손해를 보는 것이 도리라고 설명한다. 바이간에게 질문한 사람은 바이간의 답변에 공감하지 못하고, 다시 질문했다.

---

155. 위의 책, 133~134쪽.

그대는 재물을 버리고 그저 의로움을 존중하라고 말한다. 그렇다면 눈앞에 이익이 있어도 의로운 것이 아니라면 팔짱만 끼고 있으라는 것인가?[156]

눈앞에 놓여 있는 정당하지 않은 이익은 달콤한 독약이다. 부당한 이익을 챙기느라 '하나 마음'을 놓치는 것은 죽음에 이르는 달콤한 독약을 마시는 것이다. 이익을 챙기는 것보다는 몸을 챙기는 것이 더 중요하고, 몸을 챙기는 것보다는 마음을 챙기는 것이 더 중요하다. 아무리 정당한 이익이라 하더라도, 그 이익을 챙기느라 몸을 상하는 것은 잘못이고, 몸을 챙기느라 마음을 챙기지 못하는 것은 더 잘못이다. 참된 삶과 진정한 행복은 마음에서 나온다. 바이간은 이를 놓치지 않는다.

의롭지 못한 행동을 하면 마음의 고통이 된다. 나는 마음의 고통에서 벗어나고 싶어서 학문을 하고 있거늘, 어째서 일부러 불의에 뛰어들어 마음을 아프게 하라고 말하는 것인가?[157]

일반인들은 자기의 마음을 제대로 알지 못하고, 자기의 마음속에 있는 욕심을 자기의 마음으로 알아 욕심 채우는 일에 매진하기도 하는데, 그렇게 하는 것은 불행이다. 사람은 욕심을 채우는 것이 얼마나 불행한 것인가를 알아야 한다. 그래야만 욕심을 버리고 본

---

156. 위의 책, 134쪽.
157. 위의 책, 134쪽.

래마음을 찾는 것에 집중할 수 있다. 상인에게 이익을 챙기는 것보다 더 중요한 것은 상인의 마음가짐이다.

2. 상인의 마음가짐

상인은 늘 이익을 챙기는 삶에 노출되어 있다. 잠깐이라도 경건함을 놓쳐버리면, 하나의 마음을 잃게 된다. 이익을 두고 상대와 마주했을 때, 상인은 상대방에게 어떤 마음가짐으로 대해야 할까? 바이간은 무명이라는 천을 나누는 일에 대해 다음과 같이 설명한다.

> 공자도 말하지 않았는가? "자기도 하고 싶지 않은 것을 다른 이에게 하게 해서는 안 된다"라고. 자신이 싫어하는 것은 타인도 싫어하는 것이다. 그래서 무명의 천에 대해서 말해보자, 내가 그 무명을 나누는 처지라면, 누임이 고운 쪽을 그대에게 줄 것이다. 그대가 나누는 처지라면 고운 쪽을 넘겨주지 않으면 안 된다. 만약에 그대가 먼저 좋은 쪽을 가져가고, 나에게 끝자락의 질 나쁜 부분을 주었다고 하더라도, 나는 어찌 되었듯 그대에게 신세 지고 있으니, 그렇게 되었다고 생각하면 그만이다. 그런 식으로 생각한다면 물건을 나눌 때 언제나 문제가 없지 않겠는가? 그대에게 좋은 것을 주면 그대는 즐겁고, 나는 '의'를 다했으니, '인'을 기르는 것이 가능하다. 이걸로 좋지 않은가?[158]

이익을 두고 대립할 때, 이익에 눈이 어두워 '하나 마음'을 놓치

---

158. 위의 책, 132~133쪽.

면 안 된다. '하나 마음'으로 보면 상대와 나는 하나이다. 하나가 되면 희생정신이 나온다. 좋은 쪽을 상대에게 주고 나쁜 쪽을 내가 가지는 것은 '하나 마음'에서 나오는 희생정신에 연유한다. 물론 무명을 나눌 때 무명의 질이 똑같을 때가 제일 좋지만, 질적으로 차이가 있을 때, '하나 마음'은 상대에게 희생하는 것으로 결정한다. 물질적으로 손해를 보는 한이 있더라도 '하나 마음'을 놓치면 안 된다. '하나 마음'을 놓치는 것보다 더 손해보는 것은 없다. 의로운 돈이 아니라면, 억만금이 눈앞에 있어도 취하면 안 된다.

상인이 하나 마음으로 이익을 챙기는 것은 하늘의 도이지만, 욕심으로 이익을 챙기는 것은 상인의 도에 어긋난다. 신분이 다르다고 해서 사람이 다른 것이 아니다. 상인이라고 해서 사람의 도를 어기면 안 된다. 상인의 도는 하늘의 도이다.

신분은 비록 사무라이가 아니더라도 마음은 사무라이에 뒤지지 않도록 하겠다고 생각하지 않으면 안 된다. 상인의 도리도 여타 사·농·공의 도리도 다른 것이 없다. 맹자도 말하고 있지 않은가? "도는 하나뿐이다"라고. 사·농·공은 모두 하늘이 만든 것이다. 하늘의 도에 두 가지의 도가 있을 리 만무하다.[159]

바이간에게 질문하는 질문자는 상인은 이익 챙기는 것에 눈이 멀었으므로, 상인에게 '하나 마음'을 가지라고 설득하는 것은 무리라고 판단하여 다시 질문한다.

───────

159. 위의 책, 161쪽.

대체로 상인은 욕구가 강한 자가 많고 평소 이익을 게걸스럽게 탐하는 것이 그들의 일이라고 생각하고 있다. 그런 인간들에게 무욕(無欲)의 마음가짐을 설파하는 것은 그것이야말로 고양이에게 생선을 맡기는 것과도 같은 것, 상인에게 학문을 장려하는 것은 이치에 맞지 않는다. 그러한 이치를 알고 있으면서도 가르치고 있는 그대라는 사람은 정말로 엉뚱한 사람이다.[160]

상인을 대할 때 '상인'이라는 잘못된 고정관념을 가지고 대하면 안 된다. 상인은 사람이고, 사람으로서 참된 행복을 추구하는 존재이다. 상인이라고 해서 행복으로 가는 길에서 제외되면 안 된다. 바이간은 상인이 행복으로 가는 길은 인(仁)의 마음을 지키는 것이라고 가르친다.

상인으로서의 바른 도리를 모르는 자는 이익을 탐하는 데 매몰되어서, 오히려 가문을 망하게 하고 만다. 그에 반하여 상인의 도리를 깨닫는다면 욕심이 아닌, 인(仁)을 마음에 새기고 일에 전념하기에 가문은 번영한다. 그렇게 되도록 하는 것을 '학문의 덕'으로 삼고 있다.[161]

바이간은 상인의 마음가짐을 설명하면서 '하나 마음'을 강조한다. '하나 마음'을 가진 사람은 희생한다. 바이간이 상인의 마음가짐

---

160. 위의 책, 137쪽.
161. 위의 책, 137~138쪽.

으로 제시한 것 중에서 가장 강력한 것은 소비자를 위해 최선을 다하는 것이다.

> 한 가지로부터 만 가지를 아는 것이 제일이다. 일례를 들어 말하면 무사 되는 자가 주군을 위하는 일에 목숨을 아까워해서는 사무라이라고 할 수 없다. 상인도 그러한 것을 안다면 자신의 도는 자연스럽게 명확해질 것이다. 자신을 길러내어 주는 고객을 소홀히 다루지 않고 마음을 다한다면 십중팔구 상대의 마음을 충분히 움직이게 될 것이다. 상대의 마음에 부응하도록 상 매매에 혼을 담아 매일 임한다면 세상을 살아감에 어떤 것도 근심할 것이 없다.[162]

바이간은 상인의 마음가짐을 주군을 위해 목숨 바치는 사무라이의 마음가짐에 견주었다. 사무라이가 주군을 위해 목숨을 바치는 것과 같은 마음으로 고객을 대한다면 상인으로 실패할 일이 없다.

3. 상인의 행동 윤리

(1) 검약

검약은 사랑하는 마음의 표현이다. 검약은 상인에게만 필요한 윤리가 아니다. 모든 사람이 다 같이 지켜야 하는 윤리이다. 백성을 아끼는 군주는 백성에게 거둬들이는 세금을 줄여 백성을 풍족하게 하고 자기의 소비를 줄인다.

---

162. 위의 책, 157~158쪽.

내가 말하는 검약이란 세속에서 말하는 것과 다르다. 나를 위해 물건을 아끼는 것이 아니다. 온 세상을 위해 세 개가 필요한 것을 두 개로 줄이는 것을 검약이라 한다. 『서경』에는 "백성은 나라의 근본이다. 근본이 튼튼하면 나라가 편안해진다. 근본은 백성의 양식을 풍족하게 하는 것이다. 그러므로 군주는 백성에게 세금을 줄여서 백성을 풍족하게 한다.[163]

상인은 금전 출납의 계산에 정통함으로써 나날의 생계를 꾸릴 수 있기에, 동전 한 닢이라도 경시하는 말을 입에 담아서는 안 된다. 그러한 나날을 꾸준히 이어가며 부를 쌓는 것이 상인의 바른 도리이다. 부(富)의 주인은 누구인가 하면 세상의 모든 이들이다. 사는 쪽과 파는 쪽이라는 입장의 차이가 있다 하더라도 주인도 상인 그 자신도 서로 간의 마음에는 아무런 차이가 없다. 그렇기에 동전 한 닢도 아까운 자신의 마음처럼 상대를 헤아려 팔아야 할 상품을 소중히 생각하고 결코 허술히 다루어 팔지 않아야 함이다. 그리하면 산 사람도 처음에는 돈이 아깝다고 생각될 만한 일이 있었다 하더라도 돈이 아깝다는 마음은 사라지고 좋은 것을 샀다는 마음으로 자연히 변화하게 되는 것이다. 더구나 천하의 재화를 유통하는 것을 통하여 세상 사람들의 마음과 생활을 안정시키는 것에도 이어지기에 천하에 계절이 돌고 돌아 만물이 생육하는 것과 일맥상통한다고 하여도 좋지 않겠는가? 부를 산과 같이 이루었다 해도 그 행위

---

163. 『日本思想大系, 石門心學』(岩波書店, 1971), 34쪽, 〈石門先生語錄〉.

는 욕심이라고 불리면 안 된다. 아오토 후지쓰나(靑砥藤綱)는 욕심 때문이 아닌 세상을 위해 단 동전 한 전도 아깝게 여겼다. 그가 강에 떨어뜨린 동전 10전을 찾기 위해 동전 50전을 썼던 유명한 고사의 의미를 깊이 음미해볼 필요가 있다. 그리하면 나라의 방침이기도 한 검약령(儉約令)에도 부합하고, 하늘의 명에도 합치하여 형편도 좋아지고 행복해질 것이다. 자신의 행복이 만민의 마음을 안심시키는 것과 이어진다면 그것이야말로 '세상의 보물'이라 불러야 할 것으로 천하태평을 기원하는 것과 같은 효과가 있을 것이다. 너무도 뻔한 이야기이지만 상인은 나라의 법을 잘 지키고 자신을 삼가야만 한다. 상인이라고 하더라도 사람의 도리를 알지 못하고 돈을 번다면, 더욱이 불의한 돈을 버는 일이 있다면, 머지않아 자손이 끊기는 결과를 불러오게 될 것이다. 마음속 깊은 곳에 자자손손을 사랑하는 마음이 있다면 우선 사람의 바른 도리를 배우고 가업이 번영하도록 해야 할 것이다.[164]

아오토 후지쓰나는 가마쿠라시대의 무사였다. 그는 밤늦게 강을 건너다가 동전 10전을 강에 떨어뜨리자 자신의 종에게 동전 50전을 주며 횃불을 사와서 돈을 찾으라고 명했다. 이에 어떤 이가 "고작 10전을 찾고자 50전을 쓰는 것은 수지가 맞지 않는 손해가 아닌가?"라고 하며 조롱하자, 아오토는 "10전은 소액이지만, 이를 잃어버린다면 천하의 화폐를 영구히 잃는 것이 된다. 50전은 나에

---

164. 위의 책, 이시다 바이간, 류영진 옮김, 『도비문답』(호밀밭, 2020), 69~70쪽.

게는 손해이지만 타인은 이익을 얻게 됨이다. 합쳐서 60전의 이익이 더 크다고 할 수 있지 않은가?"라고 답했다.

물건을 아끼는 마음은 나를 위한 마음이 아니라, 모두를 위한 마음이어야 한다. 모두를 위하는 마음은 '하나 마음'에서 나온다. '하나 마음'에서 나온 검약이라야 참된 검약이다. 자기의 이익을 위한 검약은 손해가 될 때 지키지 않는다.

(2) 정직

세상을 살아가는 데 갖추어야 할 덕목 중의 제일은 정직이다. 공자는 사람의 삶을 이어가는 바탕을 정직이라 했다. 정직하지 않은 사람은 제대로 살 수 없다. 정직하지 않으면서도 살고 있다면 그것은 요행일 뿐이다. 상인이라고 해서 예외가 아니다. 이익을 챙기려고 속이는 상인은 제대로 성공할 수 없다.

바이간은 정직한 상인이 살아남는다는 것을 사례를 들어 설명했다. 비싼 가격으로 상품을 납품하고 있었다는 것을 추궁당했을 때, 한 상인은 잘못이 아니라고 변명했고, 다른 한 상인은 그 이유를 정직하게 말하고 용서를 빌었는데, 용서를 빈 상인이 살아남은 예를 바이간은 자세하게 설명함으로써, 상인에게 정직이 얼마나 중요한지를 깨우쳤다.

(3) 성실

성실하지 않고도 되는 일은 없다. 성실하지 않으면 아무것도 이루어지지 않는다. 바이간은 성실의 중요성을 다음과 같이 쉽게 설파한다.

편벽하다 함은 격식에만 충실하여 성실함이 느껴지지 않게 됨을 말하는 것이다. 그렇다면 행함에 대해 자네가 알아들을 수 있도록 이야기해보자. 행함이라고 하는 것은 농민이 새벽부터 들에 나가고 해가 저물 때 별을 바라보며 집으로 돌아오는 것을 가리킨다. 온 힘을 다하여 일하고, 사람도 쓰며, 봄에는 밭을 갈고, 여름에는 잡초를 뽑고, 가을에는 수확하여 창고를 채우기까지 전답으로부터 한 톨이라도 많은 곡식을 거두고 싶다는 마음을 한시도 잊지 않고 내야 할 소작료가 모자라지 않도록 주의하며, 남은 것을 부모의 옷과 먹을 것에 할당하여 안심하실 수 있도록 하고, 여러 일에 방심하지 말고 충실히 임하는 것이라고 할 것이다. 고생은 하지만 사악한 마음이 없기에 마음은 느긋하게 될 것이다. (…) 마음이 무엇인지 깨닫고 행한다면 자연히 예법에 맞는 몸가짐을 갖추게 될 것이며 평온함을 느끼는 것이 가능해지고 의심스러운 마음도 사라진다.[165]

바이간 철학의 핵심은 '하나 마음'이다. 바이간이 강조하는 성실도 '하나 마음'을 회복하면 저절로 지켜지는 실천 윤리이다.

제4항 바이간 사상의 영향

바이간의 가르침은 정치인에서부터 장인과 상인에 이르기까지 두루 파급되었다. '하나의 마음'을 잃어버린 사람은 불행하다. '하나의 마음'을 잃어버린 사람은 어떤 지위를 가지고 어떤 일을 하더라

---

165. 위의 책, 이시다 바이간, 류영진 옮김, 『도비문답』(호밀밭, 2020), 43~44쪽.

도 행복해질 수 없다. 고관대작이라도 불행하고, 농민, 상인이라도 불행하다. 자신도 불행하고 남도 불행하게 만든다. 남녀노소를 불문하고 다양한 계층의 사람들이 바이간에게 모여들었으나 특히 상인들이 주를 이루었다. 당시에는 상인들을 멸시하는 풍조가 있었기 때문에 더욱 그러했다. 다음의 인용문을 읽어 보면 당시 상인에 대한 멸시 풍조가 어떠했는지 짐작할 수 있다.

> 단지 이익만 알고 의리를 알지 못한다. 자신을 이롭게 하는 것에만 마음을 쓴다.
>
> -야마가 소코(山鹿素行)

> 장사는 한결같이 머리를 써서 이익을 좇는 것이다. 그러므로 힘들이지 않고 하루에도 몇 배의 이익을 얻는다. 매우 천박한 것이다.
>
> -다자이 슌타이(太宰春台)[166]

상인은 기세등등하게 보이지만, 그들은 장인이나 농민과 다르게 애당초 힘쓰지 않고 가만히 앉아서 이익만을 챙기려 하는 자들이다. 그러면서 또 자꾸 교활한 돈벌이 방법을 찾아내는 모양이다. 아예 장사하지도 않으면서, 그냥 수수료만 챙기기도 한다. 이런 일들이 근래에 자꾸 교묘해져서, 동업조합을 만들고, 파당을 만들어 두목이 되면 아무 일도 하지 않으면서 돈을

---

166. 平田雅彦, 『企業倫理とは何か』(PHP研究所, 2005), 41쪽.

챙긴다. 그 결과 경비가 점점 많이 들어서 상품 가격이 내려가지 않게 되었다. 이처럼 상인들의 술수가 교묘해지므로 관료나 관리도 그 속사정을 잘 알지 못하는 것 같다.

-오규 소라이(荻生徂徠)[167]

당시 멸시받는 풍조에서 상인들은 열등감을 가질 수밖에 없었다. 그런 상인들에게 바이간은 상인의 신분으로 그들에게 다가가, 지식인들의 전유물인 유교경전을 비롯한 여러 경전의 내용을 가르쳤다. 바이간에게서는 깨달음을 통한 사랑이 몸에서 흘러나왔고, 강의의 내용은 흥미롭고 실질적이었다. '문자 기술자들'이었던 당시 지식인들의 강의에 비해 훨씬 높은 수준의 강의를 들을 수 있게 된 상인들은 행복했을 것이다. 바이간의 강의에 많은 상인이 몰려온 것은 당연한 일이었다.

바이간은 상인과 장인들에게 군자가 되는 길을 열었다. 바이간은 군자의 삶의 내용과 방식을 서민들의 일상생활 속으로 끌어들였다. 바이간은 삭막한 세상 사람들을 따뜻하게 녹여주는 따뜻한 햇볕이었다. 바이간은 60세 나이로 사망했지만, 그의 가르침은 제자를 통해 더욱 퍼져나갔다. 바이간의 사상이 널리 퍼지게 된 계기는 바이간의 수제자인 테지마 도안(手島堵庵)이 교육시설인 심학강사(心學講舍)를 설립하면서부터였다.

---

167. 모리타 겐지, 한원 옮김, 『정의로운 시장의 조건』(매일경제신문사, 2020), 94쪽의 번역을 참조했다.

제2장
석문심학의 전개

제1절 테지마 토안의 심학 강의

테지마 토안(手島堵庵: 1718~1786)의 이름은 신(信)이고, 자는 오오겐(應元)이다. 바이간이 세상을 떠난 뒤 제자들이 모여 연구회를 계속했는데, 젊은 테지마 토안이 중심이 되었다. 토안은 오미야 겐우에몬이라고도 불리는데, 그는 교토의 부유한 상인이었다. 토안은 3세 때 아버지를 여의고 18세 때 바이간의 제자가 되었다. 토안은 26세 때 스승 바이간이 작고했으므로, 그 뒤 16년간 가업에 열중하면서 심학을 연구했다. 토안은 41세 때 살림살이를 장남에게 물려준 뒤 오직 심학의 연구에 전념했다.

토안은 1760년 43세의 나이로 강의를 시작했다. 강의 내용을 간결하면서도 알기 쉽게 정리했고, 교수법도 뛰어났다. 그의 강의는 대중 속으로 파고들었다. 그의 저서인 『좌담수필(座談隨筆)』에서 토안은 이렇게 말했다.

> 여러분은 여가도 없고 네모진 글자도 모르므로, 다른 데서 강의를 들어도 소용이 없습니다. 그러나 이곳의 강의는 우리가 글자를 통하지 않고 사람에게 설명하므로 여러분도 알아듣기 쉬울 것입니다.[168]

---

168. 平田雅彦, 『企業倫理とは何か』(PHP研究所, 2005), 188쪽.

토안이 강의를 쉽고 재미있게 풀어나가자 학생들이 부쩍 늘면서 심학이 지방으로 퍼져나가기 시작했다. 토안은 강의를 시작한 지 5년 뒤인 1760년에 새로 집을 장만하고, 집의 일부를 강의실로 개조하여 이름을 고라쿠샤(五樂舍)라 붙였는데, 이 고라쿠샤가 첫 심학강사(心學講舍)였다. 토안은 그 뒤 교토에 슈세이(修正), 지슈(時習), 메이린(明倫)이란 이름의 세 학사를 설립했고, 오사카에도 메이세이샤(明誠舍)라는 학사를 설립했다.

토안은 조직을 만드는 데도 뛰어난 재능을 발휘했다. 우선 학생들에게 인정서를 발행했는데, 깨달음에 이르렀다고 인정되는 자에게는 일 년에 세 번씩 심사해서 토안의 서명이 들어간 인정서를 주었다. 강사(講舍), 즉 강의장의 조직을 명확하게 하고, 각 강의장의 교장에 해당하는 사주(舍主) 아래 몇 명의 도강(都講)을 두어 사주의 강의를 돕는 조수 역할을 담당하게 했다. 도강 아래에는 포인사(舖仁司)와 회우사(會友司)를 두어 도강을 돕게 하면서 간부 후보생으로 교육했다.

입문한 학생들에게도 세심한 배려를 해서, 제자라 하지 않고, '친구'라는 호칭으로 예우했다. 인정서를 받은 학생들에게는 "당신은 지금 바이간 선생의 문하생입니다"라고 말하고, '이시다선생문인보(石田先生文人譜)'에 등록했다. 인정서의 수여식이 끝날 때마다 바이간의 묘가 있는 곳을 향해서 보고했다고 전해진다.

그 결과 심학강사의 수가 증가했고, 심학운동이 급속도로 성장했다. 토안은 바이간 사상의 중심 개념인 성(性)을 '본심'으로 바꾸었다. 이로 인해 바이간 사상이 '심학(心學)'이란 이름을 얻게 되었다.

제2절 나카자와 도니의 심학 확장

나카자와 도니(中澤道二: 1725~1803)의 이름은 요시미치(義道)이고, 토안의 제자였다. 교토에서 태어났으며, 베를 짜는 직인이었다. 1770년경에 테지마 토안을 알게 되어 심학에 입문했다. 도니는 가난한 집에서 태어나 고생하며 자랐다. 그의 강의는 쉽고 재미있었으므로 토안의 강의보다 더 대중성이 있었다. 심학의 내용은 '도화(道話)'라는 말로 대중들에게 친숙하게 되었다. 그의 저술인 『도니옹도화(道二翁道話)』는 일상생활, 미신, 전통 음곡, 강담, 종교사상 등모든 분야에서 마음대로 잡다하게 끌어오기 때문에, 화제가 풍부하여 서민들에게 인기를 끌었다. 도니는 다음과 같이 살아 있는학문을 강조했다.

> 방편을 말하는 출가승은 많지만, 살아 있는 불도를 말할 수 있는 사람은 적다. 내 이야기는 신도·유도·불교를 발가벗긴 살아있는 이야기이다.[169]

1790년에 극작가 산도 쿄덴(山東京傳)이 『심학조염초(心學早染草)』를 출간했고, 교쿠테 바킨(曲亭馬琴)이 『심학시계초(心學時計草)』, 『사편접심학초지(四遍摺心學草紙)』를 비롯해 심학이란 이름을 붙인 그림책을 출간했다.

도니는 도화를 통속적으로 끌고 갔지만, 촌철살인의 예리한 기

---

169. 平田雅彦, 『企業倫理とは何か』(PHP研究所, 2005), 192쪽.

지가 번뜩거렸고, 마지막에는 매우 엄숙한 본심의 실상으로 귀결시키는 뛰어난 능력이 있었다.

도니는 입문한 지 10년이 되는 1780년, 그의 나이 54세 때 에도의 니혼바시에 참전사(參前舍)를 설립했다. 도니는 1~2년씩 교대로 에도와 교토에 머물렀고, 20여 개 나라를 돌면서 심학 확산에 힘썼다. 특히 주목할 만한 것은 마쓰타이라 사다노부(松平定信: 1759~1829)와 친근한 다이묘들을 교화한 사실이다. 간세이개혁(寬政改革)에 참가한 열다섯 명의 다이묘 가운데 여덟 명의 다이묘가 심학을 수련하게 되었다. 이는 심학교화운동의 확산에 절대적인 계기가 되었다. 사무라이의 저택에서도 도화가 행해졌는데, 상인들뿐만 아니라 무사 출신도 강사로 활약하게 되었다.

도니의 사후 1830년대에 심학이 전성기를 맞아 심학강사(心學講舍)가 전국 34개 번에 180개에 이르렀다.

제3절 심학의 소멸

심학은 전성기를 맞은 뒤에 급격히 쇠락하기 시작했다. 심학이 쇠락하게 된 원인에는 여러 가지가 있겠지만, 가장 큰 원인은 심학이 다이묘와 일반 무사들에게까지 확산한 뒤 사농공상을 포함한 모든 계층에 걸맞은 이론체계를 갖추지 못한 데 있다.

심학은 바이간의 깨달음에서 시작되었다. 바이간은 깨달음을 통해 '하나의 마음'을 터득했다. '하나의 마음'은 모든 종교의 뿌리가 되며, 모든 계층 사람들의 삶의 원리가 된다. 따라서 '하나의 마음'

을 깨달으면 그때그때의 상황에 맞는 새로운 삶의 원리를 설명해낼 수 있다. 바이간에게 주로 강의를 들었던 학생들이 거의 상인이었으므로, 바이간은 상인의 삶의 원리를 많이 설명했다. 만약 바이간이 후대에 다시 등장했다면, 다이묘와 무사들의 삶의 원리도 설명해내었을 것이다.

바이간의 사상은 깨달음을 바탕으로 해서 성립되는데, 문제는 깨달음이 제자들에게 이어지지 않는다는 데 있다. 아무리 우수한 스승에게 배우더라도 자기가 깨닫지 않으면 본질을 이어받을 수 없다. 깨달음은 자기의 삶을 철저하게 회의하고, 그 삶의 한계를 극복하기 위한 처절한 몸부림에서 시작된다.

스승의 사상이 주목받게 되면, 제자들은 스승의 사상을 전파하기에 바빠지고, 그러느라 자기의 삶에 파고들어갈 기회가 없어진다. 오히려 자기 삶의 문제에 파고드는 사람은 득세하는 제자들에게 소외되므로, 제자의 그룹에 들어가기 어렵다. 득세하는 제자들이 스승이 만들어놓은 사상을 퍼뜨리기만 하면, 그 사상은 새로운 시대에 적응하지 못해 효력이 떨어지고, 효력이 다한 사상은 서서히 소멸하고 만다.

오아시스에서 솟아오른 물은 사막을 촉촉이 적신다. 사막의 사람들이 그 물을 좋아하여 물을 나누어 마시는 데만 주력하다 보면, 지하에서 솟아오르는 물이 고갈되면서 사막을 적시던 물은 사막으로 스며들어 말라버린다. 바이간의 사상은 오아시스에서 솟아오르는 물이었다. 그 물은 사막을 적셨고, 사람들은 그 물 주위에 몰려들었다. 그러나 바이간의 제자들은 물을 퍼다 나르는 데 주력하느라 스스로 솟아오르는 물이 되지 못했다. 이 점이 몹시 아쉽고, 안타깝다.

도니가 사망한 뒤에 관동지방을 대표하는 오시마 우린(大島有隣)과 교토를 대표하는 우에가와 키스이(上河淇水)가 대립하면서 심학은 급격히 쇠락해졌다. 사이비 심학자가 등장하기도 하고, 만담이나 흥미 본위의 도화가 횡행하면서 심학은 사멸하기에 이르렀다.

오늘날에는 교토의 메이린(明倫), 슈세이(修正), 지슈(時習)의 세 곳과 오사카의 메이세이(明誠), 도쿄의 산젠샤(參前舍)가 겨우 심학의 등불을 지키고 있을 따름이다.[170]

바이간의 사상은 표면적으로는 사막으로 스며들어 사라진 물처럼 되었으나, 사막 밑에서 솟아올라 훗날 일부 일본의 기업가정신으로 되살아나기도 했다.

바이간의 사상이 쇠약해지면서 일본은 다시 형하판의 사상으로 무장하게 된다. 오규 소라이의 사상이 중국의 주자학에서 완전히 벗어나도록 깨우친 이래 일본에는 일본을 중심으로 하는 연구 분위기가 충만해졌다. 국학의 발달이 그것이다.

---

170. 平田雅彦, 『企業倫理とは何か』(PHP研究所, 2005), 192쪽.

제10부

■

국학과 난학의 발달

제1장
국학의 발달

일본의 주자학이 비판되고 형이하학적 성격을 가진 고학이 일본
에 정착된 것은 대륙의 유학에서 벗어난 것을 의미하는 것이었다.
그런데 일본의 고학은 그 실리를 중시하는 성격 때문에 경험적 실
학으로 발전할 수밖에 없었다. 더욱이 일본의 지식인들이 경험적
실학으로 관심을 돌리게 되면 유학에 관심을 가질 필요가 없어진
다. 과거에는 일본을 둘러싼 국제적 환경이 중국과 한국을 중심으
로 하는 동아시아에 국한되어 있었으므로 국제적인 조류에 합류
하기 위해 유학을 외면할 수 없었지만, 이제는 상황이 달라졌다.
과거에는 중국이나 한국에서 유행하는 사상들을 일본이 제대로
소화하지 못하면 무시당했지만, 이제는 달라졌다. 이제 세계적인
조류는 유럽 중심으로 이동하기 시작했으므로 일본은 중국이나
유학에 집착할 필요가 없었다.

일본의 사상계가 대륙의 유학에서 완전히 벗어나면, 일본인들은
일본 고유의 것에 관심을 갖게 된다. 이러한 분위기에서 등장한 것

이 일본의 국학(國學)이다.

　고대 일본에 관한 기록은 『고사기(古事記)』와 『일본서기(日本書紀)』로 대표되는데, 이 책들은 과거 유학의 전성시대에는 철학사상의 중심에 들어오지 못했다. 그러나 일본의 사상계가 유학의 영향에서 벗어나 일본 고유의 사상에 관심을 가지게 되자, 이 두 책에 관심이 집중되었다. 이들 책을 관심의 대상으로 만들어 놓은 지식인이 바로 모토오리 노리나가이었다.

제1절 모토오리 노리나가의 국학

모토오리 노리나가(本居宣長: 1730~1801)는 주자학 비판을 주 내용으로 하는 고학의 정신에서 한 걸음 더 나아가 유학 자체를 버리고 일본의 고유사상에서 '신(神)의 도'와 '진실의 도'를 찾아내어, 그 도를 실현하지 않으면 안 된다고 주장한다. 이는 중국 고대의 도(道)를 일본의 근세에 적용하기를 시도했던 오규 소라이의 정신을 비판적으로 계승한 형태가 되기도 한다. 노리나가는 이미 유학이 비판된 마당에서 다시 중국 고대의 도를 찾아내기보다는 일본 고유의 정신을 찾아내는 것이 더욱 적절하다고 생각했기 때문이다.

　또 하나 노리나가 국학의 성립에 지대한 영향을 끼친 것은 케이츄(契沖: 1640~1701)의 와카(和歌) 연구이었다. 케이츄는 일본 고대의 가요집인 『만엽집(萬葉集)』을 바탕으로, 일본 고대 가요의 내용을 실증적·과학적으로 연구하여, 그 결과물로서 『만엽대상기(萬葉代匠記)』라는 연구서를 저술했다. 케이츄는 와카를 연구하면서 유학을 배제하지는 않았다. 그에게 『고사기(古事記)』와 『일본서기(日本書紀)』
는 여전히 일본의 고어를 알기 위한 참고서로 사용되는 데 불과했
다. 케이츄의 와카 연구 태도는 가모노 마부치(賀茂眞淵: 1697~1769)에
의하여 약간 변모한다. 그는 일본 고대의 노래인 와카를 알기 위해
서는 일본 고대인의 마음으로 돌아가지 않으면 안 되는데, 사람들
은 중국의 문장에 익숙해져 고대인의 마음을 잃어버렸다고 비판했
다. 마부치의 주장에 공감하여 그를 스승으로 숭앙한 지식인이 바
로 노리나가이다. 노리나가는 고대인의 마음으로 돌아가기 위해서
읽어야 할 교과서로서 『고사기』와 『일본서기』를 제시한다.

　노리나가의 국학 연구의 집대성이라고 할 수 있는 업적이 『고
사기전』이다. 『고사기전』은 여러 가지 사례를 들어가며 치밀하게
『고사기』를 해석한 역작인데, 그는 이 『고사기전』의 서문에서 격렬
하게 유학 비판의 논리를 전개한다. 노리나가는 유학자가 사서오경
을 고전으로 취급하듯이 『고사기』와 『일본서기』를 취급한다. 일본
인 고유의 마음, 일본 고유의 정치양식을 「신의 길」로 표현할 수 있
는데, 그 내용은 『고사기』와 『일본서기』에 신화의 형태로 표현되
어 있다는 것이 모리나가의 주장이다.

　모리나가와 같은 국학자로서 모리나가와 대조가 되는 사람으로
우에다 아키나리(上田秋成)가 있다. 그는 모리나가와 국학 논쟁을 벌
여, 그것을 기록한 『카가이카(呵刈葭)』라는 책을 남겼다. 모리나가
와 아키나리의 차이는 일본의 신화와 사상에 대한 태도에서 나타
난다. 모리나가는 일본의 사상과 신화는 일본의 왕을 중심으로 하
여 신으로의 길을 제시한 것이므로, 일본은 다른 나라와 평등한 관
계에 있는 것이 아니라 다른 나라의 위에 존재하는 나라라고 주장

하는 반면, 아키나리는 그러한 모리나가의 주장에 반대한다. 그는 『고사기』와 『일본서기』에 기록되어 있는 신화는 일본인이 믿어야 하는 중요한 일본의 고대 정신이지만, 다른 나라의 신화 역시 그 나라의 사람들이 믿어야 할 중요한 고대의 정신이므로, 일본의 신화 내용을 다른 나라의 그것보다 우위에 두는 것은 옳지 않다고 주장한다.

그러나 에도막부 말기의 국체론에 영향을 준 국학은 아키나리의 국학이 아니라 모리나가의 국학이었음은 말할 나위도 없다.

모리나가와 아키나리의 국학은 그 뒤 일본에 계승되어 발전되는데, 그 대표적인 것은 히라다 아쓰다네에게 계승되는 국학이다.

제2절 히라타 아쓰다네의 국학

히라타 아쓰다네(平田篤胤: 1776~1843)는 노리나가의 정통의 문인이라고 자칭하면서, 노리나가의 주장을 계승하여 국학을 전개했다고 주장한다. 그러나 그의 국학의 내용은 노리나가의 그것과는 많은 차이를 보인다. 예를 들면, 노리나가가 학문의 대상을 『고사기』라고 하는 문자로 표현된 문헌에 한정하여 그 문헌에 바탕을 두고 고대의 정신을 재현하려고 한 것에 비하여, 아쓰다네는 민중의 입으로 구전되어오는 것이 바로 고전으로 중시되어야 한다고 하는 점이다.

그렇다면 아쓰타네가 모리나가의 국학을 계승하고 있는 점은 무엇일까? 그것은 황국 일본이 다른 나라보다 우위에 점한다는 사실을 밝히는 것이었다. 그리고 그는 거기에 그치지 않고 다른 나라보다 우위에 있는 일본의 문화를 다른 나라에 확산시켜야 한다는 논리를 세웠으므로 이 점이 모리나가의 국학보다 한 걸음 더 나아간 것이라고 평가되는 이유이다. 그는 외국의 종교나 문화의 시조도 이름만 다를 뿐, 기실은 모두 일본의 『고사기』와 『일본서기』에 나오는 신들이라고 주장한다. 이러한 그의 주장에 따르면, 일본이 세계의 출발점이고 중심점이 된다.

그는 또한 일본 민중의 사후관을 만들고, 그로 말미암아 왕을 중심으로 하는 일본주의의 강화를 시도하기도 한다. 그에 따르면, 민중은 신들의 자손으로서 본질적으로 살아있는 신으로서의 천황과 동질적이기 때문에 반드시 사후에 신이 된다는 것이다. 민중이 사후에 신이 된 경우에는 천황의 조상신을 도울 수 있으므로, 일본인으로 태어난 이상은 이처럼 일본에 공헌하는 신이 될 수 있도록 노력해야 한다고 그는 주장한다.

이러한 아쓰다네의 국학은 근세의 일본인에게 널리 보급되어 일본인들에게 많은 영향을 끼쳤다. 그의 계열에서 존왕양이론자가 출현하여 그 이론들이 에도막부 말기와 메이지 유신기의 정치이념이 되어 근대 천황제의 형성에 지대한 영향을 끼쳤다.

아쓰다네 이후의 국학자들에게서는 서양문명의 압박에 대한 위기의식이 고조되었으므로 이를 이겨내기 위한 하나의 방법으로 그들은 일본의 신들이 모든 외국 문화의 기원을 이루고 있다는 황당한 이론을 만들어내기도 하고, 국체론을 만들어내기도 했다.

제2장

난학과 서양의 과학

일본의 사상계가 유학에서 벗어난 뒤 일본 고유의 사상을 연구하
는 국학이 발달하는 것과 궤를 같이해서 서양의 학문을 수용하
는 풍조가 일어났다. 그것은 가장 먼저 접하게 된 네덜란드의 학
문을 수용하는 것에서 비롯되었다.

난학(蘭學)이란 네덜란드의 학문을 말한다. 네덜란드를 중국인들
이 화란(和蘭)·와란(喎蘭)·하란(荷蘭)·법란득아(法蘭得亞) 등으로 불
렀는데, 난학(蘭學)이란 이들 말의 란(蘭)이란 글자에서 따온 말이다.
난학이란 말을 누가 먼저 사용했는지 확실하지 않지만, 1800년경에
일본에서 널리 유행하기 시작했다. 그 내용은 물론 네덜란드의 의
학을 중심으로 널리 자연과학을 배우는 학문을 말하지만, 네덜란
드만을 지칭하는 것이 아니라 독일·영국·프랑스를 위시한 서양의
학술 전반을 포함한다.

난학이 유행하기 이전에 이미 일본에는 기독교의 전래와 함께
서양의 과학이 전래했으나 막부에 의한 금교와 쇄국으로 말미암아
그것이 시대조류가 되지는 못했다.

그러나 서양의 과학 정신을 수용할 수 있는 정신은 그 이전부터
차츰 배양되었다. 농업기술에서도 『백성전기(百姓傳記)』, 『회진농서
(會津農書)』, 『재장기(才襱記)』, 『경가춘추(耕稼春秋)』 등의 농업기술이
축적되고, 실증적 분석에 의한 연구 서적이 유포되기도 했다. 또 의
학에서도 음양오행설에 의한 관념적인 의학보다 실증적인 의학이
유행하기 시작했다. 이러한 실증적인 연구 분위기가 난학을 수용할

스기타 겐파쿠

수 있게 했던 바탕이 되었다.

난학은 장군 요시무네의 금서제도의 완화와 실학 장려책, 그리고 노로 겐죠오(野呂元丈: 1694~1761)와 아오키 콘요오(靑木昆陽: 1698~1769)의 난어 학습을 계기로 해서 성립된다.

스기타 겐파쿠(杉田玄白: 1733~1817)는 "소라이의 병법서를 읽고 처음으로 의술의 본원이 먼 서양의 네덜란드에 있다는 것을 알았다"(『형영야화(形影夜話)』)고 하여, 군리(軍理)와 병법의 통합을 설파한 소라이의 병학(兵學)에 촉발되어 의리와 의술을 통합해야 한다는 실천적 의학관을 갖게 되었다. 이러한 그의 사상을 계승하여 본격적으로 난학을 일으켜 세운 사람이 바로 그의 제자 오오쓰키 겐타쿠(大槻玄澤: 1757~1827)였다. 겐타쿠가 난학 입문서인 『난학계제(蘭學階梯)』를 저술하고, 문인 우나가미 즈이오오(海上隨鷗)와 야마무라 사이스케(山村才介)·야스오카 겐신(安岡玄眞) 등을 기르면서 난학은 절정을 이루게 된다.

난학의 특징은 의학으로 주도되었다는 것인데, 그중에서도 해부학이 주도했다. 해부학에서의 획을 그은 것은 1774년 『해체신서(解體新書)』라고 하는 번역서의 간행이었는데, 이 『해체신서』의 간행 이전에도 이미 많은 인체 해부가 진행되었다.

『해체신서』의 간행으로 말미암아 인체의 내부구조를 명확하게 알게 되었고, 한의학에서 알지 못했던 췌장, 연골, 신경 등이 알려지게 되어 신경, 연골 등의 새로운 단어가 사용되기에 이르렀다. 이 외에도 많은 해부를 통한 경험을 바탕으로 한 각종의 해부서가 간행되어 해부학에 많은 발전을 가져왔다.

스기타 겐파쿠와 오오쓰키 겐타쿠가 외과학 지향이었다면, 우타가와 겐즈이(宇田川玄隨)는 내과학에 관한 관심을 가지고 네덜란드의 의학자 코르테르의 내과학서를 번역하여 1793년에 『서설내과찬요(西說內科撰要)』를 간행했다. 이와 동시에 안과학 병리학·생리학 등도 발달하게 되었다.

1823년에는 네덜란드의 명을 받아 독일인 시보르트가 의사로서 일본에 왔다. 그리고 다음 해인 1824년부터 의학과 자연과학에 대한 교육을 실시했는데, 전국에서 많은 학생이 모여 그에게 배우기 시작했다. 그는 수술을 집도하고 그것을 학생들에게 참관시켜 실질 교육을 시행했다. 이것이 일본 임상교육의 효시였다.

시보르트의 의학 교육을 위시한 광범위한 자연과학 교육으로 말미암아 그의 문인들은 광범위한 자연과학적 지식을 갖게 되었는데, 그의 문인 다카노 나가히데(高野長秀)는 생리학서인 『서설의원추요(西說醫原樞要)』를 간행했다. 또 아오치 린소오(青地林宗)는 『기해관란(氣海觀瀾)』이라는 물리학의 번역서를 간행했다.

1857년에는 네덜란드인 의사 폼페를 나가사키에 초청했는데, 그는 1859년에 나가사키 교외에서 시체의 해부를 하여 이를 지켜본 학생들에게 많은 도움이 되었다는 기록이 남아있다. 그는 1861년에 나가사키에 설립한 최초의 서양식 병원인 나가사키 양생소에서 해부학·생리학·약물학·포대학·병리학·내과·외과 등을 시간표에 따라 강의했는데, 이것이 일본 의학교육의 효시가 되었다. 이것이 모범이 되어 에도를 위시해서 오사카·카나자와·쿠마모토·오카야마 등에서도 서양인 의사를 초청하여 서양식 의학교육을 실시했다.

난학은 의학 외에도 박물학·식물학·약학·화학·천문학·지리학 등으로 그 범위가 넓혀져 갔으며, 예술과 사상으로도 확대되었다.

미술에 있어서는 서양식의 사실적인 회화를 그리는 화가가 등장하기도 했다.

시바 코오칸(司馬江漢)은 1788년 나가사키에 갔다가 난학에 매혹되어 서양의 평등사상을 주장하고 봉건적 신분제도를 비판했으며, 야마가타 반토(山片蟠桃)는 네덜란드의 서적을 읽고 합리적인 자연관을 가지게 되었다. 그는 극락·윤회 등을 생각하는 것은 어리석은 것, 귀신은 존재하지 않는다는 것, 서양식 사회계약설에 해당하는 군신관계의 논리 등을 주장했다.

난학 연구의 결과 일본은 서양의 과학지식을 급속도로 소화했으며, 이를 계기로 일본인은 자신들이 아시아의 다른 나라인 중국과 한국보다 우수하다는 자신감을 갖게 되었다. 이러한 점은 과거 불교와 유학이 흥륭했던 시기에 상대적으로 뒤떨어짐으로써 가지지 않을 수 없었던 문화적 열등감을 씻을 절호의 기회가 되었다. 그들은 단순히 열등감을 씻는 정도에 그치는 것이 아니라 오히려 우월감을 가지는 계기로 삼아서 그것을 이용하여 아시아를 침략하는 발판을 마련하게 되었다.

난학을 통하여 서양을 알게 된 일본은 밀려오는 서양의 세력에 대한 두려움을 알고 위기의식을 갖게 되었다. 이 위기의식을 배경으로 다시 등장한 것이 이른바 바쿠마쓰 유학이었다.

제11부

■

바쿠마쯔 유학

19세기에 들어와 일본인들은 유럽으로부터 밀려오는 서양의 세력을 감지하고 위기의식을 가지게 되자, 이 위기에서 벗어나기 위한 노력의 하나로 유학이 다시 역할을 하게 되었다. 바쿠마쓰(幕末) 유학의 분위기를 이해할 수 있는 전형적인 학자로서 라이(賴)씨 삼대를 들 수 있다.

제1장
라이 씨 삼대의 유학

라이(賴) 씨 삼대는 라이 슌스이(賴春水: 1746~1816), 슌스이의 아들 라이 산요오(賴山陽: 1781~1832), 산요오의 아들 라이 미키사부로(賴三樹三郎: 1825~1859) 삼대를 말한다. 아키타케하라(安芸竹原)에서 태어난 라이 슌스이(1746~1816)는 어려서 교토와 오사카에서 학문하고 히로시마 번에서 유자로 활약했다. 그는 주자학적 소양을 가지고 경학(經學)을 했으며, 비토오 지슈(尾藤二洲: 1747~1814)·코가 세이리(古賀精里: 1750~1817) 등과 함께 간세이(寬政) 이학(異學)의 금(禁)을 획책함으로써, 간세이 개혁의 이데오로기를 제공하는 등, 정치적인 역할을 했다. 슌스이의 학문과 역할을 용납하지 못한 라이 산요오는 가출하여 교토에서 학문에 종사했다. 그는 아버지의 경학에 반대하여 당시의 시대적 조류에 따라 역사와 시 연구에 몰두했다. 아버지 슌스이의 경학이 당시의 사람들에게 배척되자 유학의 교양인으로서 등장하는 길은 시이었다. 그리고 현실을 중시하는 유학의 정신에 근거해서 볼 때, 유럽으로부터의 압박에서 벗어나 어떻게 독자적인 길을 모색하는가 하는 당시 일본의 문제의식은 산요오에게 역사학에 관심 두도록 만들었다.

산요오의 삼남, 라이 미키사부로는 에토(江戶)에 유학하여 야나가와 세이간(梁川星巖: 1789~1858)과 만나 정치적인 행동에 가담했다. 그리하여 그는 존왕양이파의 사람들과 합류하여 정치운동을 전개하던 중, 안세이(安政) 대옥(大獄) 때 체포되어 1859년 35세의 나이로 사형을 당했다. 라이 미키사부로에게서의 시는 정치적 동지들과 의식을 공유하는 수단이 되었다.

제2장
후기 미토학의 형성

미토번 제2대 번주인 토쿠가와 미쓰쿠니(德川光國: 1628~1701)는 주자학의 대의명분론에 기초하여 『대일본사』의 편찬을 시작했는데, 이 시대의 유학을 후대에 진기의 미토학(水戶學)이라 부른다. 이에 대하여 후기 미토학이란, 바쿠마쓰 정치 상황의 시동기인 19

세기 전반에, 미토 번의 후지다 유우코쿠(藤田幽谷: 1774~1826)와 아이자와 세이시사이(會澤正志齋: 1782~1863)를 위시한 그의 문류에 의해서 형성된 독자의 정치 실천적인 학문·사상을 말한다.

1824년 5월 미토 번 북쪽의 바닷가에 돌연 국적 불명의 외국인 한두 사람이 상륙한 사건이 있었는데, 이로 말미암아 미토 번의 사람들이 긴장하게 되었다. 이때 후지다 유우코쿠는 19세 된 그의 외아들에게 명하여 그 외국인을 퇴치하도록 명령한 사실이 있다. 그러나 그의 아들이 출발하기 전에 그 외국인들이 배를 타고 떠났으므로 일은 일어나지 않았으나 이를 통하여 이들이 서양의 접근에 대해 얼마나 긴장하고 있었는지를 알 수 있다.

일본은 16세기부터 서양의 문물을 접했으나, 그때의 유럽은 지식을 받아들이는 대상이었지 공포의 대상은 아니었다. 그러나 동양으로 세력을 확장하기 시작한 19세기의 유럽은 일본인들에게 공포의 대상으로 바뀌기 시작했다. 특히 가끔 바닷가에 출몰하는 외국의 배들을 목격한 미토 번의 사람들에게는 그 공포가 더욱 컸다. 이러한 공포에서 벗어나는 방법을 모색하고 있던 일본의 지식인들에게 가장 좋은 이론은 역시 전통적인 유학의 대의명분론이었다. 대의명분론은 존왕양이(尊王攘夷)를 근간으로 하는 춘추 정신에서 비롯하는데, 이 춘추 정신이 서양의 침입에 직면한 일본의 지식인들에게 위기를 극복하기에 가장 좋은 이론으로 받아들여졌다. 이러한 이유로 난학이 발달하여 일본의 지식인들이 서양으로 눈을 돌림으로써 상대적으로 침체했던 유학이 다시 수면 위로 떠 오르기 시작한 것이다. 일본의 지식인들은 대의명분론을 중심으로 일본의 왕권을 강화하고, 이를 바탕으로 하여 서양의 침입을 물리치는 이론을 확립했는데, 이러한 사상적 움직임을 주도했던 것이 바로 후기 미토학이었다. 후기 미토학의 창시자 후지다 유우코쿠는 『정명론』을 저술하여, 존왕경막론(尊王敬幕論)을 제창하고, 그의 제자인 아이자와 세이시사이는 『신론(新論)』을 저술하여, 국체론을 구상하고, 존왕양이론을 확립했다. 또 후지다 유우코쿠의 아들 후지다 토오코(藤田東湖: 1806~1855)는 번주 도쿠가와 나리아키(德川齊昭: 1800~1860)와 함께 미토학의 이념을 정치에 반영하여 근세 최대의 번교인 코오도칸(弘道館)을 설립하고, 그 교육이념을 「코오도칸기(弘道館記)」에 명시했는데, 이 「코오도칸기」는 명치 때 반포한 「교육칙어」의 원형이 되었다. 이 후기 미토학은 메이지유신의 사상적·이론적 발판이 되었다.

제3장
아이자와 세이시사이의 국체론

아이자와 세이시사이는 서구의 위협을 단순한 군사력으로만 해결하려 하지 않고 보다 종교나 이데올로기 등으로 접근하는 근본적인 해결책을 시도했다. 그는 서양이 강대하게 된 비밀을 분석하고, 그 원인을 서양인들의 종교인 기독교에서 찾았다. 그가 분석한 바에 따르면, 서양인들이 다른 나라를 침략하는 방법은 먼저 무역을 통하여 실정을 파악하고, 다음으로 기회를 노려 군사적인 침략을 감행하며, 그것이 여의치 않을 때는 종교를 이용하여 민심을 장악한다는 것이다. 민심만 장악해놓으면 그 나라를 병탄하는 것은 쉬운 일이라는 것이다. 이러한 결론에 도달한 아이자와 세이시 사이는 민심을 교화하는 수단으로서 서양의 기독교에 상응하는 수단을 일본에서 만들어내지 않으면 안 된다고 생각했다. 그래서 그는 일본 고대에서부터 내려오는 천왕제에 눈을 돌렸다. 그리하여 그는 천황제를 기축으로 하여 민심을 하나로 통합하는 방안을 모색하기에 이르렀다. 그것이 이른바 국체론(國體論)이다.

아이자와의 국체론은 일본의 건국신화를 유학의 개념으로 재해석한 것이다. 그는 유학에서 말하는 보편적 진리인 천지만물의 도(道)를, 일본 건국신화의 내용에서 확립했다. 일본의 건국시조인 아마테라스오오미카미(天照大神)가 진기(神器)를 자손에 전해, 건국했다는 사실에서 도의 내용을 확립한 것이 그것이다. 그에 따르면, 아마테라스오오미카미는 두 가지의 성격을 갖는다. 하나는 유학의 천(天) 개념과 일체화시킴으로써 천도를 실행하는 존재라는 것이고, 다른 하나는 일본의 건국자로서의 성격이다. 그리고 일본 유학에서 설명하는 천도와 인도의 내용은 충효를 중심으로 하는 오륜이었으므로, 아이자와는 이를 일본 건국의 이념으로 설정했다. 그에 따르면, 천도의 실행자인 아마테라스오오미카미가 천도인 충효를 건국이념으로 설정하여 일본국을 건국했다는 것이다. 그리고 아마테라스오오미카미에게서 거울, 칼, 곡옥의 세 가지로 된 진기(神器)를 받는 후손이 그 진기를 가지고 아마테라스오오미카미에게 제사를 지냄으로써 아마테라스오오미카미와 일체가 된다고 설명했는데, 그 이론적 근거는 그들이 아마테라스오오미카미와 동일한 기(氣)를 지니고 있기 때문이라는 것이다. 이처럼 천황을 아마테라스오오미카미와 일체화시킴으로써 아이자와는 현재의 천황을 신격화시키는 이론을 정립했다.

아이자와는 이 국체론을 토대로 일본의 우수성을 증명하고 이를 이용하여 일본의 국민을 교화시켜 서양에 대항하는 저력으로 삼으려 했다.

그는 또 충효의 사상에 있어서도 부모에 대한 효도보다 국가에 대한 충성을 더 강조했다. 그에 따르면, 부모의 몸을 봉양하는 것은 물론 효도이지만, 그것은 부모의 몸만을 받드는 것이므로 작은 효도에 불과하다. 더욱 큰 효도는 부모의 뜻을 받드는 것인데, 부모의 뜻은 임금에게 충성하는 것이므로 임금에게 충성하는 것이 더 큰 효도가 된다는 것이다. 이러한 논리는 일본인으로 하여금 천황에게 무한한 충성심을 받치도록 유도하는 이론적 근거가 되었다.

또 아이자와의 국체론은 기독교에 상응하는 이론을 갖추어야 했다. 그러므로 그는 기독교의 영생관에 상응하는 이론으로서 제사의 효능을 강조했다. 제사를 지내는 것은 죽은 자의 영혼을 위로하는 효과가 있을 뿐만 아니라 산 자에게 사후에 대한 불안을 없애 주는 효과가 있음을 역설했다. 그리고 또한 기독교인들이 하느님을 숭배하는 것과 같은 효과로서 그는 신사에서의 제사를 들었다. 신사에 모셔져 있는 신은 어떠한 형태로든 천황과 관계가 있으므로 어떠한 신사에서 제사를 지내더라도 그것은 아마테라스오오미카미에게 제사를 지내는 것과 같은 것으로 설명했다.

후기 미토학에서는 여전히 천황을 받들면서 동시에 막부를 받든다고 하는 입장을 취했다. 그것은 여전히 세력을 가지고 있던 막부를 의식했기 때문일 것이다. 그러나 이러한 사상의 조류는 비로 메이지유신의 명분인 막부를 타도하고 천황을 중심으로 하는 강력

한 국가의 건설을 위한 유신 운동을 불러일으키는 사상적 기반이
되었다.

제4장
바쿠마쓰 유학의 전개

후기 미토학은 막부 말기의 지식인들, 그중에서도 유학자들에게
새로운 사상운동을 전개하는 기폭제가 되었다. 바쿠마쓰(幕末)의
유학자들 중에서는 여러 가지 사상운동이 전개되었는데, 그 대표
적인 것은 요코이 쇼오난(橫井小楠: 1809~1869)의 기독교 수용, 사쿠
마 쇼오잔(佐久間象山: 1811~1864)의 근대과학주의, 오오하시 토쓰안
(大橋訥庵: 1816~1862)의 배타적 양이론(攘夷論), 요시다 쇼인(吉田松陰:
1830~1859)의 변혁사상 등이 그것이다.

오오하시 토쓰안(1816~1862)은 기독교를 인류을 파괴하는 요망한
가르침이라 하여, 기독교를 배척하기 위한 과격한 정치활동을 전개
했다.

제1절 요코이 쇼오난의 서구문화론

요코이 쇼난은 유학 보편주의의 관점에서 서양의 정치체제와 그
것을 지탱하고 있는 기독교 등의 정신문화에 주목했다. 그는 요순
의 이상이 바로 서양사회에 실현되고 있다고 여겼다. 예컨대 서양

의 산업이나 교역에 의한 민생의 풍요로움, 그리고 그것을 받쳐주는 공화제라고 하는 정치제도, 또 그 정치제도를 받쳐주는 기독교 윤리 등의 서양사회 그 자체가 바로 요순시대와 같은 이상사회라고 그는 생각했다.

제2절 사쿠마 쇼오잔의 부국론

또 사쿠마 쇼오잔은 일본을 부강하게 하는 방법으로서 서양의 근대과학을 적극적으로 수입할 것을 주장했다. 그의 이런 주장이 나오게 된 계기는 중국이 영국에게 패배한 아편전쟁이었다. 중국이 서양에 패배했다는 것은 서양 군대가 사용하는 무기가 동양의 것보다 우수하다는 것이고, 무기가 우수하다는 것은 그들의 실용적인 기술이 우수하다는 것을 의미하는 것이며, 실용적인 기술이 우수하다는 것은 그들의 학문이 우수하다는 것이라 결론지었다. 그리하여 그는 네덜란드어를 공부하기 시작했고, 네덜란드의 서적을 통하여 유리의 제조, 포도주의 양조, 양돈 실험, 약용인삼의 재배 등을 실험적으로 실시하면서, 서양학의 우수성을 확신했으며, 물리학, 수학 등을 강조하기에 이르렀다.[171]

---

171. 경험적 실학 이후의 서술은 賴祺一, 『日本の近世』(中央公論社, 1993)을 많이 참조했고, 부분적으로 원문을 번역해서 실은 것도 있음을 밝힌다.

제3절 요시다 쇼인의 국가주의

요시다 쇼인은 막부체제에 의하여 지방이 각 번으로 나누어지는 것보다는 천황(天皇) 한 사람을 중심으로 전 국민을 하나로 뭉쳐야 강력한 국가를 만들 수 있다고 하는 민족국가주의를 점화시켰다. 쇼인은 1830년 죠슈 번(지금의 야마구치현에 위치했음)의 수도인 하기(萩)에서 최하급 무사의 아들로 태어났다. 죠슈 번주의 총애를 받아온 쇼인은 1850년 21살이 되었을 때, 시모노세키, 나가사키를 거쳐 규수 지역을 여행하면서, 국제정세도 알게 되었고, 사토 잇사이(佐藤一齋: 1772~1859)의 제자가 되어 유학을 배웠다. 왕양명의 『전습록(傳習錄)』도 읽었고, 아이자와 세이시사이의 『신론』도 있었으며, 일본사, 세계사, 지리, 병학, 증기 군함, 대포, 군사기술과 전술을 다룬 책도 읽었다.

쇼인은 1851년에 에도에 가서 유학과 병학을 공부했다. 에도에서 쇼인은 사쿠마 쇼잔(佐久間象山)의 제자가 되어 병학과 세계정세에 대해 배웠다. 쇼인은 에도에 머물러 있던 중에 막부의 허가를 받지 않고 미토에 갔으므로, 에도막부에게 근신형을 받고, 1852년 5월에 죠슈 번으로 강제 이송되었다. 죠슈 번에서는 에도의 막부를 의식해 쇼인의 사무라이 신분과 병학 사범 자격을 박탈했다.

1853년 자유여행을 허가받은 쇼인은 5월에 에도에 갔다. 6월에 미국의 페리 제독이 네 척의 군함을 이끌고 에도 앞바다에 와서 항구의 개방을 요구했다. 이 소식을 들은 쇼인 등의 많은 사람이 일본을 구하기 위해 힘을 길러야 한다고 의견을 모았다.

1854년 페리 제독은 7척의 군함을 이끌고 에도만의 카나가와(지금

요시다 쇼인

의 요코하마 인근) 앞바다에 나타나 개항을 강요했다. 이에 에도막부는 천황의 허가를 받지 않은 채 시모다(이즈반도 남부에 있는 작은 도시)와 하코다테(홋카이도 남단에 있는 도시)를 개항했다. 이에 에도막부를 비난 하는 분위기가 사무라이와 지식인들 사이에서 조성되었다.

쇼인은 적과 싸우기 위해서는 적을 알아야 한다고 생각하고 미 국행을 위해 페리 제독의 군함에 갔다가 거절당했다. 이 사실이 발 각될 것을 우려하여 쇼인은 시모다에서 자수하여 구속되었다가 에 도에 있는 덴마초(傳馬町) 감옥으로 이송되었다. 6개월 뒤에 쇼인은 고향으로 보내져 집 밖으로 나가지 못하도록 하는 근신형을 선고 받았다. 쇼인이 하기에 도착하자 죠슈 번은 쇼인을 노야마(野山) 감 옥에 수감했다.

1855년 26세 때에 쇼인은 감옥에서 강의를 시작했다. 많은 죄수 와 면회 온 사람이 강의를 들었고, 심지어는 일반인이 찾아와 강의 를 듣기도 했다. 감옥에 머무는 동안 쇼인은 그의 생각들을 『유수 록』이라는 책으로 정리했다. 이 책에는 외국을 침탈하는 계획들이 들어 있다.

> 군함과 포대를 서둘러 갖추고 즉시 홋카이도를 개척하고, 캄차 카와 오호츠크를 빼앗고, 조선을 정벌해 원래 일본의 영토를 되찾아야 한다. 북쪽으로는 만주를 얻고 남쪽으로는 대만과 필 리핀 제도를 확보해 진취적인 기세를 드러내야 한다. (…) 무역 에서 러시아와 미국에게 입은 손해는 조선과 만주의 토지로 보 상받아야 한다.172

군함과 포대를 갖추어 외국의 침략에 대비하는 것은 좋은 책략이다. 그러나 이웃 나라를 침탈하려는 생각은 사상가나 학자가 할 수 있는 생각이 아니다. 오히려 땅따먹기 놀이에 열중하는 어린이들의 생각과 유사하다. 땅따먹기하는 마음으로 지도를 펼쳐 이웃 나라를 보면, 이웃 나라의 땅은 이시다 바이간의 말을 빌리면, 달콤한 독약이다. 독약을 마시면 엄청난 후유증이 따른다. 그런데도 사람들은 독약의 달콤함에 빠져 독약을 향해 달려간다. 쇼인의 생각이 일본 정치인들과 극우 세력을 통해 오늘날까지 이어져 오고 있다는 사실은 앞으로의 일본을 매우 어렵게 만들 것이다.

이해 12월 15일 죠슈 번에서는 쇼인을 석방시켜 집에서 머물게 했다.

1856년 쇼인은 집에 머물면서 쇼인의 삼촌이 설립한 서당 쇼카손주쿠(松下村塾)를 운영하던 친척 쿠보 고로자에몽(久保五郎左衛門: 1832~1878)의 서당에서 강의를 했다. 이해에 많은 제자가 모여들었다. 이듬해에는 이토 토시스케(伊藤利助: 1841~1909)도 제자가 되었는데 이자가 훗날의 이토 히로부미이다. 그 외에도 구사카 겐즈이(久坂玄瑞: 1840~1864), 시나가와 야지로(品川弥二郎: 1843~1900), 마에바라 잇세이(前原一誠: 1834~1876), 타카스기 신사꾸(高杉晋作 :1839~1867) 등 훗날의 메이지유신을 일으킨 주역들이 제자가 되었다.

1857년 28세 때 쇼인은 쿠보의 쇼카손주쿠 학생들을 본인의 학생으로 받아들임으로써 쇼인의 쇼카손주쿠로 출범했다.

---

172. 이 인용문은 김세진, 『시대를 반역하다, 요시다 쇼인』(호밀밭, 2020), 71~72쪽에서 그대로 인용함.

쇼인은 29세 때인 1858년 2월에 「다케시마 개척의견서」라는 것을 써서 명륜관 사범 시절의 제자인 기도 타카요시에게 보냈다.

다케시마를 개척하면 해외의 사변에 대응하거나 조선과 만주에 진출할 때도 일본이 거점으로 쓸 수 있어 크게 이익이 된다.[173]

쇼인의 이 의견서는 훗날 일본을 주도하는 지도자들에게 이어졌고, 오늘날까지도 분쟁의 불씨로 삼고 있다. 이웃 나라의 땅을 개척한다는 발상은 두고두고 일본을 아프게 하는 독약이 될 것으로 보인다.

6월에는 히코네 번주 이이 나오스케(井伊直弼: 1815~1860)가 에도막부의 최고위직인 다이로(大老)에 임명되어 천왕의 승인 없이 미국과의 통상조약을 체결했다. 그 뒤 나오스케는 자신에게 반대하는 세력을 마구 잡아들였다. 쇼인은 7월 13일 '막부를 쓰러뜨리고 없애버려야 한다.'고 주장하는 글을 써서 모리 번주에게 보냈다. 쇼인은 이이 나오스케를 도와 교토의 지사들을 잡아들이고 있는 마나베 아키카츠(間部詮勝: 1804~1884)를 암살할 결심을 했다. 쇼인을 놓아두면 죠슈 번이 위험해질 것으로 판단한 죠슈 번에서는 쇼인은 구속했다. 쇼인은 옥중에 있으면서도 막부를 타도해야 한다는 내용의 편지를 곳곳의 지사들에게 보냈다.

쇼인의 나이 30세가 되는 1859년 5월 16일 에도막부는 쇼인을 에

173. 위의 책, 79~80쪽.

도로 이송하라는 명령을 죠슈 번에 내렸다. 6월 24일 쇼인은 에도에 도착했고, 7월 9일 에도막부의 최고 법원인 평정소로 끌려갔다. 10월 27일 아침 쇼인은 일본의 혼이란 뜻인, '야마토 타마시'를 외치며 형장의 이슬로 사라졌다. 쇼인이 남긴 절명시는 다음과 같다.

　　내 몸은 비록 무사시의 들녘에서 썩더라도 영원히 남겨지는 야마토 타마시

　메이지유신을 이끈 쇼카손주쿠의 출신들, 특히 이토 히로부미는 1868년 도쿄 치요다구에 죠슈신사(長州神社)를 세우고 요시다 쇼인과 동문의 희생을 기렸는데, 죠슈신사는 1879년 야스쿠니 신사(靖國神社)로 이름을 바꾸어 오늘날에 이르고 있다.

　쇼인이 남긴 말 중 외국의 침략에 관한 말들을 일부 소개하면 다음과 같다.

　　에조치(홋카이도)를 개간하고 캄차카, 오호츠크를 탈취하고 류큐국(오키나와)도 점령해 그 영주들을 에도로 불러들여야 한다. 또 옛날과 마찬가지로 조선이 일본에 공납을 바치도록 하고, 북쪽으로는 만주 땅을 얻고, 남쪽으로는 타이완, 필리핀을 손에 넣어 일본의 진취적인 기상을 보여줘야 한다.

　　　　　　　　　　　　　　　　　　　　　-『유수록(幽囚錄)』

　　오스트레일리아는 여러 국가가 앞다퉈 얻으려고 한다. 만약 일본이 이곳을 손에 넣으면 분명히 큰 이익이 될 것이다. 조선은

옛날에 일본에 속해 있지만, 지금은 거들먹거리고 있다. 원래대로 되돌려 놓을 필요가 있다.

－『유수록(幽囚錄)』

삼한이나 임나 등과는 땅이 떨어져 있지만, 일본과 서로 대치하고 있는 형세이다. 우리가 가지 않으면 저들이 반드시 올 것이고, 우리가 공격하지 않으면 저들이 반드시 습격할 것이니 장래에 예측할 수 없는 근심이 생길 것이다. 따라서 우리가 먼저 합병해야 한다. 도요토미 히데요시는 선각자였다.

－『외정록(外征錄)』

욕심은 끝이 없다. 욕심은 채울수록 커진다. 쇼인의 욕심은 우선 이웃 나라들을 침탈하는 것을 목표로 삼았지만, 목표를 달성하고 나면 또 그 이웃 나라로 이어져, 결국 전 지구의 모든 나라를 침탈하는 데까지 이어질 것이다.

요시다 쇼인의 침략론은 쇼카손주쿠의 학생으로 총리가 된 이토 히로부미, 야마가타 아리토모를 거쳐, 일본의 군국주의의 이론이 되고, 탈아론과 대동아공영론의 이론적 바탕이 되었다. 요시다 쇼인의 생각은 오늘날 일본의 우익 단체와 정치인들을 중심으로 면면히 이어져 오고 있다.[174]

---

174. 요시다 쇼인에 관한 부분은 『시대를 반역하다, 요시다 쇼인』(호밀밭, 2020)을 다수 참고했고, 부분적으로 원문을 그대로 옮긴 것도 있음을 밝힌다.

유신(維新)이란 말은 『시경(詩經)』 「대아」 〈문왕지십(文王之什)〉의 '문왕' 편에 나오는 시의 내용인 "주나라가 비록 오래된 나라이지만, 그 기상이 새롭다"라는 구절에서 따온 것이다. 나라가 오래되면 새로운 세상에 적응하지 못하고 침체하여 멸망에 이르게 되지만, 주나라는 새로 건국한 나라처럼 기상이 계속 새롭다고 시인이 찬양한 시이다.

일본의 지식인들은 '문왕' 편에 있는 '유신'이란 말을 인용하여, 메이지 천황 때 막부를 타도하고 서구 문물을 받아들여 나라를 새롭게 한다는 의미에서 '메이지유신'이라 작명한 것이다.

제1장
메이지유신의 경과

1840년 중국이 아편전쟁에서 영국에 패배했다는 사실은 막부의 지도자를 위시한 일본의 지노사들에게 임청난 충격이었다. 중국의 패배는 일본인의 마음에 깔린 불안감을 자극하는 촉매제가 되었다. 일본인들은 이 사건으로 인해 유럽으로부터 나라를 지켜야 한다고 각성했다. 그런 와중에 1853년 6월 미국의 페리 제독이 네 척의 군함을 앞세우고 에도 만 입구의 우라가(浦賀)에서 개항을 요구했다. 이에 자신감을 잃은 에도막부는 미국의 개항 요구를 천황에게 보고하고, 전국의 다이묘에게 '미국의 요구에 어떻게 대응할 것인가?'에 대해 자문을 구했다. 이 사실은 정치에 소외되고 있던 천황과 도자마 번에게 찾아온 기회이기도 했다. 도자마 번이란 처음부터 도쿠가와 이에야스를 따르지 않다가 세키가하라 전투에서 도쿠가와 이에야스가 승리한 뒤에 따른 다이묘로서 에도막부에서 소외되고 있었던 다이묘이다. 도자마 다이묘는 사쓰마(薩摩: 규슈 남부에 있던 번으로 지금의 가고시마현에 있었음)·죠슈(長州: 본슈 서쪽 끝에 있던 번으로 지금의 야마구치현에 있었음)·도사(土佐: 지금의 시코쿠 남부에 있는 코오치현에 있었음)·히젠(肥前: 규슈의 북서부에 있던 현재 사가현과 나가사키현 일대에 있었음) 번을 말한다. 막부에게 소외당해 불만을 품고 있었던 네 번의 사무라이들에게는 막부에 대항할 기회가 온 것이다. 도자마 번은 경제 개혁에 성공하여 정치에 발언권을 행사할 수 있는 토대를 갖추고 있었다. 메이지 유신은 이들 도자마 번 출신의 하급 사무라이가 주도했다.

때마침 에도 막부에 문제가 생겼다. 쇼군 도쿠가와 이에사다(德川家定: 1824~1858)는 무능한데다가 후사가 없었다. 이에 사쓰마·미토 번 등 개혁파 다이묘들은 도쿠가와 요시노부(德川慶喜: 1837~1913)를 추천했으나, 막부 고위직이 보장되던 상층 다이묘들은 도쿠가와 요시토미(德川慶福: 1846~1866)를 추천했다. 1858년 미국과의 통상조약의 반대가 격렬해지자, 막부는 천황의 허락을 받기 위해 교토로 찾아갔으나 당시 막부 반대파들의 영향을 받고 있던 코메이(孝明) 천황은 통상조약을 반대했다. 한편 중국에서는 영국과 프랑스 함대가 청나라를 굴복시키고 통상조약을 체결했으므로, 미국의 헤리스 영사는 청나라를 패배시킨 함대가 통상조약을 거부하는 일본을 정벌할 것이라고 위협했다. 이에 혼비백산한 막부 관리는 6월에 천황의 허락 없이 미일수호통상조약에 조인했고, 현안이던 쇼군 후계자도 반대파들이 지지한 요시노부 대신 요시토미로 결정했다. 막부는 반대파들에게 밀리지 않기 위해 공포정치를 감행하여 반대파들을 제거했다. 이를 안세이 다이고쿠(安政大獄)라 한다. 안세이는 1858~1859년에 해당하는 연호이다. 막부는 반대파 다이묘들에게 칩거를 명했고, 막부 비판자들을 처형했다. 당시 처형된 자가 100명이 넘었고, 요시다 쇼인과 하시모토 사나이(橋本左內: 1834~1859)도 이때 처형되었다.

안세이다이고쿠 사건으로 반대파를 대대적으로 숙청한 막부의 강경한 조치는 격심한 반발을 낳았다. 반면 통상 조약에서 분명한 태도를 취했던 천황은 혼란스럽고 무기력한 시대를 넘어설 수 있는 강력한 표상으로 부각되었다. 통상조약 이후 천황을 받들어 외국을 배척하는 의미의 존왕양이(尊王攘夷)가 사무라이들의 대의명분이 되었다. 존왕양이를 외치며 국가의 구원을 위해서라면 언제라도 칼을 뽑을 수 있는 급진파들이 사쓰마·미토·조슈 번을 중심으로 대거 출현했고, 요시다 쇼인이 그들의 정신적 지주가 되었다.

존왕양이파는 암살과 테러를 전술로 삼았다. 1860년대 전반은 이들의 테러로 점철된 시기였다. 존왕양이파는 1860년에 통상조약을 천황의 허가 없이 체결한 이이 나오스케를 성문 앞에서 암살했고, 1861년에는 통상조약을 조인한 미국 영사 해리스의 통역관 휴스켄을 암살했으며, 영국 공사관을 습격하여 직원들을 살해하기도 했다. 특히 요시다 쇼인의 고향인 죠슈 번은 존왕양이파의 거점이었다. 막부는 하는 수 없이 1863년 '양이'를 결행하도록 명령했다. 죠슈 번은 그날 시모노세키(下關)를 통과하는 미국, 프랑스, 네덜란드 배를 공격했다. 존왕양이파는 너무 급진적이어서 다이묘들의 지지를 받지 못했다. 같은 해 9월, 사쓰마와 아이즈 번은 무력으로 궁궐을 포위하여 존왕양이파를 모두 교토에서 추방했다.

1864년 죠슈 번에 모여 있던 존왕양이파는 교토로 쳐들어갔지만 실패했다. 막부는 이를 기회로 존왕양이파의 거점을 토벌하기 위해 각 번의 군대를 동원하여 죠슈 번 원정에 나섰고, 미국·영국·네덜란드·프랑스 연합 함대는 죠슈 번의 시모노세키 포대를 공격했다. 이로써 존왕양이파의 존왕양이 운동은 실패하고 말았다.

존왕양이파는 서양 세력과 전쟁을 거치면서 '양이'가 현실적으로 불가능하다는 것을 알았으므로, 개국론으로 전환하면서 혁신파로 변신했다. 혁신파는 1865년에 기병대를 이끌고 반란을 일으켜 죠슈 번을 다시 장악했다. 사쓰마 번에서도 사이고 다카모리(西鄕隆盛), 오쿠보 도시미치(大久保利通) 등 하급 사무라이가 권력을 장악하고 막부와 결전을 준비했다. 죠슈 번과 사쓰마 번은 재정 개혁에 성공하여 외국의 무기와 배를 사들여 전쟁 준비에 만전을 기했다.

1866년 6월에 막부가 죠슈 번을 공격했으나 패배했다. 7월 쇼군 이에모치(家茂: 원래의 이름은 요시토미이었음)가 병사하자, 요시노부가 등극하여 프랑스의 도움을 받아 개혁을 단행하고, 막부의 동치권을 천황에게 넘겨주는 등의 새로운 정책을 선포했으나, 이미 대세가 기울어진 뒤였다.

1868년 사쓰마·죠슈·도사 번은 막부 타도의 기치를 내걸고, 황궁을 봉쇄한 가운데, 천황의 정치로 돌아간다는 왕정복고령을 발포했다. 이어 4월에 천황군은 어렵지 않게 막부 군을 타도하고 에도성을 점령했다. 이로써 260년간 지속되던 에도막부는 막을 내렸다.[175]

에도막부를 무너뜨리고 천황의 친정체제로 탈바꿈한 메이지유신 시대에 추진한 일 중에 두드러진 것을 정리하면 세 가지로 압축된다. 첫째가 천황의 신격화이고, 둘째가 유럽식 제도개혁이며, 셋째가 팽창정책을 펼친 것이다.

제2장
천황의 신격화

제1절 천황 신격화의 철학적 바탕

천황의 신격화는 메이지유신 시대에 처음으로 시작된 것이 아니다. 일본의 자연환경에서 오는 불안 요인으로 인해 사람들은 늘 안전지대의 구축을 추진했다. 일본에는 지역마다 지진이 발생했을 때 피난할 수 있는 안전지대를 설정한다. 안전지대의 설정은 사회 전체로 확산한다. 형하판의 정서에서는 '너와 내가 하나'라는

---

175. 메이지유신 부분은 정혜선, 『한국인의 일본사』(현암사, 2008)를 참조했음.

연결고리를 찾을 수 없으므로, 인간사회도 남남끼리 모여 사는 불안한 사회일 수밖에 없다. 이를 해결하기 위해 일본인은 집단주의 이론을 만들었다. 사람이 모여 있는 집단 중에 불안하지 않은 집단은 가족이므로, 일본인들은 일본에 있는 각 단체를 가정처럼 만드는 노력을 했다. 일본에 있는 단체들의 구성원을 가족처럼 만들면 안심을 할 수 있다. 가족은 부모와 자녀로 구성되어 있으므로, 단체들의 구성원도 부모 역할을 하는 사람과 자녀 역할을 하는 사람으로 분류했다. 부모 역할을 하는 사람이 오야붕(親分)이 되고, 자녀 역할을 하는 사람이 고붕(子分)이 된다. 오야붕은 부모가 목숨을 바쳐 자녀를 보호하듯이 고붕들을 보호해야 하고, 고붕들은 자녀가 부모를 믿고 따르듯이, 오야붕에게 절대복종해야 한다. 일본인들은 자기가 속한 단체가 오야붕과 고붕의 관계로 구성되어야 안심한다. 단체가 가장 안전하기 위해서는 오양붕이 절대적인 권위를 가져야 하고, 고붕이 충성을 다해 오야붕을 섬겨야 한다. 오야붕에게 절대적인 권위를 갖게 하는 최선의 방법은 오야붕을 신격화하는 것이다. 일본에는 단체들마다 신으로 받들어지는 존재가 있다. 일본어로 신을 카미사마(神様)라고 한다. 학계에도 카미사마가 있고, 기업경영에도 카미사마가 있다. 카미사마를 건드리면 안 된다. 일본에서 카미사마를 건드리는 것은 금기다.

일본은 나라 전체를 하나의 가정처럼 만들었고, 가정을 지배하는 카미사마가 천황이다. 이러한 체제를 메이지유신 때 매우 강화했다. 메이지 유신 때 천황의 신격화 작업을 강화한 것 중의 하나가 「교육칙어」의 발표였다.

제2절 「교육칙어」의 발포와 신사 정비

개혁한다는 것은 쉽지 않다. 개혁하여 새로운 세상을 만드는 것은 기득권자들의 반발로 인해 난관에 부딪히기 마련이다. 따라서 개혁을 성공하기 위해서는 사람들의 생각을 단일하게 만들어야 한다. 메이지 시대의 지식인들은 이를 위해 「교육칙어」라는 것을 만들어 행사 때마다 암송하게 했다. 「교육칙어」를 발포한 목적은 모든 국민에게 천황을 받드는 하나의 신민임을 각인시키면서 동시에 유학의 내용으로 사람들의 윤리의식을 통일시키는 것이었다. 국민을 천황의 신민으로 만드는 것은 오랜 역사 속에서 유전되어 온 일본인들의 정서를 이용했고, 국민의 윤리의식을 통일하는 것은 에도시대 때 연구한 유학을 이용했다. 국민이 단일한 정서로 단일한 윤리의식을 가지면 국민을 통솔하여 무엇이든 할 수 있다. 「교육칙어」의 내용은 다음과 같다.

> 짐이 생각하건대 황조황종이 나라를 시작함이 넓고 멀며 덕을 세움이 깊고 두터우니 우리 신민이 지극히 충성하고 효도하여 억조의 마음을 하나로 하여 대대손손 아름다움을 이루었다.
> 이것이 우리 국체의 정화이고, 교육의 연원 또한 여기에 있으니 그대 신민들은 부모에게 효도하고, 형제에게 우애하며, 부부간에 화목하고 교우 간에 신뢰하여 공손하고 검소하게 자기를 지키고, 널리 대중에게 사랑을 베풀며 학업을 닦고 익혀서 지능을 계발하고 덕을 성취하며 나아가 공익을 넓히고, 세상의 의무를 디헤 항시 국헌을 중시하고 국법을 준수하며 위급할 때는 의리와 용맹으

로 공공에 봉사하여 천양무궁의 황운을 붙잡아야 한다. 이리하면 짐의 충량한 신민이 될 뿐 아니라 족히 그대들 선조의 유풍을 현창할 수 있을 것이다.

이러한 도는 실로 우리 황조황종의 유훈으로 자손과 신민이 함께 준수해야 할 것이며 이는 고금을 통하여 그릇됨이 없다. 이를 중외에 베풀어도 도리에 어긋나지 않을 것이니 짐이 그대들 신민과 함께 부지런히 가슴에 새겨 모두가 덕을 한결같이 행하기를 바라는 바이다.

메이지 23년 10월 30일
서명하고 날인하다.

「교육칙어」를 전 국민에게 암송시키는 것은 일본인들을 단합하게 하는 데 효과적이다. 메이지 정부는 「교육칙어」를 발포한 이래 천황의 신격화에 박차를 가하기 위해 신사(神社)의 정비에 나섰다.

천황은 신 중의 신인 아마테라스오오미카미에게서 곡옥·칼·거울이라는 세 진기(神器)를 받아 일본에 강림한 신(神)이며, 일본의 신성한 통치자임을 대중에게 각인시키고자 했다. 우선 역사적으로 일반에게 가장 익숙한 신사를 활용하고자 했다. 한 마을에 하나의 신사를 정하여 잡다한 신이나 부처, 예수 등을 없애고, 하나의 수호신만 남겨, 천황과 아마테라스오오미카미 등 국가가 공인하는 신을 모시도록 했다. 이를 위해 신사를 관리하는 신관 등을 국가에서 관리하는 공무원으로 삼았다. 전통적으로 자연스럽게 숭배해오던 기성 및 신생의 수많은 신을 천황과 관련한 신 중심으로 광대한 종

교적 질서를 재창출하고자 한 것이다.[176]

메이지 시대의 일본은 단합된 국민의 힘을 바탕으로 엄청난 일을 해낼 수 있었다. 일본은 역사가 시작된 이래 가장 큰 힘을 발휘했다. 1942년 5월까지의 초기 전투에서 일본군은 미리 준비된 계획에 의해 허술한 미국, 영국, 네덜란드의 식민지 수비군을 일소했다. 그리고 홍콩, 말레이시아 반도, 싱가포르, 미얀마, 네덜란드령 동인도 제도, 필리핀 제도 등을 점령해 나갔다. 일본군은 천황은 신적인 존재이고 일본 국민은 우월한 종족으로서 세계를 지배할 운명을 타고났다고 생각하며, 자신들이 점령한 땅을 행진했다. 점령 지역이 대부분 해양 지역이긴 했지만, 일본은 세계 7분의 1 정도의 나라를 통치하게 되었다.[177]

일본이 이렇게 많은 지역을 점령한 것은 이시다 바이간의 말로 표현하면, 달콤한 독약을 삼킨 것이다. 삼킨 독약의 후유증은 일본의 멸망으로 이어졌지만, 그것만으로 끝나지 않을 것이다. 전후 일본이 경제 대국이 된 뒤에도 독약의 후유증이 남아서 일본인을 괴롭힐 것이다.

---

176. 위의 책, 231~232쪽에서 인용.
177. 위의 책, 259쪽에서 인용.

제3절 천황 신격화의 문제점

인간의 마음속 깊은 곳에서 만날 수 있는 존재의 본질이 아니고, 외부에 존재하는 것으로 설정된 신을 믿으면 늘 위험성이 따른다. 외부에 존재하는 신은 구약성서에서 말하는 우상이다. 외부에 존재하는 신을 설정하는 것은 인간이다. 인간은 필요에 따라 의식 속에 외부에 신이 있는 것으로 그려 넣는다. 인간이 자기의 의식 속에 그려 넣는 신은 자기에게 유리한 신이다. 사람은 나쁜 짓을 하면 마음이 언짢아진다. 그럴 때 신에게, '신이시여, 저의 죄를 용서해주십시오'라고 기도하면 '그래 너의 죄를 사하노라'라고 응답해 주신다. 죽이고 싶은 사람이 있을 때, '신이시여, 저놈을 죽여야 하겠지요?'라고 말하면, '그래 그놈은 죽여야 한다'라고 응답해주신다. 그런 신은 인간이 필요해서 만든 신이다. 그런 신을 믿으면 인간이 신의 이름을 빙자하여 못할 것이 없다. 욕심을 마음껏 부릴 수 있고, 얼마든지 사람을 죽일 수도 있다. 인류 역사에서 신의 이름으로 저지른 비극이 얼마나 많은지 이루 다 헤아릴 수 없다. 살인강도가 사람을 죽이면, 양심의 가책을 받기도 하고, 죄의식에 시달리기도 한다. 그러나 신의 이름으로 사람을 죽인 뒤에는 죄의식도 없다.

일본이 이웃 나라를 차례로 침략하여 점령해나가는 과정에서 천황이란 신의 이름으로 자행된 범죄가 이루 다 말할 수가 없다. 1931년 9월 18일에 일어난 만주사변에서도 이러한 예를 여실히 볼 수 있다.

만주에 파견된 관동군의 일부 장교들이 봉천 교외의 유조호(柳條湖)에서 만철 노선을 폭파하고, 이것을 중국군의 공격이라 주장하며 개전(開戰)의 명분으로 삼은 것이다. 그들은 상부의 어떠한 지시도 없이 만주사변을 일으켰는데, 이후에야 도쿄의 육군 참모 총장과 내각에 사후 인정을 요청했다.

일개 장교가 상부의 명령 없이 전쟁을 일으킨다는 것은 군대의 속성상 상상할 수도 없는 하극상이다. 물을 것도 없이 군법에 따라 처벌해야 하는 총살감이다. 그런데 일본의 관동군은 본국의 육군 참모 총장은 물론 현지 파견군 사령관 및 참모, 장군 등 상부의 어떤 지시도 없이 전쟁을 일으킨 것이다. 관동군의 이 무모함은 어디에서 나온 것일까?

당시 봉천 영사관의 외교관 모리시마(森島守人)는 만주사변을 일으킨 관동군의 태도를 다음과 같이 회고한다.

모리시마는 당시 본국 일본 정부의 방침에 따라 만주사변을 평화적으로 해결하고자 했다. 그래서 관동군 참모 장교였던 이타가키 세이시로(板垣征四郎) 대좌를 영사관으로 불러서 설득했다. 그러자 이타가키 대좌는 "벌써 통수권자가 이 문제에 관한 결정을 내리고 있는데, 총영사관이 통수권을 무시할 생각인가?" 하고 반론을 제기했다는 것이다. 그곳에 동석한 더 젊은 장교 하나타니(花谷正) 소좌는 칼을 빼 들고, "통수권에 간섭하는 자는 누구든지 용서할 수 없다"라고 위협했다고 한다.

하급 장교들이 상관의 명령 없이 독자적으로 전쟁을 일으키고, 이를 설득하는 중앙정부 관료를 위협하는 상황이 벌어진 것이다. 쿠데타로 정부를 장악한 것이 아닌데도 말이다. 상상할 수도 없는 거침없는 행동의 배후에는 그들이 말한 '통수권'이 있었다. 제국 헌법은 육·해군의 통수, 선전 강화, 조약 체결 등 주요 사항을 천황의 대권으로 규정했다. 천황의 통수권을 앞세우면 의회나 행정부의 간섭 없이 무엇이든 할 수 있었다. 관동군 장교는 이러한 천황의 통수권을 말한다. '통수권자, 즉 천황이 결정했는데 너희 외교관 따위가 무슨 상관이냐? 우리는 법적으로도 보호를 받고 있다. 까불지 마라'는 식의 논리였다. 물론 만주사변은 통수권자 천황이 관동군에게 직접 지시한 것이 아니었다. 그러나 관동군 장교들은 그렇게 믿었다.[178]

신을 설정하고, 설정한 신을 믿을 때 나타날 수 있는 폐해는 상상을 초월한다. 메이지시대 이래의 일본이 이웃 나라들을 괴롭히다가 급기야 태평양전쟁을 일으켜 멸망에 이르게 된 원인 중에는 잘못된 믿음에서 오는 폐해를 들 수 있다. 정혜선 박사는 그의 저서 『한국인의 일본사』에서 천황의 신격화로 인한 폐해를 다음과 같이 지적한다.

만주사변에서 중일 전쟁으로, 중일 전쟁에서 태평양전쟁으로 이어지면서 국가주의의 흡인력은 더욱 향상됐다. 즉, 위기가 심화하면 할수록, 전쟁이 파국으로 치달으면 치달을수록, 더욱 종교색을 노골화하며 일치된 목소리를 갖는 일본의 국가주의를 발견하게 된다.

---

178. 위의 책, 239~240쪽에서 인용.

그것은 대단히 치명적이고 용서받을 수 없는 환상이었다. 그 속에서 아시아인 2천만 명이 죽어갔고, 30만 명을 장작더미 쌓듯 차곡차곡 쌓아 살육한 난징 대학살이 자행되었으며, 전쟁 포로를 세균 실험용 마루타(丸太: 통나무)로 취급한 731부대의 악랄한 행위가 있었으며, 일본군 성노예로 비극적인 삶을 산 여성들을 무더기로 만들어냈다.

일본 사회 전체가 한 덩어리가 되어 뿜어내는 농밀한 공기 속에서, 일본인 누구도 "아니다!" 하기 어려웠다. 이 밀폐된 공간에서 천황의 국가를 부수기는 어려웠다. 일본의 압도적이고 특별한 전통은, 위기에 닥쳐 천황의 국가를 마치 후지산처럼 운명적으로 수용하면서 고도의 동일성으로 뭉쳐 파멸의 전쟁 속으로 몰아갔다.

일본의 국가주의가 지니는 고도의 동일성은, 형태는 다르지만 지금도 살아 있다. 일본의 국가주의는 여전히 끈질기게 살아서 움직이는 생명체이다.[179]

제3장
국가 내부의 제도개혁

메이지유신은 젊은 사무라이들이 존왕양이를 내걸고 출발했으나, 도중에 개국을 위한 혁신파로 돌변함으로써 성공을 거두었다. 이토 히로부미(伊藤博文)와 이노우에 가오루(井上馨: 1836~1915) 등이

---

179. 위의 책, 285쪽에서 인용.

요시다 쇼인의 유지를 받들기 위해서는 적을 알아야 한다는 생각으로 영국으로 밀항했다. 우선 상해에 도착했을 때, 이노우에가 개국론자로 바뀌자, 이토는 이노우에의 약한 의지를 비난했지만, 이토 자신도 런던에 도착하자 개국론자로 변했다. 그들은 영국의 경제력에 놀랐다. 그들은 검은 연기를 내뿜는 영국의 공장을 보고 농경으로는 부를 창출할 수 없음을 깨달았다. 그들이 개국론자로 바뀌어 메이지유신을 이끌었던 까닭은 이러한 이유 때문이었다.

메이지 정부는 서양식으로 제도를 고쳐, 일본을 서양의 열강처럼 부강하게 만들기 위해 총력을 다했다.

우선 지방 분권이었던 봉건적 지배 구조를 중앙집권적 통치 구조로 개편했다. 1869년 신정부는 각 번의 영주인 다이묘가 갖고 있던 영지 지배권과 백성 지배권을 천황에게 바치도록 했다. 대신 다이묘는 그대로 지사로 임명하여 번을 다스리게 했다. 이를 영지와 백성을 천황에게 봉환했다는 의미에서 '판적 봉환(版籍奉還)'이라 한다.

1871년에는 지사들을 면직시켜 도쿄로 소환하고 옛 번을 폐지하고 현을 새로 설치했다. 현에는 중앙 정부가 직접 임명한 지사를 파견했는데, 이를 '폐번치현(廢藩置縣)'이라 한다. '폐번치현'은 '두 번째 유신'이라 불릴 정도로 큰 변화였다. '폐번치현'의 성공으로 봉건적인 분할 행정에 종지부를 찍고 실질적인 중앙집권화가 이루어졌다.

메이지 정부는 에도시대의 농·공·상을 평민으로 정하면서 에타(穢多)·히닌(非人) 등의 천민도 평민으로 해방했다. 이로 인해 이른바 사민평등을 이루어냈다.

1872년 전국에 소학 6년, 중학 6년, 대학 4년의 학제로 근대식 학교를 설립했다. 소학교는 의무교육으로 정했다.

1873년 메이지 정부는 징병령을 발포하여, 20세 이상 모든 남자는 3년간 현역에 복무하고 그 후 4년간은 보충역에 남는 제도를 마련했다.

역시 1873년 조세제도를 개편했다. 토지 소유권을 명확히 하고 지가를 확정하여 지가에 해당하는 일정 비율의 세금을 내게 했다. 이로써 신정부는 조세 수입의 안정을 도모하고 근대적 재정제도를 확립할 수 있었다.

1876년 사무라이에게 녹봉으로 지급하던 가록(家祿)을 정지하고, 대신에 수년 분 혹은 십수 년 분에 해당하는 가록을 일시에 금록(金祿) 공채로 교부했다. 동시에 폐도령(廢刀令)을 발표하여 사무라이가 칼을 차는 전통을 폐지했다.

이외에도 메이지 정부는 산업을 육성하고 은행제도와 통화제도를 도입했으며, 철도를 개설했다.

1881년에는 국회의 개설과 헌법의 제정에 돌입했다. 이에 이타가키를 총리로 하는 자유당이 결성되고, 이듬해에는 오쿠마 시게노부를 당수로 하는 입헌개진당이 결성되었다.

1889년에는 대일본 제국 헌법을 발포하고, 1890년에 시행에 들어갔다. 이토 히로부미는 유럽에서 돌아와 독일식 헌법을 모델로 하여 일본의 헌법을 만들었다. 헌법은 신성불가침한 천황의 주권을 기본 원칙으로 하여, 추밀원·귀족원 등 특권적 기관의 설치를 담고 있다. 문무관의 임면, 육·해군의 통수, 선전, 강화, 조약 체결 등의 권한은 모두 천황에게 집중되었다. 천황의 대권은 의회가 전혀 관여할 수 없는 권한이었다.

일본이 모든 체제를 순조롭게 서구의 방식으로 바꿀 수 있었던 이유는 일본의 특성에서 찾을 수 있다. 일본인의 삶을 지탱하는 바탕은 줄곧 형하판이었다. 형하판을 깔고 사는 일본인들은 한국이나 중국에서 들어온 형상판의 철학을 수용하여 소화한다는 것이 매우 어려웠다. 과거 일본은 한국인이나 중국인들과 어울릴 때 늘 한문으로 필담했고, 시를 지어 응대했다. 이런 과정에서 일본인은 한문의 작문 능력과 시작(詩作) 능력이 열등했고, 형이상학의 철학 체계에 관한 이해가 부족함으로 인해 늘 저자세를 취할 수밖에 없었다. 에도시대 때 있었던 문화 교류의 한 장면에 대한 나카이 치쿠잔(中井竹山: 1730~1804)의 『초모위언(草茅危言)』에 보면 문화의 수준 차이를 잘 이해할 수 있다.

조선은 무력을 가지고 우리를 압박할 일은 어차피 없으므로, 학문적인 것을 가지고 와서 우리를 능멸하려는 것이니, 그것은 신쓰쿠슈(新筑州)의 다섯 가지 일에서 대략 설명한 바와 같다.

우리나라의 학문이 어두운 것을 틈타 우리가 잘 모르는 것을 능멸하고, 행차 도중 순시한다는 깃발, 청도(淸道)라는 깃발, 명령을 내린다는 깃발 등을 세우는 것이, 무례하기 짝이 없다. 순시란 국내를 순시하는 것이다. 그러므로 우리나라를 속국으로 여기고 사신을 파견하여 순시한다고 생각하는 것이다. 청도(淸道)란 길을 청소하는 것이다. 행차하는 동안 제후들이 정성껏 길을 청소하고 접대하는 것에 대해서 사례를 해야 함에도 불구하고, 오히려 사신들이 가는 길을 미리 청소하라고 명령하는 것은 무슨 일인가? 명령하는 깃발은 우리 일본에 대해서 '명령을 잘 들어라'라고 하는 것이다. 청나라에서 조선에 사신이 갈 때 그렇게 해야 할 것을 그들이 우리나라에 대해서 일삼아 공공연하게 우리나라를 능욕하는 것은 증오스럽기 짝이 없다. (…) 조선에서 온 통신사는 학문적인 것을 주장하기 때문에 상당히 재주가 있는 사람을 뽑아서 보내는 것으로 보인다. 그러므로 행차 중에 묵는 각 객사에서 유학자들이 시문을 증답하고 필담하는 일이 많다. 우리나라의 많은 유학자 중에는 학문 수준이 낮은 자도 있고, 별로 신통찮은 자도 간혹 있어 딱한 노릇이다. 그들은 그렇다 치고 교토, 도쿄, 오사카 등의 대도시에서는 평민들까지도 기회만 닿으면 객사에 들어가 증답하지만, 관에서 금지하지 않으므로 신중하지 못한 무리들이 앞을 다투어 찾아가기 때문에, 객사에 사람이 붐벼 시장바닥처럼 되었다. 그들은 엉성한 문장과 조악한 시를 가지고 사신들을 접촉하기도 하고, 심지어는 완전한 초보자들이 백일 전부터 시 한 수를 지어 그것을 가슴에 품고 가서 무릎으로 기어서 머리를 조아리고 꺼내 보인 뒤 화답시 한 수를 얻어서 평생의 영광으로 여기며 남에게 자랑하기도 하니, 가소로운 일이다. 이러한 지경이 되고 보니, 조선 통신사들은 사람들을 멸시하여 수십 편의 시를 앞에 쌓아놓고 붓 가는 대로 그 화답시를 쓰는데, 그중에는 음률이 틀린 것도 있고 운자가 틀린 것도 있다. 때로는 먹물이 튀어 더럽혀진 채로 팽개치듯 던져주는 것을 무릎걸음으로 엉금엉금 기어가서 그것을 줍고는 가슴 속에 품고 물러나는 광경이 벌어지는 등 보기에 딱한 것이 한둘이 아니다. 또 그들이 화답 시를 쓸 때는 문진 대신 무릎을 앞으로 내밀어 발꿈치로 종이를 누르는 등 어지럽기 짝이 없는데도, 감사하게 그 글씨를 받들고 있으니 일본의 큰 수치라 아니할

수 없다. 나는 보력(寶曆) 연간에 사신들이 묵는 여관에 들렀다가 위와 같은 것을 목격했다.[180]

과거 일본은 문화적으로 중국인과 한국인에게 수모를 당해왔으나 유럽의 문화를 접하고 보니 문제가 달라졌다. 19세기의 국제정세는 유럽이 세계를 지배하는 형국이었다. 유럽인들의 삶을 지탱하는 판이 형하판이었으므로, 유럽문화의 이해와 수용에서 일본은 능력 발휘를 했고, 유럽인들로부터 인정과 칭찬을 받았다. 아마도 유럽의 기독교 문화를 수용하는 형국이 되었다면 한국인들이 능력을 발휘하고 일본인들은 여전히 저자세가 되었을 것이지만, 유럽문화가 형하판의 문화였기 때문에 상황은 반대가 되었다.

사람은 남에게 무시당하면 있는 능력도 발휘하지 못하지만, 칭찬을 들으면 없던 능력까지 발휘한다. 일본은 서구 문화를 순조롭게 받아들이면서 그간 아시아에서 받아왔던 수모가 억울하다고 생각했다. 유럽을 기준으로 보면 아시아에서 가장 우수한 국가는 일본이다. 일본인들의 열등감은 갑자기 우월감으로 바뀌었다. 메이지 시대의 일본인들은 일본 이외의 아시아인을 무시하기 시작했다. 일본은 나라가 아시아에 있지만, 문화면에서는 아시아의 나라가 아니라 유럽의 나라라고 하는 탈아론(脫亞論)을 제기했다. 유럽문화를 순조롭게 받아들인 일본인들의 에너지는 폭탄이 터지듯 폭발했다.

후쿠자와 유키치(福澤諭吉: 1835~1901)는 탈아론을 제기하여 요시다

---

180. 이기동, 『한국의 위기와 선택』(동인서원, 2004), 207~208쪽.

후쿠자와 유키치

쇼인의 침탈론에 불을 붙였다. 후쿠자와 유키치는 1885년 3월 16일 자신이 창간한 『지지신보(時事新報)』의 사설을 통해 탈아론을 발표했다. 탈아론의 내용은 다음과 같다.

세계 교통은 편리해져서 서양문명의 바람이 동쪽으로 점점 불어와 이르는 곳마다 풀과 나무도 이 바람에 휘말리지 않은 것이 없다. 생각건대 서양의 인물, 고금에 크게 다르지 않다고 하지만 그 거동이 옛날에는 느렸으나 이제는 활발해지고 있다. 이는 단순히 교통의 이기(利器)를 이용해 기세를 타고 있기 때문일 뿐이다. 그러므로 현재 동양에 있는 나라 사람들은 이 서양문명의 동점(東漸) 기세에 놀라, 이를 어떻게든 막을 각오가 되어 있다면 그럴 수 있다고 말할 수는 있다. 하지만 적어도 지금의 세계정세를 살펴볼 때, 사실상 불가능하다는 사실을 아는 사람은 세파에 밀려 문명의 바다에 함께 뜨고 내리면서, 더불어 문명의 파도를 타고 고락을 함께 할 수밖에 없다.

문명은 홍역의 유행과도 같다. 현재 도쿄의 홍역은 서쪽 나가사키로부터 동진해서 봄기운과 함께 갈수록 만연하고 있다. 이런 시기를 맞아 이 유행병의 해악을 막으려 해도 과연 막을 방법이 있을까? 결코 그럴 수단은 없다. 그저 해로울 뿐인 유행병이라 하더라도 그 기세에 놀라지 않아야 할 일이다. 하물며 이해상반이 따르고, 항상 이익이 많은 문명에 있어서랴. 단지 이것을 그냥 막지 않는 데 그칠 일이 아니라, 그것이 만연하도록 힘써 돕고 국민에게 빨리 그 바람을 쐬도록 하는 것이야말로 지혜로운 사람들이 할 일이다.

서양문명이 일본에 들어온 것은 가에이(嘉永) 개국에서 시작되었다. 국민들은 마침내 그것을 취해야 할 필요성을 깨닫고 점차 활발하게 받아들이게 되었지만, 진보의 길에 걸림돌이 되는 고풍노대(古風老大)한 정부가 가로누워 있어 이를 어찌할 수 없다. 왜냐하면 근대문명은 일본의 낡은 구각(舊殼)과 양립할 수 없기 때문이다. 구토(舊套)를 벗으려면 동시에 정부도 갈아치울 수밖에 없다. 그렇다면 곧 문명 바람을 막아 그 반입을 금지할 것인가, 그리하면 일본은 독립할 수 없다. 왜냐하면 세계 문명의 기세가 동양 고도(孤島)를 홀로 잠자도록 내버려두지 않기 때문이다.

여기서 우리 일본의 지사들은 국가를 중히 여기고 정부를 가볍게 보는 대의에 기초하여, 또 다행히 황실의 신성존엄에 의뢰하여 마침내 구 정부를 무너뜨리고 신 정부를 수립했다. 따라서 조야(朝野)의 구별 없이 모두 서양 근대문명을 받아들여 오로지 일본의 낡은 틀을 벗는 것뿐만이 아니라, 아시아 전체를 하나의 축으로 하여 주의로 내세워야 할 것이다. 주의로 하기 위해서는 오직 '탈아(脫亞)'라는 두 글자에 있을 뿐이다.

우리 일본의 국토는 아시아 동쪽에 있다고 하더라도 그 국민정신은 이미 아시아의 고루함을 벗고 서양문명을 따르고 있다. 그런데 여기에 불행한 일은 이웃에 있는 나라이다. 하나는 중국이고 또 하나는 조선이다. 이 두 나라 국민도 고래 아시아 류(類)의 정교 풍속 아래 자라온 배경은 우리 일본 국민과 다르지 않다고 하더라도 그 인종의 유래가 다른 것일까. 아니면 같은 모양의 정교 풍속 속에 살면서도 유선 교육의 취지가 같지 않은 점일까. 일·지(支)·한(韓) 삼국을 비교하여 중국과 조선의 서로 닮은 상황은 조선과 중국이 일본보다 가깝고 이 두 나라 사람들은 한편이 되어 나라에 관해 고쳐 나아가는 길을 알지 못한다. 교통 편리한 세상에 문명의 사물을 못 듣거나 못 보았을 턱이 없는데도 마음을 움직이지 않고 고풍 구습에 연연한 정은 백 년, 천년의 옛날과 다름이 없다. 이 문명 일신의 활극장에 교육은 유교주의를 부르짖어 인의예지만을 칭송하고 처음부터 끝까지 외견상 허식에 구애되어 진리, 원리를 가르치지 않고 도덕마저 땅에 떨어져 지독한 몰염치가 극에 달해도 거만하게 자기반성의 빛이 없다.

우리들이 이 두 나라를 보면 지금처럼 서양문명이 동쪽으로 밀려들고 있는 때에 독립할 수 있는 길은 없다. 다행히 그 나라에 지사들이 나와 우리의 유신 때처럼 큰일를 꾀한다면 다르겠지만 그렇지 않으면 수년 안에 망하여 국토는 세계 문명 제국이 분할하게 되리라는 예상은 의심의 여지가 없다. 왜냐하면 홍역과 같은 문명개화를 맞으면서도 조선·중국 두 나라는 그 전염의 순리에 역행하여 무리하게 이를 피하기 위해 방안에 틀어박혀 공기를 차단하고 질식 상태에 빠져드는 상황을 만들고 있기 때문이다. 수레와 수레바퀴, 입술과 이빨 관계인 이웃 나라는 서로 도움이 되는 것이 보통의 예이다. 그렇지만 지금의 중국·조선은 일본에 조금도 도움이 되지 않는다. 그뿐만 아니라, 서양 문명인의 눈에는 세 나라가 지리적으로 가까이 있어 동일하게 보고, 중국과 조선을 평가하는 데도 일본과 같이한다. 중국과 조선 정부가 전제 정치를 행하고 법률에 따르지 않으면 일본 또한 무법 국가가 아닌가 하고 의심하며, 중국과 조선의 인사, 과학을 모르니까 일본도 음양오행의 나라라고 생각한다. 중국인이 비굴하고 수치를 모르므로 일본인의 의협

심도 함께 매도당하고, 조선의 형벌이 참혹하면 일본인도 무정하다고 단정해버린다. 이를 마을에 비유하면 한 마을 한 고을이 어리석게 무법 잔혹할 때는 설령 그 마을 안의 한 가족이 정당한 일을 해도 다른 많은 사람의 잘못에 가려 묻혀버리는 이치와 다르지 않다.

그 영향이 간접적으로 우리들의 외교에 장애가 되는 일이 적지 않다. 일본의 일대 불행이라고 말할 수밖에 없다. 그렇다고 오늘의 꿈을 펴기 위해 이웃 나라의 개명을 기다려 함께 아시아를 일으킬 시간이 없다. 오히려 그 대열에서 벗어나 서양과 진퇴를 같이하여 중국·조선을 접수해야 한다. 접수 방법도 인접 국가라는 이유만으로 사정을 헤아려 줄 수 없으며, 반드시 서양인이 접하는 풍에 따라 처분해야 할 뿐이다. 나쁜 친구를 친하게 하는 자는 함께 악명을 피할 수 없다. 우리가 마음으로부터 아시아 동방의 나쁜 친구를 사절하는 이유도 이 때문이다.[181]

형하판에서 사는 사람은 욕심 채우는 일에 민감하게 반응한다. 욕심 채우는 것 중의 으뜸은 남의 것을 빼앗는 것이다. 다만 내가 남의 것을 빼앗으려고 하면, 남도 나의 것을 빼앗으려고 하기 때문에 내가 다칠 수 있다. 따라서 형하판에서 사는 사람들은 다치지 않고 욕심을 채우는 방안을 찾아내었다. 그것은 규칙과 법을 지키면서 욕심을 채우는 것이다. 형하판에서 사는 사람들이 규칙을 잘 지키고 법을 잘 지키는 것은 이러한 이유 때문이다. 그러나 규칙과

---

181. 정일성, 『후쿠자와 유키치』(지식산업사, 2001), 18~21쪽에서 인용.

법을 지키는 이유는 내가 다치지 않기 위한 것이다. 만약 나의 힘이 강하여 규칙이나 법을 지키지 않아도 절대로 다치지 않을 자신이 있다고 판단할 때는 규칙과 법을 무시하고 남의 것을 빼앗곤 한다. 따라서 형하판 사람들의 마음속에는 남의 것을 빼앗고, 남의 나라를 침략하는 잔혹성이 숨어 있다. 일본의 힘이 강력해지기 시작하는 19세기 중엽에 요시다 쇼인에 의해 표면화된 침탈의 야욕은 후쿠자와 유키치의 탈아론이 발표되면서 점화되었다.

제4장
일본의 팽창정책

일본은 메이지유신 이래로 순조롭게 서구의 문물을 받아들여 급속하게 부강해졌다. 부강해진 일본에게 서구 문물을 받아들이지 못하고 여전히 잠자고 있는 이웃 나라들은 사자 앞의 사슴 신세가 되었다. 먹잇감을 향한 일본은 브레이크가 파열된 자동차처럼 질주하기 시작했다.

1879년에 일본은 유구국(流球國)을 병탄했다. 유구국(琉球國)은 지금의 일본 오키나와현에 있는 독립 왕국이었다. 일본에서는 류큐왕국(琉球王国)으로 불렸다. 유구국은 100여 년간 삼국으로 분할되었던 것을 1429년에 중산국(中山國)이 통일하여 건국했다. 유구국은 한때 일본, 한국, 중국, 동남아시아 등과의 중계 무역으로 번성했지만, 1609년에 사쓰마번의 침공을 받은 뒤, 여러 차례 일본의 침략을 받아 시달렸다. 1879년 일본의 메이지 정부는 유구국을 강압적으로 병합했다.

일본은 1894년 6월부터 1895년 4월에 걸쳐 청일전쟁을 일으켜 승리했다. 1897년에는 타이완을 점령했다. 1904년부터 1905년에 걸쳐 일본은 러시아와의 전쟁에서 승리했다.

1910년에 조선을 병탄하고, 1931년에 만주사변을 일으켜 만주를 병탄했다. 일본은 1937년 7월 7일 중국을 침공하여 중국과 오랜 시간에 걸친 이전투구의 전투를 벌였다.

1941년 12월 7일 일본은 미국의 태평양함대가 주둔해 있는 진주만을 기습하고 미국과의 전쟁을 일으켰다. 일본은 순식간에 필리핀을 점령하고, 동남아시아와 미얀마의 대부분 지역, 네덜란드령 동인도와 태평양의 많은 섬을 점령하여 전면전에 돌입했으나, 나가사키와 히로시마에 원자폭탄이 투하되자, 1945년 8월 15일에 항복했다.

제1장
전후 일본의 경제발전

전후 일본은 전 국토가 폐허로 변했지만, 빠른 속도로 경제를 발전시켰다. 일본 경제가 급속도로 발전하게 된 요인에는 여러 가지가 있지만, 근본적인 요인은 구미와 일본이 같은 형하판을 바탕으로 하고 있었다는 것을 들 수 있다. 일본은 이미 유럽의 문화와 산업을 받아들여 그들과 대등한 수준이 되어 있었기 때문이다.

당시 상품의 생산방식은 공장에서 노동자들이 생산한 부품을 조립하여 완성하는 방식이었다. 일본인들은 에도시대의 유학을 통해 이미 신만물일체사상이 몸에 배어 있었다. 신만물일체사상이란 나무의 뿌리와 줄기와 가지와 잎들이 각각의 역할을 하여 한 그루의 나무를 살려가는 것처럼, 사람 개개인이 모여 각각의 역할을 함으로써 하나의 생명체를 유지하는 것으로 이해할 수 있다. 한 그루의 나무가 온전하기 위해서는 뿌리는 뿌리의 역할을 하고, 줄기는 줄기의 역할을 하며, 가지는 가지의 역할을 하고, 잎은 잎의 역할을 하는 것처럼, 일본인들은 집단을 만들어 그 집단 속에서 자기의 역할에 최선을 다하는 방식의 삶에 익숙해져 있었다. 이러한 삶의 방식은 20세기의 생산방식에 매우 적합했다. 자동차 회사에서 자동차를 생산하는 방식의 예를 들면, 일본의 노동자들은 자기가 만드는 부품의 품질을 위해 목숨을 건다. 노동자 각각이 만든 부품이 완벽하기만 하면, 그 부품을 조립한 자동차의 성능이 완벽하지만, 부품 하나만이라도 하자가 생기면 조립한 자동차가 불량품이 된다. 따라서 부품을 생산하는 노동자는 부품을 완벽하게 만들기만 하면 존중받으며 안정된 삶을 살 수 있지만, 하자 있는 부품을 만드는 노동자는 가차 없이 퇴출당한다. 따라서 노동자는 자기가 생산하는 부품을 최고로 만들기 위해 목숨을 건다. 일본에서는 목숨 건다는 말을 많이 쓴다.

20세기의 생산방식으로 보면 일본인이 생산한 제품은 세계를 압도할 수 있다. 이러한 생산방식이 일본 경제가 발달한 근본 원인으로 볼 수 있을 것이다.

이외에도 에도시대의 유학에서 강조한 일본인의 윤리의식은 일본의 경제발달에 긍정적인 역할을 했을 것이다. 말하자면, 야마자키 안사이의 공경심, 이토 진사이의 성실성, 이시다 바이간의 검약정신과 정직성 및 상인철학 등은 일본의 경제 발전에 많은 기여를 했을 것이다.

제2장

일본인의 유학 윤리

에도시대의 일본 유학에서는 예법과 오륜이 강조되었는데, 이는 오늘날 일본인의 윤리의식 속에 녹아 있다. 야마자키 안사이의 격식 중시와 엄숙주의는 일본인의 문화에 널리 퍼져 있어서, 다도(茶道)·서도(書道)·검도(劍道)·유도(柔道)·씨름·바둑·장기·일본의 각종 모임과 회합 등 다방면에 나타나고 있다. 물론 이러한 일본의 문화가 야마자키 안사이에게 영향을 받은 것만으로 볼 수는 없다. 근본적으로는 형하판에서의 삶을 철저하게 추구하는 데서 나타나는 것으로 볼 수 있지만, 그것을 이론적으로 표현한 야마자키 안사이의 가르침은 많은 역할을 했을 것이다.

일본인들이 성실성을 강조하는 것도 마찬가지다. 일본인의 윤리의식은 근본적으로는 형하판에서 나타나는 것이지만, 성실성은 특히 이토 진사이가 강조했다. 이토 진사이가 강조한 남에 대한 배려는 일본인의 생활 속에 녹아들었다. 일본인들은 오늘날도 남에 대한 배려를 오모이야리(おもいやり)라는 말로 강조하고 있다. 여러 사람과 함께 있을 때, 여러 사람의 판단에 따르는 것 또한 이토 진사이의 서(恕)에 대한 해석과 관련이 있다.

일본이 서구의 문물을 쉽게 받아들일 수 있었던 것도 서구인과 일본인의 삶의 바탕에 같은 형하판이 깔려 있었기 때문이지만, 그렇다고 하더라도 서구의 문물을 바로 이해하기는 쉽지 않다. 이에 도움을 준 것이 오규 소라이의 예치사상(禮治思想)이다. 일본의 유학을 형이하학적 요소로 정리한 오규 소라이의 예치사상은 서구의 법학과 사회학을 받아들이는 그릇의 역할을 하기에 적합했다.

일본 기업 정신과 상인 정신은 이시다 바이간의 사상에서 영향 받은 것이 많다. 상인이 이익을 남기는 것이 상인의 정당한 도리라는 바이간의 사상은 상인들에게 자부심을 갖게 했다. 이익을 남기기 위해 이시다 바이간이 주장한 정직과 검약은 오늘날 일본의 상인철학으로 이어져 오고 있다. 마쓰시다 코노스케(松下幸之助: 1894~1989)의 경영철학이나 이나모리 가즈오(稻盛和夫: 1932~)의 경영철학은 이시다 바이간의 철학에 영향 받은 것으로 보인다. 이 외에도 일본 유학이 일본인의 삶 속에 녹아 들어가 있는 것은 상당히 많다.

제3장
전후 일본의 유학 연구현황

전후 일본인에게는 후쿠자와의 탈아론 정서가 계속되었고, 그에 따라 유학은 당연히 부정될 수밖에 없었다. 유학은 에도시대에 정치이념으로 자리 잡았지만, 유학의 형이상학적 요소는 일본인의 삶 속에 녹아들지 못했다. 일본인의 관심은 서구사회에 있었고, 아시아에는 없었다. 일본인들은 아직도 아시아에서 일본이 가장 앞서 있다고 생각하는 듯하다.

일본의 대학에는 유학을 연구하는 학자들이 있지만, 서구의 학문방식에 따라 유학을 연구할 뿐, 유학사상을 삶으로 받아들이는 분위기는 거의 사라졌다.

일본인의 삶 속에 유학적 요소가 전혀 없는 것은 아니다. 일본인의 가정에는 조상의 위패를 모시는 불단(佛壇)이 있다. 부모가 죽으면 부처가 된다는 불교적 정서로 인해 죽은 조상을 부처님을 모시듯이 모신다는 의미로 불단이란 이름이 붙었지만, 내용과 형식은 조상을 섬기는 유교의 사당과 같다.

민간 차원에서의 유학 강좌는 유시마(湯島) 성당(聖堂)에서 경전 강좌가 있고, 유학을 건학이념으로 정한 동일본국제대학에서 학생들과 민간인에게 논어 강좌가 시행되고 있는 정도이다. 그 외 지방에서 논어 강독회가 있을 것이지만, 활발하지는 않다. 일본에는 한국의 유림조직 같은 전국적인 조직은 없다.

제4장
일본의 문화적 한계

20세기의 일본인은 일본 문화가 가진 형하판의 특성으로 인해 일본의 힘을 폭발시켰다. 그러나 21세기에 들어와 일본은 일본의 특성으로 인해 많은 한계에 봉착할 것으로 보인다.

첫째는 윤리의식의 해이(解弛)를 들 수 있다.

능력이 최고조에 달하는 순간 능력은 줄어들기 시작한다. 이는 가장 더울 때 추위가 시작되고 가장 추울 때 더위가 시작되는 것과 같은 이치다. 20세기에 일본은 유사 이래 최고의 능력을 발휘했다. 일본의 능력은 아마 20세기에 정점을 찍은 것으로 보인다. 전쟁 전에는 지구의 7분의 1에 해당하는 영토를 확보하기도 했다. 전후의 일본은 세계 2위의 경제 대국이 되었다. 미국 하버드 대학 명예교수, 에즈라 보겔(1930~2020)은 『세계 제일 일본(Japan as Number One)』이란 책을 출간했을 정도였다.

일본의 윤리학은 불안감과 위기의식에서 출발한다. 일본의 윤리학은 안전지대를 구축하는 것으로 집중되었다. 그것은 날아다니는 새들의 안전을 위해 새장을 만드는 것과 같은 것이다. 새들이 새장 안에 있으면 안전한 것처럼, 일본인은 안전지대로 만든 일본에서 안도할 수 있었다. 일본인들은 일본이라는 안전지대에서 규칙을 지키며 각자의 맡은 역할에 충실했다. 이러한 일본인의 삶은 20세기의 산업사회에 맞아떨어졌다. 일본은 경제 대국이 되었다.

일본의 윤리학은 안전지대의 구축이라는 목적을 위해 만들어졌다. 목적을 가진 이론은 목적이 바뀌면 지속성을 상실한다. 일본이 풍족해지고 과학이 발달하여 과학의 힘으로 안전장치가 마련되면, 윤리의식이 약해질 수밖에 없다. 일본인이 각자 맡은 역할을 다하기 위해 목숨을 거는 것은 그렇게 하지 않으면 살 수 없기 때문이었다. 일본이 풍족해져서 일본인들이 살기 위해 목숨을 걸지 않아도 될 정도가 되면 문제가 달라진다. 지금 일본인의 삶에는 안전장치가 마련되어 있다. 실직해도 실업수당을 받아 살아갈 수 있다. 일본인들은 목숨 건 노력을 하지 않아도 사는 데 문제가 없으므로, 이제 맡은 일에 목숨을 걸지 않아도 된다.

사람은 살기 어려울 때 살기 위해 열심히 노력한다. 살기 어려울 때일수록 먼 훗날의 일을 생각할 겨를이 없다. 그러나 풍족해져서 먹고사는 문제가 해결되면, 먼 훗날 일을 생각하기 마련이다. 먼 훗날 일을 생각해보면, 사람은 누구나 죽음으로 끝나고 만다는 것을 알기 때문에, 산다는 것이 허망해진다. 산다는 것이 허망해지면 열심히 노력하지 않는다. 사람이 허무주의에 빠지면 윤리적인 삶을 살지 않는다. 허무주의에 빠져 즉흥적인 쾌락에 빠지기도 한다. 마약·알콜·성·게임 등등에 중독되기도 한다.

사람들의 윤리의식이 붕괴하면 안정과 발전을 기대하기 어렵다. 21세기에 일본은 윤리의식 붕괴로 인해 많은 어려움을 겪을 것이다.

일본인들은 형하판에서의 삶에 철저했다. 일본인들은 하나의 마음을 방치하고 몸 가꾸는 삶에 최선을 다했다. 하나 마음을 방치하는 것은 나무의 뿌리를 방치하는 것과 같다. 나무의 뿌리를 방치하고 줄기와 가지와 잎 가꾸기에 전념하면, 나무 가꾸기에 빠른 효과를 거둘 수 있지만, 뿌리가 상하면 모든 노력이 수포로 돌아간다. 일본인들의 윤리학은 몸 가꾸기에 충실했기 때문에 하나의 마음에서 발휘되는 힘이 약해졌다. 이러한 문제는 하나의 마음을 챙기는 노력을 해야 해결되지만, 그것은 시간이 걸리기도 하도 어렵기도 하다.

둘째는 산업의 발달로 인해 변화된 생산방식의 부적응을 들 수 있다.

21세기에 들어와 산업의 생산방식이 바뀌었다. 20세기의 생산방식은 숙련된 기능공이 분업을 통해 부품을 만들고 그 부품을 조립하여 완성품을 만드는 방식이었으므로, 일본인의 생산방식은 위력을 발휘했지만, 21세기에는 달라졌다. 부품은 로봇이 만들기 때문에, 부품을 만드는 기능공이 필요하지 않다. 21세기의 산업에 필요한 것은 창의력·예술성·디자인·융통성·순발력 등이다. 이런 능력은 형상판의 철학으로 사는 사람들이 잘 발휘한다. 잎이 뿌리의 마음으로 산다면 자기가 뿌리인 것처럼, 사람이 하늘마음으로 살면 자기가 하늘이다. 자기가 하늘이 되면, 창의력·예술성·디자인·융통성·순발력 등을 무한히 발휘할 수 있다. 일본인이 이런 능력을 갖추기 위해서는 형상판의 철학을 터득해야 한다. 그렇지 않으면 앞으로의 일본 경제는 어려움을 겪을 것이다.

셋째는 이웃 나라와 하나가 되기 어렵다는 데 문제가 있다.

21세기에는 지구상의 모든 나라가 과거의 한 나라처럼 가까워졌다. 이제 한 나라가 고립해서 살 수는 없다. 일본인들은 이런 상황에 적응하기 어렵다. 일본인들은 일본을 새장과 같은 안전지대로 만들었기 때문에, 새장 속의 새가 새장 밖의 새와 어울리기 어렵듯이, 일본인은 일본 밖의 사람들과 어울리기 어렵다. 일본을 새장처럼 안전지대로 만드는 데는 신도와 천황제가 큰 역할을 했지만, 일본인이 안전지대에서 벗어나 세상으로 나가는 데는 신도와 천황제가 걸림돌이 될 것이다. 일본의 정치인들은 요시다 쇼인과 후쿠자와 유키치의 정신을 이어받아 이웃 나라의 영토를 탐하며, 국민을 세뇌시키고 있고, 과거 이웃 나라의 침략을 미화하고 있다. 이런 정치인의 정서는 일본이 외국과의 소통을 어렵게 만들 것이다. 잎들이 뿌리를 통해서 모두 하나가 될 수 있듯이, 세상 사람들은 하나의 마음을 통해 모두 하나가 될 수 있다. 그러나 하나 마음을 가꾸지 않은 일본인은 세상 사람과 하나가 되기 어렵다. 일본인은 일본 안에서도 모두가 하나라는 철학을 만들 수 없다. 모두가 하나라는 철학은 하나의 마음을 통해서 가능하지만, 현실적으로 일본인은 천황을 신격화했으므로, 천황과 자기를 하나로 생각하기 어렵고, 하나의 마음으로 통한다는 생각도 하기 어렵다. 이러한 일본인의 정서는 일본 밖의 사람들과 하나 되는 것을 더욱 어렵게 만든다. 이러한 문제는 21세기의 일본인이 풀어야 할 과제이다.

넷째는 형하판에서 형상판으로의 판 갈이에 대응하는 능력 부족을 들 수 있다. 지금 세상은 형하판에서 형상판으로의 판갈이가 진행되고 있다. 판 갈이가 진행될 때는 지각변동이 일어난다. 앞으로 세상은 상당 기간 혼란이 지속할 것이다. 형하판에서 형상판으로 판 갈이가 진행되면 한국인이 많은 능력을 발휘할 것이다. 한국인은 오랜 역사 속에서 줄곧 형상판에서의 삶을 살아왔기 때문이다.

지금 한국인들은 문화예술 부문에서 능력을 발휘하고 있다. 한국인들이 만든 드라마, 영화, 음악 등이 세상을 움직이고 있다. 이는 세상이 판 갈이를 하고 있다는 증거이다. 일본인들은 이러한 천하 대세를 인식하고 형상판에서의 삶의 방법을 터득하지 않으면, 세계사의 흐름에 동참하기 어려울 것이다.

제5장
일본 유학의 바람직한 방향

일본의 문제점을 해결하기 위해서는 심오한 정신 철학을 터득해야 한다. 그 역할을 일본의 유학이 담당할 수 있다면 좋겠다. 과거의 일본은 형상판의 철학이 필요했을 때 외국에서 수입했다. 에도 시대의 일본은 퇴계학을 통해서 주자학을 수입했고, 그로써 평화와 안정을 이루었다. 일본인 중에 한류 문화에 심취하는 사람들이 많은 것은 형상판의 삶을 향한 향수 때문인 것으로 이해할 수 있다. 한국의 문화를 받아들이는 것도 정신 건강에는 일부 도움이 될 수 있을 것이다. 그러나 더욱 중요한 것은 형상판의 철학을 수입하는 것이다.

지금 형상판의 철학이 세상에 모습을 드러내고 있지 않기 때문에, 알기도 어렵고 수입할 수도 없다. 이점이 일본의 문제점을 풀기 어려운 이유이기도 하다. 앞으로 외국에서 어떤 형상판의 철학들이 등장하는지 살펴보는 것은 중요할 것이다.

일본 국내에서 형상판의 철학을 찾아내는 방법이 있기는 하다. 그것은 이시다 바이간의 철학을 오늘날의 상황에 맞게 부활시키는 것이다. 이시다 바이간의 사상은 당시의 일본 상황에 맞게 등장한 철학이었으므로, 아무리 그 철학이 형상판의 철학이라 하더라도 그 철학 자체가 오늘날에 부활하지는 않는다. 이시다 바이간의 철학은 오늘날의 사람이 부활시키지 않으면 부활하지 못한다. 오늘날 사람이 부활시켜야 오늘날 상황에 맞게 적용할 수 있다. 그러나 이는 쉬운 일이 아니다. 이시다 바이간 철학을 부활시키기 위해서는 이시다 바이간처럼 깨달음을 통해서 터득해야 한다. 오늘날 일본 학계의 상황으로 볼 때 학자가 깨달음을 얻는다는 것은 기대하기 어렵다. 그렇다고 해서 불가능한 것은 아니다. 일본의 유학자가 깨달음을 통해 진리를 얻을 수도 있지만, 이시다 바이간이 상인으로서 깨달음을 얻은 것처럼, 학자가 아닌 사람이 유학을 공부하여 유학의 진리를 깨달을 수도 있다. 먼저 많은 사람이 이러한 생각에 공감하는 것이 중요하리라 생각된다. 일본의 문제는 일본인이 풀어야 하는 과제이다.

제 2 편

베트남의 유학

제1장
베트남의 여명과 신화시대

베트남은 공식적으로 54개의 민족으로 구성된 다민족 국가이다. 각각의 민족마다 각각의 건국 이야기가 있지만, 베트남 역사와 문화의 중심지는 북부 지역이었다.

최근의 고고학적 발견에 따르면, 베트남 북부 지역에서 약 50만 년 전인 구석기시대 때부터 인류가 거주했다는 사실이 밝혀졌다. 약 25만 년에서 8만 년 전 사이에 살았던 호모 사피엔스의 치아 화석이 발견되기도 했다.

기원전 2만8천 년부터 기원전 8천 년 사이에 베트남 북부에는 중석기시대에서 신석기시대에 걸친 선비 문화(山韋文化)가 존재했고, 기원전 1만 년부터 기원전 2천 년 사이에는 호아빈 문화(和平文化)와 박선 문화(北山文化)가 있었다.

『대월사기전서』의 기록에 따르면, 베트남의 신화시대는 기원전 2879년으로 거슬러 올라가 신농씨로부터 시작한다.

신농씨의 3세손인 제명(帝明)이 제의(帝宜)라는 아들을 낳은 뒤,

남방으로 길을 떠났다. 제명은 남방으로 가던 길에 무선(婺仙)을 만나 아들 녹속(綠續)을 나았다. 제명은 두고 온 북방을 제의에게 다스리게 하고, 녹속에게 남방을 다스리게 했으므로, 녹속은 낀즈엉브엉(涇陽王)이 되어 나라 이름을 씩귀(赤鬼)라 하고, 남방을 다스렸다. 낀즈엉브엉은 동정호에서 한 여인과 만나 아들 숭람(崇纜)을 낳았는데, 숭람은 호를 락롱꿘(貉龍君)이라 했다. 락롱꿘은 부친의 뒤를 이어 남방을 다스렸다.

락롱꿘은 어우꺼를 만나 커다란 100개의 알이 들어 있는 포를 낳았는데, 100개의 알에서 100명의 아이가 태어났다. 락롱꿘이 50명의 아이를 데리고 물로 들어가고, 어우꺼가 50명의 아이를 데리고 땅에 남았다. 맏아들이 주인이 되어 호를 홍(雄)이라 하고, 나라를 세워 반랑(文郎)이라 했다. 홍이 세운 반랑이 베트남에 세워진 최초의 나라였다. 반랑시대 말기에 청동기시대로 접어들었다.

제2장
반랑시대와 어우락시대

베트남 최초의 국가인 반랑은 기원전 2879년부터 기원전 257년까지 지속된 것으로 알려져 있다. 왕을 지칭하는 홍 브엉이라는 호칭은 자손대대로 계승되었는데, 18명의 홍 브엉이 대를 이으며 반랑을 통치했다. 베트남의 고대에서부터 근세까지의 역사를 기록한 『대월사기전서(大越史記全書)』에서는 염제 신농씨의 후손인 락롱꿘(貉龍君)이 산신의 딸 어우꺼(Âu Cơ)와 결혼하여 100명의 자식을 낳았는데, 그 자식들의 후손들 가운데 가장 강한 사람이 홍브엉(雄王)이 되어 반랑을 세웠다고 기록하고 있다.

반랑의 영토는 동쪽으로는 남해, 서쪽으로는 파촉, 북쪽으로는 동정호, 남쪽으로는 점성(占城)에 이르는 광범한 지역이었다. 나라를 15부로 나누어, 여러 동생이 다스렸다. 주요 벼슬로 장군과 재상을 두었는데, 재상을 맥후(貉候)라 하고, 장군을 맥장(貉將)이라 불렀다. 왕자를 관랑(官郎), 공주를 미낭(媚娘), 백사(百司)를 포정(蒲正), 신복 노비를 초칭(稍稱), 신하를 혼(魂)이라 불렀다. 아버지가 아들에게 대대로 전하는 말을 보도(輔導)라 했다.

기원전 257년 툭판이 나라를 세워 18대 홍뚜엔브엉을 무너뜨리고 임금 자리에 오름으로써 반랑이 멸망했다. 툭판은 그의 부족 어우비엣(甌越)에 락비엣(雒越) 부족을 통합시켜 어우락(甌雒) 부족이라 하고, 스스로를 안드엉브엉(安陽王)이라 불렀다. 기원전 208년 광동 지역을 다스리던 진(秦)나라 장수 찌에우다(趙佗)가 진나라가 임명한 문무관원들을 죽이고, 계림과 상군을 공격하여 남해군과 합해 남비엣(南越)이라는 나라를 세웠다. 기원전 207년 찌에우다는 안드엉 브엉을 물리치고 어우락 부족을 남비엣에 통합시켰다. 찌에우다가 죽자 유방이 세운 한나라는 남비엣을 공격하여 기원전 111년에 멸망시켰다.

제3장
북속 시기

남비엣이 멸망한 뒤로 베트남은 중국 지배기로 들어간다. 베트남에서는 이를 북속(北屬) 시기라 한다. 북속 시기는 남비엣이 멸망한 기원전 111년부터 여러 번에 걸친 짧은 독립 시기를 제외하고, 1427년 레 왕조가 세워질 때까지 지속되었다.

북속 시기 중에 잠시 독립을 쟁취했던 시기로, 첫 번째는 40년부터 43년까지 하이바쯩의 봉기로 쯩브엉(徵王)이 다스리던 시기이다. 다음으로는 541년부터 602년까지로 바찌에우의 봉기 이후 리남데(李南帝)가 다스리던 시기이다. 다음의 독립 시기는 905년 쿡트어주(曲承裕)가 봉기한 때부터이다. 당나라는 쿡트어주에게 정해절도사라는 직책을 수여했지만, 사실상 독립적으로 국정을 운영했다. 그 뒤 응오꾸엔이 남한의 침략을 막아낸 뒤 939년 제위에 올랐고, 그 뒤 딘, 전-레, 리, 쩐 왕조로 이어지며 독립된 나라를 유지했다. 그 뒤 1407년 명나라의 침략을 받아 다시 멸망했다가 1427년 레 왕조가 세워지면서 북속 시기가 종식되었다.

제1장

베트남의 독립과 유학의 수입

제1절 베트남의 독립

938년 전쟁 끝에 중국에서 독립한 이래, 베트남은 재복속을 노리는 몽골 제국, 명나라와 계속 전쟁을 벌였다. 939년 베트남의 응오꾸옌이 박당강에서 남한(南漢)을 물리쳤고, 10세기 이후에는 중국의 지배로부터 독립을 쟁취했다. 또한 한 세기 후에는 완전한 자치권도 얻어냈다. 나라 이름은 다이비엣이라 했고, 리 왕조와 쩐 왕조 시기에 황금기를 맞이했다. 쩐 왕조가 통치하는 동안 쩐흥다오는 원나라에 의한 몽골인의 침입을 무려 세 번이나 물리쳤다.

쩐 왕조 시기에는 불교가 번성하여 국가 종교가 되었다. 이후 후 왕조를 거치면서 중국 명나라 영락제에게 한동안 정복당해 탄압받았으나, 레 왕조를 세운 레러이(黎利)가 이를 회복했다. 베트남은 15세기 레 왕조 시기에 번성했다. 특히 레타인똥 황제의 통치 (1460~1497) 때 절정에 달했다. 레 왕조가 끝날 무렵, 민중 봉기가 베트남을 뒤덮었다. 먼저, 중국의 힘을 업고 막(莫) 왕조가 레 왕조의 힘에 도전했다. 막 왕조를 패퇴시킨 뒤 레 왕조는 다시 일어났으나 실질적인 힘이 없었다. 이때 권력은 북부의 찐 왕조(鄭主), 남부의 응우옌 왕조로 분할되었다. 응우옌은 40년 넘게 민중 전쟁에 개입한 인물이었다.

11세기에서 18세기 사이에 베트남인은 남쪽으로 영토를 확장했다. 응우옌 왕조가 이 시기에 메콩강 삼각주까지 진출하여 중부 고원 지대의 참파 왕국과 메콩강 유역에 있던 크메르 제국의 일부를 정복했다. 떠이선 왕조는 찐 왕조와 응우옌 왕조를 멸망시키고, 현재의 베트남 영역을 확보했다. 하지만 떠이선 왕조는 오래 가지 못했고, 프랑스의 도움을 받은 응우옌 아인이 이끄는 응우옌 왕조의 잔존세력에 의하여 패퇴한다. 응우옌 아인은 베트남을 통일하여 응우옌 왕조를 열고, 자롱 황제가 되었다.

제2절 유학의 수입

기원전 한나라 식민 지배 시기에 베트남에 유학이 유입되었다. 식민지배 시기에 지아오치와 끄우천 태수인 녑지엔(王延)과 띡꽝(錫光)이 학교를 세워 예의를 가르쳤다는 기록이 전하는데, 이것이 베트남에 유학이 유입되었음을 알 수 있는 공식적인 기록이다. 2세기에는 북방으로부터 많은 유학자가 베트남에 들어왔고, 많은 사람들이 학교를 설립해 유학을 가르쳤다는 기록이 전한다. 베트남에 유입된 유학의 목적은 베트남인을 지배하기 위해서였다. 처음에는 주로 한나라의 관리들과 그 자제들의 교육이 목적이었으나, 시간이 흐르면서 교육 대상이 확장되었고, 베트남 사람들에게도 유학을 공부해 관리로 진출할 수 있는 기회가 열렸다. 1070년에는 리타인똥이 문묘를 세웠다. 그 이전에도 문묘가 있었다는 말은 있지만, 확실한 문묘 건설은 이때부터다. 1075년에는 과거시험이 처음으로 실시되어 유학의 소양을 가진 인재를 등용했고, 1076년에는 국자감이 설치되어 유학 교육이 본격적으로 시행되었다. 그러나 유학이 베트남에 제대로 정착된 것은 15세기에 이르러서였다.[1]

제2장
응웬 짜이의 유학 정착

응웬 짜이(阮廌 :1380~1442)는 호가 윽 짜이이다. 1380년 하떠이성의 트엉띤 현 니케 마을에서, 응웬 피 카인과 쩐 티 타이의 아들로 태어났다. 사도(司徒) 관직에 있었던 쩐 응웬 단이 외조부이다. 응웬 짜이는 20세 때 호 왕조의 태학생 시험에 합격하여 어사대(御史臺) 정장(正掌)이 되었다. 응웬 짜이는 명나라가 침략하여 통치하던 시기에 나라를 구할 방도를 찾아 여러 곳을 유랑하다가 람선의 의군(義軍) 지도자인 레 러이를 만나 빈응오삭(平吳策)을 올리고 레 러이를 도와 명나라 적을 쫓아냈으며, 나라의 독립을 되찾

---

1. 베트남의 여명에서 베트남의 유학 수입까지의 기술은 김성범, 『베트남 사상으로의 초대』(푸른사상, 2019)를 주로 참조했음을 밝힌다.

았다. 그는 레 타이 또 아래에서 입내행견(入內行遣) 겸 상서이부(尚書吏部)를 지냈고, 레 타이 똥 시절에는 간의대부(諫議大夫) 겸 지삼관사(知三館事), 한림원승지(翰林院承旨) 겸 국자감(國子監)을 지냈다. 1442년 레 타이 똥이 갑작스럽게 죽은 일에 의심을 받아 죽임을 당했다.

응웬 짜이의 저술로는 『군중사명집(軍中詞命集)』, 『평오대고(平吳大誥)』, 『억재시집(抑齋詩集)』, 『국음시집(國音詩集)』, 『여지지(輿地志)』, 『빙호유사록(氷壺遺事錄)』 등이 있다.

응웬 짜이의 관심은 국가의 시급한 문제에 있었다.

제1절 응웬 짜이의 국가관

명나라가 침략하여 통치하면서 베트남인들을 가혹하게 탄압했고, 응웬 짜이의 가정도 비참하게 되었다. 부친과 남동생이 중국에 잡혀갔고, 응웬 짜이 자신은 여기저기를 떠도는 신세가 되었다. 이에 응웬 짜이는 나라를 독립시키기 위해 군사적인 책략, 전략, 방침을 짜서 람 선의 의군(義軍) 지도자 레 러이를 돕는 한편, 이론과 사상으로 명나라와 투쟁했다.

응웬 짜이는 먼저 베트남의 국가관을 확립하기 위해, 베트남 고대사의 긍정적인 면을 부각시켰다. 응웬 짜이는 또한 다이비엣 영토의 침범 불가능성, 완전성, 확실성을 확정하며, 다음과 같이 말했다.

생각해보면 예로부터 지아오 치는 확실히 중국의 땅이 아니다
(「왕통(王通), 산수(山壽), 마기(馬騏)에게 보내는 서신」).

여전히 신중히 생각하면, 지아오 남 지역 땅은 실제로 중국 국
경 밖에 놓여 있다(「진공(進貢)의 표(表)」).

안남의 나라는 옛날에 진한 이후부터 중국의 침략을 받았다.
더구나 하늘은 남북으로 나뉘어 있고, 산이 높고 강이 넓으며,
경계가 분명하다. 비록 진나라처럼 강하고 수나라처럼 부자라
할지라도, 그렇게 즐거이 세력을 쓸 수가 있겠는가(「타충(打忠)과
양여흘(梁汝笏)에게 보내는 서신」).

응웬 짜이는 국토 문제 외에 문현(文賢)에 관해서도 고찰했다. 응
웬 짜이는 인간과 인간의 행동, 도의 요소들에 이르기까지 생각했
다. 그는 도란 시서(詩書)이며, 공맹 성현의 사상체계이며, 인간은 인
인군자(仁人君子)로서 이러한 사람의 행동과 지모의 수준은 하늘에
합하고 인간에 따른다고 여겼으며, 이러한 것의 수준은 중국과 비
교하여 다를 것이 없다고 여겨, 다음과 같이 말한다.

사람은 남북이 있지만 도는 따로 다른 것이 아니다. 인인군자는
안남에 없겠는가. 비록 응우 린 밖에 멀리 떨어져 있지만 시서
의 나라라고 말하며, 지모와 재능은 어느 시기에도 있었다(「박
지앙 성 유서(城 諭書)」).

응웬 짜이는 베트남의 풍속과 습성이 중국의 그것과 완전히 다르다는 것을 알았다. 이빨, 머리, 입고 먹는 것과 혼인, 궂은일, 제사와 명절, 마을 모임과 축제, 일하는 방식까지 모두가 다 달랐다.

> 나라의 사람은 나라 안의 풍속을 혼란스럽게 만드는 오나라, 치엠, 라오, 시엠, 천 랍의 의복과 언어를 흉내 내서는 안 된다 (『여지지(輿地志)』).

응웬 짜이에게는 민족의 역사 또한 고민해야 할 문제였다. 그는 나라가 발전하는 과정에서 원수에 눈을 뜨기 위해서 드러낼 필요가 있는 사실들이 있음을 알았다. 베트남에는 여러 왕조가 세워졌고, 자신들만의 독자적인 황제가 있었으며, 여러 호걸이 끊이지 않고 태어났다. 이러한 기초 위에서 그는 적들이 베트남 역사의 이런 사실들을 알지 못했기 때문에 여러 번 대패한 것이라고 지적한다. 그러면서도 그는 명나라에게 호 왕조가 패배했음을 인정하는 데 주저하지 않지만, 이를 가려내어 특별한 경우라 하면서, 그 원인을 호 왕조가 백성의 마음을 잃었기 때문이라고 명언한다.

응웬 짜이는 『평오대고』에서 고대부터 당시까지 베트남의 역사 과정 전체를 총결하여 다음과 같이 말했다.

> 우리 다이비엣(大越)을 생각하면
> 실로 문헌의 나라이다
> 자기의 국경과 강과 산이 있고
> 조(趙)·정(丁)·이(李)·진(陳)을 지나

대를 이어 나라 세우고

한(漢)·당(唐)·송(宋)·원(元)과

각각의 방식으로 제를 삼았다

강하고 약함은 때가 있어 서로 달라도

호걸은 부족한 적이 없었다

제2절 응웬 짜이의 인의사상

응웬 짜이의 저술에서 가장 많이 언급되고, 가장 존중된 개념은 인의(仁義)이다. 가장 간절하고 진실한 말도 인의이다. 철과 돌처럼 단단한 수준에 도달하고 하나처럼 앞뒤가 같은 신념 역시 인의에 대한 신념이다. 그의 인의는 실제로 저력의 근원이 되는 것이다.

인(仁)이란 것은 약함을 들어 강함을 만들고, 의(義)란 것은 적은 것을 들어 많은 것을 쌓는 것이다(『방정답서(方政答書)』).

결국 대의를 들어 잔악함을 이기고, 지인(至仁)을 들어 강포함을 바꾸도록 한다(『평오대고(平吳大誥)』).

장수가 일삼는 도는 인의를 들어 근본으로 삼고 지용(智勇)을 재산으로 삼는다(『방정답서(方政答書)』).

무릇 큰 모의는 반드시 인의를 근본으로 삼아야 하며, 큰 공은 반드시 인의를 들어 먼저 일삼는 것이다(『방정 재답서(方政 再答書)』).

인은 강포함을 바꾸는 포용력이 있고, 의는 잔악함을 이기는 강한 힘이 있다. 그러므로 전쟁에 나가는 장군에게도 인의의 마음가짐이 전제되어야 하고, 큰일을 할 때도 인의가 기본이 되어야 한다. 응웬 짜이에 따르면, 인의가 머리에서 이해하는 추상적인 개념이기만 하면, 아무런 의미가 없다. 인의는 구체적인 삶의 현장에 묻어 나와야 한다.

인의를 실천하는 근본은 백성을 편안하게 하는 데 있다(『평오대고(平吳大誥)』).

백성들이 장악하게 갱 안에게 검게 그을리고, 간난아이는 강탈당하여 구덩이 아래에서 변을 당한다(『평오대고(平吳大誥)』).

명나라의 혹독한 탄압을 받아 신음하는 백성들의 참혹한 현실을 보고 응웬 짜이의 가슴은 찢어졌다. 응웬 짜이의 인의의 마음은 고통스러운 백성을 구해야 했고, 백성을 구하는 길은 명나라와 싸워 베트남 땅에서 명나라를 몰아내는 것이었다.

대덕(大德)은 사람이 살아 있음을 좋아하고, 신무(神武)는 사람 죽이는 것을 즐기지 않으며, 인의의 군대를 들어다 평정하기 위해 싸우러 가는 것이 주요하다(「빈탄 성 강유서(降諭書)」).

왕자(王者)의 군대는 다만 평정하여 안정시키나, 목을 쳐서 싸우지는 않는다. 인의의 일은 백성을 편안히 함이 본질이다(「유승(柳昇)에게 보내는 서(書)」).

응웬 짜이는 명나라와 싸우지 않을 수 없었지만, 명나라를 불구대천(不俱戴天)의 원수로 여기는 적개심에 불타오르지 않았다. 응웬 짜이의 마음에서는 금나라를 불구대천의 원수로 여겼던 주자의 마음 같은 것을 찾아볼 수 없다. 오직 명나라 군대와 싸워야 하는 이유는 백성을 사랑하는 인의의 마음에 연유하는 것일 뿐, 명나라 군대를 죽이고 싶은 마음이 있는 것이 아니었다. 응웬 짜이의 인의의 사상은 하늘의 마음을 실현하는 대덕(大德)의 마음이었다. 하늘의 마음을 가진 사람이 성인이고, 하늘의 마음으로 다스리는 사람이 왕자(王者)이다. 베트남이 명나라의 지배를 받는다고 해서 명나라가 베트남보다 우수한 나라가 아니다. 베트남은 군자의 나라이고 명나라는 야만의 나라이다. 응웬 짜이가 명나라 군대를 공격하는 것은, 군자 나라의 군대가 야만국의 군대를 응징하여 평화를 이루고자 하는 거룩한 하늘의 마음이었다.

사람을 사랑하는 마음, 사람의 정, 진실함, 아량이 있는 관용은 잘못된 길로 접어든 사람들을 감화시킬 수 있고, 노략질하는 적들까지도 감화시킬 수 있다는 것이 응웬 짜이의 인(仁)의 사상이다. 적을 따라서 잘못된 길에 접어든 사람들에 대해서도 응웬 짜이는 그들을 구제하기 위한 너그러움을 주장한다. 응웬 짜이는 크고 작은 나라가 모두 평안 무사하기 위해 그들이 개사귀정(改邪歸正)하기를 원했다. 도적들에 대해서도 응웬 짜이는 교화를 위한 형벌은 원했지만, 그들을 죽이는 것은 바라지 않았다. 투항한 적들에 대해서도 화풀이를 위해 죽여서는 안 된다고 주장하며, 그들이 그들의 나라로 돌아갈 수 있도록 마련해주었다. 응웬 짜이에게는 복수심이 없었다.

> 복수하여 원수 갚는 것이 사람들의 일반적인 감정이지만, 사람 죽이는 것을 좋아하지 않는 것이 인인(仁人)의 본심이다. 게다가 사람들이 이미 항복했는데 죽인다면 상서롭지 못한 일이며, 그 크기가 견줄만한 것이 없을 것이다. 만 년 동안 영원히 투항한 사람을 죽였다는 소리를 들을 것을 알면서 한때의 화를 푸는 것은, 억만 사람의 목숨을 놓아주는 것에 견줄 바가 아니다(『대월사기전서(大越史記全書)』 3집, 49~50면).

명나라의 탄압에 고통 받은 사람들은 응웬 짜이의 주장에 반발하기도 했지만, 응웬 짜이는 자기의 주장을 굽히지 않았다. 그것은 그의 마음이 하늘마음이었기 때문에 가능한 것이었다.

적에 따르는 무리들, 도적질하는 무리들, 나라를 찬탈하는 군대는 사회에 대해 그리고 나라에 대해 죄를 저지른 무리들이다. 그들은 법에 따라 무거운 벌을 받아야 한다. 그러나 응웬 짜이는 그들에게 너그러웠다. 응웬 짜이의 주장들은 많은 사람에게 비판당했고, 왜곡당하기도 했으며, 심지어는 사람들에게 죄인 취급을 받기도 했다. 하지만 그는 의롭고 어진 마음을 굽히지 않았다. 그것은 하늘마음에서 오는 힘이다. 응웬 짜이가 인의의 마음으로 바라는 것은 나라가 태평하고 백성이 행복해지는 것이다.

성인의 마음은 백성과 더불어 쉬기를 원한다. 문치는 태평을 이루어야만 한다(『억재시집(抑齋詩集)』「관열수진(觀閱水陳)」).

만사가 만족하여 더 바라는 것이 없다. 기원하고 구함은 오직 탕평의 시절을 보는 것이다(『국음시집(國音詩集)』「자탄(自嘆)」).

요순의 임금, 요순의 백성, 우리가 양보함은 다른 것을 바람이 아니다(『국음시집(國音詩集)』「자탄(自嘆)」).

꾸짖고 즐거워함은 천하에 두 가지이다. 재상은 현재(賢才), 왕은 성명(聖明『국음시집(國音詩集)』「자탄(自嘆)」).

응웬 짜이가 바라는 최종 목적은 현명한 재상과 성스러운 임금이 나와 태평한 세상을 만드는 것이다. 태평한 세상이란 임금이 요순처럼 되고, 백성이 요순의 백성처럼 되는 것이다. 태평이란 전쟁이 없는 것만을 말하는 것이 아니다. 사람들 모두가 하늘마음이 되어 완전한 행복을 누리게 된 것을 말하는 것이니, 『대학』에서 말하는 평천하에 해당한다. 응웬 짜이는 평천하에 도달하게 하는 구체적인 방법을 제시한다.

오늘날 총관 대신으로부터 원(院), 청(廳), 국(局)에 있는 각 기관의 관장에 이르기까지 군(軍)을 살피고 백성을 다스리는 직무가 있는 곳이라면 모두 공평한 규칙에 따라야 하며, 부지런하고 능숙하게 일해야 하고, 왕을 모실 때는 충성을 다하고, 백성을 대할 때는 화락한 마음을 다하고, 착복하는 관습은 바꾸어서 버리며, 나쁜 게으름은 고치고 제거한다(「여러 관료 대신과 총관, 원, 청, 국에 있는 여러 관리들의 욕심과 게으름을 금하는 소(詔)」).

응웬 짜이가 말하는 평천하는 모두가 하나로 어우러져 큰 조화를 이루는 세상이 되는 것을 말한다. 그것은 모든 악기가 각각의 음을 내어 모두가 하나로 어우러져 대 조화를 만들어내는 것과 같다.

말하자면 혼란의 시기에는 무력을 쓰고 평화의 시기에는 문을 좋아합니다. 이제 옳은 것은 예악을 해야 하는 시기입니다. 아울러 뿌리가 없으면 설 수 없으며, 문이 없으면 행할 수가 없습니다. 화(和)는 음악의 뿌리이며, 성음은 음악의 드러난 무늬입니다. 신(臣)이 삼가 악(樂)을 함에 비추어, 감히 마음을 다하고 힘을 다하지 않을 수가 없으나, 얕은 학술로 인해 대략 성율이 조화를 이루기가 어려울까 두렵습니다. 폐하께 바라옵건대 백성을 기르고 사랑하셔서 각 마을마다 깊은 탄식과 원한을 품은 소리가 없도록 하십시오. 이것이 악의 옛 뿌리를 잃지 않는 것입니다(『대월사기전서(大越史記全書)』 3집, 113면).

평화를 추구하는 응웬 짜이는 전쟁을 미워할 수밖에 없었다. 그러나 평화를 유지하기 위해서는 침략군을 막지 않을 수 없으므로 전쟁하는 것은 부득이한 경우에만 한하는 것으로 여겼다.

병(兵)이라는 것은 흉포한 것이며, 서로 싸운다는 것은 위험한 일이다. 한 나라의 흥성이냐 패망이냐의 일은 인민이 사느냐 죽느냐의 일과 모두 관련되어 있다(「왕통서(王通 序)」).

말하자면 병(兵)이라는 것은 흉포한 것이고, 서로 싸우는 일은 위험한 일이다. 성인은 부득이하게 이를 사용한다(「쩐 까오를 대신하여 명나라 장수에게 쓴 편지」).

병은 백성을 보호함이 핵심이며, 백성을 해치는 것이 아니다. 죽이지 않기 위해서 평정하는 것으로, 여러 사람을 죽이기 위한 것이 아니다. 그러므로 이러한 말이 있다. 병은 부득이하게만 쓸 수 있는 것이다(「양명 황복(梁銘 黃福)에게 보내는 편지」).

응웬 짜이는 철저하게 평화를 추구하는 사람이었지만, 침략해오는 적을 맞아 싸우는 것은 부득이한 것이므로 반대할 수 없다. 침략해오는 적을 맞아 싸우는 것은 평화를 위한 전쟁이었다. 응웬 짜이는 전쟁을 하는 와중에도 평화를 꿈꾸었다. 응웬 짜이는 베트남 백성들의 행복만을 추구한 것이 아니었다. 침략자인 명나라 백성들의 행복도 함께 추구했다. 이는 안중근 의사가 이토 히로부미를 죽인 것이 한국은 물론이고 일본의 평화와 행복을 바라는 마음이었던 것과 같다. 그는 적장에게 다음과 같은 서신을 보낸다.

대인이 만약 사랑의 마음이 있어 군대를 물린다면, 지아오 치한 지방의 개별적인 행운뿐만이 아니라 또한 천하 모든 백성을 위한 우리들의 행운입니다(「총사령관 왕통 등에게 보내는 편지」).

전쟁을 싫어하는 마음은 하늘의 마음이다. 하늘은 삶을 좋아하므로, 사람의 마음 또한 어지러움을 싫어한다. 응웬 짜이는 전쟁을 막는 것이 하늘의 마음임을 밝히고 있다.

> 사람의 목숨을 내몰아 병장기 속으로 들여보내는 것은, 우리가 상제의 호생하는 마음에 두려운 것이니, 어디서도 그처럼 하는 일은 있을 수 없습니다(「왕통에게 보내는 편지」).

> 신무(神武)는 죽이는 것이 아니니, 우리가 호생을 드러냄은 곧 하늘의 마음이다(『평오대고』).

> 죽음을 싫어하고 삶을 좋아하며, 힘든 것을 피하고 편한 것을 찾는 것은 사람의 늘 그러한 마음이다(「타인 화를 호위하는 관부 총병에게 주는 서」).

응웬 짜이가 추구하는 평화는 하늘마음을 바탕으로 한다. 응웬 짜이는 전쟁의 소용돌이 속에 휘말려 있는 사람들에게 하늘마음을 보여준 위대한 사상가였다.

제3절 응웬 짜이의 중용사상

유학사상의 핵심은 중용사상이다. 유학이 제시하는 '인간의 바람직한 삶'은 중용적 삶으로 귀결된다. 중용적 삶을 가능하게 하는 세 조건은 인(仁)·지(智)·용(勇)이다. 『중용』에서는 지인용(智仁勇) 삼달덕(三達德)이라 했지만, 응웬 짜이는 지인용을 터득하는 순서를 기준으로 인지용으로 설명한다.

인간의 조건으로 제일 먼저 갖추어야 할 덕목은 인(仁)이다. 인은 하늘마음이며 한마음이다. 한마음으로 보면 남과 내가 하나이므로, 한마음을 가진 사람은 남에게 양보하고, 남에게 희생한다. 응웬 짜이는 인간이 지켜야 할 도리로, 인(仁)의 구체적인 실천 방법인 겸양과 양보를 제시한다.

> 골목의 집은 겸양함이 미덕이니, 다툰다면 누가 쉽게 부족함을 나누겠는가(『국음시집』「자탄」).

> 이러한 겸양은 곧 보기 좋은 군자이니, 누가 백이숙제가 다툴 때를 보았던가.

> 흉포한 혈기를 내리누르니 재난은 결코 쉽게 재발하지 않는다 (이상 『국음시집』「자계(自戒)」).

> 다른 사람보다 내가 손해를 보니 감귤 기증을 받는구나(『국음시집』「보경경계(寶鏡警戒)」).

다투지 않는 것, 겸양하는 것, 손해 보는 것 등은 모두 한마음을 가진 사람의 삶의 방식이다. 한마음을 가진 사람은 손해를 보는 일이 있어도 마음이 평안하다. 한마음을 가진 사람은 남과 다투기 전에 양보한다. 그러나 욕심으로 사는 사람은 가질수록 욕심이 커지므로, 공평한 분배를 받아도 결코 만족하지 못한다. 한마음이 없는 사람들에게 모두 만족할 수 있는 공평한 분배란 불가능하다. 이에 비해 한마음을 가진 사람은 손해를 봐도 만족할 수 있으므로, 만족한 삶을 살기 위해서는 한마음을 가지는 것이 먼저이다. 응웬 짜이가 인(仁)을 먼저 제시한 것은 이러한 이유 때문이다.

한마음을 가진 사람은 손해를 봐도 만족할 수 있지만, 그렇다고 해서 손해를 보는 것이 최선은 아니다. 최선의 삶은 한마음을 가지고 공평하게 사는 것이다. 공평한 방법을 찾아내기 위해서는 지혜가 필요하므로, 응웬 짜이는 인(仁)에 이어, 지(智)를 들었다. 지혜를 가지고 공평한 방법을 찾아낸 다음에는 과감하게 추진하는 실천력이 있어야 하는데, 그것이 용(勇)이다.

한마음을 가지고 매사에 공평하게 실천하는 것이 중용이다. 최고의 인격은 성인이고, 성인은 중용을 실천하는 사람이다. 한마음을 가지고 있어도 불공평하게 처리하면 안 되고, 한마음을 가지고 있으면서 공평한 방법을 알고 있어도 실천하는 용기가 없으면 안 된다. 세 가지를 고루 갖추어야 바람직한 인간이다. 응웬 짜이는 이 세 가지를 사람을 평가하는 척도로 삼았다.

응웬 짜이는 레 러이도 역시 이 세 덕성을 모두 갖춘 사람으로 보았다. 인(仁)을 갖춘 것으로는 "재산을 버리고 쌀을 나누어 가난한 사람을 돕는다"라고 했고, 지용(智勇)을 갖춘 것으로는 "지용의 총명함이 보통 사람의 한계를 넘는다"라고 했다.

레 타익의 경우에는 용(勇)과 인(仁)이 있으나, 지(智)가 부족하여 해를 입었다고 보았다. 사람의 기준이 되는 사람은 완전한 사람이다. 완전한 사람은 인의 마음을 가지고 지혜롭게 실천하는 성인이다. 응웬 짜이는 인·지·용을 갖춘 중용적 삶을 인간의 바람직한 삶으로 삼았다.[2]

응웬 짜이의 유학은 철저하게 형상판 위에서 성립한다. 그는 하늘마음과 사람의 마음이 하나로 이어져 있는 것으로 보았다. 응웬 짜이가 말하는 인(仁)은 하늘마음이고, 모든 사람의 마음과 하나인 마음이다. 응웬 짜이가 베트남 유학의 대변자인 점에서 보면, 베트남 유학은 형상판에서 성립한 유학이라고 할 수 있다. 이를 바탕으로 베트남인들의 삶 역시 형상판에서 영위하는 삶임을 알 수 있다.

제3장
레 타인 똥의 유학 정치

레 타인 똥(黎聖宗, 1442~1497)의 실제 이름은 레 뜨 타인이다. 그는 레 타이 똥과 응오 티 응옥 자오 사이에서 태어났다.

레 타인 똥이 왕위에 올랐을 때 레 왕조가 많은 발전을 했다. 레 타인 똥은 토지를 넓히고, 농장을 개척하고, 농업을 장려했다. 레 타인 똥의 노력으로 레 왕조가 번성했다. 해마다 풍년이 들어 백성이 배부르게 먹을 수 있었다. 도적이 없어지고 전쟁도 없었으므로, 이웃 나라들이 부러워했다.

───

2. 응웬 짜이의 유학에 대해서는 응웬 따이 트, 김성범 옮김, 『베트남 사상사』 (소명출판, 2018)에서 참조했고, 원문을 그대로 실은 곳이 많음을 밝힌다.

레 타인 똥은 뛰어난 유학자로서 유학의 정치원리에 따라 나라를 훌륭하게 다스렸고, 역사·문학·천문·지리에도 통달했다. 그는 스스로 시문을 짓고, 조(詔)·제(製)·고(誥)를 직접 작성했으며, 법률·교육·군사·외교 등에 대한 문건도 제정했다. 그가 작성한 문건들과 그의 저술은 『천남여가집(天南餘暇集)』, 『홍덕국음시집(洪德國音詩集)』에 수록되어 있다.

제1절 레 타인 똥의 천명사상

레 타인 똥의 정치철학은 하늘에 바탕을 둔다. 그는 여러 왕조의 흥망이 천명으로 진행된다는 것을 믿었다. 그뿐만 아니라, 그는 나라에 가뭄이나 홍수, 곤충의 피해, 우박이 내리거나 산사태가 나는 것, 혹은 땅이 갈라지는 자연현상도 하늘의 명령으로 받아들이고 하늘에 기원했다. 그러나 레 타인 똥이 말하는 하늘은 사람과 세상 밖에서 세상을 움직이고 사람에게 화복을 내리는 외부의 존재가 아니다. 하늘과 사람은 연결되어 있는 것이므로, 하늘을 따르는 것은 세상 안에서 자기를 바로잡는 것과 무관하지 않다. 레 타인 똥은 당시의 여러 종교가 세상 밖에서의 구원을 말하는 것에 비판을 가한다.

여러 천당과 지옥에 대해 말하는데, 법은 어찌하여 우리 자신을 제도하지 않는가(「십계고혼국어문(十誡孤魂國語文)」).

천존의 율(律)이 세상을 제도하고 사람을 제도하는데, 누가 그 자신을 제도하려 하겠는가(「십계고혼국어문」).

하늘과 사람이 하나로 이어져 있으면, 사람이 하늘처럼 되는 것이 마땅하다. 사람이 하늘처럼 되기 위해서는 자기의 욕심을 버려서 하늘마음을 회복해야 한다. 하늘마음을 회복하는 것이 자신을 구하는 것이다. 하늘마음을 회복하면 하늘처럼 되고, 하늘처럼 된 사람이 사는 곳이 천국이다. 천국과 지옥이 이 세상을 떠나서 다른 곳에 있는 것이 아니다. 자기가 자신을 구하지 않는데도 하늘이 구해주는 것은 없다. 공자는 하늘마음을 회복하는 것은 자기로 말미암는다고 했다. 레 타인 똥은 천명을 따르는 노력을 강조하지만, 그 것은 자기를 바로잡는 것에서 출발한다. 자기를 바로잡는 것을 놓아두고 다른 것에서 길흉화복을 구하는 것은 잘못이다. 레 타인 똥은 풍수가들의 이론에 대해서도 비판을 가한다.

많은 사악한 말들이 잘 되면 땅 때문이라 설명하니, 어떻게 땅이 사람들에게 우열을 줄 수 있는가(「십계고혼국어문」).

하늘과 사람이 하나로 이어져 있다고 본다면 사람의 목표는 하늘처럼 되는 것이어야 하고, 세상은 하늘나라처럼 되는 것이어야 한다. 이를 포기하는 것은 자포자기다. 레 타인 똥의 목표는 확실했다.

일찍이 알기를 순 역시도 사람의 일에서 말미암으니, 오늘날의 모습이 옛날만 못하다고 말하지 말라.

낀족 사람과 이민족 사람이 모두가 서로 화목하고, 바람은 순하게 불어 시원하니, 태어나서 요순의 시대를 만나지 못했다고 말하지 말라.[3]

레 타인 똥은 자신이 순임금처럼 되어야 하고, 자신이 다스리는 세상이 요순의 세상처럼 되어야 하는 것을 당연하게 생각했다. 그리고 당시의 자신과 베트남이 그보다 못하지 않다고 자부했다. 그 것은 당시의 중국보다 베트남이 훨씬 유학의 이상에 가깝다는 자부심이었다.

제2절 레 타인 똥의 이상세계

레 타인 똥이 목표로 둔 이상세계는 당연히 요순시대이다. 레 타인 똥의 정치적 노력으로 당시의 베트남은 이상세계에 접근했다. 나라는 평화로웠고, 백성들은 배가 불렀다. 레 타인 똥은 자신의 통치에 자부심을 가졌다.

사방은 고요하고, 고래 같은 곡식에 느긋하게 사람들은 그물을

---

3. 위의 두 인용문은 응웬 따이 트, 김싱범 올김, 『베트남 사상사』(소명출판, 2018), 309쪽에서 인용했음을 밝힌다.

둘러 고기를 잡는다(『홍덕국음시집(洪德國音詩集)』).

먼 변방에 사는 백성은 오랫동안 태평의 경치를 즐길 수 있었다. 40여 년이 지나도록 전쟁을 알지 못한다(「안방풍토(安邦禮土)」).

남쪽 집도 북쪽 집도 모두가 배부른 얼굴로 유명한 태평가를 부른다(『홍덕국음시집』).

레 타인 똥 치하의 베트남은 거의 이상세계의 모습을 드러내었다. 레 타인 똥은 유학자들을 중용하고 백성들에게 예를 가르쳤으며, 국가의 문물제도를 유교의 방식으로 완비했다. 그는 어진 정치를 베풀어 백성들의 세금과 부역을 줄였다. 잔인한 무리를 제거하고 변방을 평화롭게 했다. 레 타인 똥 시기에 만들어진 『홍덕법전(洪德法典)』은 베트남의 다른 왕조에서 만든 법전보다 뛰어났고, 레 타인 똥 시기의 농업생산력은 다른 왕조의 생산력을 능가했다. 레 타인 똥은 군인의 사기를 높여주었고, 평화시기에 군비를 튼튼하게 했다. 레 타인 똥은 정치를 통해서 유학의 이상을 꽃피웠다.[4]

---

4. 레 타인 똥의 유학 정치에 관한 서술은 응웬 따이 트, 김성범 올김, 『베트남 사상사』(소명출판, 2018)에서 많이 참조했고, 인용문은 그대로 실었음을 밝힌다.

제4장
응웬 빈 키엠의 유학

제1절 응웬 빈 키엠의 생애와 철학적 바탕

응웬 빈 키엠(阮秉謙: 1491~1585)의 자는 형보(亨甫), 호는 백운거사(白雲居士)이며, 다른 이름으로는 응웬 반 닷이고, 고향은 빈 라이 현 쭝 암 마을로 오늘날 하이퐁의 빈 바오이다. 그는 1535년에 막 조에서 장원급제하고 좌시랑 부리(部吏) 겸 동각(東閣) 대학사에 이르렀다. 그는 8년간 관직에 있다가 사직하고 고향으로 돌아가 백운함을 세우고 대학을 열었다. 1585년 94세의 나이로 세상을 떠났다.[5]

응웬 빈 키엠은 그의 여러 저술에서 천리(天理)와 인도(人道)가 하나로 이어지는 것으로 서술한다. 이에서 보면 응웬 빈 키엠의 사상 역시 형상판에서 성립하는 것임을 증명한다.

제2절 응웬 빈 키엠의 천인일체사상

응웬 빈 키엠은 하늘과 인간의 관계를 다음과 같이 설명한다.

하늘과 사람은 서로 관계가 있으며, 또한 서로 부합함이 있다.[6]

---

5. 응웬 따이 트, 김성범 옮김, 『베트남 사상사』(소명출판, 2018), 366쪽에서 인용함.
6. 위의 책, 368쪽에서 인용함.

응웬 빈 키엠

응웬 빈 키엠 철학의 바탕에는 천인일체(天人一體)사상이 깔려 있다. 하늘의 본질은 자연이고, 사람의 본질 또한 자연이다. 자연이라는 점에서 하늘과 사람은 하나이다. 천하만물이 하늘의 뜻으로 움직인다는 것은 자연의 대조화를 연출한다는 것을 의미한다.

> 홀로 된 후에는 짝이 이루어지고 가득 찬 후에는 비게 되며, 음기 양기가 때로 소멸하고 늘어나 충분히 자라나는 것은 조화의 곱하고 나누는 법칙을 입증하는 것이다(「독주역유감(讀周易有感)」).

홀로 된다는 것은 태극을 말한다. 하늘은 하나이다. 하나이므로 홀로이다. 태극은 하나이지만, 음양의 작용을 한다. 이는 하늘도 마찬가지다. 음양의 작용은 찼다가 비었다가 한다. 차는 것은 양이고 비는 것은 음이다. 양은 늘어나고 음은 소멸한다. 천지만물의 진행은 늘어나는 양기의 작용과 소멸하는 음기의 작용에 의한다. 양기의 작용은 더하기도 하지만 가속도가 붙어 곱하기도 한다. 반대로 음기의 작용은 빼기도 하지만, 가속도가 붙어 나누기도 한다. 자연의 법칙으로 모든 것은 존재한다.

응웬 빈 키엠이 말하는 만물의 본질은 하나이고, 하늘이다. 물에서 수많은 얼음이 얼어도 모든 얼음의 본질이 여전히 하나의 물인 것과 같다. 응웬 빈 키엠은 본질을 놓치지 않는다.

> 인간의 성(性)은 하늘에서 품부한 것이기 때문이다.

> 인간의 성은 본래 선하다.

인간의 성이 선하지 않다고 함은 물욕 때문에 숨겨지기 때문이다.

선함으로 돌아가고자 한다면 멀리에서 찾을 것이 아니니 다만 마음에 있을 뿐이다.

천리(天理)가 없다면 인간은 야만적인 것을 피하기 어렵다.[7]

인간의 본성은 하늘마음이다. 하늘마음은 모든 사람 공통의 마음이므로, 하늘마음으로 모든 사람은 하나가 된다. 하늘마음은 모두에게 이어져 있는 하나의 마음이므로 리(理)이다. 따라서 하늘마음은 천리이다. 천리가 없다는 것은 하늘마음이 없다는 것이다. 사람에게 하늘마음이 없으면 사람이 하나가 되지 못하므로 사람은 투쟁할 수밖에 없다. 아무리 교양을 가지고 투쟁심을 절제하더라고 투쟁심은 사라지지 않고 잠복해 있다. 잠복해 있는 투쟁심은 여건이 되면 고개를 들고 나온다. 투쟁심이 밖으로 나와 남을 공격하는 것이 야만이다. 천리를 전제하지 않으면 야만성이 잠복하고 있으므로 야만성을 피하기 어렵다. 천리를 부정하는 철학은 형하판의 철학이므로 형하판의 철학으로 사는 사람에게는 야만성이 잠복해 있다. 이러한 의미에서 본다면 야만성은 형하판의 철학에서 나타난다. 오늘날 형하판의 철학으로 살아가는 사람들은 서구인과 일본인, 그리고 일부 중국인이다. 그들은 교양인으로 포장되어 있지만, 야만성이 늘 잠복해 있다. 이러한 의미에서 보면, 베트남의 유학

7. 위의 책, 370에서 인용함.

자들이 스스로를 문화인으로 보고, 중국인을 야만인으로 보는 시각이 성립함을 알 수 있다. 응웬 짜이에게는 베트남을 문화국으로 인정하고 명나라를 야만으로 보는 시각이 성립하고, 레 타인 똥에게는 스스로를 화(華)의 사람이라 하고, 중국인을 오(吳)나라 사람으로 보는 판단이 성립한다. 후대의 베트남 지식인들에게 스스로를 한(漢)의 사람이라 부르고, 중국인을 '당(唐)의 사람'이라 부르는 것이 성립한다.[8]

응웬 빈 키엠이 세상을 뜬 뒤, 그의 제자들은 다음과 같이 평했다.

> 6부 시서의 뜻을 꿰뚫었고 노를 저어 배는 주자의 항구에 다다랐다. 마음속 『태을경』은 불을 피워 양웅의 간담을 비춘다. 하늘을 가로지르고 땅과 나란히 하여 종횡무진이니, 역시 마음은 주공의 심사이다. 먼저 생각하고 나중에 알며, 배움은 소옹의 문하를 따른다.[9]

응웬 빈 키엠의 사상은 하늘마음으로 수렴한다. 하늘마음을 회복한 사람은 모든 경전의 내용과 주자학을 꿰뚫는 것은 물론이고, 양웅과 소옹의 철학도 관통한다. 응웬 빈 키엠 철학의 성격은 형상판에서 성립한 천인일체의 철학이었다.

---

8. 위의 책, 309쪽 주를 인용함.
9. 위의 책, 371쪽에서 인용함.

제3절 응웬 빈 키엠의 정치적 실천철학

응웬 빈 키엠의 목표는 이상세계를 실현하는 것이었다. 유학에서 말하는 이상세계는 요순시대에 건설된 대동사회이다. 응웬 빈 키엠의 목표는 요순시대의 실현으로 구체화한다.

> 언제 다시 당우(唐虞)의 평치 시대를 바라볼 것인가. 천지가 옛날처럼 태평해지기 위해서.

> 요순의 시절을 언제 다행히 다시 만날 것인지, 한 조정의 원칙은 백성이 태평함이다.[10]

응웬 빈 키엠이 바라던 요순시대는 가까이 레 타인 똥 시기이기도 하다. 가까이에서 요순시대를 보았기 때문에 요순시대에 대한 갈망은 그만큼 더 클 수밖에 없었으나, 이상사회의 실현은 불가능했다. 이에 응웬 빈 키엠은 은거에 들어갔다. 은둔해도 응웬 빈 키엠은 이상세계 건설을 포기할 수 없었다.

이상세계 건설은 왕도정치를 통해서 가능하고, 패도정치를 통해서는 불가능하지만, 당시의 정치 형태는 계속 패도정치로 가고 있었다. 당시의 정치인들은 편을 갈라 주도권 다툼을 하고 있었다. 어느 편도 나라를 위하거나 백성을 위하지 않았다. 오히려 생산력을 파괴하고 백성의 평온한 삶의 터전을 파괴했다. 오직 왕도정치만이

---

10. 위의 책, 372쪽에서 인용함.

이상세계를 건설할 수 있다. 왕도정치는 주나라 문왕과 주공의 정치에서 실현했고, 공자와 맹자의 사상에서 주장했다. 왕도정치에서는 정쟁과 형벌과 힘으로 사람을 다스리는 것이 아니라 덕으로 사람을 다스리며, 사람들을 결속시키고 집중시키기 위해 오륜의 윤리를 강화한다.

왕도정치에서 추구하는 것은 백성들에게 집중된다. 정치는 백성을 위해서 필요한 것이다. 응웬 빈 키엠은 왕도정치의 목표가 백성들을 행복하게 하는 데 있음을 강조한다.

옛날부터 오늘에 이르기까지 나라는 반드시 백성을 들어 기원으로 삼아야 한다. 그러므로 나라를 유지하기를 원한다면 본질은 반드시 백성의 마음을 얻어야 함을 알아야 한다(『感興』).

옛사람들의 구절에는 잘못된 곳이 없다. 양(陽)의 때가 들면 음(陰)의 때를 알고, 백성이 평안하면 치도(治道)가 평안하니, 천금을 잃더라도 인심을 잃어서는 안 된다.

백성을 행복하게 하는 왕도정치는 실현되지 않았지만, 응웬 빈 키엠은 포기하지 않았다. 그는 여전히 현명한 왕과 뛰어난 장수의 출현을 기다리고 있었으며, 사대부 계급이 정의를 쫓고 욕심을 버릴 것이라는 믿음을 버리지 않았으나, 왕에서부터 관리에 이르기까지 모두 이익을 얻는 목표를 향해 달렸다. 응웬 빈 키엠은 지치고 고독해졌다. 그의 고결한 정치적 이상은 점점 비관적으로 바뀌었다.

제5장
응웬 즈의 이상세계

응웬 즈(阮璵)는 16세기 초, 하이 홍 성의 트엉 떤 현 도 뚱 마을 (오늘날의 닌 지앙 현 도 럼 마을)에서 태어났다. 그는 응웬 빈 키엠의 뛰어난 제자 중 한 사람이다. 그는 막 왕조 때 현에서 실시하는 과거에 응시한 적이 있다. 그는 오래지 않아 관직을 구실로 시골 들판에서 살았다. 뒤에 그는 레 찐의 통제하에 있던 타인 화 지역으로 갔지만 관직에 나아가지 않고, 산수를 방랑하는 것을 흥취로 삼았다. 그의 저술로 유일하게 남아있는 것이 『전기만록(傳奇漫錄)』이다. 그가 전(傳)을 쓴 이유는 한편으로는 당대의 퇴화하는 현상을 비판하기 위한 것이었고, 다른 한편으로는 자신의 사회적 이상을 제기하기 위한 것이었다.

응웬 즈 철학의 바탕에도 여전히 하늘이 자리 잡고 있다. 하늘은 사람들에게 화복을 내려주는 존재이지만, 하늘과 사람은 별개의 존재가 아니라, 하나로 이어져 있는 존재이다.

> 선을 행함은 사람에게 있고, 선한 복을 내림은 하늘에 있으니, 하늘과 사람은 서로 더불어 깊다(『茶童降誕錄』).

하늘과 사람이 이어져 있는 것은 부모와 자녀가 이어져 있는 것과 다르지 않다. 부모는 자녀가 착실하게 살 때 도와주고 잘못을 저지를 때, 회초리를 때린다. 하늘과 사람의 관계도 이와 같다. 하늘은 사람이 바르게 살 때 복을 주고 하늘의 뜻을 어길 때 벌을 준다.

따라서 사람의 도리는 먼저 자신의 마음을 바르게 하는 데 있다. 마음이 바르게 되면 가정이 평화로워지고 나라가 화평해진다. 개인의 마음이 바르게 되면, 저절로 수신·제가·치국·평천하가 되지만, 평천하를 앞당기기 위해서는 왕과 제후의 마음이 바르게 되는 것이 중요하다.

> 왕과 제후 된 자는 자신의 마음을 바르게 함을 들어서 조정을 바르게 하고 백관을 바르게 하며 만민을 바르게 하는 근간으로 삼는다. 그리하여 처사의 잘못된 견해를 잘하는 것으로 만들지 말아야 한다(『邪山樵對錄』).

> 천하의 치자(治者)들은 순수한 왕도에 이르기까지 추구해야 한다(「항왕사기(項王史記)」).

응웬 즈가 꿈꾸는 이상세계는 천하를 평화롭게 만드는 것이다. 천하를 평화롭게 만드는 가장 빠른 방법은 왕과 제후의 마음을 바르게 하는 데 있다. 왕과 제후의 마음을 바르게 하기 위해서는 왕과 제후를 학문하도록 유도하는 제도가 필요하다. 응웬 즈가 그런 제도를 만들 수 있는 구체적인 방법을 제시하고 있는지는 지금의 연구로서는 알기 어렵다.

제6장
풍 칵 콴의 유학

풍 칵 콴(馮克寬: 1528~1613)은 쨩 붕이라 불리우며, 호는 응이 짜이 (毅齋)이고, 자는 호앙 푸(弘夫)이다. 1528년에 선 떠이(지금의 하 떠이) 성, 탁 텃 현, 풍 싸 마을에서 태어났다. 17세 때 그는 하이 즈엉으로 건너가, 당시 이학(理學)으로 명망이 높았던 응웬 빈 키엠에게서 유학 수업을 받았다.

23세 되던 해, 막 조의충신이었던 레 바 리(黎伯驪)가 타인 화에 있는 레 조에 귀순했기 때문에 그는 세상에 나아가기 위해 왕조를 선택해야 하는 문제에 직면했다.

26세 때 진사시에 합격했다. 70세 때 그는 중국에 사신으로 가는 사신단의 정사(正使)로 뽑히게 되었다. 그는 85세(1613년)에 세상을 떠났다. 그는 도급사중 공부우시랑, 청화 승정사, 공부좌시랑 등의 관직을 거쳤다. 그의 저술로는 『농사편람(農事便覽)』, 『의재시집(毅齋詩集)』, 『어부입도원(漁夫入桃源)』, 『언지시집(言志詩集)』, 『매령사화시집(梅嶺使華詩集)』 등이 있다.

제1절 풍 칵 콴의 수양철학

풍 칵 콴이 가장 중시한 것은 도(道)이다. 그는 다음과 같이 말한다.

도의 성질과 효과는 실로 크도다! 수신·제가를 위해 도를 쓰면, 우리의 몸은 정돈될 수 있으며, 우리의 가정도 바르게 정돈할 수 있다. 치국·평천하를 위해서 도를 쓰면, 나라는 성치(盛治)되고 천하는 안평(安平)할 것이다. 어떤 사람이 도를 얻는다면, 성인 성현이 되며, 어떤 사람이 도를 경시하여 버린다면, 어리석고 불초한 자가 된다. 비바람은 기세가 어둡고 모호할 때가 있으나 도는 결코 바꿀 수가 없다. 만대에 성할 때가 있고 쇠할 때가 있으나, 도는 결코 바꿀 수가 없다. 만대에 성할 때가 있고 쇠할 때가 있으나 도는 결코 움직일 수 없다. 천지간에 우리의 도는 하루도 멈추고 쉬는 날이 없구나! 그렇지만 이러한 도는 일정하여 사람에게 먼저 있어야만 하고, 그 뒤에야 이름을 날릴 수 있을 것이다(「自賀生男」).

풍 캭 콴이 말하는 도는 천리(天理)를 바탕으로 한다.

원하기를 조금만 한다면 우리 몸은 여유로워 편하고 즐거운 곳에 이르고, 인간의 마음속 욕심을 떨어뜨리면 천리(天理)를 이해하게 될 것이다.

유학에서 가장 강조하는 것은 수기(修己)이다. 수기를 통해 득도하여 하늘과 하나가 되면, 자기의 모든 고통에서 벗어나므로 가난해도 즐겁다.

가난한 집에서 삶의 고단함을 책망할 일이 아니니, 오로지 저 위에 있는 푸른 구름과 더불어 즐거울 뿐이다(「자술(自述)」).

궁(窮)과 통(通)은 명(命)이 있어 지키면 편안하니, 시(時)에 따라서 만물이 모두 차례대로 없어지고 자라난다(「행년(行年)」).

하늘과 하나가 된다는 것은 자연으로 돌아간다는 것을 의미한다. 사람이 자연으로 돌아가면, 물이 흐르는 것처럼, 바람이 부는 것처럼 살게 된다. 억지로 가난에서 벗어나려고 안달하지 않고, 높은 벼슬을 얻으려고 동분서주할 일이 없다. 궁할 때는 궁한 상태에서의 도리를 다하면 되고, 통할 때는 통한 상태에서의 도리를 다하면 그만이다. 봄에 싹이 트고, 여름에 무성해지며, 가을에 결실하고 겨울에 저장하는 것처럼, 때와 상황에 맞게 살면 된다.

하늘과 하나 된 사람의 삶의 방식이 도이다. 도는 마음속에 욕심이 없어졌을 때 나타나는 천리(天理)이다. 천리는 누구나 다 가지고 있지만, 천리를 따르지 못하는 까닭은 천리가 욕심에 가려서 드러나지 않기 때문이다. 따라서 천리에 따라 살기 위해서는 욕심을 없애는 노력을 해야 한다. 욕심을 없애지 못한 사람에게 도를 설명하면 알아듣지 못하므로, 풍 각 콴은 도의 내용을 인(仁)과 의(義)로 설명한다. 도가 인과 의이므로, 도를 실천하는 것은 인에 머물고 의를 행하는 것이 된다.

인에 머물고 의에 따름은 우리 유가의 일이다(「제홍도서당(題弘道書堂)」).

인과 의는 추상적인 개념이어서 이해하기 어려우므로, 풍 각 콴은 그 내용을 충효로 구체화 시킨다. 충은 속에 있는 마음으로서 주로 임금에게 충성하는 마음이고, 효는 부모와 하나 되어 부모를 받드는 것이다. 인과 의가 구체적으로 나타나는 가장 전형적인 모습이 충과 효이다. 따라서 인과 의를 충과 효로 설명하면 훨씬 이해하기 쉽다. 풍 각 콴은 도를 인의로, 인의를 충효로 구체화시킨다.

다만 하나의 마음이 충효를 온전히 간직하는 것이니, 공명을 위해 어떠한 일을 하는 것은 영원히 뒤의 일이다(「여우서회(旅寓書懷)」).

인(仁)은 남과 하나 되는 마음이다. 사람들은 남과 하나 된다는 것을 이해하기 어렵지만, 부모와 하나 된다는 것은 쉽게 이해할 수 있으므로, 부모와 하나 되는 마음이 인(仁)이고, 부모와 하나 되는 마음이 효(孝)라고 설명하면 훨씬 이해하기 쉬워진다. 의(義)는 인의 마음이 확장된 것이다. 부모와 나의 하나 됨을 확장하면, 형과 내가 하나 된다. 따라서 형과 내가 하나 되는 마음이 의다. 또 가정에서 부모와 나의 하나 됨의 관계를 사회 전체로 확장하면, 임금과 나의 관계로 확장되므로, 임금과 나의 관계가 의가 된다. 인에는 조건이 없지만, 의에는 조건이 있다. 부모와 내가 한마음이 되는 것에는 조건이 없지만, 형과 나의 관계는 다르다. 형이 부모를 해치려 할 때도 형과 한마음이 될 수는 없다. 그때는 형을 응징해야 한다. 임금과 신하의 관계도 그렇다. 임금이 백성의 부모 역할을 할 때는 부모를 받들 듯이 받들어야 하지만, 임금이 백성을 못살게 할 때는 임금을 응징해야 한다.

사람이 체득한 도의 내용은 인의가 되고, 인의는 충효로 확장된다.

제2절 풍 칵 콴의 실천철학

사람이 사는 데 가장 중요한 것이 도이다. 사람이 도를 가지고 살면 참되고 행복한 삶을 살 수 있지만, 도를 잃어버리고 살면 헛되고 불행한 삶을 살게 된다. 풍 칵 콴은 세상에 나가 이를 깨우치고 싶었다. 세상에는 해야 할 사업이 많지만, 사람들에게 도를 깨우쳐 주는 것보다 더 큰 공은 없다. 풍 칵 콴은 큰 공을 세울 기회를 기다리고 있었다. 그는 다음과 같은 말로 자신의 회포를 술회한다.

> 와룡은 생민으로서 일어났는데, 어찌하여 계속 베갯머리를 껴안고 앉아 남양의 땅에서 흥얼거리고 있는가(「망우(望雨)」).

> 만약 기회가 있어 할 수 있다면 공을 이룸이 장량보다 못할지는 확실치 않은 것이다(「견민(遣悶)」).

> 천지의 운명이 조짐을 보이기에 이르러, 때가 되면 나의 큰 공명은 분명히 드러날 것이다(「원단(元旦)」).

풍 칵 콴은 기회가 오지 않는다고 해서 졸렬해지지는 않는다. 풍 칵 콴이 공을 세우고 싶은 것은 백성들을 위한 것이지 욕심을 채우기 위한 것이 아니었다. 욕심을 채우기 위해 공을 세우는 것이 아니라면, 공 세우는 일을 목적으로 삼지는 않는다. 공을 세우는 것은 물이 흐르는 것과 같이 자연스러워야 한다. 물은 바다로 갈 목적으로 흐르는 것이 아니다. 흐르는 결과 바다에 도달하게 된다. 공을 세우는 것도 그러하다. 해야 할 일을 하다 보면 결과적으로 공이 세워지게 된다.

욕심이 없는 사람은 고고하다. 나서야 하지 않아야 할 상황에서는 나서지 않고 절개를 지킨다. 풍 각 콴은 송백처럼 절개를 지키면서도 때가 되면 붕새처럼 날아오를 수 있다. 하늘의 뜻을 따른다는 의미에서는, 절개를 지키는 송백과 구만리 상공을 날아오르는 붕새는 차이가 없다.

> 송백은 어떤 이유로도 눈과 추위 앞에서 항복하지 않는다. 커다란 고래가 어찌 고인 발자국 웅덩이를 그리워할 것인가. 남쪽 바다에서는 곤(鯤)이 붕새로 변하여 날아오르고 날개를 펴 은하수를 가로질러 날아가는 것을 볼 수 있다(「자술」).

풍 각 콴에게는 송백처럼 절개를 지키는 삶이나 구만리 상공으로 날아오르는 붕새처럼 사는 삶이 똑같은 장부의 삶이다.

> 장부가 된다는 것은 아마도 명예를 이루는 것일 것이다. 그렇다면 이유를 막론하고 다만 제대로 된 장부여야 한다(「자술」).

장부가 이루는 명예는 세속적인 의미의 명예가 아니다. 부국강병을 달성한 왕도 명예를 얻을 수 있고, 고관대작도 명예를 얻을 수 있으며, 부귀영화를 누린 사람도 명예를 얻을 수 있지만, 그런 명예는 세속적인 명예이고, 소인의 명예이다. 장부가 얻는 명예는 세상을 구제하는 군자의 명예이다.

풍 캇 콴이 생존했던 16세기 중엽에는 왕위를 계승한 레 우위 묵, 레 뜨엉 즉 등과 같은 레 왕조의 왕들이 백성의 마음을 얻지 못해 막씨가 레 왕조를 패퇴시키고 상당한 지역을 점령하고 있었으므로, 당시의 유학자들은 막씨의 통치권 아래에 있었다. 당시 유학자들은 레 왕조의 회복을 위해 노력했으며, 풍 캇 콴이 그 대표적 인물이었다.

레 왕조의 회복은 쉽지 않았다. 당시의 백성들은 막씨의 학정 아래 고통 받고 있었다. 천명에 따르는 사람에게는 백성들의 고통이 자기의 고통이다.

> 끊임없는 전쟁으로 백성들이 괴로워 흩어지니, 영웅 된 자는 반드시 내일을 고민해야 할 것이다(「상란(傷亂)」).

백성들을 고통에서 벗어나게 하기 위해서는 막씨의 정권을 무너뜨려야 하지만, 그것은 쉽지 않았다. 그렇지만, 풍 캇 콴은 희망을 잃지 않았다. 천명에 따르는 사람은 낙담하지 않는다.

> 끊임없이 영웅과 쟁패를 다툼이 가라앉지 않으니, 누가 우리 유학자의 호기로운 영웅의 의지를 알 수 있겠는가. 문현(文賢)은 서로 다투는 일을 중시하지 않으니, 수고로워도 상심하지 않는다.

> 어려울 때일수록 천명을 따르는 군자가 해야 할 일은 상심하지 않고 하늘마음을 지키는 일이다. 하늘마음을 지키고 있으면 때

는 오기 마련이다.

인에 의지하고 의를 들어 간직하는 것은 우리 유학자의 일이다. 상황이 되면 시대를 구하고 백성을 안정시킬 기백 있는 영웅이 있을 것이다(이상 「제홍도서당(題弘道書堂)」).

유학자가 인의의 마음을 지켜나가다가 보면, 때가 오게 되어 있다. 때가 되어 영웅이 나타나면 왕에게 인의의 마음을 가지도록 유도할 것이고, 그로 인해 세상은 바뀌게 되어 있다. 만약 유학자가 인의의 마음을 지켜가지 않으면 때가 되어 영웅이 나타나더라도 새로운 세상을 만들 방도가 없어진다. 따라서 유학자는 상심하지 말고 해야 할 일을 해나가는 것이 중요하다.

나라를 구하고 백성을 구하는 방책에 이르러서 말하자면 인의는 왕에게 진상하는 약이다(「단오약(端午藥)」).

예로부터 창업을 하는 자는 성실한 공덕이 있으니, 하늘이 덕이 있는 사람을 더욱 돕는 것과 백성은 인이 있는 사람과 친하다는 것을 분명히 확인할 수 있다(「과람산묘유감(過藍山廟有感)」).[11]

---

11. 응웬 빈 키엠의 철학에서 풍각 콴의 철학까지의 원문들은 위의 책 『베트남 사상사』에서 인용했음을 밝힌다.

유학자들의 노력으로 레 왕조는 막씨를 물리치고 천하를 회복할 수 있었다. 레 왕조는 막씨에 맞서 격렬하게 싸운 찐씨와 연합하여 막씨를 물리쳤다. 그들은 풍 칵 콴을 위시한 유학자들의 주장도 받아들였으므로 점차로 백성의 마음을 얻고 막씨를 위협할 힘을 만들어 낼 수 있었다.

풍 칵 콴의 삶은 어려운 시기를 사는 지식인들에게 좋은 본보기가 될 수 있다.

제7장
레뀌돈의 사상

레뀌돈(黎貴惇: 1726~1784)은 레 왕조 때인 1726년 지금의 타이빈성 홍 하현, 주엔 하 마을에서 레쫑트(黎仲庶)의 아들로 태어났다. 어렸을 때의 이름은 레 자인 프엉이었으나, 커서 이름을 레뀌돈(黎貴惇)으로 바꾸었다. 자는 조안 허우이고, 호는 꿰 드엉이다. 레뀌돈은 총명했으며, 널리 배웠다. 14세 때 공부하기 위해 부친을 따라 탕롱으로 갔다. 17세 때 향시에서 장원했다. 20대 초반에 『대월통사(大越通史)』를 저술하고, 27세 때인 1752년에 과거시험에 장원했으며, 이듬해 관직을 시작하여 한림원(翰林院) 시독(侍讀), 비서각(祕書閣) 등의 관직을 거쳤다. 30대 초반에 『군서고변(群書考辨)』과 『성모현범록(聖謨賢範錄)』을 저술했다. 레뀌돈은 34세 때인 1760년에 청나라에 사신으로 갔다가 조선(朝鮮)에서 사신으로 온 홍계희(洪啓禧), 이휘중(李徽中)과 만나기도 했다. 청나라에 다녀온 뒤 레뀌돈은 관직에서 물러나 저술에 집중하여 『국사속편(國史續編)』, 『춘추약론(春秋略論)』, 『북사통록(北使通錄)』, 『전월시록(全越詩錄)』, 『역경부설(易經復說)』, 『황월문해(皇越文海)』, 『계당시집(桂堂詩集)』, 『서경연의(書經衍義)』, 『운대류어(芸臺類語)』, 『무변잡록(撫邊雜錄)』, 『견문소록(見聞小錄)』 등의 방대한 저작을 남겼다.

레뀌돈은 1767년부터 다시 관직에 임명되어 한림원 승지(承旨), 하이즈엉 독동(督同), 호부(戶部)와 이부(吏部)의 우시랑(右侍郎)을 거쳐 국사관총재(國史館總裁)가 되었다. 1784년 하남(河南)에서 59세의 나이로 사망했다. 레뀌돈은 많은 개혁안을 입안하기도 했지만, 임금의 신임을 받지 못해 결실을 거두지 못했다.

제1절 주요 저술의 내용

레뀌돈은 많은 저술을 남겼지만, 그중 주요 저술로는 『대월통사』, 『군서고변』, 『서경연의』, 『운대류어』, 『무변잡록』, 『견문소록』 등이 있다.

『대월통사』의 기술은 1418년부터 시작하는데, 그 시기는 레 왕조가 시작되기 전이었다. 1418년은 레 러이가 람선 봉기를 일으켜 명의 침략에 맞섰던 해이다. 『대월통사』는 1418년부터 막 왕조(1527~1677) 때까지의 역사를 기록한 역사서이다.

『군서고변』은 중국의 하·은·주 삼대에서 남송에 이르기까지의 역사적 사건을 열거하고, 자신의 평론을 덧붙인 것으로, 레뀌돈의 역사관과 사상을 살필 수 있다. 레뀌돈은 유학에 국한하지 않고 불교와 도가 학설 및 음양오행설 등을 다양하게 수용한다. 『군서고변』에서 레뀌돈이 유학자에 국한하지 않고, 제환공, 진시황, 조조 등을 긍정적으로 서술한 것은 당시 강력한 통치력의 필요성 때문으로 보인다. 레뀌돈은 특히 기강과 법도를 강조하여 임금이 솔선수범해야 할 덕목으로 삼았다.

『군서고변』에서 레뀌돈은 임금의 세(勢)를 중시하면서, 세와 리(理)가 조화를 이루어야 함을 강조한다. 그에 따르면, 천하의 모든 일은 리와 세에 따라 결정되며, 리와 세는 서로 의존한다. 따라서 리를 알아도 세를 잘 모르면, 일을 잘 처리할 수 없고, 세를 잘 알아도 리를 알지 못하면 일을 제대로 성사시킬 수 없다. 레뀌돈은 또한 백성의 중요성을 매우 강조한다. 그에 따르면, 나라의 근간은 모두 백성에게 있고, 임금이 있어야 하는 이유도 백성에게 있다. 나라 안에 반란이 일어나는 것과 밖에서 적이 쳐들어오는 것도 국가의 걱정거리이지만, 그보다 더욱 두려운 것은 백성의 마음이 흔들리는 것이다. 레뀌돈은 백성의 마음이 흔들려 나라가 무너지는 것을 산사태가 나서 땅이 무너지는 것과 같은 것으로 비유한다.

레뀌돈은 다이비엣 민족의 사상사에서 빠진 부분의 여러 자료를 수집하고, 다이비엣 곳곳의 지리와 풍속뿐만 아니라 민간에서 전해지는 신들의 이야기 등도 『군서고변』에 수록했다.

『서경연의』에서 레뀌돈은 『서경』에 대한 자신의 견해와 자신의 정치사상을 담아냈다. 그는 『서경연의』에서 국가를 다스리고 백성을 편안하게 하는 주요한 내용을 제시한다. 이를 보면 그가 『서경연의』를 저술한 목적이 경학적 해석에 있었던 것이 아니라, 당시 베트남에 필요한 정치에 관한 자신의 주장을 펴기 위한 것이었음을 알 수 있다.

『운대류어』에서 레꿰돈은 〈리기(理氣)〉장을 맨 먼저 설정하여, 리기의 문제를 다루었다. 이 문제를 따로 하나의 장으로 묶어서 서술한 것은 베트남인의 유학 관련 저술에서는 보기 드문 일이다. 『운대류어』의 가치에 대해 레꿰돈은 서문에서 다음과 같이 언급한다.

생각건대 너무 높아지면 허망해지고, 너무 낮아지면 천박해질 수 있다. 모든 사물에도 조리와 실마리가 있는 것이니, 이 책을 가지고 천지인 삼재를 살피고 백 가지 일을 처리하면 도움이 없지는 않을 것이다. 광대한 세계를 두루 섭렵하고 정밀하고 오묘한 본질을 다하여 격물치지에 이르는 공부는 염락관민(濂洛關閩)의 저술에 들어 있으니, 수준 낮은 내가 감히 거기에 옥상가옥 하는 우를 범하겠는가![12]

염락관민은 주돈이·정씨 형제·장재·주자를 말한다. 격물치지는 주돈이·정씨 형제·장재·주자가 다 말해놓았으므로 덧붙이고 싶지 않다고 한 그의 말에서 보면, 그가 격물치지에 관해서 크게 관심이 없었음을 알 수 있다. 이를 보면 레꿰돈의 관심이 격물치지에 관한 학설보다 실질적인 일 처리에 있었던 것으로 보인다.

『무변잡록』은 레꿰돈이 투언화와 꽝남 지역의 협진겸참찬군기(協鎭兼參贊軍機)로 부임하여 재임 중에 보고 들은 것들을 기록한 책

---

12. 自揣 上焉 或涉於高虛 下焉 或流於淺近 但事事物物 粗有條緖 於以考鏡三才 酬酢百變 未必無助 全於致廣大盡精微 以造致格物之域 則惟濂洛關閩之書在 愚鄙下學 何敢疊床家屋於其間(『芸臺類語』序文)

이다. 당시 다이비엣의 영토는 지금의 베트남 영토와 같지 않았다. 투언화와 꽝남은 다이비엣 영토의 남부에 있는 변방 지역이었다. 1776년에 레뀌돈은 투언화와 꽝남의 지리·산천·성곽·도로·공전(公田)·사전(私田)의 수량, 산품·세금·군제·풍속·인재(人材)와 시문(詩文) 등 여러 분야의 다양한 내용을 기록했다. 『무변잡록』에 기록되어 있는 내용은 18세기의 다이비엣의 사회 전반에 관한 소중한 자료이다.

『견문소록』은 레뀌돈이 보고 들은 것 중에서 중국에서 들어온 도덕적인 내용과 쩐 시기에 시작하여 자기 당대에 이르기까지의 다이비엣 문화와 역사·체제·영역을 비롯한 여러 이야기를 정리한 것이다. 목차는 다음과 같이 12장으로 구성되어 있다. ① 잠경(箴儆)에서는 주로 중국 인물들의 훈계와 사상에서 당시에 필요한 내용을 뽑아 정리했다. ② 체례 상(體例 上)에서는 중국의 문물제도를 기준으로 하여 리, 쩐, 레 왕조의 문물제도를 기록했다. ③ 체례 하(體例 下)는 전해지지 않는다. ④ 편장(篇章)에서는 관아와 사찰 등의 비문에 있는 인물들의 시문을 기록하고 비평을 가했다. ⑤ 재품(才品)에서는 역사적 인물들을 열거하여 그들의 문학·절조·품행·재능 등을 기록했다. ⑥⑦⑧ 봉역 상중하(封域 上中下)에서는 선떠이·흥화·뚜엔꽝 지역에 있는 산천·성곽·산물·세금·도로 등을 기록했다. ⑨ 선일(禪逸)에서는 북속 시기부터 레 왕조 때까지의 승려에 관해 기록했다. ⑩ 영적(靈蹟)에서는 사당과 묘에 모셔진 천신과 인신에 관련된 내용을 기록했다. ⑪ 방술(方術)은 전해지지 않는다. ⑫ 총담(叢談)에서는 중국인들의 구문, 대구(對句) 등에 대해 반론을 가하고, 쩐과 레 왕조의 인물들을 단편적으로 기록했다.[13]

제2절 레뀌돈의 하나 철학

레뀌돈은 모든 존재의 본질이 하나임을 알았다. 그러나 레뀌돈이 공부했던 주자학은 이기이원론이 기본이었다. 하나의 본질인 태극은 리와 기로 나누어 정의할 수 없다. 하나인 본질에서 벗어나지 않으면 리와 기가 나누어지지 않는다. 그런데도 하나인 본질인 태극을 무리하게 리기의 개념으로 표현하면 태극을 일기(一氣)라고 하거나 일리(一理)라고 할 수밖에 없다. 먼저 레뀌돈은 태극을 일기라고 표현해본다.

> 태극이란 하나의 기(氣)이다. 혼돈의 상태로 원래부터 존재하는 한 기운이다. 한 기운에서 두 기운이 생겨나고 두 기운에서 네 기운이 생겨나서 만물을 만들어낸다. 태극은 하나이다.[14]

태극은 하나의 기운이고, 그 하나의 기운에서 두 기운이 나오고 두 기운이 분열하여 네 기운이 나오고 자꾸 분열하여 만물이 만들어진다. 레뀌돈이 이렇게 설명하고 나면 하나의 태극이 기가 되고 만다. 태극이 기가 되면 물질주의에 빠질 뿐만 아니라, 하나인 본질에서 벗어나는 것처럼 오해받을 수가 있다. 그래서 레뀌돈은 다시 '하나의 기(氣)'라고 한 데서 '기'를 빼고 '태극은 하나이다'

---

13. 레뀌돈의 주요 저술에 관해서는 김성범, 『베트남 사상으로의 초대』(푸른 사상, 2019)을 주로 참조했음을 밝힌다.
14. 太極者一氣也 混元一氣也 一生二二生四以成萬物 是太極有一也(『芸臺類語』理氣 一).

라고 덧붙였다.

　그러나 태극을 일단 '하나의 기'라고 해 놓고 '태극은 하나'라고 말하면 사람들은 태극을 기라고만 받아들일 위험성이 다분히 있다. 이에 레뀌돈은 태극은 '하나의 리일 뿐이다'라는 말로 바꾸어보기도 한다.

　　　우주 사이에는 하나의 리가 있을 뿐이다. 사람은 늘 눈에 보이는 것만 믿고 보이지 않는 것에 대해 의심을 일으킨다.[15]

　하나인 본질에서 벗어나지 않으면 이 세상의 모든 것이 하나이다. 리와 기가 분리되지 않는 것은 당연하다. 레뀌돈이 태극을 일기라고 하면 사람들은 태극을 리가 아닌 기인 줄 알 위험성이 있다. 이에 레뀌돈은 다시 '우주 사이에 하나의 리가 있을 뿐이다'라고 하여 다시 태극의 정의를 내린다. 리는 보이지도 들리지도 않는다. 사람들은 눈에 보이지 않는 것은 없는 것으로 생각하기 쉽다. 리와 기는 분리되지 않은 상태로 언제나 혼연하게 함께 있으므로 태극을 하나의 기라고 하면, 거기에 리가 함께 있으므로, 태극이 하나의 리라고 하는 것이나 차이가 없지만, 사람들은 보이지 않는 것을 인정하지 않으므로 다시 '우주 사이에 하나의 리가 있을 뿐이라'고 못을 박았다. 리는 기가 있고 난 뒤에 기에서 생겨나는 것이 아니다. 만약 리를 기가 생기고 난 뒤에 생겨난 것이라고 하면, 리는 기에 속하는 물질이 되고 말기 때문에 유물론에 빠진다. 그리고 기가 생

---

15. 宇宙之間 一理而已 人信其常見而致疑其所不見(『芸臺類語』 理氣 一).

겨난 뒤에 리가 생겨난다고 하면, 리는 원래 없는 것이었는데 기로 인해 생겨난 것이 된다. 레뀌돈은 다음의 말에서 이런 의혹을 불식시켰다.

> 적막한 가운데 원래부터 이 리(理)가 있다. 유가 무에서 생겨난다고 말하면 되겠는가?[16]

리는 원래부터 있다. 늘 기와 분리되지 않은 상태로 있다. 따라서 기로 말미암아 생겨난다고 하면 안 된다. 리와 기를 상대개념으로 생각하면 리와 기는 분리되고 만다. 리와 기의 이러한 관계를 레뀌돈은 다음과 같이 말한다.

> 천지 사이에 가득한 것은 기(氣)이다. 리는 거기에 있는 것으로 없는 것이 아님을 말한다. 리는 형체와 자취가 없다. 기로 인해서 드러난다. 리는 기 가운데 있다. 음양, 기우, 지행, 체용은 상대개념으로 말할 수 있지만, 리와 기는 상대개념으로 말할 수 없다.[17]

리(理)가 기(氣)에 있다는 것은 마음이 몸에 있다는 것과 같다. 마음에 형체와 자취가 없듯이 리에도 흔적과 자취가 없으므로 사람들은 리가 있음을 알기 어렵다. 그렇지만 리는 애초부터 없는 때

---

16. 空虛寂寞之中元有是理 謂有生於無可乎(『芸臺類語』 理氣 一).
17. 盈天地之間蓋氣也 理者言其是有而非無耳 理無形迹 因氣而見 理卽在氣之中 陰陽奇偶知行體用可以對言而理氣不可以對言也(『芸臺類語』 理氣 一).

가 없다. 리와 기는 분리되지 않으므로 상대개념으로 말할 수 없다. 리와 기가 분리되지 않듯이 모든 것이 분리되지 않고 하나로 존재하는 것이 본질이다.

레꿰돈은 이기설의 개념으로 하나인 본질을 설명하려 했으므로 상당한 어려움을 겪었다. 하나의 기(氣)라고 했다가, 하나의 리(理)라고도 했다. 그래도 석연하지 않으므로 그냥 '하나'라고 하기도 했다. 레꿰돈의 설명에서 보면 레꿰돈은 이기설의 체계를 넘어서는 하나인 본질을 표현하려고 애쓴 흔적이 보인다. 하나인 본질을 주자학의 용어에서 찾으면 태극이다. 태극은 하나인 본질이므로 리와 기로 나누어지지 않고, 음과 양으로도 나누어지지 않는다. 그런 태극을 주자학에서는 '리'라고 규정한다. 태극을 리라고 하면, 태극에 기의 요소가 사라진다. 주자학에서는 또 태극을 리로 보고, 음양을 기로 본다. 이처럼 설명하면 태극은 하나인 본질을 상실하고 만다. 주자학을 연마한 레꿰돈이 이러한 주자학의 문제점을 넘어서서 하나인 본질인 태극을 표현하기 위해 고심한 까닭은, 레꿰돈에게 하나인 본질을 놓치지 않으려는 정서가 있기 때문이라고 이해하지 않을 수 없다. 하나인 본질을 중시하는 대표적인 철학이 단군조선 시대의 하나 철학이므로, 레꿰돈의 철학에 단군조선 시대의 하나 철학이 흐르고 있다고 봐야 해석된다. 그렇다고 해서 레꿰돈이 단군조선 시대의 철학을 접했을 것으로 단정하기는 어렵다. 만약 그렇다면 레꿰돈의 철학을 어떻게 이해해야 할 것인가!

사람을 두 종류로 분류하면 형상판의 철학으로 사는 사람과 형하판의 철학으로 사는 사람으로 분류할 수 있다. 형상판의 철학으로 사는 사람의 삶의 방식과 형하판의 철학으로 사는 사람의 삶의 방식이 반대지만, 그러나 삶의 밑바닥 깊은 곳에서는 두 유형의 사람들에게 공통되는 하나인 본질이 깔려 있다고 봐야 한다. 백두산 정상에 있는 천지(天池)에서 남쪽으로 흘러가는 물과 북쪽으로 흘러가는 물은 반대로 흐르지만, 하나의 공통점은 아래로 흐른다는 사실이다. 이는 마치 한 그루의 나무에서 뻗어나는 가지가 반대 방향으로 뻗어가지만, 그것이 한 뿌리의 뜻인 것과도 같다. 모든 잎에 하나의 뿌리가 있는 것처럼, 모든 존재에는 하나인 본질이 있으므로, 사람이 마음속 깊이 들어가면 누구나 하나인 본질을 만날 수 있다. 그것은 형상판의 철학으로 사는 사람이나 형하판의 철학으로 사는 사람이나 차이가 없다. 녹음이 우거진 땅에서는 지하에서 지하수가 곳곳에서 솟아나지만, 사막에서는 오아시스에서만 땅속 깊은 곳에서 지하수가 솟아난다. 철학의 측면으로만 보면 형상판의 철학으로 사는 사람은 녹음이 우거진 곳에 사는 것에 해당하고, 형하판의 철학으로 사는 사람은 사막에 사는 것에 해당한다. 일본의 이시다 바이간 철학은 사막에서 솟아나는 오아시스에 해당하고, 레뀌돈의 철학은 녹음이 우거진 곳에서 솟아나는 옹달샘으로 이해할 수 있다. 사람이 어디에 살든 땅속 깊은 곳을 파면 지하수를 만날 수 있다.

땅속 깊은 곳에 있는 하나의 지하수에서 솟아난 지상의 물은 모두 하나이고, 한 뿌리를 잊지 않은 잎들은 모두 하나이듯이, 하나의 본질을 잊지 않은 사람은 모두 하나이다. 사람이 남을 남으로 여기는 까닭은 하나인 본질을 잊었기 때문이다. 사람이 하나인 본질을 잊으면, 하나인 본질을 되찾아야 한다. 하나인 본질을 되찾는 방법이 수양이다.

제3절 레뀌돈의 수양론

레뀌돈이 저술한 『성모현범록(聖模賢範錄)』은 성현의 어록 중에서 학자에게 본보기가 될 자료를 모아놓은 책이다. 『성모현범록』은 성충(成忠), 입효(立孝), 수도(修道), 한사(閑邪), 건리(建理), 위생(衛生), 관수(官守), 종정(從政), 겸신(謙愼), 수접(酬接), 종의(宗誼), 곤훈(閫訓) 등의 열두 표제어가 목차로 되어 있고, 각 표제어에 해당하는 내용을 경전과 성현의 말씀 및 선유들의 말 중에서 해당하는 내용이 발췌되어 있다.

레뀌돈의 수양론은 『성모현범록』의 수도(修道) 조를 참고하면 대강의 내용을 할 수 있다. 『성모현범록』의 수도(修道) 조에 보면, 레뀌돈은 『주역』, 『서경』, 『시경』, 『춘추』, 『예기』, 『논어』, 『공자가어』, 『효경』, 『맹자』 등의 경전에서 수도에 관한 내용을 발췌하여 정리한 뒤, 『노자』, 『회남자』, 『문자』 등의 도가 서적에서 수도에 관한 내용을 발췌하여 실었고, 그 다음에 송나라 때 학자들의 어록에서 수도에 관한 내용을 발췌하여 실었다.

『성모현범록』의 내용에서 레뀌돈의 특징을 찾아볼 수 있다. 레뀌돈은 유교경전의 내용을 발췌하면서 『순자(荀子)』를 배제했고, 『노자』, 『문자』, 『회남자』 등에서 수도의 내용을 발췌했다. 유학의 대표적인 철학자 중에서 맹자는 형상판 철학의 대표이고, 순자는 형하판 철학의 대표이다. 도가철학은 형상판 철학이고, 법가는 형하판 철학이므로, 맹자의 철학과 노장철학은 서로 통하고, 순자의 철학과 법가 철학은 서로 통한다. 이에서 보면, 레뀌돈은 주자학의 테두리에 갇혀 있었던 학자가 아니라, 형상판의 철학에 철저한 학자였음을 알 수 있다.

레꿰돈이 『성모현범록』에서 발췌한 수도의 내용은 주로 덕을 밝히는 것, 마음을 경건하게 가다듬는 지경(持敬), 인의예지의 본성을 함양하는 것, 사단을 확충하는 것, 마음을 바로잡는 정심, 뜻을 정성스럽게 지키는 성의 등으로 압축된다.

제4절 레꿰돈의 실천철학

사람이 수양을 통해 하나인 본질을 회복하면 천지와 하나가 되고 만물과 하나가 된다. 천지와 하나인 사람이 하는 일은 천지의 일이다. 레꿰돈은 이를 다음과 같이 표현한다.

> 하늘은 텅 비어 있는 상태로 움직이고, 땅은 고요한 상태로 움직이므로, 사람이 텅 비고 고요한 상태로 움직이면 천지의 움직임과 하나가 될 수 있다. 텅 빈 상태가 되면 스스로 밝아지고, 고요한 상태가 되면 스스로 안정된다. 마음이 밝아진 상태에서 본질에 따라 움직여서 안정되면, 천지에 참여하여 천지의 일을 돕는 공이 비로소 이루어진다.[18]

하늘마음은 욕심이 없으므로 마치 없는 것처럼 보인다. 하늘의

---

18. 天以虛爲道 地以靜爲道 人能虛靜方能合天地之道 盖虛則自明 靜則自定 心明理定 參贊之功 於是乎在(『芸臺類語』理氣 一).

몸 또한 우주에 퍼져 있는 기의 상태로 있어 보이지도 않고 들리지도 않으므로, 마치 없는 것처럼 보인다. 사람의 마음에는 본심과 욕심이 있다. 욕심은 살필 수 있지만, 본심은 살필 수 없다. 따라서 욕심을 비운 사람의 마음은 텅 비어 있는 것처럼 보인다. 땅은 사람의 몸처럼 눈에 보이고, 손으로 만질 수 있다. 그러나 땅의 움직임은 요란하지 않다. 욕심 없는 사람의 몸 또한 요란하지 않다. 욕심 없는 사람은 요란하지 않지만 쉬지 않고 움직인다. 하늘과 땅의 움직임은 무위자연이다. 때로는 천둥번개가 치고 화산이 분출하기도 하지만, 그 또한 무위자연이다.

　욕심을 비운 사람이 고요하게 움직이면 천지의 움직임과 하나가 된다. 천지와 하나인 사람은 나쁜 사람에게 호통을 칠 때도 마음이 고요하다. 욕심을 비워 하늘마음을 되찾으면, 마음이 밝아지고 고요하여 안정된다. 하늘마음을 회복하고 땅의 몸을 회복한 사람은 천지와 하나가 된다. 천지와 하나가 된 사람의 움직임은 천지의 움직임이다. 천지와 하나 된 사람은 천지의 일을 한다. 천지의 일을 하는 사람은 천지를 돕는 사람이다. 천지와 하나가 된 사람은 삶의 방법이 달라진다. 레뀌돈은 천지와 하나된 사람의 삶의 방법을 다음과 같이 설명한다.

　　사람은 마음이 크기 때문에, 위로 천지와 통하고, 가운데로 귀신을 헤아리며, 아래로 만물을 살핀다. 하늘에서 드리우는 묘한 상과 수가 형체와 기운에 빈틈없이 나타난다. 무에서 유로 드러나기도 하고, 유에서 무로 돌아가기도 한다. 가물가물 미묘하기도 하고 환하게 드러나기도 하지만 본질의 작용 아닌 것이 없다. 마음을 바르게 한 뒤에 본질의 작용을 알 수 있고, 본질의 작용을 안 뒤에 기미를 알 수 있으며, 기미를 안 뒤에 권도를 행할 수 있다. 운명은 사람이 하기에 따라 만들어지는 것이지, 사람에게 주어지는 것이 아니다. 천인합일의 이치가 이에서 벗어나지 않는다.[19]

사람의 마음은 우주 만물 전체와 분리되지 않은 하나의 본질에 닿아 있다. 하나인 본질에 닿아 있는 사람은 하늘과 하나가 되고 만물과 하나가 된다. 위로 천지와 통해 있고, 가운데로 귀신을 헤아린다. 귀신이란 천지 사이에 흐르는 기의 움직임이다. 아침에 해가 떠서 낮이 되는 것은 신(神)이고, 저녁에 해가 져서 밤이 되는 것은 귀(鬼)이다. 음양의 움직임이 모두 귀신인 셈이다. 본질에서 벗어나지 않은 사람의 움직임은 기의 흐름에 따르는 움직임이다. 본질을 회복한 사람은 만물과도 하나이다. 뿌리에 닿아 있는 잎이 뿌리의 움직임에 따라서 움직이듯이, 천지에 통해 있는 사람은 천지의 움직임에 따라서 움직인다. 천지만물은 기의 흐름에 따라 움직인다. 기의 흐름은 현상에 앞서서 일어난다. 본질을 회복한 사람은 기의 흐름에 따라 움직인다. 기의 움직임은 형상과 수로 나타난다. 눈이 녹는 현상은 봄이 오는 조짐이고, 습도가 높아지는 현상은 비가 오는 조짐이다. 조짐은 형상과 수로 나타난다. 마치 온도계의 눈금

19. 人心之大 上可以通天地 中可以測鬼神 下可以察萬物 象數之妙 散於形氣 自無出有 自有入無 杳微彰著之間 莫非道也 正心而後 能知道 知道而後能見幾 見幾而後能達權 運命由人制 非能制人也 大人合一之理 不過於此(『芸臺類語』理氣 一).

이 올랐다가 내렸다가 하는 모습과 숫자가 기후의 변화를 나타내는 것과도 같다.

천지 사이에 일어나는 만물의 변화는 없다가 생기기도 하고, 있다가 없어지기도 하는 것처럼 보이기도 하고, 어둑어둑하다가도 환해지고 환하다가도 어둑어둑해지기도 하지만, 그 모든 변화는 본질에서 벗어난 것이 없다. 따라서 욕심을 비워 본래마음을 회복한 사람은 기의 흐름에 따라 조짐을 보고 움직인다. 조짐에 따라 움직이는 사람은 권도를 행할 수 있다.

욕심을 가진 사람은 고정관념을 가지고 욕심 채우는 방향으로 움직이므로, 조짐에 따라 움직이지 못한다. 예를 들면, 코끼리가 갑자기 언덕으로 올라가면 해일이 온다는 조짐이므로, 욕심 없는 사람은 조짐을 보고 언덕 위로 피신하지만, 욕심 많은 사람은 조짐을 알아차리지 못하므로 피신하지 못하는 것과 같다. 조짐에 따라 천변만화하는 외부의 상황에 대응하는 것이 권도이다. 권(權)은 저울추이다. 저울추는 한자리에 가만히 있지 않고 다는 물건의 무게와 균형을 맞추기 위해 수시로 움직인다. 이처럼 본질을 회복한 사람이 조짐에 따라 천변만화하는 것을 권도라 한다. 조짐에 따라 움직이는 사람은 운명이 그를 불행하게 하지 못한다. 운명은 사람이 하기에 따라 만들어지는 것이지, 일방적으로 사람에게 다가오는 것이 아니다. 레꿰돈은 권도를 실천하여 운명에서 벗어난 사람을 하늘과 하나 된 사람이란 의미에서 천인합일이란 말로 설명했다.

제8장

응오 티 념의 유학사상

응오 티 념(吳時任: 1746~1803)은 응오 티 시의 장남이다. 고향은 하떠이성 타인 오아이현에서 태어났다. 응오 티 념은 총명하고 박식했다. 23세 때 장원급제하고, 24세 때 사망시(士望試)에 급제하고, 하이 즈엉 헌찰사(憲察司)에 임명되었다. 29세 때는 진사에 급제하여, 급사중(給事中)에 임명되었고, 그 뒤 감찰어사(監察御史), 북경독동(北京督同), 타이 응웬 독동(督同), 동각교서(東閣校書) 등 여러 관직에 올랐다. 응오 티 념은 매우 혼란한 시기에 살았다. 많은 농민이 여기저기서 레-찐 조정에 저항했고, 떠이 선이 찐 왕을 무너뜨리고 북으로 진출했으며, 그 뒤 응웬 훼는 청나라에서 침략한 29만 대군을 물리쳤고, 응웬 아인이 떠이 선을 멸했다. 이러한 혼란기에 응오 티 념은 독특한 그의 철학을 전개했다. 응오 티 념의 저술에는 『이십일사촬요(二十一史撮要)』, 『필해총담(筆海叢談)』, 『황화도보(皇華圖譜)』, 『한각영화(翰閣英花)』, 『금마행여(金馬行餘)』, 『춘추관견(春秋管見)』, 『죽림종지원성(竹林宗旨元聲)』 등이 있다.

제1절 응오 티 념의 철학

응오 티 념은 여러 철학을 다양하게 공부하여 통일된 자기의 철학 체계를 확립했다. 응오. 티 념의 철학 체계는 현상에서 본질을 추구해 들어가 궁극적인 본질을 확인하고, 궁극적인 본질과 현상을 하나로 꿰뚫어, 본질과 현상을 아우르는 하나의 통일체를 구축했다.

응오 티 념은 먼저 현상에서 본질로 찾아들어가는 과정을 설명한다. 이 과정은 아마도 이기설의 영향을 받았을 것으로 보인다.

> 만약 인간이 단지 산이 높다고 생각하고, 강이 길다고 생각하고, 바람을 시원하다고 생각하고, 달을 둥글다고 생각하여 보고 안다면, 그렇다면 단지 상형에 따라서 보고 아는 것일 뿐 회의(會意)는 알지 못하는 것이다(「봉의시일정기(奉擬始一亭記)」).

> 보통 사람은 단지 산을 보는 것으로 산의 근거로 삼아서 다만 산이 높다는 것만 알고, 그렇게 되는 이유는 얻지 못한다. 산이 어찌해서 높은지에 대한 원인을 다시금 찾아내는 것은 알지 못한다. 보통 사람은 물을 보는 것으로 물의 근거로 삼아서 다만 깊다고만 알고 어떻게 해서 계량할 수 있는지는 모른다. 물은 어떻게 해서 깊은지에 대한 원인을 다시 찾아내는 것은 알지 못한다(「춘추관견(春秋管見)」).

위의 예문에서 응오 티 념은 현상을 현상으로만 보지 말고 그 현상의 이면에 있는 본질을 파악해야 함을 설파한다. 산을 바라보고 사람들은 산이 높다고 하고, 물을 바라보고 물이 깊다고 판단하지만, 이렇게 판단하는 것은 눈에 보이는 형상만을 보고 판단하는 것일 뿐, 그 형상이 가지고 있는 본질을 알지 못한다. 모든 형상은 그렇게 된 원인이 있고, 이유가 있으므로, 그 원인과 이유를 알아야 형상을 제대로 알 수 있다. 한 그루의 나무에도 수많은 잎이 있다. 그 잎들을 그냥 잎들로만 보면 잎을 제대로 이해할 수 없다. 그 잎들이 가지와 줄기로 연결되어 있다는 것을 알아야 잎을 제대로 아는 것이다. 그러나 잎들이 가지와 줄기로 연결되어 있다는 것을 아는 것만으로는 또한 잎을 제대로 아는 것이 아니다. 한 그루에도 수많은 가지와 줄기가 있으므로, 잎의 근원 또한 너무나 복잡하다. 잎의 근원인 가지가 줄기로 이어져 있고, 줄기가 하나의 뿌리로 연결되어 있다는 것을 알아야 비로소 잎을 제대로 안다고 할 수 있다. 모든 잎이 하나의 뿌리로 이어져 있다는 것을 알면 무한히 복잡한 잎이 모두 하나임을 알 수 있다. 천하 만물의 실상도 이와 같다. 천하 만물이 무한히 복잡하지만, 사실은 궁극적전 하나의 본질로 연결되어 있으므로 궁극적으로 모두 하나이다.

> 천지의 수는 하나의 근원에서 시작하고, 음양의 이치는 하나의 태극에서 시작한다. '하나'라는 것은 화공(조물주)의 흔적이 세운 것으로 다함이 없고, 성인(聖人)은 고갈됨이 없는 것을 담고 있다(「봉의시일정기(奉擬始一亭記)」).

> 모든 것이 바뀌어 하나가 되고, 홀로 된 것은 합하여 다발을 이루니, 이러한 이치와 천지음양의 수는 모두 여기에 있는 것이다(『금마행여(金馬行餘)』).

친지만물이 이어저 있는 하나의 뿌리는 태극이다. 태극은 하나의 근원이다. 천지만물은 조물주가 만들어낸 흔적이고 자취이다.

그 자취를 만들어내는 본질은 조물주이다. 조물주는 천지만물이 끝없이 만들어지는 본질이다. 성인은 천지만물의 본질인 조물주와 하나가 되고, 태극과 하나가 된 사람이다. 응오 티 넘은 이러한 성인의 모습을 "고갈됨이 없는 것을 담고 있다"라고 표현했다.

모든 것은 온갖 모습을 하고 있으면서 수없이 바뀌지만, 본질에서 보면 하나이므로, 다른 모습도 없고, 바뀌는 것도 없다. 같으면서 다르고 다르면서 같다. 천지 음양의 존재도 모두 그러하다. 하나인 본질은 천지만물의 주체이면서 동시에 천지만물 전체를 관장하는 작용을 한다. 수많은 잎은 하나의 뿌리가 흩어져 있는 모습이고, 하나의 뿌리는 수많은 잎이 모여서 하나가 된 모습이다. 흩어짐과 모임은 다른 방식으로 이해할 수도 있다. 천지만물은 우주에 펴져 있는 기운이 다양하게 뭉쳐져서 드러나 있는 형태이다. 천지만물에 뭉쳐져 있는 기가 흩어지면 우주에 퍼져 있는 하나의 기운으로 되돌아간다. 우주에 퍼져 있는 하나의 기운은 모였다 흩어졌다 하는 작용을 계속한다. 흩어져 있는 모습으로 보면 모든 것은 같고, 모여 있는 모습으로 보면 모든 것은 다르다. 나뭇잎의 비유에서 보면 흩어져 있는 것은 나뭇잎이고 모여 있는 것은 뿌리이다. 뿌리에서 보면 모든 잎은 하나이고, 잎에서 보면 모든 것은 다르다. 흩어짐과 모임, 같음과 다름을 이처럼 양면적으로 이해할 수 있다.

체(體)가 있되 용(用)이 없이는 어떠한 것도 할 수가 없고, 흩어짐이 있되 모임이 없이는 또한 어떠한 것도 할 수가 없으며, 다름이 있되 같음이 없으면 또한 어떠한 것도 할 수가 없다. 흩어짐과 모임, 다름과 같음의 도리를 오로지 이해한다면 곧 도에 관해 말할 수 있을 것이다(『금마행여(金馬行餘)』).

모였다 흩어졌다 하는 것이 도이고 자연이다. 자연은 그 자체로 조화를 이룬다. 자연은 다툼이 없다. 딱딱한 것은 강하지만, 쉽게 부러지고, 부드러운 것은 연약하지만, 오래간다. 이 또한 자연의 이치이다. 자연의 이치로 보면 좋고 나쁜 것이 없다. 그냥 그대로 자연이고 조화이다.

딱딱하면 쉽게 꺾이고 부드러우면 오래 가며, 혀든 이빨이든 세거나 약한 것을 경쟁하지 않는다(「천군태연부(天君泰然賦)」).

응오 티 넘은 노자의 『도덕경』과 『주역』을 섭렵하고, 주돈이의 태극도설, 장재의 태허설, 주자의 이기설 등을 두루 참고하여 자신의 철학을 하나의 체계로 확립했다. 응오 티 넘이 하나의 체계로 확립한 철학의 바탕은 역시 유학이었다.

제2절 응오 티 넘의 유학적 통합

응오 티 넘은 다양한 철학을 하나로 통합하는 통합의 원리를 유학에서 찾았다.

도는 오로지 하나이다. 불교와 노자는 단지 이름이 다를 뿐이다. 실제로는 모두가 유학일 뿐이다(「이청동기(二靑洞記)」).

유학과 불교의 작용은, 다만 하나의 도리로서, 여전히 그 근원은 하나이다(『죽림종지원성(竹林宗旨元聲)』).

유학의 핵심은 공자의 사상이다. 공자의 사상은 모든 사상을 하나로 통합하는 원리를 내포하고 있다.

공자는 도를 체로 삼고, 육경을 배로 삼았다. 그리하여 비록 백가가 풍파처럼 일어나더라도 공자의 배는 흐름 가운데에서 여전히 굳건하여 흔들리지 않았다. 양주, 묵적, 한비, 이사가 파괴적인 힘을 내었으나 배는 여전히 침몰하지 않았고 태양과 달과 별처럼 달라짐이 없었다. 비록 검은 구름이라 하더라도 햇살이 오르는 것을 막지 못한다. 산과 강물에 비록 안개와 연기가 있더라도 높고 깊음을 줄일 수가 없었다(『죽림종지원성(竹林宗旨元聲)』).

응오 티 념에게는 공자의 도가 모든 것을 종합하는 만세불변의 바탕이었다. 오늘날 사람들이 제대로 사는 법을 찾기 위해서는 공자의 사람됨의 도를 다시 세우지 않으면 안 된다.

그러나 사람됨의 도는 우리가 왜 세워야만 하는지를 생각해보아야만 한다. 성현은 가고 돌아오지 않는다. 그러나 언제나 어딜 가든 있다. 성현의 사업을 우리가 반드시 왜 계속해야 하는지 생각해야만 한다(『죽림종지원성(竹林宗旨元聲)』).

공자의 도를 후대의 사람들이 이어가지 않아서 침체했을 때 다시 밝힌 학자가 주자이므로, 공자의 학문을 다시 밝히기 위해서는 주자학이 필요하다.

주자가 세상에 나와 다시금 모든 것들을 모아 하나의 커다란 덩어리를 이루었다. 주자의 문장은 대체로 육경의 배에 있는 구멍이 뚫려 물이 새는 곳들을 치유하는 것과 같다(『죽림종지원성 (竹林宗旨元聲)』).

주자학을 통해 공자의 학문을 밝혀야 했음에도 당시의 사람들은 그렇지 못해 인간성이 황폐해졌다. 세상에 나타나는 총체적인 난국은 근본적으로 인간 본성의 상실에서 비롯한다. 맹자가 말한 것처럼, 마음에서 잘못되어 정책이 잘못되고, 정책이 잘못되어 사건이 생겨난다. 응오 티 넘은 당시 사람들의 문제점을 지적한다.

교만한 사람들이 있어 윗사람과 더불어 스스로 뛰어나다고 여기고, 어른과 더불어 미끌미끌하게 아부하면서 기분이 좋다고 여긴다. 자신을 고치는 것은 좋아하지 않으면서 나랏일을 논하는 것은 좋아하며, 자신에게 열중하지는 않으면서 다른 사람의 일에는 열심이다. 그들은 날카로운 입과 혀를 가지고 그들의 비밀스러운 속사정을 아름답게 꾸미고, 경솔한 두뇌를 가지고 와서 그들의 간사한 속마음을 덮어버린다(『금마행여(金馬行餘)』).

당시 사람들의 잘못을 바로잡는 근본적인 방법은 사람의 본성을 회복하는 일이다. 사람에게는 선한 본성이 있다. 선한 본성은 하늘에게 받은 것이므로 없어질 수 없다.

> 하늘이 사람을 위하여 선한 마음을 낳으니, 사람은 상성(常性)이 있다(『죽림종지원성(竹林宗旨元聲)』).

　모든 문제를 해결하는 근본적인 방법은 사람이 본래부터 가지고 있는 선한 본성을 회복하는 일이다. 선한 본성을 회복하는 일을 놓아두고 다른 데서 해결책을 구하는 것은 잘못된 일이다. 선한 본성을 회복하는 방법은 경전에 잘 설명되어 있으므로 경전 공부를 통해서 가능하지만, 실생활을 통해서도 가능한 것이 있다. 선한 본성은 하늘마음이고 한마음이다. 한마음을 확인하는 가장 확실한 방법은 가정에서 찾을 수 있다. 부모가 자녀를 대할 때의 마음이 한마음이고, 자녀가 부모를 대할 때의 마음이 한마음이다. 가정에서 자녀가 부모에게 효도하면, 자녀의 마음이 부모의 마음과 하나가 되고, 부모가 자녀를 자애(慈愛)하면, 부모의 마음이 자녀의 마음과 하나가 된다. 가정에서 부모와 자녀의 도리를 다하면 가정에서 참된 사람이 된다. 가정에서 회복한 한마음으로 마을 사람들을 대하면 한마음이 마을로 확대되고, 나라사람들을 대하면 한마음이 나라로 확대된다.

> 가정에서 사람됨은 양선(養善)을 행하고, 마을에서 사람됨은 품행이 바르다. 솔직하나 서로가 다투지 않으며 온화하게 서로가 거처한다(『서목정기(敍睦亭記)』).

부모에게 효도하고 임금에게 충성하는 것이 도이다.

배움은 참다움을 아는 것을 그 골자로 삼지만, 도를 구하기 위한 문은 다른 것이 아니라, 『춘추』를 절요(切要)로 삼고 친밀히 하는 일이다. 도는 다른 것이 아니라 충효 그것일 뿐이다(『춘추관견』 서).

『춘추』에서 가르치기를 우리가 신하가 되어서는 임금에게 충을 해야 하고, 자식이 되어서는 부모에게 효를 해야 하는 것이 근본이다. 그리고 이러한 근본을 세우는 것은 호연지기를 키우는 뼈대이다. 일단 호연지기가 키워진다면 풍족함에 처하더라도 지나치지 않게 되고, 궁핍함에 처하더라도 또한 안분(安分)을 알게 된다. 권위에 위협당하여 굴복하지 않으니 그렇게 된다면 충효의 마음은 곧 굳건해질 수 있다(『춘추관견』 서).

한마음은 학문을 통해서 회복할 수도 있고, 가정에서의 삶을 통해서 회복할 수도 있다. 한마음은 충효로 나타난다. 한마음을 충효로 설명하는 응오 티 넘의 철학은 정치철학으로 발전한다.

제3절 응오 티 넘의 정치철학

드러난 형상만을 쫓는 사람은 정치를 할 수 없다. 높은 산을 보고 산이 높은 줄만 알고, 깊은 물을 보고 물이 깊다는 것만 아는 사람은 정치할 자격이 없다. 드러난 형상의 본질을 알고 본질에서 나오는 조짐에 대처할 수 있어야 정치할 수 있다.

신이 듣기에 동중서는 이렇게 말했습니다. "다스리는 도는 다른 것이 없고, 다만 '주의를 기울임'을 골자로 삼는 것일 뿐으로, '주의를 기울임'은 늦게까지 깨어 있고 일찍 일어나며 날마다 일을 하는데 시간이 충분하지 않을 정도로 한다는 뜻이 아니며, 또한 여닫고 동요하고 제도를 바꾼다는 뜻도 아닙니다. 다만 '주의를 기울임'은 그 실마리를 잡는다"라는 것입니다(「근폭치언(芹曝卮言)」).

정치하는 사람이 일찍 일어나 밤늦게까지 일하고, 법을 고치고 제도를 바꾸며, 국토를 정리하고 건물을 짓기 위해 쉬지 않고 일하는 것만으로는 좋은 정치를 할 수 없다. 정치에서 가장 중요한 것은 본질을 알고 근본적으로 대처할 수 있도록 주의를 기울이는 것이다. 이를 응오 티 념은 "실마리를 잡는다"라고 표현했다. 불이 났을 때는 부지런히 불을 끄고, 홍수가 났을 때는 부지런히 물을 다스리며, 역병이 돌 때는 병원을 지어 병자들을 치료하느라 밤낮을 쉬지 않고 고생하는 사람이라야 좋은 정치를 할 수 있는 것은 아니다. 물론 그러한 사람은 불이 났을 때 불을 끄지 못하고, 홍수가 나도 물을 다스리지 못하며, 역병이 돌아도 병을 고치지 못하는 사람보다는 훌륭하지만, 그런 것이 최고의 정치는 되지 못한다. 화재의 원인은 작은 데서 시작된다. 굴뚝에 금이 가서 연기가 새어 나올 때는 불이 나기 전에 굴뚝의 금 간 곳을 막아버리면 된다. 장마철에는 홍수가 나기 전에 제방을 쌓아두면 된다. 역병이 돌기 전에 사람들에게 면역력을 높이도록 인도하면 된다. 그렇게 하기는 쉽고 간단하다. 모든 것에는 원인이 있다. 원인을 찾아 해결하기는 쉽고 간단하다. 쉽고 간단한 방법으로 정치하는 사람이라야 정치인의 자격이 있다. 모든 사건은 일어나기 전에 조짐이 있다. 조짐은 하늘의 깨우침이다. 과로하여 피로가 쌓이는 것은 병이 날 조짐이다. 사람이 느끼는 피로감은 병이 나기 전에 쉬라고 하는 하늘의 깨우침이다. 하늘의 깨우침을 알아차리는 사람이라야 사건이 일어나기 전에 방지할 수 있다. 그러므로 하늘의 깨우침을 알아차릴 수 있는 사람이라야 정치할 자격이 있다.

> 짐이 생각하기에, 5대의 임금은 그들을 바꾸어서 명을 맡았고, 삼대의 왕은 시(時)를 만나 운을 열었으니, 도는 바꿈이 있고, 시는 변통이 있다. 성인이 천도를 따름은 나라를 주제하고 백성의 부모가 되기 위함이니, 다만 하나의 뜻이 있을 뿐이다(「왕위에 오르는 조(詔)-꽝 쭝 황제를 대신하여 씀」).

부모는 자녀를 위해 헌신한다. 임금은 자녀를 위해 헌신하는 부모처럼, 백성을 위해 헌신하는 사람이다. 사람들을 살리기 위해 끊임없이 마음을 쓰는 존재가 하늘이므로, 임금은 하늘의 뜻을 따를 수 있어야 자격이 있다. 사람을 살리기 위한 하늘의 마음과 백성에게 헌신하는 임금의 마음과 자녀를 위해 헌신하는 부모의 마음은 하나이다. 따라서 하늘마음을 가지지 않은 사람은 임금이 될 수 없다.

그러한 관원은 자신을 위해 스스로 주공 단이나 백이숙제와 나란히 고귀하고 뛰어나다고 한다. 자신의 얕고 편협함을 장식하기 위해 옛사람의 말을 꺾어 내린다. 계속해서 그들은 왕에게 원하기를 음식은 질그릇에 먹고, 흙으로 만든 잔에 마시고, 거친 옷감의 옷을 입고, 가죽신만을 신으라고 말하며 그와 같음이 곧 그럴 만하다고 하지만, 이것은 단지 당나라 요 임금과 한나라 문제의 찌꺼기에 지나지 않는다. 다시 원하기를 왕은 밤중에도 옷을 입고, 닭이 울지 않을 때 이미 자리에 앉아 있으며, 경전을 토론해서 한밤중까지 궁전에 있다가 막 잠자리에 드니, 말하기를 그렇게 함이 곧 그럴 만하다고 하지만, 이것은 단지 주 선왕과 당 태종의 쌀겨와 낙엽에 지나지 않는 것일 뿐이다(「근폭치언(芹曝卮言)」).

많은 사람은 훌륭한 임금의 모습을 요임금이나 한나라 문제 같은 모습에서 찾는다. 특히 임금을 받드는 관원들이 더욱 그렇다. 요임금처럼 질그릇으로 음식을 담아 먹고, 흙으로 만든 잔으로 술을 마시며, 거친 옷감의 옷을 입고, 가죽 신만을 신는 것을 훌륭한 임금으로 아는 것은 잘못이다. 요임금의 마음은 하늘의 마음이었고, 부모의 마음이었다. 백성을 위하는 마음만 있었을 뿐, 자신을 챙기려는 마음이 없었으므로, 자기의 삶은 검소했다. 임금이 백성을 위하는 마음이 없이 다만 요임금의 삶의 방식을 흉내 내는 것은 아무 의미가 없다. 밤늦게 자고 새벽에 일어나며, 신하들과 경전을 토론하는 것 등은 주나라 선왕과 당나라 태종의 찌꺼기일 뿐이다. 임금에게 가장 중요한 것은 하늘마음을 회복하는 것이다. 하늘마음을 가진 임금은 과거의 임금이 했던 방식을 흉내 내지 않는다. 역사에서는 똑같은 일이 되풀이되지 않는다. 과거와 똑같은 일이 일어난 것처럼 보이는 것도, 때와 장소가 다르고 상황이 다르므로, 대처 방안이 같을 수는 없다.

하나만 알고 둘은 모르는 것이다. 천하의 일은 사정이 비록 서로 같으나, 형세가 서로 다르다. 이 때문에 득실 역시 완전히 다르다(『황려일통지(皇黎一統志)』).

침략한 군대와 맞서 싸울 때도 과거의 방식으로 하면 안 된다. 명나라의 군대와 싸우는 방식과 청나라 군대와 싸우는 방식이 같을 수가 없다. 명나라 군대와 청나라 군대가 같을 수 없고, 침략하는 때와 장소도 다르므로, 다른 상황에 맞게 대처하지 않으면 안 된다. 이를 응오 티 넘은 다음과 같이 말한다.

물이 흐르면 배를 쓰고, 길이 험하면 말의 고삐를 쓴다(『죽림종지원성(竹林宗旨元聲)』).

물이 흐르면 배를 타고, 험한 길이 있으면 말을 타면 된다는 말은 상황에 따라 대처해야 함을 말하는 것이다. 상황이란 시세(時勢), 즉 때와 형세를 말한다. 때와 장소가 똑같은 것은 없다. 때와 장소가 늘 다르므로, 천명을 따르는 사람이라야 때와 장소에 맞게 일을 처리할 수 있다. 옛것은 현재와 미래를 알기 위한 참고일 뿐이다. 처한 때와 장소에 맞는 처리 방식은 그때그때 하늘이 깨우쳐 준다. 하늘의 깨우침은 외부에서 들려오는 것이 아니라 사람의 마음속에서 들려온다. 그 까닭은 하늘의 마음이 바로 사람의 마음이기 때문이다.

하늘의 도리는 사람의 마음에 있다(『希尹詩文集』).

천명은 한순간도 정지하는 적이 없다. 언제나 바뀐 때와 장소에 맞는 대응방식을 깨우쳐 준다. 알고 있는 과거의 대응 방식은 고정관념일 뿐이다. '작은 나라는 천명을 두려워하여 큰 나라를 섬긴다'라는 것도 고정관념일 수 있다. 큰 나라가 그런 고정관념을 가지고 작은 나라를 위협하는 것은 천명을 아전인수격으로 이용하는 것이다. 때와 장소에 따라서는 큰 나라가 작은 나라를 섬겨야 할 때도 있다. 그런데도 '작은 나라가 큰 나라를 섬기는 것이 천명이다'라고 생각하는 사람의 천명은 고정관념일 뿐 참된 천명은 아니다.

응오 티 넘은 꽁 쭝을 대신하여 청나라의 왕에게 편지를 써서 다음과 같이 말한다.

천조는 당당한 넓은 하나의 나라인데도 작은 한 나라와 승패를 다투어 경쟁하고, 다시금 무력을 추구하여 끝까지 이르기를 원하며, 내쫓긴 백성들은 잔혹함을 참기 위해서 전장 밖으로 나가니, 이는 반드시 성인 또한 어떠한 마음으로도 그렇게 하는 것을 참지 못할 것이다. 만일에 또한 끝내지 않고서 계속하여 서로 싸워야만 한다면 그때는 신(神)이 더는 천명을 듣고 따르도록 묶어서 작은 나라가 큰 나라를 섬기도록 하지 않을 것이니, 앞으로 어찌 될 것인지 미리 어찌 알 수 있을 것인가(『방교호화(邦交好話)』).

사람들이 천명을 고정관념으로 가지고 있으므로, 응오 티 넘은 그때그때 주어지는 천명을 신(神)의 말씀으로 바꾸어서 말한다. 신(神)은 청나라에 맞서 끝까지 싸우라고 베트남인에게 명령할 수도 있을 것이다. 응오 티 넘이 말하는 정치의 근본 방법은 하늘의 뜻을 따르는 데서 찾아야 한다. 정치 방법은 때와 장소에 따라 늘 바뀌지만 바뀌지 않는 정치의 본질이 있다. 그것은 백성을 위한다는 것이다.

제4절 응오 티 넘의 정치 목적

정치를 하면서 끝까지 있지 말아야 할 것은 백성이다. 부모의 뜻이 자녀에게 있듯이 하늘의 뜻은 백성에게 있다. 백성이 없다면 임금이 필요 없고, 정치가 필요 없다. 정치의 목적은 백성에게 있고, 임금의 목적 또한 백성에게 있다.

하늘이 보고 하늘이 듣는 것은 하늘이 백성에게 있기 때문이다. 백성의 마음이 안정되면 하늘의 뜻 또한 방향을 바꾼다(『금마행여(金馬行餘)』).

부모의 마음은 온통 자녀에게 가 있다. 자녀에게 문제가 생기면 부모의 마음은 우울해지고, 자녀의 일이 순조로우면 부모의 마음은 행복해진다. 하늘과 백성의 관계도 그러하다. 백성이 고통스러우면 하늘마음이 불편해지지만, 백성이 순조로우면 하늘마음이 순조로워지고, 하늘마음이 순조로워지면 자연현상 또한 조화롭게 진행된다. 임금의 마음도 그러해야 한다. 임금의 마음은 온통 백성에게 있어야 한다. 백성이 고통스러우면 임금도 고통스러워야 하고, 백성이 행복하면 임금도 행복해져야 한다.

> 두 지역에 있는 백성의 마음이 안정되면 화기(和氣)가 다시금 모이게 된다(『금마행여(金馬行餘)』).

> 백성이 아래에서 느껴서 화목하면 하늘이 위에서 응하니, 계절이 기약하지 않아도 오는 것처럼 명백한 것이다(『금마행여(金馬行餘)』).

백성이 지역으로 나뉘어 다투면 자연현상이 어그러지지만, 백성의 마음이 안정되면 조화로운 기운이 세상을 뒤덮는다. 하늘마음은 보이지도 않고 들리지도 않기 때문에 백성들의 감정이 하늘마음과 하나로 연결되어 있다는 사실을 인정하기 어렵지만, 응오 티 넘은 백성의 마음 상태에 따라 하늘이 응하는 것은 사계절이 순환하는 것처럼 확실하고 명백하다고 확언한다. 백성을 위해 정치가 있는 것이기 때문에 정치의 출발점은 백성을 여유롭게 하여, 백성이 만족할 수 있게 하는 것이다.

백성의 마음을 얻길 원한다면, 골자는 두 곳과 북부 지역 네 곳을 여유롭게 해야만 한다(『금마행여(金馬行餘)』).

신이 생각건대 백성들이 충분히 배부를 수 있게 하려면 경작지 정책을 정돈하는 일은 지금에 결코 늦추어서는 안 되는 일입니다(『한각영화(翰閣英花)』).

조세 또한 두 차례 정궁에 내는 것 이외에는 어떠한 것이든 즉시 면할 수 있는 것은 면해서 농민들이 만족하여 마음이 즐겁게 해야 한다(『금마행여(金馬行餘)』).

화물 운송에 세금을 매기는 순사는 본청 하나만 빼고는 장사를 하는 사람들이 바라는 것을 얻어서 만족할 수 있도록 나머지 부속 관청은 폐지할 수 있는 곳은 폐지하도록 한다. 백성들이 병사가 되어 전쟁에 나가기 위해 군대로 옮길 때는, 기지(基址)와 부대(部隊), 배[船]의 경우 반드시 철저하게 목록을 작성하여 어떤 사람이 전쟁에서 죽으면 그 자식의 세를 면제해주며, 어떠한 사람이든지 병영에 머물고 있으면 가정에 급료를 지급하여 병사들을 만족하게 한다(『금마행여(金馬行餘)』).

일단 급료를 취하는 정책을 시행한다면 다시금 착복하는 사람들이 출현하고, 착복하는 사람이 출현하게 되면 평화롭게 다스리는 법률은 폐지되고 말 것이다. 평화롭게 다스리는 법률이 폐지되면 백성들의 직업이 황폐해지고, 백성들의 직업이 황폐하게 되면 부패한 관습이 자라나게 된다(「근폭치언(芹曝卮言)」).

응오 티 넘이 말하는 정치의 목표는 우선 백성들을 풍족하게 하는 것이다. 백성들이 풍족해지기 위한 조건으로는 경작지의 정비, 세금의 감면, 군인 가족에게 혜택 주는 것, 공무원의 착복을 없애는 것, 등등이다. 백성들이 풍족해지는 것보다 더욱 중요한 것은 백성들의 정신적 행복감이다. 백성들이 행복해지기 위해서는 착한 마음과 맑은 기운을 가져야 한다.

> 그들에게 호연지기를 배양하도록 하고, 그들에게 염치가 일상의 습관이 되도록 양성한다(『금마행여(金馬行餘)』).

> 예로부터 사람들이 인정했다. 음양이 화를 잃으니, 그보다 더 두려워할 만한 것은 아무것도 없다. 하지만 만약에 염치가 남아 있지 않으면, 칭찬과 비난이 도리에 맞지 않으니 이것이야말로 진실로 더욱 두려운 것이다(『금마행여(金馬行餘)』).

백성들에게 염치가 남아 있지 않으면 세상을 안정시킬 수 없다. 일상에서 염치가 습관이 되기 위해서는 착한 마음을 회복해야 한다. 백성들의 마음이 착해지고 몸이 맑아진 상태에서 물질이 풍족하게 되는 것이 가장 이상적이다. 응오 티 넘은 우선 백성들을 풍족하게 한 뒤에, 착한 마음을 회복하게 하고, 맑은 기운을 되살릴 수 있도록 유도해야 한다고 설파한다. 착한 마음을 회복하여 한마음이 되면 모두 하나가 된다. 모두 하나가 되지 않으면 정치가 제대로 될 수 없다. 모두 하나가 되는 마음은 유학자들부터 회복해야 한다. 당시에는 유학자들이 중심이 되어, 사람들의 직업군을 사·농·공·상으로 분류하여 차별하는 분위기가 있었다. 당시 사(士)에 속하는 유학자들은 농·공·상에 비해 우월하다는 의식을 하고 있었는데, 이것부터 바꾸어야 한다. 농·공·상이 실지로 일하는 귀한 사람들인데, 유학자들은 그런 것을 모르고 차별하고 있었다면 아주 잘못이다. 우선 유학자들의 마음부터 바꾸어야 한다.

> 일을 한다는 것은 농·공·상인데, 어찌 우리 유학자들만 그렇게 생각하지 않는 것인가(「위지부(爲之賦)」).

학문을 통해 한마음을 회복하는 것은 유학자가 통과해야 할 첫 번째 관문이다. 그런데도 유학자들이 사·농·공·상을 차별한다면 유학자라 할 수 없다. 사·농·공·상은 직업을 분류하는 것 이상이 되어서는 안 된다.

> 가르치는 선생은 정통함이 없고, 상벌은 공평함이 없으며, 봉록은 충분하지 않으니 원인은 모두가 부족한 상황에 있다. 실제로 그들의 극빈한 현실이 이를 일으키는 것이니, 이 일은 보다 긴급한 일이다. 만약에 그 실마리를 잡지 않는다면 비록 지혜가 있더라도 그저 알기만 할 뿐 결코 세를 펴보지 못한다(「근폭치언(芹曝卮言)」).

응오 티 념이 보기에 당시는 총체적으로 문제가 생긴 시대였다.

교육이 잘못되고, 상벌이 정확하지 않으며, 월급이 부족했다. 모든 것이 잘못되어 헝클어진 실타래처럼 뒤엉킨 것이다. 실타래를 풀기 위해 실마리를 찾아야 하듯, 당시의 문제를 해결하려면 실마리를 찾아야 했다. 응오 티 념은 실마리를 찾기 위해 극심한 상황과 사실들을 하나하나 살펴보고 정리하여 그 원인을 찾는 데서부터 시작해야 한다고 설파한다.

> 실마리는 무엇보다 극심한 상황과 극심한 사실들을 정리하여 연구하는 것이다. 이는 만대의 다스리는 심법이다(『금마행여(金馬行餘)』).

응오 티 념의 이 방법은 오늘날에 특히 요긴한 것으로 보인다. 오늘날은 혼란이 총체적으로 일어나고 있다. 이를 해결하기 위해서는 근본적인 방법이 필요하다.[20]

이상에서 살펴본 베트남의 유학을 한마디로 정리하면, 베트남의 유학은 형상판에서 성립한 유학이다. 형상판의 유학은 매우 심오하고 근본적이지만, 가장 큰 문제점은 심오한 유학사상을 다른 사람에게 전달하기 어렵다는 것이다. 심오한 철학은 철저한 수양을 통해서 터득하는 것이므로, 수양을 거치지 않은 사람에게 전달할 방법이 없다. 철저한 수양을 한다는 것이 쉽지 않기 때문에 뛰어난 철

---

20. 응오 티 념의 유학사상 관련 서술은 응웬 따이 트, 김성범 옮김, 『베트남 사상사』(소명출판, 2018)를 많이 참조했고, 원문의 번역을 대부분 그대로 실었음을 밝힌다.

학을 다음 세대로 전하는 것이 어렵다. 베트남에서는 뛰어난 학자와 뛰어난 정치가가 등장하면 위대한 역사가 펼쳐지지만, 뛰어난 인물이 죽은 뒤에는 위대한 역사가 바로 사라지고, 고난의 역사로 바뀌고 만다.

응오 티 넘의 사후에 베트남은 혼란기를 맞았다가 프랑스의 식민지로 전락한다.

제3부

■

프랑스의 식민 지배와 독립운동

제1장
베트남의 마지막 왕조

1786년 야천주교의 선교라는 명분을 앞세워 베트남에 들어온 프랑스인은 17세기 말부터 베트남의 정치에 관여하기 시작했다. 응웬 씨 세력이 떠이선 세력에 밀려 힘이 약해지자, 당시 베트남에 와있던 피에르 피뇨 드 베엔(Pierre Pigneau de Behaine: 1741~1799) 주교가 스스로 마련한 자금으로 배를 구입하고 용병을 대동하여 응웬 폭아인을 지원했다. 이에 힘입은 응웬폭아인은 1801년 떠이선의 주요 지역들을 점령하고 1802년에 베트남의 마지막 왕조인 응웬 왕조를 세워, 중부 지역에 있는 투언화를 수도로 정하고, 스스로 황제 자리에 올라 자롱(嘉隆: 재위 1802~1820) 황제로 칭했다. 자롱 황제는 청나라로부터 비엣남(越南)이란 국호를 승인받아 베트남이란 국호가 공식적으로 쓰이는 계기가 되었다. 응웬 왕조의 정치이념은 유학이었다. 자롱 황제는 18년간 왕조의 기틀을 다지기 위해 전력을 다했다. 자롱 황제는 처음 남부 세력을 바탕으로 출범했지만, 남부 지역을 완전히 장악하지도 못했고, 북부 지역 사람들에게 온전한 지지를 받지도 못했다. 남부 지역에는 중국계, 인도계, 크메르인, 베트남인 등이 집단을 이루고 있었고, 종교도 민족에 따라 불교, 도교, 회교 등으로 다양했다.

1819년 자롱 황제가 죽자, 자롱 황제의 넷째 아들이 뒤를 이어 민망(明命: 재위 1820~1841) 황제가 되었다. 민망 황제는 뛰어난 유학자였다. 그는 무인을 멀리하고, 열정적으로 유학의 보급에 나섰다. 과거제도를 완비하여 1822년부터 회시를 통해 관리를 선발했다. 회시는 1850년까지 13번 시행되었는데, 그동안 선발된 진사가 124명이었다. 민망 황제는 캄보디아와 라오스를 침략하여 팽창정책을 펴기도 했다. 민망 황제는 1838년에 비엣남이란 국호를 다이남(大南)으로 고치고, 국내와 청나라를 제외한 다른 나라에 사용하기로 했다.

민망 황제는 유학을 중시하는 한편 천주교를 대대적으로 탄압했으므로, 프랑스와의 관계가 크게 악화하였다. 민망 황제의 뒤를 이은 티에우찌(紹治: 재위 1841~1847)는 서구 세력을 수용하지 않는 고립주의를 지속했고, 그의 뒤를 이은 뜨득(嗣德: 재위 1847~1883) 황제는 민망 황제의 제도와 정치를 고수했다. 뜨득 황제 때 반란이 극심해졌고, 혼란을 틈타 프랑스의 침략이 노골화되었다.

프랑스는 1847년의 다낭 공격을 시작으로 베트남 침략을 본격화했다. 프랑스는 1858년 9월 스페인과 연합하여 다낭을 점령하면서부터 베트남과의 전쟁에 돌입했다. 프랑스와 스페인 연합군은 1859년 2월에 사이공(지금의 호치민 시)에 있는 지아딘 성을 공격했다.

1861년 프랑스는 사이공 부근에서 베트남군을 격파하고 사이공 부근의 요충지인 미토를 점령하고, 비엔호아와 바리아 지역까지 점령했다.

1861년 뜨득 황제는 화친을 주장하던 판타인 지안(潘淸簡: 1796~1867)과 럼주이티엡(林維浹)에게 협상을 명하여, 1862년 6월 5일 제1차 사이공 조약을 체결했다. 조약의 내용은 베트남이 천주교 선교의 자유를 인정하고, 남동부 지역에 있는 3성 즉, 비엔호아·자딘·딘뜨엉과 꼰다오 섬을 프랑스에 할양하며, 세 항구 다낭·바랏·꽝옌을 프랑스와 스페인에게 개항하고, 은 400냥의 배상금을 내는 것 등이었다.

1867년 프랑스군은 베트남인의 반란을 제압한다는 명분을 앞세워 많은 지역으로 세력을 확장했다. 1874년 3월에 폴 루이 펠릭스 필라스트르(Paul Philastre)와 응웬반뜨엉(1824~1886) 사이에 제2차 사이공 조약이 체결되었다. 이 조약으로 응웬 왕조는 남부 6성에 대한 프랑스의 독립적 주권을 인정하고, 통상을 위해 홍강·꾸이년·하이퐁·하노이를 개방했으며, 하노이와 하이퐁에 프랑스 영사를 주재하게 했다.

1883년 초 프랑스는 베트남 점령을 본격화하기 위해 군사비를 증강하고, 대규모 육해군을 베트남에 파견하기 시작했다.

1883년 7월 뜨득 황제가 죽고, 죽득(育德: 재위 1883~1883) 황제가 즉위했지만, 응웬반뜨엉, 똔텃투엣(1839~1913) 등이 3일 만에 독살하고, 히엡호아(協和: 재위 1883~1883) 황제를 즉위시켰다. 히엡호아 황제가 즉위한 다음 달에 베트남에 파견되어 있던 프랑수아 쥘 아르망은 자기들의 제안을 받아들이지 않으면 '안남'이란 이름을 역사에서 지워버리겠다는 최후통첩을 황제에게 보냈다. 황제는 쩐딘뚝(陳廷肅)과 응웬쫑헙(院仲合)을 파견하여 아르망 조약을 체결했다. 조약의 내용은 베트남에서의 프랑스의 권한을 대폭 강화하는 것이었다. 조약 체결 후 히엡호아 황제는 자기와 사이가 나빠진 응웬반뜨엉의 무리를 제거하려 하다가 그들에게 독살 당했다. 응웬반뜨엉의 무리들은 끼엔푹(建福: 재위 1883~1884) 황제를 옹립했다.

1884년 7월 끼엔푹 황제가 즉위 8개월 만에 죽고, 함응이(咸宜: 재위 1884~1885) 황제가 즉위했다.

1885년 7월 똔텃투엣 등이 프랑스에 대항하자, 프랑스가 황궁을 공격했다. 이에 똔텃투엣이 프랑스군 수비대를 공격한 뒤, 황제를 데리고 수도를 빠져나가 꽝빈 지역으로 피신했다. 9월 중순 프랑스는 함응이 황제를 폐위하고 뜨득 황제의 둘째 양자를 동카인(洞慶: 재위 1885~1889) 황제로 옹립한 뒤, 함응이 망명정부를 불법으로 규정함으로써 사실상 식민 지배를 시작했다. 똔텃투엣이 꽝빈의 산악지대에 거점을 정하고 황제의 이름으로 프랑스에 맞설 것을 호소하는 근왕령(勤王令)을 반포하자, 후에의 북쪽 지역에서 유학자와 지주들이 일어나고, 함응이 망명 궁정이 있던 산간지대에서 레닌(黎寧)이 저항 세력을 이끌고 일어났으며, 타인 호아 성의 마강 델타에서 딘꽁짱(丁功壯)이 일어나 각각 프랑스군에 극렬하게 저항했으나 뜻을 이루지 못했다.

1888년 10월 말 함응이 황제는 소수민족 족장의 밀고로 프랑스군에 체포되어 알제리로 유배되었고, 근왕운동(勤王運動)에 참여했던 많은 저항 세력이 위축됨으로써 베트남은 사실상 프랑스의 식민지가 되었다. 프랑스의 식민 지배는 중간에 일본이 지배한 1943년부터 1945년까지를 제외하고, 1954년까지 지속되었다.[21]

제2장
베트남의 독립운동

제1절 독립을 위한 무력투쟁

베트남이 프랑스의 식민지로 들어간 이후로 독립운동이 일어났다. 무력투쟁을 일으킨 대표적 독립운동가로 판딘풍(潘廷逢: 1847~1895)과 호앙호아탐(黃花探: 1836~1913)이 있다.

판딘풍은 유교적 소양을 갖춘 지식인으로서 프랑스군에 대항하는 독립군을 이끌었고, 사후에 국가 영웅으로 추앙되었다. 호앙호아탐은 베트남 북부에서 반프랑스 유격대를 조직하고 '데 탐'이라는 이름으로 용맹을 떨쳤다.

초기의 독립운동가들은 거의 유학적 소양을 가진 지식인이었으므로, 유학자들을 중심으로 경신사상(更新思想)이라고 하는 새로운 사상운동이 일어났다. 경신사상은 상소의 형식으로 표출되었다. 왕조가 유지될 수 없는 위기에 처하자 유학자들은 행동으로 나서서 근왕운동을 전개했다.

판딘풍은 프랑스군에게 진압되었고, 유학자들이 주축이 된 독립운동은 실패로 돌아갔으나, 이에 자극받은 많은 지식인이 반프랑스 독립운동을 전개했는데, 이를 통칭하여 주이떤(維新)운동이라 부른다. 주이떤운동에 참여한 인물은 유학자들과 불교의 승려, 자본가으로 등 다양했으나, 중심인물은 판보이쩌우와 판쩌우찐이었다.

---

21. 김성범, 『베트남 사상으로의 초대』(푸른사상, 2019) 참조.

판보이쩌우(潘佩珠: 1867~1926)는 프랑스에 대항하기 위해 유신회(維新會)란 단체를 결성하고, 인재를 육성하기 위해 베트남의 청년들을 일본에 유학시키는 동유운동(東遊運動)을 일으키는 한편, 중국에서 신해혁명이 일어나자 베트남 광복회를 조직하여 중국 각지에서 독립운동을 지도했다. 판보이쩌우는 '소남자(巢南子)'란 이름으로 『월남망국사(越南亡國史)』를 저술하기도 했다.

판쩌우찐(潘周楨: 1871~1926)은 판보이쩌우와 함께 베트남 독립운동을 주도하면서 베트남 사회의 점진적인 개혁을 주장했는데, 그의 주장은 당시 베트남의 진보적 지식인들에게 많은 영향을 끼쳤다. 유학적 이념만으로는 독립이 어렵다고 판단한 지식인들은 불교와 도교뿐만 아니라, 베트남의 민족주의적 민간신앙에도 관심을 기울여, 신비주의적인 무장투쟁도 일어났고, 불교 세력이 뭉쳐 독립운동을 일으키기도 했다.

다양한 투쟁이 전개되는 가운데, 대표적인 운동으로 남부에서 불교가 주축이 되어 일으킨 브우선끼흐엉운동과 북부에서 유학자들이 주축이 되어 일으킨 티엔단운동을 들 수 있다.

제2절 티엔단운동

티엔단운동은 베트남 북부 지역에서 유학자들과 관료들이 중심이 되어 일으킨 운동이다. 티엔단운동은 주이떤운동이 실패한 뒤 본격화되었다. 주이떤운동의 영향을 받은 유학자들은 북부 지역의 여러 곳에서 단원을 조직하여 민간에서 쓰이는 내용으로 단문을 작성하여 단원들에게 읽혔다. 티엔단운동을 주도하던 유학자들과 관료들은 스스로 무당의 옷을 입고 민족의 영웅을 모시는 단을 설치했다. 그들은 단문들을 모아 종교의 경전처럼 책으로 묶었는데, 그 책의 이름을 『낀다오남(道南經)』이라 불렀다. 『낀다오남』의 내용은 유학의 윤리와 도덕을 바탕으로 하면서 아울러 불교의 자비와 선행을 베풀도록 하는 가르침이었다. 『낀다오남』은 「건편」과 「곤편」으로 구성되어 있다.

티엔단의 단원들에게 가르치는 내용은 주로 유학이었지만, 수행 방법은 불교의 방법을 도입했다. 티엔단운동을 일으킨 유학자들이 무속의 형식을 취한 것은 독립운동을 위장하기 위한 것이었다.

제3절 브우선끼흐엉운동

브우선끼흐엉(寶山奇香)운동은 호치민 시의 서남부 지역에서 종교적 성격을 띠고 일어난 반프랑스 독립운동이었다. 곡창지대인 남부 지역은 프랑스에 많은 수탈을 당했으므로, 그 반항이 상대적으로 치열했다. 티엔단운동에서는 유학의 바탕에다 불교적 색채를 가미한 것이었지만, 브우선끼엉운동은 불교를 바탕으로 하면서 유학적 색채를 가미한 것이었다. 브우선끼흐엉운동을 주도한 인물은 펏터이떠이안이었다. 브우선끼흐엉은 펏터이떠이안이 사람들을 치료할 때 써준 글자라고도 하지만, 그 외 여러 가지 설이 있다. 브우선끼흐엉운동의 내용은 종교에 가깝지만, 종교적 상징이나 건물을 만들지 않고, 밭에 모여 수행하는 형식을 취했다.

브우선끼흐엉운동은 펏터이떠이안 사후에 종교적인 측면과 실천적 측면의 두 갈래의 흐름으로 분화되었고, 브우선끼흐엉운동 이후에 신종교가 등장하기도 했다.[22]

---

22. 김성범, 『베트남 사상으로의 초대』(푸른사상, 2019) 참조.

제4부

■

베트남의 독립과 분단 그리고 통일

제1장
베트남의 독립과 분단

1927년 베트남의 민족주의자들을 중심으로 '베트남 국민당'이 창당되고 같은 해에 '인도차이나 공산당'이 창당되었지만, 프랑스의 감시와 탄압을 받아 쉽게 독립하지 못했다. 1937년부터 1945년까지의 중일전쟁 중인 1940년에 일본의 육군이 베트남 북부에 진출하고, 1941년에는 베트남 남부에도 진주했다. 1941년 호치민이 베트남 독립동맹, 약칭 비엣민(越盟)을 통합하여 프랑스와 일본의 지배로부터 독립을 추구했다.

일본군과 프랑스령 인도차이나 정부와의 공존은 태평양전쟁 말기인 1945년 3월까지만 지속되었다. 1945년 3월, 일본은 인도차이나 드쿠 식민정부로부터 베트남을 독립시켜 자신의 꼭두각시 정부로 만들려 했고, 바오다이 황제는 프랑스와 적대하는 일본군에 협력했다. 이로 인해 일본은 베트남에 있는 프랑스군을 물리치고, 꼭두각시 정부인 베트남 제국을 수립하고, 바오다이를 황제의 자리에 앉혔다.

1945년 8월 15일 일본이 연합군에 항복했을 때, 베트남 제국도 힘을 잃었다. 비엣민은 베트남 8월 혁명을 일으켜 권력을 탈취하고 임시 베트남민주공화국 정부를 설립했다. 일본은 베트남의 행정권을 비엣민에게 넘겼다. 비엣민은 하노이를 점령하고 임시정부를 선언했다. 8월 30일에 후에의 궁전에서 베트남 제국의 황제 바오다이가 퇴위했다.

1945년 9월 2일, 일본이 도쿄 만에 정박 중이던 미주리호의 선상에서 항복문서에 조인하자, 비엣민은 하노이에서 베트남민주공화국의 독립을 선언했다. 그러나 포츠담 회담의 결과와 연합군 일반명령 제1호에 따라, 베트남은 중국과 영국에 의해 다시 분할 점령을 당하는 운명에 놓였다. 그때 베트남에 있던 프랑스인과 프랑스 군인들이 주축이 되어, 사이공(지금의 호치민 시)에서 식민군을 재결성하여 비엣민 세력과 충돌했다. 1945년 프랑스 임시정부는 베트남의 독립운동을 진압하고 프랑스의 지배를 재건하기 위해, 프랑스 극동 원정군을 베트남에 보냈다.

영국과 중국은 프랑스의 설득에 따라 군대를 철수시켰지만, 프랑스는 물러나지 않고, 바오다이를 내세워 사이공에 괴뢰정권인 베트남국을 수립했다. 이에 맞서 비엣민은 북부의 하노이에 베트남민주공화국(월맹, 북베트남)을 수립했다. 이로써 베트남은 1945년에 북부만 비엣민이 장악하여 독립하고, 남부는 프랑스의 식민지가 지속되었다.

1946년 11월 20일 하이퐁 사건을 계기로 비엣민군과 프랑스군 사이에 제1차 인도차이나 전쟁이 발발하여 1954년 7월 20일까지 지속되었다.

1954년 호치민은 제네바 협정에서 휴전 협정에 조인했고, 프랑스의 식민정책은 프랑스령 인도차이나의 해체로 끝이 났다. 제네바 협정에 따라 베트남은 북위 17도 선을 기준으로 남북이 분단되어, 북위 17도선 이북은 호치민이 통치하는 북베트남이 되고, 이남은 바오다이 황제가 통치하는 베트남국이 되었다.

1954년 10월, 베트남에 있던 프랑스군이 철수했다. 1955년 베트남국의 총리 응오딘지엠은 그의 형인 응오딘누가 주도한 국민투표를 통해 황제 바오다이를 축출하고 스스로 베트남공화국의 대통령에 취임했다. 1956년에 남북의 선거가 예정되어 있었으나 실시되지 않았다.

이로써 베트남은 호치민이 주도하는 베트남민주공화국(월맹, 일명 북베트남)과 미국이 지원하는 베트남공화국(월남, 일명 남베트남)으로 분단되었다.

제2장
베트남전쟁과 통일

베트남전쟁은 1964년 통킹만 사건을 구실로 미국이 북베트남을 폭격하면서 시작되어 1975년까지 계속된 전쟁이다. 이를 제2차인도차이나 전쟁이라고도 한다. 베트남전쟁은 내부적으로는 베트남민주공화국(북베트남)과 남베트남민족해방전선(베트콩)이 베트남공화국(남베트남)과 싸운 내전이지만, 미국이 남베트남을 지원하기 위해 참전하고, 미국의 동맹국들도 남베트남을 지원하기 위해 개입했으며, 한국도 군사를 파견했다. 중국과 북한은 비공식적으로 전투원을 파견하여 북베트남을 지원함으로써 베트남전쟁은 국제전의 양상을 띠었다.

베트남전쟁은 미국이 휴전협정을 맺고 베트남 전역에서 퇴각한 뒤, 북베트남과 베트남해방전선이 남베트남과 전쟁을 재개하여 사이공을 점령하고, 남베트남 정부 대신 남베트남 임시혁명정부를 세우면서 끝이 났고, 이어서 통일이 되었다.

베트남 통일에 가장 큰 역할을 한 영웅은 호치민(胡志明: 1890~1969)이다. 베트남전쟁이 발발했을 때 호치민은 정계 일선에서는 물러났으나, 여전히 막후에서 영향력을 행사하고 있었다. 그러나 호치민은 1969년 베트남의 통일을 보지 못한 채 심장병으로 급사했다. 1975년에 베트남은 통일되었다.

제3장
베트남 유학의 현황과 미래 전망

오늘날 베트남인들에게 유학적 요소가 무의식 속에 많이 남아 있긴 하지만, 의식적으로는 거의 자취를 감춘 것으로 보인다. 베트남 역시 서구 문물을 받아들이기에 바쁘다. 국내적으로 베트남인들의 정신적 지주는 여전히 호치민으로 보인다. 호치민의 애국심과 덕성이 베트남인들을 감화시켰기 때문일 것이다.

그리고 베트남에는 거의 한자의 자취가 사라졌다. 오늘날 자기의 이름을 한자로 기록할 수 있는 베트남인은 거의 없다. 유학의 경

호치민

전을 공부하는 사람도 대학에서 전공하는 극소수의 사람을 제외하면 거의 없어졌다. 이러한 상황에서 베트남 유학의 미래를 생각하기는 쉽지 않다.

오늘날 형하판에서 형상판으로 바뀌기 시작하는 세계의 흐름으로 볼 때 베트남이 취할 수 있는 가장 현명한 선택이 무엇인가는 생각해볼 수 있다. 유학을 비롯한 베트남의 사상이 형상판에서 성립한 것임을 전제할 때, 베트남은 크게 비약할 기회를 맞이할 수도 있다.

그러나 형상판의 철학은 서구에서도 찾기 어렵고 호치민의 철학에서도 찾기 어려우므로, 형상판의 철학을 찾아내기가 쉽지 않을 것이다. 가장 바람직한 것은 과거 반랑시대의 고유사상과 후대의 유학사상을 호치민의 정신으로 되살려내는 걸출한 사상가의 등장이다. 이는 현재 베트남의 상황에서는 쉬운 일이 아니지만, 불가능하지는 않을 것이다. 또 하나의 방법은 외국에서 형상판에 걸맞은 사상이 등장한다면 그것을 수용하는 것이다.

지금의 베트남은 경제 발전이 급하여 다른 것에 신경 쓸 여력이 없을 것이지만, 경제가 어느 정도 발전하고 난 뒤에는 정신적 혼란을 겪을 수 있다. 이를 잘 파악하여 미리 대비해야 할 것이다. 베트남의 미래 문제는 베트남인들이 풀어야 할 과제이다.

베트남 이외의 동남아시아에도 유학은 영향을 주었는데, 특히 인도네시아는 유교를 종교로 분류하여, 유교를 믿는 신도들이 일부 있고, 유럽이나 미국도 유학의 영향을 받았다. 최근에는 유학을 전공하는 학자들이 세계적으로 퍼져 있지만, 수가 많지는 않다.

유학의 미래

유학의 특징은 집대성에 있다. 집대성이란 각기 다른 악기들의 소리를 하나로 융합하여 조화를 이루는 오케스트라와 같다. 맹자는 공자를 집대성이라고 평했다. 공자의 철학은 그 이전에 있었던 철학을 받아들여 하나의 체계로 융합하여 조화를 이룬 중용철학이다. 공자 이후 중용철학을 추구한 철학자가 주자였지만, 주자는 자신의 편협성과 노장철학과 불교철학을 배척하는 시대적 요구에 편승했으므로, 원만한 중용철학을 만들어내지 못했다.

지금은 지구상의 모든 나라가 옛날의 한 나라처럼 가까워졌으나, 철학이 하나의 체계로 융합하지 못해 사람들이 정신적으로 분열하고 있다. 새로운 중용철학이 나오지 않으면 정신적 분열이 심화하여 사람들이 고통 받게 될 것이다. 이러한 의미에서 기존의 철학들을 하나의 체계로 융합하여 집대성하는 유학의 정신이 이제 큰 역할을 해야 할 때가 되었다. 나무의 가지와 잎들을 하나로 연결하기 위해서는 뿌리에서 출발해야 하는 것처럼, 지금까지의 철학을 하나의 체계로 융합하기 위해서는 각 철학사상의 원초적인 형태를 찾아보는 것이 좋을 것이다.

우리는 이미 유학의 원형을 찾는 과정에서 『천부경』과 『삼일

신고』의 존재를 알았다. 『천부경』과 『삼일신고』에는 유학·불교·노장철학·기독교 등을 포괄할 수 있는 '하나사상'과 '한마음사상'이 들어 있다. '하나사상'과 '한마음사상'은 오늘날 다양하게 분류되는 여러 철학을 하나의 체계로 융합하는 바탕이 될 수 있을 것이다.

기존의 철학을 융합하기 위해서는 기존의 철학을 정리해야 한다. 기존의 철학은 긴 역사 속에서 각각 다양한 모습으로 발전해왔으므로, 매우 복잡하다. 이를 다 정리한다는 것은 불가능하다. 또한 기존의 철학은 발전 과정에서 변질된 것이 많으므로, 무엇보다 그 가운데서 핵심을 찾아내는 것이 중요하다. 예를 들면, 복잡하고 방대한 불교 전체를 이해할 것이 아니라 석가모니의 사상만 정확하게 이해하는 것이 중요하고, 기독교사상 역시 기독교 전체를 이해할 것이 아니라, 예수의 사상만 정확하게 이해하는 것이 중요하다. 각각의 사상과 철학의 핵심을 이해하면, 하나로 통하는 진리를 찾아내어 하나의 체계로 융합할 수 있다.

오늘날 학문의 가장 큰 문제점은 진리의 내용을 머리로 이해하는 것으로 일관한다는 것이다. 이런 방법으로는 진리를 얻을 수 없다. 진리란 머리로 이해한 내용을 몸으로 체득해야 도달할 수 있다.

진리는 참된 삶의 원리이다. 참된 삶은 자기의 본질을 얻어 본질에 따라서 사는 것이다. 사람은 몸과 마음의 두 요소가 있다. 마음의 본질은 한마음이고, 몸의 본질은 우주에 퍼져 있는 기(氣)이므로, 한마음을 가지고 우주의 기운으로 사는 것이 참된 삶이다. 사람에게 참된 삶을 회복하는 것보다 더 중요한 것은 없다. 먼저 참된 삶을 회복한 뒤에 정치를 해야 하고, 교육을 해야 하며, 경영을 해야 한다. 정치는 사람들에게 참된 삶을 살도록 인도하는 것이고, 교육은 사람들에게 참된 삶을 깨우치는 것이며, 경영은 참된 삶을 살도록 운영하는 것이다. 그 외 문화예술이나 과학도 예외가 아니다.

기존의 철학을 집대성한 새로운 유학은 유학이란 이름이어야 할 이유가 없다. 유학 또한 기존의 철학 가운데 하나로 이해되기 때문이다. 새로운 유학은 종교·철학·윤리·정치·교육·경제·과학·문화예술 전반을 하나의 체계로 포괄하는 학문일 것이다.

집필을 시작하고 나서부터 많은 시간이 흘렀다. 힘들어 스러질 정도가 되기도 했고, 보람을 느끼기도 했다. 그러나 탈고하고 나니, 미비한 점이 많아 아쉬움이 남는다. 수많은 원전을 직접 다 읽어내지 못하고 2차 자료를 다수 활용했다는 점이 그것이다. 『조선왕조실록』과 『한국문집총간』을 인용할 때는 번역본을 참고하기도 했다. 아마도 하나하나 다 밝히지 못하고 빠트린 부분이 더러 있으리라 생각한다. 일본의 유학에서도 더 다루어야 할 학자들이 많은데도 다 다루지 못한 아쉬움이 남는다. 특히 베트남의 유학에 관한 내용은 너무 소략하다. 베트남 학자들의 문집을 구해 원문을 하나하나 읽은 뒤에 정리했어야 했지만, 그렇지 못했다. 오늘날 유럽과 미국, 동남아 등지에서 연구되고 있는 연구현황에 대해서도 다루지 못했다. 아쉬움이 많지만, 연구 여건이 허락하지 않았다. 다만 전체적인 조망을 할 수 있었다는 것만으로 아쉬움을 달랜다. 부족한 부분은 미래의 학자들에게 기대해본다.

참고문헌

1. 경전

『노자(老子)』, 『논어(論語)』, 『대학(大學)』, 『맹자(孟子)』, 『묵자(墨子)』, 『서경 (書經)』, 『순자(荀子)』, 『시경(詩經)』, 『여씨춘추(呂氏春秋)』, 『예기(禮記)』, 『장 자(莊子)』, 『주역(周易)』, 『중용(中庸)』, 『춘추(春秋)』, 『한비자(韓非子)』, 『한위 총서(漢魏叢書)』, 『환단고기(桓檀古記)』

2. 국내 자료

국사편찬위원회, 『조선왕조실록』

김길락, 『상산학과 양명학』, 예문서원, 1995.

김상기, 『자유의 불꽃을 목숨으로 피운 윤봉길』, 역사공간, 2013.

김성범, 『베트남 사상으로의 초대』, 푸른사상, 2019.

김세진, 『요시다 쇼인(吉田松陰)』, 호밀밭, 2020.

김충렬, 『고려유학사』, 고려대학교출판부, 1984.

다지리 유이치로, 엄석인 옮김, 『야마자키 안사이(山崎闇齋)』, 성균관대학교출 판부, 2005.

라오스꽝, 정인재 옮김, 『중국철학사』, 탐구당, 1994.

라이기이치, 『일본의 근세』, 중앙공론사, 1993.

류승국, 『한국유학사』, 성균관대학교출판부, 2009.

모리타 겐지, 한원 옮김, 『정의로운 시장의 조건』, 매일경제신문사, 2020.

박상수 옮김, 『연평답문(延平答問)』, 수류화개, 2019.

송영배, 『중국사회사상사』, 한길사, 1986.

양계초, 이기동·최일범 옮김, 『청대학술개론』, 여강출판사, 1987.

윤사순, 『한국유학사』(상하), 지식산업사, 2013.

응웬 따이 트, 김성범 옮김, 『베트남 사상사』, 소명출판, 2018.

이덕일, 『조선선비당쟁사』, 인문서원, 2018.

이상익, 『한국성리학사론』(I, II), 심산, 2020.

이시다 바이간 저, 류영진 옮김, 『도비문답(都鄙問答)』, 호밀밭, 2020.

이시다 이치로, 『이토 진사이(伊藤仁齋)』, 길천홍문관, 1960.

이태룡, 『민족지도자 석주 이상룡』, 푸른솔나무, 2018.

이희복, 『요시다 쇼인』, 살림, 2019.

정일성, 『후쿠자와 유키치』, 지식산업사, 2001.

정혜선, 『한국인의 일본사』, 현암사, 2008.

조남욱, 『세종대왕의 정치철학』, 부산대학교출판부, 2001.

진래, 안재호 옮김, 『송명성리학』, 예문서원, 2011.

천인석, 『한국사상의 이해』, 대구한의대학교출판부, 2016.

최석기, 『조선선비의 마음공부－정좌』, 보고사, 2014.

최영성, 『한국유학통사』(상중하) 심산, 2006.

판원란, 박종일 옮김, 『중국통사』(상하), 인간사랑, 2009.

펑유란, 박성규 옮김, 『중국철학사』, 까치, 1999.

한국고전번역원, 『한국문집총간』

한국학중앙연구원 『한국민족대백과사전』

현상윤, 『조선유학사』, 민중서관, 1977.

호이트 틸만, 김병환 옮김, 『주희의 사유체계』, 교육과학사, 2010.

3. 중국 자료

『근사록(近思錄)』, 『맹자자의소증(孟子字義疎證)』, 『명이대방록(明夷待方錄)』, 『방언(方言)』, 『상산집(象山全集)』, 『서명(西銘)』, 『성리대전(性理大全)』, 『양명집(陽明集)』, 『이문공집(李文公集)』, 『이정전서(二程全書)』, 『전습록(傳習錄)』, 『정몽(正蒙)』, 『주자대전(朱子大全)』, 『주자어류(朱子語類)』, 『즙산문집(蕺山文集)』, 『태극도설(太極圖說)』, 『태현경(太玄經)』, 『통서(通書)』, 『한퇴지문집(韓退之文集)』

4. 일본 자료

『日本思想大系』(28, 29, 30, 31, 33, 36, 42), 岩波書店, 1973.

『日本倫理彙編』

平田雅彦, 『企業倫理とは何か』, PHP研究所, 2005.

5. 베트남 자료

『견문소록(見聞小錄)』

『黎貴惇的學術與思想』, 대만중앙연구원, 2012.

『黎貴惇的學術與思想』(中國文哲研究所), 『芸臺類語』, 『見聞小錄』, 『聖模賢範錄』(이상 黎貴惇 著, 필사본)

지은이

이기동

경북 청도 출생으로, 성균관대학교 유학과와 동대학원 동양철학과를 졸업하고, 일본 쓰쿠바대학에서 박사학위를 받았다. 성균관대학교 유학대학장과 대학원장을 역임했으며, 2017년 여름 정년을 맞아 명예교수가 되었다.

동양 철학 속에 담긴 삶의 지혜를 '강설'이라는 알기 쉬운 오늘날의 언어로 옮긴 끝에 '사서삼경강설' 시리즈(전6권)를 상재했으며, 『동양 삼국의 주자학』, 『이색-한국 성리학의 원천』, 『이또오 진사이』, 『공자』, 『노자』, 『장자』 등의 동양 사상서와 『하늘의 뜻을 묻다-이기동 교수의 쉽게 풀어 쓴 주역』, 『한마음의 나라 한국』, 『장자, 진리를 찾아 가는 길』 등의 교양서를 비롯해 다수의 저·역서가 있다.

유학 오천 년(제5권)
일본과 베트남의 유학

1판 1쇄 발행 2022년 6월 30일
1판 2쇄 발행 2023년 12월 10일

지 은 이 이기동
펴 낸 이 유지범
펴 낸 곳 성균관대학교출판부
등   록 1975년 5월 21일 제1975-9호
주   소 03063 서울특별시 종로구 성균관로 25-2
전   화 02)760-1252~4 팩스 02)762-7452
홈페이지 http://press.skku.edu

ISBN 979-11-5550-545-8 03150
     979-11-5550-540-3 세트

값 25,000원
*잘못된 책은 구입한 곳에서 교환해 드립니다.